纪念凉州会谈770周年学术研讨会论文集

张云 主编

中国藏学出版社

目　录

前言………………………………………………………………（1）

在纪念凉州会谈770周年学术研讨会上的致辞…… 郑　堆（1）
在纪念凉州会谈770周年学术研讨会上的致辞…… 张延保（5）
纪念凉州会谈770周年学术研讨会总结发言……… 张　云（7）
凉州会盟与西夏藏传佛教
　——兼释新见西夏文《大白伞盖陀罗尼经》发愿文残叶
　……………………………………………………… 史金波（9）
凉州会谈及其历史意义………………………………… 张　云（19）
从萨迦班智达《致蕃人书》到《优礼僧人诏书》…… 李德成（40）
萨班·贡噶坚赞在凉州的活动及其对元朝历史的影响考论
　——以萨班弟子、畏吾儿人叶仙鼐的活动为讨论基点
　……………………………………………………… 尹伟先（52）
论萨迦班智达的家国情怀
　——再读《致蕃人书》和《萨迦格言》……… 班玛更珠（66）
凉州会谈与萨迦派在康区的发展………… 袁晓文　黄辛建（89）
《元史·赵阿哥潘传》研究 ………………………… 刘迎胜（103）
蒙元时期阔端系诸王世系传承考述 ……………… 胡小鹏（116）

藏传佛教萨迦派在古丝绸之路的影响 …………… 丹 曲(135)
荣耀与记忆
——萨迦派贡却隆珠所作《霍尔王统附带帝师等之名录》
…………………………………………………… 才 让(159)
四世班禅在西藏地方与祖国关系中的作用
——以《四世班禅传》(藏文)为中心 ………… 冯 智(173)
冰心玉壶为家国
——萨迦法王与哲蚌寺汉僧欧阳无畏的秘室对话
………………………………… 喜饶尼玛 韩敬山(193)
试论魏晋南北朝时期河西地区的“家学”文化
…………………………………………… 冯晓鹃 王欣(211)
从地契印信文献看青海东部藏区政治社会变迁 … 索端智(230)
ཅོག་རོ་源流考
——以庄浪地名沿革和吐蕃属卢氏家族史考证
为中心 ……………………………………… 魏 文(240)
“凉州四寺”及其文化影响 ……………………… 吴生华(260)
《西藏王统世系水晶鉴》译注
——蒙古王统、昆氏世系与历任施主
………… 冉热·阿旺旦贝坚赞 著 班玛更珠 译注(273)
纪念凉州会谈770周年学术研讨会综述 ………… 姜 航(302)

前　言

2017年是凉州会谈770周年，由西藏文化保护与发展协会、中国藏学研究中心主办，中国藏学研究中心历史研究所、武威市人民政府联合承办的“纪念凉州会谈770周年学术研讨会”在武威举行，会议围绕“凉州会谈的历史及意义”“元朝中央政府治理西藏”“蒙藏关系史研究”“武威地区相关历史、事件和人物研究”等主题展开，来自北京、西藏、甘肃、四川、陕西、江苏等地高校、科研院所的30余名专家学者参加了会议。

凉州会谈在蒙藏关系史、各民族交往史、中华民族形成发展史，以至整个中国古代历史上都具有特殊的地位和影响。通过举办这次会议，我们力求从学术上讲清楚西藏自古是中国的一部分，中国的历史和文化是中国境内各民族共同缔造的，各民族都为这个大家庭的组成做出了巨大的贡献，同时也试图纠正将古代国家、民族和近代国家、民族混同，将元朝西藏地方归属中央王朝版图等同于归属中国的认识偏差，让更多的人了解中华民族形成多元一体格局的理论、各民族共同共建中国的历史史实，了解770年前发生在今天甘肃武威地区、促成蒙藏等多民族交往交流交融的伟大事件的内容、地位与深远影响。

这本论文集就是这次会议的主要成果，我们希望通过出版本书与大家分享此次会议的学术内容，让大家了解有关凉州会谈历史研究的最新成果，也欢迎大家批评指正。

2018年4月8日

在纪念凉州会谈 770 周年学术研讨会上的致辞

郑　堆*

各位领导、各位专家、各位朋友：

大家好！

在纪念凉州会谈 770 周年学术研讨会召开之际，我代表中国西藏文化保护与发展协会、中国藏学研究中心对会议的胜利召开表示热烈的祝贺！向出席会议的甘肃省和武威市有关负责同志和各位专家学者致以亲切的问候！向为此次会议筹备和举行付出努力的武威市人民政府、中国藏学研究中心历史研究所和科研办的同志们表示衷心的感谢！

党的十九大刚刚胜利闭幕，十九大为决胜全面建成小康社会，开启全面建设社会主义现代化国家新征程，实现中华民族伟大复兴的中国梦进一步指明了前进的方向，党的创造力、凝聚力、战斗力和领导力、号召力得到了全国人民的深切拥护，全国上下掀起了学习贯彻落实十九大精神的热潮。在党的十九大精神鼓舞下，在习近平新时代中国特色社会主义思想指引下，在祖国政治稳定、经济发展、社会和谐、文化繁荣、生态优美、人民幸福的大好形势下举行纪念凉州会谈 770 周年学术研讨会，对于推

* 郑堆：中国西藏文化保护与发展协会副会长，中国藏学研究中心总干事、研究员。

动我国藏学事业的新发展必将起到十分重要的积极作用。

本次研讨会由中国西藏文化保护与发展协会、中国藏学研究中心联合主办，由中国藏学研究中心历史研究所和武威市人民政府联合承办，不仅有利于加强藏学界与社会各界的互动与合作，更加体现了中国藏学研究中心为维护祖国统一、加强民族团结服务，为西藏和四省藏区发展和稳定服务的宗旨，而且为今后藏学研究和学术交流的创新发展拓宽了思路、开阔了视野。希望大家发挥各自优势，办成一次生动活泼、广有收获的学术盛会。

武威古称凉州，历史悠长，文化厚重，自汉开辟河西四郡之时起，“南排劲越，北启强胡”，既在中国西北显示出它的重要战略地位，更在举世闻名的古代“丝绸之路”上独树一帜，北朝著名文学家以诗句“车马相交错，歌吹日纵横”描写其繁华热闹。武威自古以来物产膏腴，人杰地灵，不仅“凉州大马，横行天下”，而且才俊辈出，名扬四海，更有光辉史迹，彪炳史册。凉州会谈为武威辉煌的历史增添了无穷的魅力，更为维护祖国统一、增进民族团结立下了不朽的丰碑。

770年前，1247年，萨迦班智达·贡噶坚赞与蒙古阔端汗在凉州会晤，写就了“凉州会谈”的永恒佳话。13世纪初，祖国北方蒙古政权迅速崛起，逐步统一中原，1227年灭西夏，1234年灭金，窝阔台汗将原西夏辖区及今甘肃、青海部分藏区划为其子阔端的份地。阔端筑宫室于凉州，开始了以藏传佛教为桥梁使西藏地方归顺蒙古从而推进多民族国家融合统一的计划，并最终选定萨迦派四祖萨迦班智达·贡噶坚赞作为西藏地方的代表人物，请其前来凉州会晤。1244年，萨班不顾个人安危和年迈体弱，毅然决然地选择了前行之路，携其侄儿八思巴、恰那多吉自萨迦寺启程东行，1246年到达凉州。1247年，在凉州与阔端相会，随后萨班致信西藏地方各地僧俗领主，劝导拥护统一，这就是著名的萨迦班智达《致蕃人书》，最终推动完成了元代中央政府对西藏地方实行有效管辖和治理的统一大业。1260年，忽必烈称汗，建立元朝，1274年灭南宋，全国统一。同时在藏清查户口，设置驿站，划分十三万户，并驻扎军队，全面实现对藏施政。

凉州会谈的伟大历史功绩值得研究和探讨，这是本次研讨会的重要主旨。凉州会谈掀开了蒙藏民族关系新的一页，为中华各民族的交往交流交融续写了辉煌，为中华民族的多元一体提供了有力的证据；凉州会谈掀开了西藏地方历史的新纪元，为实现中央政府对西藏地方的有效管辖和治理奠定了基础，为各民族共同缔造伟大祖国增添了强大的力量。

在此强调，中国的历史是中华各民族共同缔造的历史。无论在凉州会谈前，还是在凉州会谈后，西藏始终是中国不可分割的一部分。分散割据的王朝的历史并不等于中国的历史，无论曾处于哪个王朝或哪个民族政权的统治管理之下，西藏地方的历史始终是中国历史的有机组成部分。在中国历史发展过程中，有过若干次的政治不统一，出现过多个政权同时存在、各自称雄的局面，但他们始终存在于中国版图之内，始终共同缔造着多民族的祖国，他们的历史始终同为中国历史的一部分。对凉州会谈历史作用的评价也应遵循这一原则，肯定其对多民族关系的融合推动作用，肯定其对元朝中央政府直接治理西藏的奠基作用，不能割裂中国历史发展的整体性。正确研究和客观评价凉州会谈的历史作用，是我们藏学界纪念凉州会谈770周年义不容辞的职责。

凉州会谈的高尚爱国情怀值得弘扬和发展，这也是本次研讨会的重要主旨。列宁曾经指出，爱国主义就是千百年来巩固起来的对自己祖国的一种深厚感情。中华民族是多元一体化的民族，中华民族的凝聚力渊远流长。藏族人民与祖国大家庭的其他民族一起，同呼吸，共患难，共同为中华民族的统一和发展做出了重要贡献。藏传佛教界具有悠久的爱国主义传统，这种传统是广大藏族人民爱国主义传统的集中体现，也为中华民族以爱国主义为核心的民族精神增添了重要内容。凉州会谈开创了藏传佛教界为实现和维护祖国统一发挥关键作用的历史先河，在以后漫长的历史岁月中，藏传佛教界各个教派的领袖人物，虽所处的历史时代各不相同,自身的政教业绩各有千秋,但他们中的绝大多数都是具有远见卓识的爱国志士。从卓越的爱国先驱萨迦派领袖萨班·贡噶坚赞，到20世纪伟大的爱国主义者、藏传佛教的杰出领袖人物班禅额尔德尼·确吉坚赞，形成了一条悠久而光荣的爱国主义主线，把藏传佛教各教派众多著名的爱国领袖人物连接在一起。他们世代相沿，一脉相承，带动广大僧俗群众，形成了光荣的爱国主义传统，成为后世藏传佛教界的楷模。深入挖掘和大力弘扬凉州会谈的爱国主义内涵，也是我们藏学界纪念凉州会谈770周年义不容辞的使命。

希望各位专家学者、各位朋友积极参加会议的各项议程，团结一心，相互交流，同愿同行，共同进步。我们将认真组织好会议的各项工作，为专家学者积极搭建交流展演的平台，保证会议的圆满成功。

当前，在党的十九大精神指引下，我国已进入决胜全面建成小康社会、全面建设社会主义现代化强国的新时代，文化越来越成为民族凝聚力和创造力的重要源泉，越来越成为综合国力竞争的重要因素，越来越成为经济社会发展的重要支撑，丰富精神文化生活越来越成为我国人民的热切期盼。习近平总书记要求我们，坚守中华文化立场，立足当代中国现实，结合当今时代条件，发展面向现代化、面向世界、面向未来的民族的科学的大众的社会主义文化，推动社会主义精神文明和物质文明协调发展。在如此高瞻远瞩的号召指引下，有各位领导的关心，有各位专家学者的共同努力，我们有理由相信，藏学研究的明天会更好。

衷心祝愿本次学术研讨会取得圆满成功!

衷心祝愿武威社会和谐、经济发展、文化繁荣、人民幸福!

祝愿各位领导、各位专家、各位朋友身体健康、吉祥如意!

谢谢!

在纪念凉州会谈770周年学术研讨会上的致辞

张延保*

尊敬的郑堆总干事，

各位专家、学者，同志们：

值此党的十九大胜利闭幕，深入学习贯彻十九大精神之际，我们有幸邀请各位专家学者莅临全国历史文化名城、“凉州会谈”历史见证地甘肃武威，参加由中国西藏文化保护与发展协会、中国藏学研究中心主办，中国藏学研究中心历史研究所、武威市人民政府承办的纪念“凉州会谈770周年学术研讨会”。在此，我谨代表中共武威市委、市人大、市政府、市政协，对研讨会的召开表示热烈的祝贺，对各位专家学者的到来表示诚挚的欢迎！

武威，又名凉州，现辖凉州区、民勤县、古浪县、天祝藏族自治县，总面积3.3万平方公里，总人口181.98万人，聚居着汉、藏、回、蒙古等38个民族。历史上的武威，是“通一线于广漠，控五郡之咽喉”的丝路要冲。自汉武帝设立河西四郡以来，历代王朝先后在这里设郡置府，曾为汉魏大郡、五凉古都、隋唐重镇、西夏陪都，是西北地区重要的政治文化中心、军略要地、富庶大邑和民族融合的熔炉。悠久的历史，孕育了深厚的文

* 张延保，中共武威市委常委、政法委书记。

化底蕴，有中国旅游标志“马踏飞燕”、稀世珍宝西夏碑、“陇右学宫之冠”文庙、“石窟鼻祖”天梯山石窟、西藏纳入中央政府行政管辖的历史见证地白塔寺、鸠摩罗什舌舍利塔等珍贵历史文化遗存。以汉唐文化、五凉文化、西夏文化、佛教文化、民族民俗文化等为代表的凉州文化地域特色鲜明，境内多样化的自然景观与人文历史、民族风情交相辉映，文化旅游资源丰富，优势明显。

这次研讨会围绕“凉州会谈”的历史意义、元朝中央政府治理西藏、蒙藏关系史研究、武威市相关历史事件和人物研究等主题展开学术研讨和交流。我相信，通过各位专家学者的真知灼见，必将进一步丰富、充实中华民族大团结的历史内涵，巩固和发展民族团结、社会和谐稳定的大好局面，特别是对于全面贯彻落实习近平总书记在十九大报告中提出的“深化民族团结进步教育，铸牢中华民族共同体意识，加强各民族交往交流交融，促进各民族像石榴籽一样紧紧抱在一起，共同团结奋斗、共同繁荣发展”具有重要的现实意义。

研讨会在武威的召开，体现了中国西藏文化保护与发展协会、中国藏学研究中心对武威民族团结和社会各项事业发展的高度重视和大力支持。我们将全面贯彻落实党的十九大精神，以习近平新时代中国特色社会主义思想为指引，按照“走绿色发展、生态优先之路，努力建设经济强市、生态大市、文化旅游名市，全力打造生态美、产业优、百姓富的和谐武威”的工作思路，全面落实新发展理念，与全市180万各族人民一起，为决胜全面建成小康社会而努力奋斗！

衷心希望各位专家学者，借此机会到武威多走一走、看一看，对武威的民族团结、文化发展、社会进步等各方面给予更多的指导、支持和帮助。

最后，预祝研讨会圆满成功，祝各位专家学者在武期间工作顺利、身体健康、万事如意！

纪念凉州会谈 770 周年学术研讨会总结发言

张　云

这次会议有 15 位专家学者，围绕 4 个主题，即凉州会谈的历史及其意义、元朝中央政府治理西藏、蒙藏关系史、武威地区相关历史等展开了深入而广泛的讨论，主题突出，内容充实，各位专家精心准备，既有宏观把握，又有具体实证，学风严谨，论述缜密，新见迭出，是一次高水平的精神盛宴，深化了诸多研究主题，取得了丰硕的成果。

凉州会谈具有重大的意义和深远的影响。首先，通过此次会谈西藏地方纳入大蒙古国暨元朝中央政府的行政管辖之下，为古代中国行政版图的奠定做出了重要的贡献；其次，它开辟了多民族文化密切交流的新时代；第三，它翻开了蒙藏民族关系发展的新篇章；第四，凉州会谈对于藏传佛教进一步北传河西走廊，乃至中国北方地区打下了基础；最后，它对今天武威地区历史和文化的发展也产生了深刻的影响。

举办纪念凉州会谈 770 周年学术研讨会，同样具有重要的现实意义。让我们再次感受到中国这个统一的多民族国家的历史和文化是由各个民族共同缔造的这一论断的深刻内涵，认识到各个民族的历史都是中国历史的组成部分，内地的分治和统一政权是中国历史的一部分，边疆民族地区分治和统一政权，同样是中国历史的一部分，两者没有本质上的区别，中华民族的形成和发展史，是在漫长的历史过程中由中国各民族共同谱写的。纪念770周年前蒙古统治者和藏族宗教首领为国家版图的奠定和行政的统一所做出的杰出贡献，也在昭示当代、教育后人尊重和传承各族人民维护国家统一和领土完整的优秀传统。对于在中国历史研究和中国民族史研究中，各种无视中国统一多民族国家的历史现实，轻视乃至歪曲各少数民族政权历史贡献的错误言论，也是有力的回击。在民族史和民族问题研究中，必须认清大汉族主义和地区狭隘民族主义观点的错误和危害性，特别是要引导和教育青年人树立正确的历史观。只有如此，才能真正树立文化自信，为中华民族伟大复兴做出应有的贡献。

凉州会盟与西夏藏传佛教

——兼释新见西夏文《大白伞盖陀罗尼经》发愿文残叶

史金波

13 世纪中叶，蒙古宗王阔端代表蒙古汗廷与西藏萨迦派领袖萨迦班智达在凉州（今甘肃省武威）成功举行了“凉州会盟”，使西藏地方正式纳入元朝中央政府的行政管辖之下。在发生这一重大历史事件时，西夏已经灭亡十几年，但西夏时期接受、发展藏传佛教对凉州会谈产生了不可忽视的影响。新发现的阔端时期的西夏文文献证实了这一点。

1227 年成吉思汗率兵进攻西夏，在六盘山病故。不久西夏被蒙古大军灭亡。窝阔台即蒙古汗位后，其次子阔端受封原西夏的部分地区，驻屯凉州，1235 年领兵攻金朝秦（今甘肃省天水市）、巩（金甘肃省陇西一带）等州，1236 年率兵征南宋，攻取成都，1239 年还师至陕西，后遣部将多达那波率兵南进乌思藏，直达今拉萨东北。[①] 太宗后乃马真氏称制时（1242），阔端仍镇守凉州，此时期阔端以强大的蒙古军事力量为后盾，全面负责经营吐蕃事宜。乃马真称制三年（1244），阔端遣使至吐蕃，召请藏传佛教首领萨迦班智达。萨迦班智达接诏书后，经长途跋

① 《元史》中华书局，1976 年，卷二《太宗本纪》，第 34 页。卷一百二十五《高智耀传》，第 3072 页。

涉，于1246年到达凉州。贵由汗二年（1247），参加和林贵由汗登基大典返回凉州的阔端，会见萨迦·班智达及其两侄八思巴和恰那多吉，议定吐蕃归附条件，随后由萨迦班智达致书吐蕃僧俗首领，劝说归附，确立了蒙古对吐蕃的统治。

对于这一时期的历史，过去都依据汉文和藏文文献史料进行研究，主要注重蒙藏关系的考察，基本与西夏无涉。考察西夏的历史，特别是西夏佛教发展史，“凉州会盟”与西夏的藏传佛教渊源甚深。原来西夏统治者在提倡佛教时，开始主要吸收汉传佛教，后来也接受了藏传佛教，用西夏文、汉文翻译藏传佛教经典，修建藏传佛教寺院，绘制藏传佛教唐卡，传承藏传佛教仪轨，封藏传佛教高僧为帝师、国师。藏传佛教在西夏中、后期迅速传播，由西部向东部蔓延，其地位不断提升，影响不断扩大，就连位于西夏东部的首府兴庆（今宁夏银川市）一带也成为藏传佛教势力影响很大的地区。西夏是第一个全面吸收藏传佛教的王朝。①

西夏仁宗皇帝时期，藏传佛教噶玛噶举派的初祖法王都松钦巴（1110—1193）很受西夏仁宗的崇敬。仁宗遣使入藏迎请，都松钦巴派遣其弟子格西藏索哇前往西夏。藏索哇被西夏王尊为上师，传授藏传佛教的经义和仪轨，并组织力量大规模翻译佛经，很受宠信。后来，都松钦巴创建有名的楚布寺，建白登哲蚌宝塔时，西夏王又献赤金缨络及幢、盖诸种饰物。都松钦巴圆寂后，在其荼毗处建造吉祥聚米塔，藏索哇又自西夏做供养，以金铜包饰此塔。又藏传佛教萨迦派祖师扎巴坚赞（1149—1216）的弟子迥巴瓦国师觉本，曾被西夏人奉为上师。可见至少在西夏中、后期，噶玛噶举派和萨迦派都已传入西夏，并产生了相当的影响。② 西夏有不少吐蕃僧人，西夏仁宗首次封吐蕃僧人为

---

① 史金波：《西夏的藏传佛教》，《中国藏学》2002年第1期。

② 巴卧·祖拉陈哇著，黄颢译注：《贤者喜宴》，《西藏民族学院学报》1981年第2期。

帝师。[1]

西夏的西南部凉州一带与吐蕃邻近，西夏境内吐蕃人也较多，因而这一带藏传佛教的传播比其他地区更为广泛。凉州为西夏的西凉府所在地，是西夏的第二大都会，这里佛教兴盛，有很多寺庙，是藏传佛教流传的重要地区。崇宗时曾大规模修葺凉州护国寺和寺中的感通塔，在竣工时为此事所立石碑铭文中有“羌、汉二众提举”的职衔。其中的“羌”在西夏语中音“phə”，专指吐蕃而言。说明在西夏崇宗时期凉州的寺庙中已经有吐蕃（羌）僧人，并设有管理这些僧人的官员。

1987 年在凉州附近的缠山乡发现有亥母洞遗址，这是藏传佛教很重要的金刚亥母寺庙，其中发现了包括《令恶趣净顺总持》《毗卢遮那法身顶相印轮文众生三灾怖畏令物取作恶业救拔经》《净国求生礼佛盛赞颂》《佛说大白伞盖陀罗尼经》《大千守护经中说五种守护吉祥颂等经颂》《佛说圣曜母陀罗尼经》《圣胜慧到彼岸功德宝集偈》等多种藏传佛教经典。[2]

西夏灭亡后，在凉州一带由西夏而兴盛的藏传佛教仍桓桓绍续，特别是当地最高统治者蒙古王子阔端来到这里后，认识并接受了藏传佛教。去年笔者得见一件西夏文刻本《大白伞盖陀罗尼经》残卷，为海内外孤本。此经卷前残，经末有发愿文，内容有关阔端时期此西夏文佛经的刻印、流传，以及西夏藏传佛教的信仰，十分重要。发愿文后有年款记“大朝国甲辰岁　月　日谨施流行”。“大朝国”为未建立元朝时期的大蒙古国的称谓，“甲辰岁”是乃马真称制时期的 1244 年。发愿文中三次提到“太子”，名字为𗼃𗾼，汉字译音“哥达”，应译为“阔端”。《元史》在记载“岁赐”时明确提到“太宗子阔端太子位”[3]，可为佐证。在发愿文中还记载《大白伞盖陀罗尼经》“雕印羌、

① 史金波：《西夏佛教史略》，宁夏人民出版社，1988 年，第 137—142 页。

② 史金波：《西夏时期的武威》，《西夏学》第七辑，上海古籍出版社，2011 年 12 月。

③ 《元史》卷九十五《食货三》，中华书局，1976 年，第 2416 页。

番、汉各一千卷”。其中“羌”指吐蕃，即藏族；“番”指党项，即原西夏主体民族。可知当时已有此经藏文、西夏文、汉文3种版本，此经大约在阔端驻地凉州雕印。此经发愿文证明阔端治理河西一带时，大量散施藏、夏、汉3种文字藏传佛教经典，弘扬藏传佛教。发愿文最后以显著大字记载“东陛　皇太子　施”，证明此举为阔端亲为。正是在这一年，阔端向萨迦班智达发出来凉州会谈的邀请，后萨迦班智达来到凉州，双方达成了历史性的协议。西夏时期河西地区藏传佛教的广泛流传为后来的凉州会谈做了宗教信仰方面的铺垫，使阔端这样的关键人物能先期、全面地了解藏传佛教情况，对凉州会谈产生了积极、正面的影响。①

无独有偶，最近国家图书馆又自民间入藏一批西夏文文献，其中有3页刻本，从其纸墨、文字鉴定，确为中古时期文献。其内容也是《大白伞盖陀罗尼经》的发愿文，与前述文献为不同刻本，也是海内外孤本。该发愿文前后皆残，但所存内容重要，其中也有关于阔端太子的史迹，可为“凉州会盟”当地的藏传佛教背景做新的重要补充，价值珍贵。该西夏文刻本残存3面，面6行，行12字，经折装，上下双栏。现将图版刊布如下，并做初步译释、分析。

① 史金波：《西夏文〈大白伞盖陀罗尼经及发愿文〉考释》，《世界宗教研究》2015年第5期。

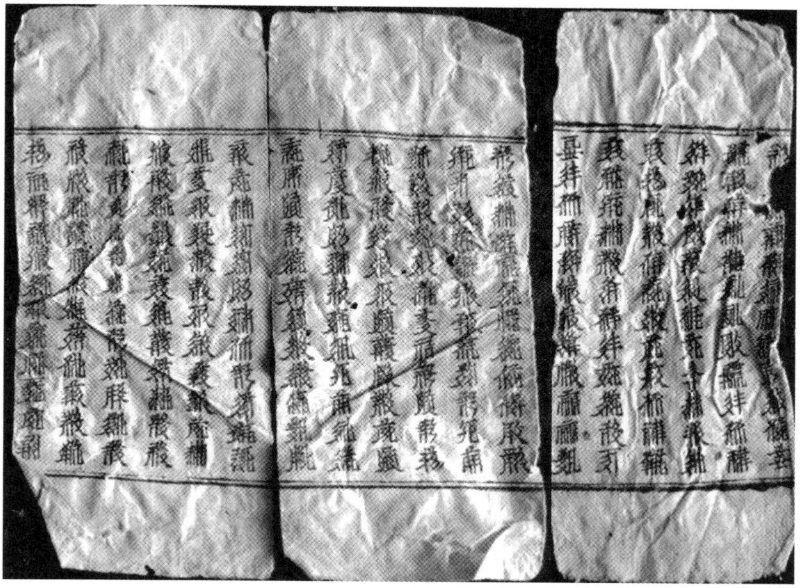

西夏文录文和汉文对译：

第一面

1. [illegible]□□[illegible]

   特□□藏中最胜句句普照实

2. [illegible]

   相智海中居字字光艳佛之本

3. [illegible]

   心处列须弥高妙诸山中特出

4. [illegible]

   与〈〉样大海深广诸水之本源

5. [illegible]

   与同其中大盖白佛母者十一

6. [illegible]

   种佛之顶中〈〉出一切如来欲

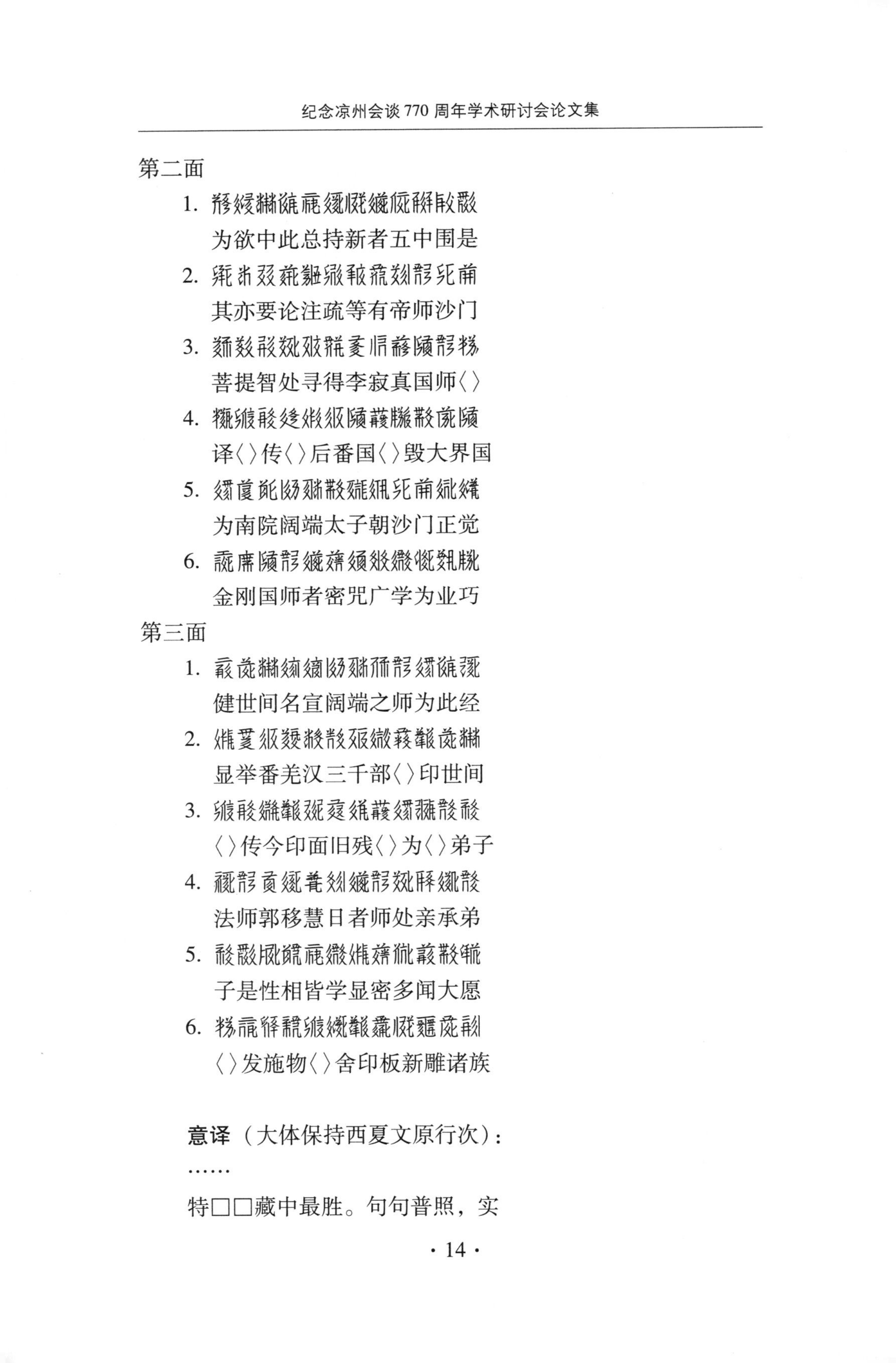

第二面

1. [illegible]
为欲中此总持新者五中围是
2. [illegible]
其亦要论注疏等有帝师沙门
3. [illegible]
菩提智处寻得李寂真国师〈〉
4. [illegible]
译〈〉传〈〉后番国〈〉毁大界国
5. [illegible]
为南院阔端太子朝沙门正觉
6. [illegible]
金刚国师者密咒广学为业巧

第三面

1. [illegible]
健世间名宣阔端之师为此经
2. [illegible]
显举番羌汉三千部〈〉印世间
3. [illegible]
〈〉传今印面旧残〈〉为〈〉弟子
4. [illegible]
法师郭移慧日者师处亲承弟
5. [illegible]
子是性相皆学显密多闻大愿
6. [illegible]
〈〉发施物〈〉舍印板新雕诸族

意译（大体保持西夏文原行次）：

……

特□□藏中最胜。句句普照，实

相智海中居；字字光艳，佛之本
心处列。须弥高妙，与诸山中肃然
一样；大海深广，与诸水之本源
相同。其中大白伞盖佛母者，十一
种佛之顶中所出。[①] 一切如来欲行
为中，此新总持者，是五中围[②]。
其亦有要门、注疏等。[③] 帝师沙门
菩提智处寻得，李寂真国师翻
译流传。而后番国[④]灭亡，为大朝
国[⑤]，南院[⑥]阔端太子朝，沙门等觉
金刚国师者，密咒广学，为业巧
健，世间扬名，为阔端之师，显举
此经，番、羌、汉三千部已印，世间
流传。今因已见印面旧残，弟子
法师郭移慧日[⑦]者，为亲承师处
弟子，性相[⑧]皆学，显密多闻，大愿

① 《大白伞盖陀罗尼经》系密教白伞盖佛顶法之经典，叙说白伞盖佛顶之陀罗尼及其功德。在前述《大白伞盖陀罗尼经》残卷中，有“佛顶神咒白伞盖总持”之称。参见上揭文《西夏文〈大白伞盖陀罗尼经及发愿文〉考释》。

② 西夏文[illegible]，译“中围”。藏传佛教中“中围”即指坛城、曼陀罗。

③ 黑水城出土西夏文文献中有此经护国院法要门、诵法要门等。参见《西夏文〈大白伞盖陀罗尼经及发愿文〉考释》。

④ 西夏文[illegible]，译“番国”，指西夏。

⑤ 西夏文[illegible]，直译“大界国”，译为“大朝国”，为元代建元之前的国号。参见上揭文《西夏文〈大白伞盖陀罗尼经及发愿文〉考释》。

⑥ 西夏文[illegible]，译为“南院”。西夏法典《天盛改旧新定律令》规定西夏有17个监军司，其中南院监军司在凉州。参见上揭文《西夏时期的武威》。阔端时期此地沿用“南院”名称。

⑦ 西夏文[illegible]为小字，前两字音译为“郭移”，可能是西夏党项族姓之一，后两字意译“慧日”，为此僧人法名。名号小字以自谦，郭移慧日应是此发愿文的作者。

⑧ 西夏文[illegible]，译为“性相”，佛教术语，指法性与法相二宗。

已发，施物已舍，新雕印面，诸族[①]

……

此西夏文《大白伞盖陀罗尼经》，记录了此经在藏传佛教中的重要地位，西夏时期寻觅、翻译此经，西夏灭亡后印此经的经过，其中涉及几件重要史实：

1. 发愿文中记载此经于“帝师沙门菩提智处寻得”，说明了此经的来源，首先由帝师菩提智处得到梵文本或藏文本。从过去的西夏文和汉文佛教文献可知西夏首创了西夏帝师制度，先后封设贤觉帝师波罗显胜、大乘玄密帝师慧宣以及寂照帝师和真圆真证帝师等多位帝师。由此发愿文又知西夏还有一位菩提智帝师，这于西夏帝师制度有新的补充。

2. 发愿文中记载此经由“李寂真国师翻译流传”。过去只知西夏时期将此经译成汉文本的为僧人真智，而不知译为西夏文本者为何人。由此发愿文得知西夏文译本的译者为李姓寂真国师，他有国师的称号。寂真国师为西夏高僧，法名慧照（惠照），他以西夏文翻译过多种藏传佛教文献，如《圣能断金刚王胜慧到彼岸大经义显用燃灯记》《十五天母加赞》《茂盛定次》《念定拒患要门》《道果语录金刚王句之解用记》《六法混圆道次》《菩提勇识之业上入顺记》《医药光海生金刚王文》等。其中《菩提勇识之业上入顺记》题款中记慧照有“大波密坦”（即博通五明学者）称号。在《医药光海生金刚王文》卷末有题款“功德司正副使三学院提点沙门慧照　李番译”，证明慧照在西夏管理佛教的政府机构功德司和三学院中任重要职务，其俗姓为李，正与此《大白伞盖陀罗尼经》发愿文所述相互印证。[②]他熟

---

① 此后残，据前文内容和类似文献后似应有絨豨（处施）二字，与前两字连在一起，为“施诸族处”。

② 俄罗斯科学院东方文献研究所（圣彼得堡）手稿部藏黑水城文献Инв. No. 2561、2882、4989、2892、6992、5566、2621、2543。

悉多种语言文字，被称为“讲经律论辩番藏言沙门”[①]。此外，武威出土的西夏文《净土求生礼佛盛赞偈》也为寂真国师所集。[②]

3. 发愿文记载西夏灭亡后，掌控西夏故地凉州一带的皇太子阔端，拜广学密咒的藏传佛教高僧等觉金刚国师为师。这说明当时这里的最高统治者阔端不仅是一般地接纳、了解藏传佛教，而是本身信奉藏传佛教，并请高僧国师为师，近身接受熏陶，其对藏传佛教的理解当非同一般。阔端的这种藏传佛教的学识、修为背景，对他请藏传佛教领袖来凉州会谈并取得成功应有重要影响。

4. 阔端看重此经，并印番、羌、汉三千部世间流传，与前述西夏文《大白伞盖陀罗尼经》残卷所载“请匠令雕印羌、番、汉各一千卷施僧俗处流传”相互印证。后郭慧日法师见此经印版旧残，发愿施物，新雕此经印版，印制后施放诸族处，再次流传。此次重新雕印应在前次雕印番、羌、汉三千部的 1244 年之后。

总之，此发愿文提供了很多新的资料，使西夏增添了新的帝师、国师，厘清了《大白伞盖陀罗尼经》的来源，找到了西夏文译本的译者，也增添了西夏灭亡后此经在凉州地区不止一次刻印、流传的经过，特别是真实地记载了阔端皇太子信奉、弘扬藏传佛教，并依止藏传佛教高僧等觉金刚国师为师，为“凉州会盟”这一功垂竹帛的重大历史事件铺垫了思想和宗教信仰的基础。诚然，阔端派大将多达那波率军攻入西藏，恩威并举，了解到卫藏一带藏传佛教的情况，有助于凉州会谈。与此同时，阔端在西夏故地凉州直接接受藏传佛教，了解了很多关于藏传佛教的

---

① 魏文：《〈最胜上乐集本续显释记〉译传源流考——兼论西夏上乐付法上师》，见沈卫荣主编：《汉藏佛学研究：文本、人物、图像和历史》，中国藏学出版社，2013 年。

② 于光建：《武威藏 6749 号西夏文佛经〈净土求生礼佛盛赞偈〉考释》，《西夏学》第十一辑，上海古籍出版社，2015 年 6 月。

情况，对会谈也有重大影响。在藏文重要著作《红史》中将蒙古王子阔端记为西夏杰廓王的转世，也可从一个侧面反应阔端与西夏佛教信仰的渊源关系。[1] 阔端将会谈地点选在藏族影响较大、藏传佛教长期浸淫、信仰浓烈的西夏故地凉州，萨迦班智达一行来到凉州后，阔端对他们给予热情接待，对藏传佛教表现十分尊重，使萨迦班智达感受到凉州浓重的藏传佛教氛围，人地相宜，互有情愫，加深了双方的理解和信任，使会谈水到渠成。会谈结束后，萨班在写给卫藏各教派的信中说“此菩萨汗王（指阔端）敬奉佛教，尤崇三宝”，并非虚言。看来西夏接受、发展藏传佛教，特别是在凉州一带兴起的藏传佛教余续，或是“凉州会盟”成功不可或缺的一环。

近期新发现的两件西夏文《大白伞盖陀罗尼经》刻本残卷，皆出于阔端时期，都涉及当地藏传佛教的传承，有助于从另一侧面理解“凉州会盟”，相映成趣。

史金波，中国社会科学院学部委员、中国社会科学院民族学与人类学研究所研究员。

① 蔡巴·贡噶多吉著，东噶·洛桑赤列校注，陈庆英、周润年译：《红史》，西藏人民出版社，1988年，第25页。

凉州会谈及其历史意义

张　云

公元1247年发生在今天甘肃武威的凉州会谈是元代中国历史和中华民族形成与发展史上的重要事件，尽管国内外学术界已有不少的研究成果面世，但依然有不少问题值得深究，同时也有一些歧说有待辨析。

一、阔端对西藏的经营方略

凉州会谈的主角之一阔端（1206—1251年，藏文作ཀོ་དན），又作扩端、库腾，成吉思汗之孙，元太宗窝阔台次子。1235年蒙古分兵攻宋，阔端领兵攻秦（今甘肃天水）、巩（今甘肃陇西），收降金巩昌守将汪世显。接着率领西路军克沔州（今陕西略阳）。1236年入川，占领成都。率领东路军的弟弟阔出也在同年3月占领襄阳（在今湖北省境内）。其后，阔端以二太子身份镇守河西及秦陇，其份地在西夏故地，建斡耳朵（ordo，宫帐、宫殿）于凉州府（治今甘肃武威），受封为西凉王，享封国于西夏故地，管理今甘肃、青海、宁夏、内蒙古西部、新疆东南部、陕西等广大地区。于是，经营乌思藏（今西藏）地方无疑是他的职责所在，也是从西部进攻南宋的有效途径。

阔端细致分析了当时西藏地方分裂割据、宗教影响巨大的情况，并确定了经营西藏的方略，即派遣多尔达（དོར་ཏ，藏文又作多答那波དོར་ཏ་ནག་པོ）率领一万人的军队前往震慑并了解实际情况，巧妙地利用蒙古军队的威名，起到四两拨千斤的作用。藏文史书中提到，受到多尔达军队较大冲击的是噶当派宗教势力和止贡世俗政权，“在蒙古骑兵经藏北草原从当雄沿着乌鲁龙曲河到达旁多时，兵锋已指向拉萨，他首先选择攻打位于旁多东北的热振寺和位于交通要冲的杰拉康寺，以达到震慑各教派僧俗首领的目的。热振寺和杰拉康同属于噶当派，而且两寺关系密切”①。简而言之，蒙古军队应该是在遭遇抵抗的情况下发动攻击的，这包括噶当派两寺院热振寺、杰拉康寺500名僧人被杀，而并非因为雾大使噶举派的达隆寺未受攻击，同样止贡官巴也是因为抵抗而遭到逮捕。

学术界有一个说法是由美国学者魏里（或译作怀利，Turrell V. Wylie）在《蒙古初次征服西藏史实再释》一文中提出的，他在否定当时西藏各教派竞相交结蒙古，以便消灭各自政敌说法的同时，认为“事实与此相反，看来宗教首脑们最初倒是讨厌同蒙古人发生什么关系。一个材料说止贡寺住持是首先同蒙古人发生接触的；可是他玩弄了一个花招，劝说蒙古人听信了他的话去延请萨班”②。他所提到的这份材料出自《贤者喜宴》，原文说：“成吉思汗（ཧོར་ཇིང་གི་རྒྱལ་པོ，应为窝阔台）五十九岁的铁鼠年（1240）从凉州阔端（གོ་དན）那里派出的以多尔达（དོར་ཏོག）为将军的蒙古军队首次到达吐蕃。……蒙古军在朵思麻（མདོ་སྟོད）、朵甘思（མདོ་སྨད）、索曲（སོག་ཆུ）、热振寺（ར་སྒྲེང）等地方见人便杀，给热振寺造成了重大损失。达隆寺（སྟག་ལུང）被雾罩住，没有看见，杰拉康寺（རྒྱལ་ལྷ་ཁང）被焚毁，索敦（སོ་སྟོན）等五百

① 陈庆英：《1239年蒙古军进入西藏的杰拉康之战》，《青海民族学院学报》2009年第4期。

② 魏里（Turrell V. Wylie）：《蒙古初次征服西藏史实再释》，原载《哈佛亚洲研究学报》第37卷第1号，1977年6月。邓锐龄先生译文载中国社会科学院民族研究所历史室资料组编《民族史译文集》第4集，1978年。《邓锐龄藏族史论文译文集》下册，中国藏学出版社，2004年，第871—873页。

佛教僧人被杀。止贡寺京俄扎巴迥乃（འབྲི་ཁུང་སྤྱན་སྔ་གྲགས་པ་འབྱུང་གནས）降下石雨，故止贡寺未遭损害。但是蒙古人要京俄去当受供喇嘛，京俄扎巴迥乃说：‘有一个适合当你的受供喇嘛的人，住在西面。’鼓动蒙古人去迎请萨迦班智达。一面又鼓动萨迦班智达说：‘为了整个吐蕃的利益，你应该前去。’这样，在木龙年（1244）将萨迦班智达、他十岁的侄子八思巴和六岁的侄子恰那多吉等三人迎请到止贡寺，献上礼品，资送他们前往”①。魏里文中还引用了《贤者喜宴》另一处观点相近的说法。②

这种说法是否可信呢？回答是否定的。首先，这条出自《贤者喜宴》的资料本身的可靠性就存在问题。因为比《贤者喜宴》（1564）时代更早的、属于元明时期的诸多藏文史书，包括《红史》（1363）③《新红史》（1538）④《汉藏史集》（1434）⑤等，以及较晚的《萨迦世系史》（1629）⑥ 等书，几乎众口一词地宣称阔端邀请前往凉州会谈的是萨迦班智达贡噶坚赞，而非其他任何人，包括京俄扎巴迥乃。这些著作的作者有萨迦派，也有噶举派，既无区域偏见，也无教派隔阂，所说应为共识。《贤者喜宴》无疑是经典藏文历史名著，其最大特点是保存了众多的珍贵历史文献和档案资料，惟其如此，关于噶举派高僧传记的资料大约是来自该派后学对前辈大德的记述，难免存在回护和美化

① 巴俄·祖拉陈瓦：《贤者喜宴》下册，藏文本，民族出版社。1986 年，第 1416—1417 页。

② 巴俄·祖拉陈瓦：《贤者喜宴》下册，藏文本，民族出版社，1986 年，第 893 页：འབྲི་ཁུང་རྗེ་སྤྱན་སྔ་བླ་མཆོད་དུ་བོས་པ་ཐབས་ཀྱིས་རྗེ་བཙུན་ས་པཎ་སྤྱན་འདྲེན་པར་བསྐུལ།

③ 蔡巴·贡噶多吉著，东噶·洛桑赤列校注，陈庆英、周润年译：《红史》，西藏人民出版社，1988 年，第 43 页记载：“皇子阔端由北方，即凉州派人前来邀请他，贡噶坚赞于六十三岁的阳木龙年，伯侄三人前去，路上走了三年，于马年到达凉州。”

④ 班钦索南查巴著，黄颢译：《新红史》，西藏人民出版社，1984 年，第 54 页。

⑤ 达仓宗巴·班觉桑布著，陈庆英译：《汉藏史集》，西藏人民出版社，1986 年，第 161 页；达仓宗巴·班觉桑布《汉藏史集》，藏文本，四川民族出版社，1985 年，第 266 页。

⑥ 阿旺·贡噶索南著，陈庆英、高禾福、周润年译：《萨迦世系史》，西藏人民出版社，1989 年，第 80 页；参阅昂旺·贡噶索南：《萨迦世系谱》，藏文本，民族出版社，1986 年，第 117 页。

的内容，应审慎对待。至于该段文字中把窝阔台时期时间错置成吉思汗时期，止贡京俄扎巴迥乃降下石雨使止贡寺免去兵灾等，都反映了资料提供者的草率和利用者的轻信。特别重要的是，这里刻意漏掉了多尔达逮捕止贡官巴（འབྲི་གུང་སྒོམ་པ），京俄扎巴迥乃前来营救的史实。其次，根据史实和情理来看，止贡官巴被多尔达下令逮捕，生命危在旦夕，京俄扎巴迥乃被迫出来相救，哪来的心思去玩“小伎俩”和阴谋诡计？直接带兵入藏的多尔达那么容易会轻信？需要止贡京俄在中间转圜？才智超群的萨迦班智达那么容易受骗？这段记载是在美化京俄扎巴迥乃，还是弄巧成拙地贬低了他的智慧和能力？稍加分析就不难得出结论。事实上，止贡京俄能够救出止贡官巴的前提条件是交出人口户册、归服蒙古，他自己及该派业已被排除在受邀请者之外。从后来发生的“止贡之变”来看，与蒙古军队发生对抗的止贡派，不仅无法在阔端的西藏治理中发挥更大作用，即使想再度努力挽回颓局，也以失败而告终。[①] 第三，元代西藏地方著名政治人物，同时也是帕木竹巴万户长的大司徒绛曲坚赞的记述，十分有力地否定了《贤者喜宴》收录的上述说法的真实性。他在所著《朗氏世系史》中写道：“由蒙古多达那波任将军，在北部热振寺杀死 500 名僧人，使吐蕃全境地动石颤。此后，在热（振）、索（曲）等处设置驿站。当京俄仁波且避往顿塘时，多达那波逮捕了官巴释迦仁钦，并准备杀害。（京俄仁波且）向度母祈祷，天空中降下石雨。多达那波说：‘托因（蒙古人对出家僧人的称呼），你是个好人。’向京俄仁波且致敬顶礼，释放了官巴。（京俄仁波且）将吐蕃所有木门人家的户数献上，被（蒙古）接纳和照应。（蒙古军）在东面工布（ཀོང་པོ）地区以上，包括东西洛扎（ལྷོ་བྲག་ཤར་ནུབ）、聂（བསྙལ）、洛若（ལོ་རོ）、甲尔波（བྱར་པོ）、门白卓（མོན་དཔལ་གྲོ）、珞（ལྷོ）、门（མོན），直至泥婆罗（བལ་པོ）边界以内的地区，拆除堡寨。使讲吐蕃语的地区中王法和教法如

① 关于“止贡之变”，参见张云：《元代西藏“止贡之变”及相关问题考释》，《中国藏学》2000 年第 3 期。

黎明时太阳升起，这是京俄仁波且对吐蕃地区的大恩德。多达那波来到吐蕃地区的时间，是成吉思汗的儿子窝阔台（在位）的时期。”① 两相比较，两者有同有异，出自《贤者喜宴》的同类资料缺少了止贡官巴被多尔达逮捕，面临被杀的事实，还缺少了止贡京俄交出人口户册归服蒙古的事实，再加上时代亦有错误。绛曲坚赞书中压根儿没有提到京俄扎巴迥乃施展“小伎俩”的情节，也没有资送萨班伯侄三人前往凉州的史事，其他的内容则完全相同。我们只能说两者可能是一个资料来源，甚至可以说《贤者喜宴》中所引该条资料是从前者中继承下来的，只是被人为地篡改了。修改资料的人也许是想证明京俄扎巴迥乃比萨班还更早受到阔端的重视，可惜事与愿违，这些资料表明萨迦班智达是大智慧，而止贡京俄的做法是小伎俩。真实的情况可能是京俄扎巴迥乃也是一位智者，只是史料被人篡改并被人误读了。

阔端的邀请函中讲得很清楚，一则要求萨迦代表西藏地方接受归附大蒙古国；一则许诺让萨班“管领西方众僧”，即授予管理西藏佛教的权力。

二、萨迦班智达的个人禀赋与精心准备

1. 萨迦班智达的渊博学识与自信

萨迦班智达能够出色完成凉州会谈，与阔端一起以和平的方式商定西藏地方归附于大蒙古国暨元朝行政管辖之下，他个人的禀赋和自信起到了十分关键的作用。

《萨迦世系史》记载，萨迦班智达年轻时即学习并领会了父祖的全部教法。25 岁时，喀且班钦释迦室利（Shākyashrībhadra，1127—1225）来到吐蕃。萨班将夏尔拉章（ཤར་བླ་བྲང་）交给夏尔

① 大司徒绛曲坚赞：《大司徒绛曲坚赞遗教》，藏文本，西藏人民出版社，1989 年，第 109 页；赞拉·阿旺、佘万治译，陈庆英校：《朗氏家族史》，西藏人民出版社，1989 年，第 74—75 页。

巴·喜饶迥乃（ཤར་པ་ཤེར་འབྱུང），自己修建了细脱拉章（བཞི་ཐོག་བླ་བྲང）。他依止喀且班钦等许多印度和吐蕃的大学者，特别是长期跟随喀且班钦的心传弟子班智达达那锡拉（ད་ན་ཤི་ལ），不离左右，学通了五明之学。①

《萨迦世系史》一书，详细列述了萨迦班智达熟读过的声明、因明、工巧明、医方明、内明等五明方面书籍，以及在这五个领域的著述和成就。特别是在因明方面通晓《集量论》和《集量七注》等经典。医方明方面，萨班熟悉多种医疗术，把日常用药和定时用药之仪轨、病之法相、相面学、盘洁学、触病观察法、医疗法、治病药剂学、诸外科治疗法等经典认真修习，能治愈各种奇难病症。② 这为他后来在凉州为众多患者，特别是为阔端治病并赢得信任打下了基础。

在内明方面，萨班自称修习过《般若波罗蜜多略术》《论藏》《律藏》《经藏》，以及《庄严经》和《华严经》等诸经典；闻习密宗金刚乘中之事续、行续、瑜伽续和无上瑜伽续等部经典及注释，还修习过印度诸瑜伽自在大成就者所传的大部分教诫、西藏诸前辈所传的噶当派、希解派、大圆满、大手印等闭关修习的全都要诀，得以融会贯通。③

作为西藏地方历史上的第一位学富五明的班智达，个人渊博的知识和过人的见识让他有信心和能力完成这项以宗教为名、以政治为实的艰巨任务。

《萨迦世系史》记载，萨班曾说过："证悟要彻底、毫无遗留、无有质疑，通过其中诸明。综上所述，概括为一句话即我之智慧无比。"④ 他解释称："'无比'亦是自己所领悟之知识，即能达到著、辩、讲习诸经论，根据地理、天时、众生之界进行讲论。"他还在自己的自传开头赞颂辞中宣称：

---

① 《汉藏史集》汉译本第 201 页，藏文本第 322—323 页。

② 《萨迦世系史》汉译本第 63 页，藏文本第 90—91 页。

③ 《萨迦世系史》汉译本第 63 页，藏文本第 91—92 页。

④ 《萨迦世系史》汉译本第 64 页，藏文本第 92—93 页。

翱游智慧天空无有障碍，
能衔食对手日月之光明，
恒常诸生皆未能得见，
贡噶坚赞如天空之罗睺。①

为了对萨班这种强烈自信的做派进行辩护，《萨迦世系史》作者援引例证，说明“前诸大学者亦有此类自颂，如以前的大学者班丹却吉扎巴（དཔལ་ལྡན་ཆོས་ཀྱི་གྲགས་པ）、罗追丹巴（བློ་གྲོས་བརྟན་པ）、喜饶迥乃白巴（ཤེར་རབ་འབྱུང་གནས་སྦས་པ）、夏噶热南塔（ཤ་ཀ་ར་ནནྡ）、玛瓦森格（སྨྲ་བ་སེང་གེ）等人，彼等并未有傲慢之心，但各自在其传记中皆著有自颂。”而且这些自我赞颂的贤者们，“如此自我赞颂学力是诸贤哲之美德，诸贤哲是有惭知愧的，先贤们没有宣扬和夸耀本族之财富、随从、军队、权势等世间之兴盛等，对此彼等自然明知”②。

萨班的这种自信与其个人的学识和性格有关系，也与当时藏传佛教界精读深耕，造诣超前从而自信增强有关。在绰浦译师邀请释迦室利时曾写过一封信，他自己在不同的文章中引用了这封信，信当时应该是梵文写的，但在他的自传中译为了藏文，其中的一段很有意思，因为可以从中了解到1200年左右的西藏的学术氛围。他讲道：“智慧之地均有源头，如摩揭陀等，但这些地方已被征服，乌仗那、克什米尔、加德满都河谷行为不端，传法之善地，只有在西藏这块土地上，有伟大的人物，会保护这样的一块土地。”当时，一位名叫却吉巴·森格贝的因明学者，写了一个关于法称的注疏，他提出来一些观点，说是自法称写了之后，没有任何印度人能够解决的问题。这些都反映出西藏学者逐步增加的自信，即对西藏精英来说，印度不再是佛教世界的中

① 《萨迦世系史》汉译本第64—65页，藏文本第93—94页。
② 《萨迦世系史》汉译本第66—67页，藏文本第95—97页。

心，西藏开始成为佛教世界的中心，这是一个很大的转变。① 对于承担使命的萨班而言，这无疑是颇为重要的条件。

2. 使命——前辈大师的托付：班钦释迦室利的托付与杰尊钦波扎巴坚赞的临终嘱咐

仅有个人自信坚毅的禀赋和渊博的知识储备还是不够的，让所担负的使命成为无法回避的重托，萨班必须首先要在萨迦派内部赢得支持，达成共识。从藏文史料记载来看，最主要的有两点：一是既是伯父又是入门师傅的扎巴坚赞的嘱托，一是恩师班钦释迦室利的嘱托，而且都是从传播佛教角度来讲的。

《萨迦世系史》记载："正当法王在西藏宏扬释迦牟尼教法之时，凶暴的蒙古人在取舍方面如畜生一般愚昧；慈悲心比阎罗王还要小；体力比药叉还要强壮；无数非天之军队使人畏惧。开初，汉地和西夏等北部一切地方均被蒙古人占为己有。并让百姓和出家人毫无区别地负担税赋、兵差和乌拉，连佛教之名称亦未曾有过。法王见他们使一切自他招致破败，故不能忍耐，愿以慈悲之心把蒙古引上佛教之道，发愿应时教化。"当法王之堪布班钦释迦室利前去森格拉林（སེང་ལའི་གླིང）时，拉那木台乌噶波（ལྷ་གནམ་ཐེའུ་དཀར་པོ）曾请求释迦室利前去蒙古，释迦室利向救度母祈祷后，救度母对他说："你去蒙古无有稗益，从西藏派一名弟子前去有好处。"班钦释迦室利对法王作了如此授记。此外，喇嘛杰尊钦波（བླ་མ་རྗེ་བཙུན་ཆེན་པོ，即扎巴坚赞）圆寂前对法王说："在你的后半生，蒙古使者将前来。如果去，对发展佛教及众生大有禅益，无论如何应当前往。"②《汉藏史集》更详细地记载了萨班对伯父教诲的态度。文称，他在成为佛法之大首领之后，在他63岁的阳木龙年（甲辰，1244），蒙古之王额沁阔端（ཨེ་ཆེན་ཀོ་སྟན，藏文又译作ཀོ་དན）派遣金字使者多尔塔赤（དོར་ཐ་ཆེ，藏

---

① 范德康（Leonard van der Kuijp）：《克什米尔大师释迦室利跋陀罗及其对藏传佛教的影响》，四川大学中国藏学研究所"珠峰藏学学术系列讲座第三讲"，2010年12月24日。

② 《萨迦世系史》汉译本第80页，藏文本第117页。

文又译作དོར་ཏོག）前来迎请他。上师心想："以前在察看我的业缘时，伯父大尊者扎巴坚赞（གྲགས་པ་རྒྱལ་མཚན）曾预言说：'在你一生中的某个时候，将有这样的迎请者从北方来，那时你不要疑惑，应当前去，对教法和众生都有大利益。'我应当前往。"① 也就是说北行凉州为了父辈重托。

3. 救西藏地方众生于水火的责任担当

其他教派的质疑更在所难免，只用传播佛教的说辞显然已经远远不够，萨班在回答其他教派大德的问询时，直接说明了应召北行的根本原因。

《萨迦世系史》记载，噶当巴南喀本（བཀའ་གདམས་པ་ནམ་མཁའ་འབུམ）问法王（萨班）："你究竟有何神通本领？请不要隐瞒，说真心话。此外，你前往蒙古地方有何好处？"法王回答说："我对佛法无限敬信感戴，对经典之义略有所知，心生现观续部然而不大。我为何前往蒙古供施处？若不去的话，军队即来。若军队来此，就会给雪域西藏带来灾难。为饶益众生和牲畜，只好暂时前去，无有其他裨益。总之，为饶益众生，敢于牺牲自己的生命。"② 可谓道出了他北行凉州最根本的原因。

事实上，从阔端龙年（1244）八月三十日写就，并由蒙古迎请使者带给萨班的邀请函可以看到，阔端已经清楚地提醒萨班不要以年迈和路途遥远为托词，拒绝前往凉州参加会谈，③ 因此他确实是不顾身体性命，为了西藏众生而踏上征程的。

三、萨班伯侄的行程与活动内容

1. 萨班携八思巴、恰那多吉二侄启程

萨班委派伍由巴大师索南僧格（བླ་མ་འོ་ཡུག་པ་བསོད་ནམས་སེང་གེ）

① 《汉藏史集》汉译本第 201 页，藏文本第 323 页。
② 《萨迦世系史》汉译本第 68 页，藏文本第 98—99 页。
③ 《萨迦世系史》汉译本第 80—81 页，藏文本第 118—119 页。

和夏尔巴·喜饶迥乃（ཤར་པ་ཤེར་འབྱུང）为曲本（ཆོས་དཔོན），负责教法方面的事务，又委派仲巴·释迦桑布（ཀྲོམ་པ་ཤཱཀྱ་བཟང་པོ）为内务总管。上师的侄子八思巴和恰那多吉二人虽然年幼，也作为随从带领前往。①

八思巴10岁时，作为法王萨迦班智达的随从前去凉州，在路过苏浦（ཟུལ་ཕུ，在今西藏墨竹工卡县境内）时，由萨迦班智达任堪布，苏浦堪布却吉绛曲（ཆོས་ཀྱི་བྱང་ཆུབ）任阿阇黎，受比丘戒出家，继承了他们的增上戒学的传承。②

《汉藏史集》在记述恰那多吉生平事迹时提到，“上师八思巴的弟弟恰那多吉生于其父56岁的阴土猪年（1239）。他6岁作为法主萨迦班智达的随从前往凉州，当时萨迦派众人请求说：‘法主两位侄子年纪幼小，恐不堪旅途之劳苦，请留下他们。’但他持守清静律仪，破除众人之异议，显示出克服路途艰难的非凡能力，去了凉州。他从萨迦班智达和八思巴那里学习了灌顶和许多经咒。汗王阔端让他穿蒙古服装，并把公主墨卡顿（མེ་ག་བདུན，应该是“墨可敦”）嫁给他。他朝见薛禅皇帝后，薛禅皇帝封他为白兰王，赐给金印，并为他设置左右衙署，委派他治理整个吐蕃地区。在整个吐蕃和萨迦派中，他是最早得到王的封号和职位的人。”③

关于随伯父萨班前往凉州的八思巴、恰那多吉兄弟的身份，究竟是保持与蒙古统治者关系的继承人还是所谓“人质”同样需要明确加以辨析。有学者曾指出：“1244年奉阔端诏时，萨班（1182—1251）已62岁；二侄方幼，八思巴9岁，恰那5岁，此二侄是萨迦统治家族下一代的领袖人物，由此可见，蒙古人之索取他们是打算留作萨班死后的人质，以此保证西藏归服的持

① 《汉藏史集》汉译本第201页，藏文本第323页。
② 《汉藏史集》汉译本第202页，藏文本第325页。
③ 《汉藏史集》汉译本第206页，藏文本第330—331页。

续性。”①

这种推测看似有一定的道理，但是与藏文史书的记载存在较大歧异，也不符合当时的历史实际。首先，藏文史料中大量而充足的资料显示，凉州会谈期间，萨班受到崇高的礼遇，他的两个侄子八思巴、恰那多吉兄弟得到亲切的关怀，而会谈后则获得崇高地位和周到的安排，没有被扣作“人质”的任何迹象。正如《萨迦班智达致书卫、藏、阿里各地善知识大德及诸施主书》中所反映的那样，阔端对待萨班及其二侄十分和睦友善。萨班的到来，令阔端十分高兴，对萨班说：“汝携带如此幼小之八思巴兄弟与侍从一起前来，是眷顾于我。汝以头来归顺，他人以脚来归顺，汝系因我召请而来，他人则是因恐惧而来，此情吾岂能不知！八思巴兄弟先前已习知吐蕃教法，可仍着八思巴学习之，着恰那多杰学习蒙古语言。若吾以世间法护持，汝以出世间法护持，释迦牟尼之教法岂有不遍弘于海内者欤！’”称萨班是受召请而来，其他是因为恐惧而来，并让八思巴安心随伯父学法，让恰那多吉学习蒙古语言，为双方未来以世间和佛法管理好西藏地方奠定扎实基础。萨班在信函中反复强调：“此菩萨汗王敬奉佛教，尤崇三宝。以良善之法度护持臣下，对我之关怀更胜于他人。汗王曾对我云：‘汝可安心说法，汝之所需，吾俱可供给。”“彼（阔端）对八思巴兄弟尤为喜爱。”“汗王对我关切逾于他人，故汉地、吐蕃、畏兀儿、西夏等地之善知识大德及官员百姓均感奇异，前来听经，极为崇敬。无需顾虑蒙古如何对待我等来此地之众人，均甚为关切，待之优厚。至于我之各方面，众人自可放心为是。”② 他们在凉州的状况交代得再清楚不过了，固然有化解大家对有关蒙古军队如何凶残的各种猜测和担心的用意，也足见阔端的情真意切、以诚相待。其次，凉州会谈通过和平方式解决大蒙古国暨元朝对西藏地方的行政管辖问题，避免了战争

① 邓锐龄：《邓锐龄藏族史论文译文集》下册，中国藏学出版社，2004 年，第 877 页。

② 《萨迦世系史》汉译本第 91—94 页，藏文本第 135—140 页。

的血腥和杀戮，对于阔端和蒙古统治者而言以最小的代价赢得最大的效果，是巨大的成功，萨迦派领袖的协助应该得到丰厚奖赏。而对萨迦派领袖而言，虽然参加的是无从选择的会谈，却使西藏地方百姓免遭兵灾，也是修得了无量功德，而配合蒙古统治者落实会谈成果非常有助于西藏地方众生百姓获得安宁。凉州会谈后，阔端让萨班居于各宗教首领位置，给予特别的敬重，即是最好的说明。恰那多吉得尚公主，受封白兰王，更彰显了蒙古统治者对萨迦派世俗势力的重视。第三，如果讲到“质子”，阔端应该明白八思巴、恰那多吉兄弟不是质子，因为如果仅仅扣押这两个年幼的萨迦派政教事业的继承人，是不可能达到目的的，可能还会引起更大的惊慌和疑惧。能达到目的的做法就是扣押西藏地方所有有影响的政教势力的政教继承人，因为当时的西藏地方教派分立、各个势力割据，与此相反，如果阔端要通过与萨迦政教势力的合作来实现对西藏地方的管辖，则必须提高萨迦派领袖的地位，扩大他们在西藏地方的影响，使之成为最有权势的地方政权，我们看到的事实正是后者。因此，所谓“质子”之说就是未得要领的推测而已，不足为据。

2. 与会晤的大德和关键人物交换意见

萨班和两个年幼的侄子在前往凉州的路途中，行程有 3 年之久，他与西藏地方各界进行了广泛的交流，一则是佛法方面的切磋和交流，一则是征询各教派大德对凉州会谈方案的意见，以便形成共识。

《萨迦世系史》中记载，萨班伯侄经过多康（མདོ་ཁམས）地方时，敦巴洛追饶塞（སྟོན་པ་བློ་གྲོས་རབ་གསལ）向他请教佛法，萨班清楚地回答了教法方面之问题。……对多康之敦巴洛追饶塞之答复，由比机仁钦扎（བི་ཛི་རིན་ཆེན་གྲགས）写于林卡（གླིང་ཁ）。”①

萨班途经多麦时，萨班与大瑜伽行者楚玛巴（ཕྱུ་མ་པ）有佛法方面的问答交流。楚玛巴还给萨班赠送了一套内外衣。而萨班

① 《萨迦世系史》汉译本第 81 页，藏文本第 118—119 页。

则为瑜伽行者楚玛巴授五颂诗，由比机（བི་ཇི）写于多康麦林卡（据说第三次答复以前未有流行，此后由多康地方金刚持贡嘎旺秋（ཀུན་དགའ་དབང་ཕྱུག）手中而得到。此注释是根据法王萨班之讲授由比机而写。①

离开多麦地方之后，萨班一行继而到达多桑（མདོ་སྨང）地方，又有一人为萨班敬献了一块镶缀着多金点子的锦缎。萨班把此锦缎赐给拉杰比机（ལྷ་རྗེ་བི་ཇི），让他用来做衣服。② 萨班伯侄的行程以重点寺院、重点教派、代表性人物为主，并且注意到地区的广泛性，除了卫藏地区之外，到访过多康、多麦等地区，广泛听取各地大德对会谈的意见和建议，形成自己的应对方案。

3. 从后来萨迦派对有关萨班流言的辩驳中看萨班当时遇到的一些挑战

尽管萨班做了比较广泛的走访交流和沟通，与阔端达成协议的事情后来在西藏地方还是有不同意见，有人甚至说“萨迦巴被天子魔所迷，与蒙古发生联系”，萨班称此事“难得愚昧者的赞同”，针对在一些传记中出现了“一些别的人不喜欢的事情”，萨班在答复托郭瓦（ཏོ་སྐོར་བ）之问时说道：“吾昔日之部分事迹，教日升起普照大地，闻思修此是如意宝，卫藏信徒即可足意。”③ 可见，萨班后来依然在为做解疑释惑的工作而努力。

四、萨班与阔端的密切互动与凉州会谈

凉州会谈是一个重大事件，详细情况主要反映在萨班给西藏地方大德和施主的信函中，《萨迦世系史》《汉藏史集》等藏文史书中的零星记载还为我们提供了诸多重要的信息。

凉州会谈的时间。《汉藏史集》称，萨班伯侄一行于马年

① 《萨迦世系史》汉译本第 82—83 页，藏文本第 121—123 页。

② 《萨迦世系史》汉译本第 83—84 页，藏文本第 123 页。

③ 《萨迦世系史》汉译本第 85 页，藏文本第 124—125 页。

（1246）到达凉州，此时，汗王（阔端）已去参加贵由（གོ་རྒྱལ་པོ）汗即位的典礼。到阴火羊年（1247），施主与福田双方会见，上师（萨班）成为汗王祭天的首席长老。萨迦班智达成为汗王的上师，在蒙古地方弘扬佛法，这是蒙古与萨迦最早建立的关系。①

《萨迦世系史》记载："法王萨班于六十五岁的阳火马年八月到达北方凉州（བྱང་ངོ་ལིང་ཆུ），此时阔端为参加贵由汗即位之庆典到蒙古地方去了，阔端返回后，于羊年（1247）一月举行了会谈。阔端甚喜，谈论了许多教法和地方民情。"② 由此我们知道，凉州会谈的确切时间是 1247 年藏历一月，也就是说，萨班在凉州待了 5 个月才与阔端会面。据《元史》记载，1246 年"秋七月，即皇帝位于汪吉宿灭秃里之地。帝虽御极，而朝政犹出于六皇后云。冬，猎黄羊于野马川。"③ 汪吉宿灭秃里在今蒙古国西南鄂尔浑河上游哈尔和林一带，而野马川即胪朐河，系今蒙古国境内的克鲁伦河。一种可能的情况是阔端在参加推举贵由为大汗的忽里勒台大会之后，在和林附近待了一段时间，甚至可能参加了贵由汗的狩猎等活动。

凉州传法并获得礼重。《萨迦世系史》称，在萨班到达凉州之前，阔端的身边已有几位吐蕃僧人，但是由于他们对佛教的知识并不精通，因此在举行祈愿法会时，由也里可温和蒙古的萨满坐在僧众的上首。萨班与阔端谈论了许多教法，在原先李域（于阗）诸大德向阔端介绍佛教的基础上，使阔瑞明了佛教教义。因此，阔端十分高兴，下令从今以后也里可温和萨满不能坐在上首，而让萨班坐在僧众的上首；祝愿时首先由佛教僧人祝愿。从此在蒙古地方的佛教出家僧人的地位也受到重视。④ 萨班以自己渊博的佛学知识在阔端那里为佛教赢得了巨大的声誉和

① 《汉藏史集》汉译本第 201—202 页，藏文本第 324 页。

② 《萨迦世系史》汉译本第 85 页，藏文第 125 页。

③ 《元史》卷二《本纪》第二《定宗》。

④ 《萨迦世系史》汉译本第 85—86 页，藏文本第 125—126 页。

影响。

让凉州百姓接受阔端管理并为阔端治病。《萨迦世系史》中，还以类似神话传说的方式讲述了萨班为阔端治病的事迹。从这段叙述中我们获得了这样几点信息：其一，在蒙古军攻灭西夏之后，凉州一带可能流行过瘟疫，而阔端所患疾病或许与此有关。因此才有所谓治好其他患者则可治好阔端的说法。其二，阔端管辖的凉州乃至河西地区曾经是西夏故地，蒙古军的武装占领及杀戮在当地仍有影响，也就是在百姓心中存在一定程度的心理隔阂，萨班在其中发挥了弥合作用。这就是有关阔端是西夏王转世的说法，“当时因阔端为释迦牟尼积有福德，故转生为一位国王。后来此王又转生为西夏王……。”也就是让西夏故地的百姓接受阔端的统治与管理，并且以鬼神的名义宣称，“此王对释迦牟尼有福泽，不能与其较量”①。其三，萨班为阔端治好疾病，使阔端从病魔中解脱出来后，大大增进了阔端对萨班的敬重，他还多次向萨班请教佛法，僧众也更加拥戴萨班。“从此，既不同语言又不信奉佛教之徒众亦信仰了佛教，信奉者们皆入大乘教。”② 佛教在凉州日益繁荣昌盛。

萨班前往五台山为道士传法。《萨迦世系史》虽然缺乏细节，却也提到萨班到汉地五台山（རྒྱ་ནག་རི་བ་རྩེ་ལྔ）的史事，还为五台山的一名叫多丹坚波（རྟོགས་ལྡན་རྒྱན་པོ）的道士传授了喜金刚密法之灌顶，同时传授了大手印俱生修习法以及全部语诀之要旨。此记载由比机写于五台山。③

萨班与阔端争锋。法王萨班与蒙古王阔端多次畅叙，当谈到经部《金光正法论》中记载龟没有毛之时，阔端反驳此说，拿出一张一尺多长的皮子，皮子上长有长彩毛，请法王萨班观看。萨班说：“此何曾是龟皮，此为水中的动物，即为《菩提勇识论》中所说的所有一切像龟的有形动物类的皮子。此原因很明

---

① 《萨迦世系史》汉译本第 86—87 页，藏文本第 127—128 页。

② 《萨迦世系史》汉译本第 87 页，藏文本第 128 页。

③ 《萨迦世系史》汉译本第 87—90 页，藏文本第 128—134 页。

显，一看即知，这张皮子上显现有千手佛和菩萨近侍八弟子的身像。”并指给大家看，使此地的众生很惊讶。阔端有点羞愧，准备报复一次，遂与众大臣商议，请魔术师们在一前所未有的地方幻变一座奇有的寺庙。此后，阔端对法王萨班说：“你是被我召请来的一位贤者，看到你的胜妙功德，我非常高兴。现在一幽静地方有一圆满寺庙，特赐与你，请前往。”此后，法王萨班师徒和阔端主仆一同前往。当到达此地时，法王一看即知悉此为幻变的寺庙，遂拔除许多怖畏守门之鬼魔，并把开光之花撒向其他尊者身上。据传当时魔术师们再未能收回幻术，此即为幻化寺（སྤྲུལ་པ་སྡེ）。如是萨班做出许多奇迹、使汉地之佛教日益兴盛。①说明双方不仅有融洽传法灌顶，也有分歧和交锋，体现凉州会谈也包含着艰难交涉。

萨班认为驻锡凉州较返回吐蕃更有益于佛法，遂安心住该地。他给西藏地方各寺院及弟子捎去许多布施和礼品，同时还捎去了《入菩提道次第论》一书，并吩咐大家“在卫、藏、康三处各法会上讲说经文”②。并认真领会和执行他在信函中所提的各项要求。

对西藏地方未来管理体制的规划安排。在萨迦班智达致卫、藏、阿里各地善知识大德及诸施主书中，除了反复耐心强调诚心归服蒙古之外，可以看到阔端将在西藏地方实施的制度与措施，也可以说是凉州会谈的最主要内容，包括：1. 征派乌拉差役。2. 若能唯命是听，则西藏地方各地官员均可官仍原职，接受金字使和银字使的召请，担任各地的达鲁花赤等官。3. 由萨迦派遣干练使者，将西藏各地官员姓名、百姓数目、贡品数量缮写三份，一份送阔端处，一份存放萨迦，一份由各长官收执。4. 绘制一幅标明某处已归降及某处未归降之地图，未降者将遭到毁灭。5. 萨迦金字使者应与各地官员商议行事，除利益众生之外，不可擅作威福。各地方官员在不与萨迦金字使商议的情况下也不

① 《萨迦世系史》汉译本第91页，藏文本第134—135页。

② 《萨迦世系史》汉译本第91页，藏文本第135页。

得擅做主张。6. 要殷勤服侍金字使者。7. 要积极缴纳贡物，物品以金、银、象牙、大粒珍珠、银朱、藏红花、木香牛黄、虎（皮）、豹（皮）、草豹（皮）、水獭（皮）、蕃呢、卫地上等氆氇等物为佳。① 萨班的信函赢得了广泛的支持和拥护，凉州会谈圆满结束，其成果也在西藏地方逐渐得到落实。

拖雷系与居住在凉州的萨迦派领袖的早期接触。在不久的一天晚上，萨班对堆瓦坚赞（འདུལ་བ་རྒྱལ་མཚན）说："请把王妃唆鲁禾帖尼（དཔོན་སོ་ཟོ་རོག་ཏ），拖雷之妻，蒙哥和忽必烈之母）送给我的大氅拿来。"然后对比机拉杰说："请把此大氅穿上，我俩前世即有许多缘分。最初，你是我之行茶侍者。此后，派遣你至西夏咯如觉本国师（མི་ཉག་འགའ་རུ་ཇོ་འབུམ་གུག་ཤྲཱི）之身边。后被蒙古人俘获，未死，故现在对我百般侍奉。今后，你也定会投生在我身边。"② 从唆鲁禾帖尼赠给萨班大氅来看，一方面说明拖雷系较早地介入了与萨迦派的直接联系当中；另一方面也反映出阔端对此的包容。而这里文中提到的西夏觉本国师，恰恰就是萨班伯父扎巴坚赞的弟子，此人前往西夏做了西夏王的应供上师。③

《雅隆尊者教法史》记载，法主去世后，八思巴 19 岁时，即牛年，在六盘山（ལུ་པ་ཤན）与尚是太子之忽必烈相见，极其敬仰。向北方王子蒙哥都（ཅུང་རོས་རྒྱལ་བུ་མོང་གུ་དུ）宣讲萨迦派宗旨，为忽必烈之应供喇嘛。④

事实上，当萨迦班智达伯侄到达凉州以后，蒙古薛禅汗王即传令："听说有殊胜的萨迦喇嘛到了凉州，他应该当我供养的上师。"萨迦班智达因年老未去，上师八思巴与凉州的王子蒙哥都（མོང་གོར）一起，前去汉地，与住在六盘山（ལུ་པའི་ཤན）的薛禅王忽必烈会见。薛禅王大喜，给了凉州（王子）一百名蒙古骑兵，

---

① 《萨迦世系史》汉译本第 91—94 页，藏文本第 135—140 页。

② 《萨迦世系史》汉译本第 97 页，藏文本第 144 页。

③ 《萨迦世系史》汉译本第 52 页，藏文本第 75—76 页，这里写作"བཀྲག་ཤི་ཇོ་འབུམ（国师觉本）"。

④ 释迦仁钦德著，汤池安译：《雅隆尊者教法史》，西藏人民出版社，1989 年，第 88 页；释迦仁钦德：《雅隆尊者教法史》，藏文本，1988 年，第 149 页。

留下了八思巴，结成施主与福田的关系。① 最终实现了萨迦派由窝阔台系到拖雷系的转变。

萨班传法座给八思巴。八思巴17岁时，学完了法主所传授的一切教法，萨班十分高兴，决定将掌管教法的重任委付于他，于是将自己的法螺及化缘钵传给他，将众弟子托付于他，并嘱咐说："由你来做利益教法和有情众生之事业的时刻已到，你要牢记先前所发的誓愿。"② 如此传法于八思巴。也就是说萨迦班智达传法给八思巴是临终前，即1251年阴历十一月十四日。

1247年阴历十一月十四日黎明时分，相传凉州地方"曾出现各种宝幢、妙音、供赞和地震，法王萨班圆寂矣。"③ 阴历十一月二十五日，"火葬遗体之青烟幻变为彩虹，众生听见各种妙音。法王大部分遗骸变为无数的自现舍利和佛像"④。《汉藏史集》也称，萨迦班智达护持法座35年，于70岁的阴铁猪年（1251）十一月十四日，在诸种异兆伴随下在凉州幻化寺去世，在该地建有纪念他的佛塔，并经常祭祀。⑤ 八思巴在凉州为萨迦班智达的圆寂做超荐法事。⑥

五、凉州会谈的历史意义

凉州会谈是一个具有重大现实意义和深远影响的历史事件，其意义主要有以下几个方面：

首先是西藏地方纳入大蒙古国暨元朝中央王朝行政管辖之下。在唐代中国的行政版图上，吐蕃和唐朝虽然关系十分密切，都是中国历史的一部分，却并无统属关系，是分处内地和青藏高

① 《汉藏史集》汉译本第202—203页，藏文本第325—326页。
② 《萨迦世系史》汉译本第106页，藏文本第150—151页。
③ 《萨迦世系史》汉译本第97页，藏文本第144页。
④ 《萨迦世系史》汉译本第97页，藏文本第144页。
⑤ 《汉藏史集》汉译本第202页，藏文本第324页。
⑥ 《汉藏史集》汉译本第203页，藏文本第326页。

原的两个政权。而从凉州会谈起便发生了历史性变化，西藏地方与内地在行政上融为一体，开始实行大蒙古国暨元朝的各项行政法规和制度，其与内地各方面的联系进入一个全新的阶段。

其次，对中国西北部地区各民族文化交流的深刻影响。“安史之乱”后，吐蕃大军东进相继占领河西陇右地区并在这里开始了长达百余年的统治。五代时期，凉州吐蕃（河西吐蕃）逐渐形成了以阳妃谷为主的6个山谷的蕃部，即六谷部。其首领出自折逋氏，潘罗支被推举为六谷部大首领。公元1001年宋朝授其“朔方节度”“凉州防御使兼灵州西面都巡检使”等职，潘罗支积极配合宋朝开展对西夏的战争，并与甘州（今甘肃张掖）回鹘时和时战。公元1016年，凉州六谷部被甘州回鹘打散。公元1032年九月，李德明子李元昊又打败占据凉州的回鹘，把凉州纳入西夏版图。当时聚居并活跃在凉州的除了汉族之外，还有吐蕃、回鹘、西夏和沙陀等部。在归服蒙古统治后，萨班在凉州的活动，不仅与当时活跃在阔端身边的萨满教士、也里可温教士、道士等相互切磋交流，也与这里的汉、于阗、西夏、回鹘等地等族僧人密切互动，对河西地方乃至西北地区各族的文化交流起到推动作用，使凉州再现了昔日的文化辉煌。

第三，凉州会谈成为蒙藏民族关系的新的历史开端。早年在西夏活动的西藏蔡巴噶举等派僧人可能已经与经营西夏的蒙古统治者发生了某些非正式的联系。依据《萨迦世系史》的记载，萨班早年也曾经派遣自己的贴身僧人比机拉杰前往西夏，文称萨班对比机拉杰说：“最初，你是我之行茶侍者。此后，派遣你至西夏咯如觉本国师之身边。后被蒙古人俘获，未死，故现在对我百般侍奉。今后，你也定会投生在我身边。”① 看来，那个时代萨迦派也曾经试图与西夏发生联系，却受到正在进攻西夏的蒙古统治者的阻碍。蒙古灭西夏、蒙藏政教首领举行凉州会谈后，情况发生了根本变化，中国的两大民族——蒙古和藏族关系开启了

① 《萨迦世系史》汉译本第97页，藏文本第144页。

新的发展时代，从当时的史事可以清晰地看到，萨班与阔端建立了密切的个人关系；由于恰那多吉迎娶墨卡顿公主使萨迦昆（款）氏家族与蒙古王室有了姻亲关系；八思巴与蒙哥都一度传承了父辈的友谊；而忽必烈与八思巴更将这种关系提升到了更高的层次，这些都成为后来脍炙人口的历史佳话。

第四，藏传佛教萨迦派北传的重要一步：凉州萨迦四大寺——幻化寺、金塔寺、海藏寺和莲花寺的相关史事。凉州地方资料和传说称，萨班在凉州期间主持修（扩）建了凉州四部寺，即幻化寺（白塔寺）、金塔寺（灌顶寺）、海藏寺和莲花寺。幻化寺系萨班所建似无疑义，其他寺院与萨班有所关联也在情理之中，特别是金塔寺被认为是萨班为阔端举行灌顶的寺院，关系自然密切。《萨迦世系史》中讲道："法王萨班有大、中、小三种寺院：大寺院有具吉祥萨迦寺和北方凉州寨喀寺（བྱང་ཕྱོགས་ལིང་ཚུ་ཙེར་ཁབ）；中等寺院有桑耶寺（བསམ་ཡས）、年堆江图尔寺（ཉང་སྟོད་རྒྱང་ཐུར）、香色新寺（ཤངས་སྲིག་ཤིང）；小寺遍及康、藏、卫等各地。此诸寺俱由法王萨班管辖，总计有显密教法，尤为注释等法相之说是法王萨班独特的优良传统。"① 凉州寨喀寺应该就是幻化寺，是阔端为萨班专门修建的萨迦派大寺院。

至于传说中的萨班妹妹索巴让莫（བཟོད་པ་རིང་མོ）的身份依然有待考证。按照藏文史书《汉藏史集》的记载，萨班的父亲贝钦沃波只娶了一个妻子玛久噶尔布玛尼日江，他们只有两个儿子即萨班和弟弟桑察·索南坚赞（ཟངས་ཚ་བསོད་ནམས་རྒྱལ་མཚན），也就是八思巴和恰那多吉的父亲有两个儿子，并无女儿，也就是说萨班没有亲妹妹。萨班的祖父贡噶宁布（ཀུན་དགའ་སྙིང་པོ，1092—1158）娶了两个妻子，生了4个儿子，并无女儿，则萨班当无堂妹。而从萨迦班智达前往凉州的记载中，除了八思巴和恰那多吉之外，并未提到其他亲人随行。传说称，听到大班智达圆寂的消息，索巴让莫说道："藏人的后代躺着死，索巴让莫我站着死。"

① 《萨迦世系史》汉译本第98页，藏文本第145页。

这是否意味着她并非是吐蕃人，而是萨班的一个学法弟子？因此，有关索巴让莫的传说和身份还有待考察分析。

张云，中国藏学研究中心历史研究所所长、研究员，陕西师范大学中国西部边疆研究院博士生导师。

从萨迦班智达《致蕃人书》到《优礼僧人诏书》

李德成

1247 年，有藏传佛教萨迦派第四祖师之称的萨迦班智达·贡噶坚赞（1182—1251）与掌管河西一带的蒙古窝阔台汗之子阔端（1206—1251）在今武威举行了具有伟大历史意义的凉州会谈，在取得一致意见之后，萨班写了一封致西藏各地领主的公开信，称《萨迦班智达贡噶坚赞致乌思藏善知识大德及诸施主的信》，即著名的萨迦班智达《致蕃人书》（以下简称“书信”），号召西藏地方僧俗领主归顺蒙古势力，为元代中央政府顺利实现对西藏地方的有效管辖和治理奠定了基础。

1251 年年底，阔端与萨班先后在凉州去世。继承萨班衣钵的萨班之侄八思巴（1235—1280）与蒙古汗王忽必烈（1215—1294）的交往日益紧密。1254 年，忽必烈颁赐给八思巴一件“藏文诏书”，即著名的《优礼僧人诏书》（以下简称“诏书”），进一步密切了蒙古族势力与西藏地方的政治联系，为实现元朝中央政府对西藏地方的有效管辖和治理起到了重要的推动作用。“书信”与“诏书”一脉相承，关联互动，顺应祖国统一之大势，顺应安居乐业之民心，共同为实现和维护祖国统一发挥了重要作用。二者的关系和影响值得研究和探讨。

一、“书信”与“诏书”前后呼应，在实现统一的历史大业中发挥了各自的历史作用

13世纪初叶，我国正处于分散割据的动荡时期，在中原地区有较为强大的宋朝，北方有蒙古族的蒙古汗国和女真族的金朝，西北有党项族的西夏王朝、畏吾儿族的黑汗王朝和藏族的唃厮啰王朝，云南有白族的大理王朝，西南有分散的吐蕃各部等。这些地方性政权分别割据一方，征战频繁，给人民的生产和生活带来了极大的痛苦。人民群众渴望结束战乱、实现统一，过和平安定的生活。

蒙古族势力顺应了全国形势发展的需要，担当起了实现祖国统一的大任。1206年，成吉思汗统一蒙古各部，建立大蒙古国政权。蒙古政权于1227年灭西夏，同时兵进中原，占领开封、洛阳等重镇，1234年灭金，1236年占领四川，南宋政权岌岌可危，统一指日可待，广大的吐蕃地区也完全暴露于蒙古军事力量之下。窝阔台汗将原西夏辖区及今甘肃、青海部分藏区划为其子阔端的份地。阔端筑宫室于凉州，开始了以藏传佛教为桥梁使西藏地方归顺蒙古从而推进多民族国家融合统一的计划。

1239年，阔端派他的将军多达那波对西藏进行了一次试探性的军事进攻，从青海一直攻到藏北，烧毁热振寺和杰拉康寺。当时西藏分散的教派和家族势力无法组织有效的抵抗，屈服于蒙古军队。多达那波开始修复杰拉康，并与在西藏及止贡噶举和帕竹噶举中具有重大影响的京俄扎巴迥乃（1175—1255）取得联系，京俄巴代表西藏僧俗首领向多达那波呈献了户籍，表示归顺。但他以年高体弱为由婉拒了多达那波赴阔端处的邀请，并推荐萨班前往。多达那波根据在西藏掌握的情况，致信阔端：“在边地西藏，僧伽组织以噶当派的最大，顾惜脸面以达垅噶举派的领袖最甚，排场华丽以止贡噶举派的京俄为最，教法以萨迦班智

达最精通，迎请何人请示明谕。”①

阔端派出使臣多尔斯衮和本觉达尔玛携带邀请信和大量礼品于1244年到达萨迦，将萨班作为西藏地方的代表人物，请其前去凉州会晤。1244年，萨班不顾个人安危和年迈体弱，毅然决然地选择了前行之路，携其侄儿八思巴、恰那多吉自萨迦寺启程东行，1246年到达凉州。1247年，在凉州与阔端相会，随后萨班致信西藏地方各地僧俗领主，劝导拥护统一。这就是著名的萨迦班智达《致蕃人书》，最终推动完成了元朝中央政府对西藏地方实行有效管辖和治理的统一大业。

“书信”极力赞扬阔端善知以法执政，有益天下。感激阔端“以良善之法度护持臣下，对我之关怀更胜于他人”，称颂阔端“为政者善知执法，定有益于所有国土”。② 表达了对阔端和蒙古政权的深切信赖。不仅强调蒙古军队多至不可胜数，“瞻部洲已全部入于彼之治下，而且强调与彼同心者，则苦乐应与彼相共”，“口称归顺而不遵彼之命令者”必遭摧灭的道理。③ 深刻反映出规劝西藏各地僧俗领主归顺蒙古政权的强烈愿望。规劝西藏各地僧俗领主不要存在侥幸和反抗心理，指出“我吐蕃部民愚顽，或期望以种种方法逃脱，或期望蒙古因路远而不来，或期望与之交战而能获胜，凡以谄、诳、诡谲三种办法对待蒙古者，最终必遭毁灭”④。道出了识时务、顺应天下民心的不凡见地。

“书信”传达阔端旨意，若西藏僧俗领主归顺，可以委任为蒙古政权中的达鲁花赤等官员，并要求各地可派干练使臣前来举荐官员，指示归顺者绘制各自辖区的地图，以利于蒙古政权区分清楚。同时要求各地官员要尊重萨迦金字使者，与其商议行事，不得擅自做主，强调“奉行蒙古法度，则必有好处”。

---

① 五世达赖喇嘛：《西藏王臣记》，民族出版社，1957年，第121页。

② 参考阿旺·贡噶索南著，陈庆英、高禾福、周润年译注：《萨迦世系史》，中国藏学出版社，2005年，第102页。（本文后注中《萨迦世系史》均为该版本）

③ 参考《萨迦世系史》第102页。

④ 参考《萨迦世系史》第103页。

"书信"号召西藏各地僧俗领主携带贡物前来归顺，强调自己"怀舍己身利他人之心，为利益所有操蕃语之众而来蒙古地方。如听我言，必有好处。"同时提出了贡物的种类，也表示"各地当以最佳财物进贡可也"[①]。

《萨迦世系史》记载，"卫、藏之僧人、弟子和施主等众生阅读了此信件后，无不欢欣鼓舞"。"书信"受到西藏各地僧俗各界人士的欢迎、尊重和执行，完成了西藏归顺蒙古政权的历史进程，成为为实现中央政府对西藏地方管辖和治理奠定基础的历史见证。蒙古政权对于广大西藏地区基本上没有进行军事征伐，当地人民正常的生产和生活得到了保证，西藏的封建经济也由此得到持续的发展，这是凉州会谈对实现全国统一所作出的巨大贡献。

"书信"是在顺应全国统一的历史形势、蒙古政权需要与西藏地方确立政治关系的背景下产生的，而"诏书"则是在西藏地方归顺后蒙古政权正逐步实现对西藏地方实行有效管辖和治理、进一步推进全国统一的历史条件下出现的。

1251 年，成吉思汗之子拖雷的长子蒙哥继位，任蒙古大汗，是为元宪宗。1252 年，八思巴向西藏各地高僧颁布蒙哥继位后免除僧人兵差、劳役、贡赋，不得向僧人摊派乌拉，所有僧人之事俱由萨迦派掌管等内容的"良善诏书"，要求各地遵从蒙哥汗谕旨协助蒙古官员在西藏清查户口，划定地界。同时元宪宗蒙哥又将西藏地方作为封地分封给其弟忽必烈等皇族成员，八思巴与忽必烈在六盘山相见，结下深厚情谊。1253 年年初，八思巴为忽必烈传授喜金刚灌顶，得到忽必烈的厚赐和尊崇。

1254 年，忽必烈以亲王身份通过八思巴向西藏颁赐"藏文诏书"，即著名的《优礼僧人诏书》。在推进全国统一的历史进程中，"诏书"对于稳定刚刚归顺蒙古政权的西藏地方，巩固尚不稳固的蒙藏政治关系具有重要的积极意义。

---

① 参考《萨迦世系史》第 104—105 页。

“诏书”与“书信”如出一辙，开篇强调忽必烈从八思巴皈依佛法，故此护持藏地三宝不受侵害。要求西藏僧众信奉诏书，“尊奉圣旨”，“祷告上天，为朕祈福”。[①]“书信”规劝西藏僧俗领主归顺蒙古，开启了西藏归顺蒙古政权的道路；“诏书”则进一步强调西藏僧众要遵奉圣旨，维护统一，进一步消除了西藏地方在归顺蒙古政权过程中的疑虑。

1259年蒙哥汗卒于四川，1260年忽必烈在上都宣布即大汗位，蒙哥汗的另一弟阿里不哥也在和林宣布即大汗位，双方发生争夺汗位之战，1264年阿里不哥战败投降。忽必烈稳固汗位后，开始变通祖制，学习内地法度，建立新型的元朝统治体制，1271年，改国号为元，是为元世祖。

1264年，忽必烈向西藏颁发《珍珠诏书》，除宣布保护僧人利益不受侵犯、要求僧人持守戒律之外，强调“对遵依朕之圣旨、善知教法之僧人，不分教派一律尊重服事”，要求僧人“遵照释迦牟尼之教法，为朕告天祝祷”[②]，承续“诏书”衣钵，以皇帝身份号令西藏，加强对西藏地方的实际控制。随后派官员答失蛮等进藏，清查户口，设置驿站，推行政令，对西藏进行有效治理。

“诏书”虽在忽必烈登基前颁布，但为忽必烈登基后治理西藏奠定了政治基础并积聚了政治影响。“诏书”的颁布，进一步密切了西藏地方与蒙古政权之间的政治联系，巩固了蒙藏政治关系，为实现祖国统一、维护西藏稳定作出了贡献。

二、“书信”与“诏书”前后相继，确定了当时历史条件下萨迦派在西藏各教派中的领导地位

《萨迦世系史》记载，当初阔端在邀请萨班前来凉州的邀请

① 参考《萨迦世系史》第128—129页。
② 参考《萨迦世系史》第124—125页。

诏书中许诺："今汝体念佛教和众生，尽快前来，吾将令汝管领西方众僧。""书信"亦强调阔端令萨班以出世间法护持佛教，使释迦牟尼教法遍弘海内。

前文述及，蒙哥汗在1252年至1253年，在清查户口的基础上，将西藏分封给了自己的兄弟，止贡噶举等辖区归蒙哥汗自己管理，蔡巴噶举等辖区由忽必烈管理，帕木竹巴、雅桑噶举等辖区由旭烈兀管理，达垅噶举等辖区由阿里不哥管理。这样，蒙古皇室兄弟就与西藏各教派建立了统属关系，也使各教派具有了不同的皇室成员背景。

但皇室成员与藏传佛教各教派的关系却是十分复杂的。忽必烈曾邀请在藏传佛教中具有重要影响的噶玛噶举派高僧噶玛拔希（1204—1283）于1255年在云南相见，要求他随侍左右，但噶玛拔希概因顾虑自己寺院在阿里不哥封地内，意欲与蒙哥汗和阿里不哥建立联系，故拒绝了忽必烈的要求。蒙哥汗也十分重视与噶玛拔希建立关系，几次遣使迎请。1256年，噶玛拔希到漠北和林见蒙哥汗，得到蒙哥汗丰厚赏赐，并获赐一顶金边黑色僧帽，成为日后噶玛噶举黑帽系活佛留传后世的标志。同时噶玛拔希与在和林的阿里不哥关系密切。在忽必烈与阿里不哥汗位之争中，因怀疑噶玛拔希支持阿里不哥，忽必烈获胜后曾拘禁噶玛拔希，1264年噶玛拔希获释，经忽必烈批准可以自由传教。

但忽必烈毕竟是具有远见的政治家，阔端与萨班凉州会谈所建立丰功伟绩，使他更加看重萨迦派和八思巴。继1252年六盘山相会、1253年为忽必烈灌顶后，1254年八思巴再次在川西北草地与忽必烈相会，以后便随侍左右。在这样的情况下，忽必烈向八思巴颁发了"诏书"，表达了支持萨迦派和八思巴的愿望。

"诏书"将八思巴视为"教法及僧伽之主"，申明颁发"诏书"并赐厚礼以示尊崇。在此基础上，忽必烈在登基后颁布的《珍珠诏书》中也强调西藏僧众不可违背八思巴法旨。

"书信"与"诏书"前后相继，确定了萨迦派在藏传佛教中的领导地位，也为忽必烈登基后重用萨迦派高僧奠定了基础。

1260 年忽必烈封八思巴为“国师”，兼领佛教事务，授玉印，“任中原法主，统天下教门”。1270 年升为“帝师”，又加封为“大宝法王”。从忽必烈开始到元朝灭亡，历代皇帝都封萨迦派高僧为帝师，中央政府通过帝师号令西藏。这样，终元一代，萨迦派在中央政府的大力支持下获得很大发展。

三、“书信”与“诏书”前后助力，推动形成了元代中央政府的治藏策略

“书信”与“诏书”均为通过藏传佛教领袖式人物号令西藏的杰作，为元代中央政府的治藏策略奠定了基调。当时的西藏宗教与经济关系具有“二位一体”性，即各地的大小封建领主大都披有宗教外衣，教主同时又是封建领主，集经济、政治、宗教大权于一身。针对这种状况，阔端才派多达那波到西藏寻找能够代表西藏地方的宗教领袖式人物，最终决定迎请萨班。萨班的“书信”本身以及阔端通过“书信”要求萨班“汝可教导汝吐蕃之部众习知法度”等都说明了蒙古统治者意欲通过萨迦派领袖式人物管理西藏的意图。忽必烈的“诏书”所表现出的对八思巴和西藏佛教的尊崇与爱护，也反映出忽必烈重视并通过藏传佛教特别是萨迦派治理西藏地方的用意。

元朝国策以儒治国，以佛治心，以藏传佛教为桥梁治藏。元代诸帝均遵循这一原则，“因其俗而柔其人”，以藏传佛教为纽带，主要通过藏传佛教萨迦派领袖人物治理西藏地方。萨迦派领袖人物被任命为帝师，帝师主要住居北京，下设萨迦本钦住藏，萨迦本钦由帝师提名，皇帝任命，中央政府通过帝师号令萨迦本钦具体管理西藏政教事务。通过这样的治藏策略，使西藏地方的主权始终牢牢掌控于中央政府，也使中央政府在西藏地方的全面施政得以稳固和加强。

四、“书信”与“诏书”前后规诫，推动形成了元代中央政府管理藏传佛教的政策

“书信”与“诏书”都强调了僧众要遵守戒律，精进学修，不得争权夺利等内容，为日后元代中央政府制定藏传佛教管理政策奠定了基础。

“书信”表达出要以出世间法护持佛教，使佛法遍弘海内的心愿，深刻反映出僧人持律精进的重要意义。而“诏书”则针对藏传佛教时弊，强调“汝僧人们不可争官位，官多了反而不好，亦不可因有圣旨欺凌他人”；要求僧人“依着释迦牟尼之法规，知其经典者讲解，不知者听受，专心向法”；教导“诸老僧当用言语教青年僧人学法，青年僧人当听老僧之言语”；告诫“汝僧人们不可行恶行，不可使朕在众人面前丢脸，汝等当依教法而行”。[①] 这些教诫思想，为日后元朝中央政府制定藏传佛教管理举措所吸收或借鉴。

首先，元朝中央政府对待藏传佛教，因俗而治，优礼僧人，重视藏传佛教领袖人物。这与“书信”和“诏书”所反映的某些思想内涵是一脉相承的。其中，优礼僧人，正像忽必烈登基后所颁布的《珍珠诏书》所规定的那样，“对依律而行的僧人，无论军官、军人、守城官、达鲁花赤、金字使者皆不准欺凌，不准摊派兵差、赋税和劳役”；“寺庙所有之土地、河流和水磨等，无论如何不可夺占、收取，不可强迫售卖”等。[②]

其次，元朝中央政府对待藏传佛教，因势利导，正本清源，建立并整饬管理机构，强调规范藏传佛教僧人管理。

元中央政府重视藏传佛教，主要通过萨迦派治理西藏地方，使西藏地方“政教合一”的体制得以成型和发展。忽必烈登基

① 参见《萨迦世系史》第129页。
② 参见《萨迦世系史》第125页。

后，调整和增设中央政府机构，完善国家行政体制。1264年，设立总制院，作为掌管全国佛教事务和西藏地方行政事务的中央机构，命八思巴领总制院事，标志着在西藏管理方面形成了政教结合、僧俗并用的行政体制。

肇始于政治目的，元代诸帝的崇佛思想也造成了僧人队伍膨胀、佛事活动泛滥、僧人干预政治、宫廷生活糜烂等不良现象，严重影响了藏传佛教的健康发展，也为元朝吏治腐败留下了隐患。对此，元代诸帝也曾采取相应措施加以管理。

如1270年，八思巴在北京规定了不同僧人的僧服颜色，以利于区别管理，防止僧人穿其他民族僧服胡作非为。同时八思巴还规定了僧人出家受戒的仪轨。1276年，八思巴返回萨迦，被免职的萨迦本钦贡噶桑布作乱，忽必烈于1279年左右派桑哥领兵入藏，平定了贡噶桑布之乱，萨迦西院的喇嘛贡曼和贡噶则因站在贡噶桑布一边，被忽必烈下令流放江南，喇嘛贡曼死在流放地。

如藏区僧人频繁进京，并愈演愈烈，既造成了政府的管理困难，又增加了群众的经济负担。1311年，仁宗在罢总统所等管理机构的同时，又明令“命西番僧非奉玺书驿券及无西蕃宣慰司文牒者，勿辄至京师，仍戒黄河津吏验问禁止”①。

再如由于元代诸帝的崇佛思想，造成僧人队伍的过度膨胀。作为藏传佛教事务最高管理机构的宣政院，其宗教管理职能是直接管辖官属寺院；掌管各级僧官和名山大寺住持的选任和管理；管理和训练官寺内有关专业技术人员等，并可直接度僧授牒。由于管理不善，往往违制度僧，致使僧人队伍鱼目混珠，庞杂混乱。仁宗于1311年明令禁止宣政院违制度僧，从源头整治，使此风初得遏制。

又如元定鼎大都之后，“西僧为佛事，请释罪人祈福，谓之

① 《元史》卷二十四，《仁宗一》。

秃鲁麻。[①] 豪民犯法者，皆贿赂之以求免。”[②] 特别是成宗继位之后，帝师等藏传佛教高僧以佛事需要为由，在举行佛事活动之后屡屡奏请皇帝释放重囚。1314 年，仁宗敕令“以僧人作佛事，择释狱囚，命中书审察”[③]。所谓“中书”即中书省，为元朝总领全国政务的最高机关，其最高长官为中书令，一般由皇太子担任。择释囚犯由中央政府的最高权力机关审察，此举表明佛事活动奏释重囚已不能轻而易举，即使是皇亲国戚亦不能免，也使此风得以遏制。

五、“书信”与“诏书”前后贯通，推进了蒙藏民族关系发展，促进了藏族与我国其他民族的交往交流交融

“书信”与“诏书”均体现出加强蒙藏民族关系的意愿，以信仰关系为纽带，推动了蒙藏民族关系发展，促进了各民族的交往交流和交融。

凉州会谈掀开了蒙藏民族关系新的一页，为中华各民族的交往交流交融续写了辉煌。不仅如此，凉州会谈还推动了藏族与国内其他民族的广泛接触。“书信”里提到萨班到达凉州后，内地、畏吾尔、西夏等地的善知识大德和官员百姓等都前来听经，极为崇敬。同时，萨班到达凉州后，阔端下令，在以后的祈愿法会上，也里可温和萨满不能坐在上首，而是由萨班坐在教职人员的上首，并由佛教僧人首先祈愿。此举不仅体现了阔端对萨班和藏传佛教的重视，而且也使藏传佛教与其他民族的宗教有了广泛交流。以此为开端，萨班和八思巴叔侄在内地和蒙古族地区传教弘法，使藏传佛教和藏族文化得到了广泛传播，特别是八思巴随

① 所谓“秃鲁麻”为藏语音译，意为“解脱”或“解脱苦难”，意即从不幸或痛苦中得到解脱。

② 《元史》卷一百三十，列传第十七，《不忽木》。

③ 《元史》卷二十五，《仁宗二》。

忽必烈进驻北京后，将藏传佛教传入北京，使北京成为历史上内地最重要的藏传佛教传播中心之一，使藏传佛教、藏族文化在北京并通过北京与各民族人士和文化关联在一起，促进了民族团结和文化交融。

六、“书信”与“诏书”前后接力，推动形成了藏传佛教爱国主义的光荣传统

凉州会谈开创了藏传佛教界为实现和维护祖国统一发挥关键作用的历史先河。“书信”以藏传佛教高僧的口吻劝导西藏僧俗领主认清形势，服从大局，以天下和民众为贵推进统一，传承了佛教“报国土恩”“报众生恩”的优良传统，是以萨迦班智达为代表的藏传佛教界的爱国宣言，开启了藏传佛教的爱国主义传统。“诏书”肯定了藏传佛教界高僧的爱国行动，故而“优礼”褒奖，并对僧众提出了具体要求，意在通过八思巴这样的藏传佛教领袖式人物号召西藏佛教界继续为推进和维护全国统一而不懈努力，标志着以八思巴为代表的藏传佛教界继萨班发出爱国宣言后，进一步推动了藏传佛教爱国主义传统的形成和发展。

在以后漫长的历史岁月中，藏传佛教界各个教派的领袖人物，虽所处的历史时代各不相同，自身的政教业绩各有千秋，但他们中的绝大多数都是具有远见卓识的爱国志士。从卓越的爱国先驱萨迦派领袖萨班·贡噶坚赞，到20世纪伟大的爱国主义者、藏传佛教的杰出领袖人物班禅额尔德尼·确吉坚赞，形成了一条悠久而光荣的爱国主义主线，把藏传佛教各教派众多著名的爱国领袖人物连接在一起。他们世代相沿，一脉相承，带动广大僧俗群众，形成了光荣的爱国主义传统，成为后世藏传佛教界的楷模。

以史为鉴，可以知兴替。从萨迦班智达《致蕃人书》到《优礼僧人诏书》可以看到更深更广的内涵，二者不仅在实现统一的历史大业中发挥了各自的历史作用，而且推动形成了元代中

央政府的治藏策略，推进了蒙藏民族关系发展，促进了藏族与我国其他民族的交往交流交融，推动形成了藏传佛教爱国主义的光荣传统，深刻反映了中华民族同呼吸、共患难谋求和维护祖国统一的历史渊源和强烈情感，也深刻反映了中华民族凝心聚力、矢志不移谋求和推进祖国兴旺的爱国情怀和自强意志。

李德成，中国藏学研究中心科研业务办公室主任，研究员。

萨班·贡噶坚赞在凉州的活动及其对元朝历史的影响考论

——以萨班弟子、畏吾儿人叶仙鼐的活动为讨论基点

尹伟先

作为藏族历史上杰出的宗教思想家和政治活动家的萨迦班智达·贡噶坚赞（1182—1251），其功绩除了力排众议北上①、与蒙古宗王阔端成功进行“凉州会谈”，实现了中央政府对西藏地方的有效管辖和治理这一彪炳千秋的壮举外，还在凉州地区于汉、吐蕃、畏吾儿、蒙古人中进一步传播了藏传佛教萨迦派的教义教规与教法②，培养和造就了一批致力于弘扬藏传佛教文化、

① 按《萨迦世系史》中有：“部分人所谓‘萨迦巴被天子魔所迷，与蒙古发生联系’之说法。”“是故，法王前往凉州，虽在一些传记中记载出现了一些别的人不喜欢之事。”表明萨班·贡噶坚赞北上蒙古是曾遭受一些人的非议的。见阿旺·贡噶索南著，陈庆英等译注：《萨迦世系史》，中国国际广播出版社，2016年，第97、98页。

② 《萨迦世系史》载：“法王萨班于65岁的阳火马年八月到达北方凉州……于羊年一月举行了（与阔端的）会见。在法王萨班到达凉州之前，阔端的身边已有几位藏族僧人，但是由于他们对佛教的知识未能精通，因此在举行祈愿法会时，由也里可温和蒙古的萨满坐在僧众的上首。此后阔端和法王萨班谈论了许多教法，在原先黎域诸大德向阔端介绍佛教的基础上，使阔端明了佛教之教义……故阔端甚是信仰，曾多次向法王萨班请教大乘之发心等博大精深之教法，僧众对法王亦非常拥戴。从此，既不同语言又不信奉佛教之徒众亦信仰了佛教，信奉者们皆入大乘教。总之，法王使无数僧徒成熟解脱，佛教日益繁荣昌盛……法王萨班见驻锡凉州较返回吐蕃更有益于佛法，故安心住于此地。”在萨迦班智达《致蕃人书》中亦有：“汗王（阔端）对我关切逾于他人，故汉地、吐蕃、畏兀儿、西夏等地之善知识大德及官员百姓均感奇异，前来听经，极为崇敬。”分见上揭书之第98—99、100—101、106、110页。

倾心维护西藏地方与元朝中央政府关系的杰出人才。

本文试图通过对萨班·贡噶坚赞弟子、畏吾儿人叶仙鼐事迹的考订，从另一视角揭示萨班·贡噶坚赞在凉州期间的活动及其对元代历史的深刻影响。

（一）

叶仙鼐，汉文史书《元史》《蒙兀儿史记》《新元史》中都有其传记。如《元史》卷一三三《叶仙鼐传》中言："叶仙鼐，畏吾人。父土坚海牙，以才武从太祖、太宗平金及西夏，俱有功。仙鼐幼事世祖于潜藩，从征土蕃、云南，常为前驱……明年，讨李璮，以功赏白金五百两。授西道都元帅、金虎符、土蕃宣慰使。仙鼐素熟夷情，随地阨塞设屯镇抚之，恩威兼著，顽犷皆悦服，赐金币钞及玉束带。为宣慰使历二十四年，迁云南行省平章政事。寻改江西行省平章政事，巨盗钟明亮积年为害，仙鼐讨擒之。至元三十一年，成宗继位，召还，赐玉带，改陕西行省平章政事。谢事归陇右，十年卒。赠协恭保节功臣、太保、仪同三司、上柱国、巩国公，谥敏忠。"

由此可知，叶仙鼐乃畏吾儿武将世家后裔，其父曾追随成吉思汗、窝阔台汗，在平灭西夏、金的战役中功勋卓著。叶仙鼐则侍奉世祖忽必烈左右，南征北战，屡立战功，深得忽必烈赏识，曾被任命为"吐蕃宣慰使"，在任达 24 年之久。后被调任云南行省平章政事，不久又改任江西行省平章政事、陕西行省平章政事。卸任后闲居陇右。另由胡小鹏教授研究得知，叶仙鼐及其子孙卒后皆葬于陇西县东四十里沙湾一带。其子完泽、其孙朵儿只班、其曾孙拜住，皆袭封巩昌王（巩国公），仕宦至于元末。①

在汉文史料中对叶仙鼐事迹的记述都比较简单，且错乱较

① 胡小鹏：《〈元史·叶仙鼐传〉补考》，《西域研究》2000 年第 3 期。

多。尤其是叶仙鼐在藏区任职的情况，具体讲也就是叶仙鼐在吐蕃宣慰使任上的各方面情况，记载语焉不详。对萨迦班智达·贡噶坚赞与叶仙鼐的师徒关系，汉文史料更是缺载。

在藏文著作《萨迦五祖全集》ན函《八思巴文集》中所收八思巴写的名为《芒拉夫妇抄写〈般若经〉详中略及〈华严经〉的说明》（མང་ལ་ཡབ་ཡུམ་གཡིས་བྲིང་བསྡུད་གསུམ་དང་ཕལ་པོ་ཆེ་བཞེངས་པའི་མཚན་བྱེད）的文中曾讲道："……在同掌朝政的阔端的感召下，（萨迦班智达）启身东行。在那里他向许多操不同语言的人宣讲佛法教义，并根据他们的能力指引他们走上了完全解脱的道路。"①说明萨迦班智达到达凉州后的一段时间内，确实有一批各民族出身的信徒投到其门下习修佛法。②

在另一篇八思巴所写的《关于（为）忽必烈抄写〈般若波罗蜜多经〉详中略的说明》（གོ་པེ་ལས་འབྲིང་བསྡུས་གསུམ་བཞེངས་པའི་མཚན་བྱེད）一文中，有这样一段话："……一明明三界之上师、三界之三途领路人、鼎鼎有名的萨迦班智达，因他的恩典叶仙鼐（藏文作འི་སེ་ན）皈依了佛法……"③ 这表明，叶仙鼐曾拜萨迦班智达贡噶坚赞为师，皈依佛门，习修佛法，难怪藏文史书《汉藏史集》中有"（叶仙鼐）对佛教以及萨迦派十分信仰""他是薛禅皇帝派往萨迦的头一个金字使臣"的记载。

由于叶仙鼐的尊师是萨迦班智达，按理讲，叶仙鼐与八思巴之间还有着同师之谊。

八思巴在此文中还明确指出了叶仙鼐是ཡུལ་གུལ人④，出生地

---

① 见《萨迦五祖全集》藏文木刻本ན函，第310页b面。

② 藏文史书《汉藏史集》载："八思巴总计为尼泊尔、印度、汉地、西夏、蒙古、高丽、大理、畏吾儿、合申等地的比丘和比丘尼、沙弥和沙弥尼四千人授戒剃度，为四百二十五人担任过授戒的堪布。"表明八思巴继承了其伯父贡噶坚赞的做法，继续收畏吾儿等族人为徒，弘扬藏传佛教。

③ 八思巴：《关于（为）忽必烈抄写〈般若波罗蜜多经〉详中略的说明》，《萨迦五祖全集》藏文木刻本ན函，第316页a面。

④ 此ཡུལ་གུར一词在当时只能是指畏吾儿人。钱大昕《元史氏族表》中也是将叶仙鼐列入畏吾儿人中。见钱大昕《元史氏族表》，《二十五史补编》第6册，中华书局，1955年，第8335页。

是ཀ་ར་ཀོ་ཇོ,① 还准确地揭知了叶仙鼐的祖父、父母及两位兄长的名字。叶仙鼐的祖父名海努杜（ཀ་ཉིམ་དུ），父亲土坚海牙（ཏུ་ཀལ་ཀ་ཡ），母亲吐美德日毛（ཏུར་མིས་དེ་རིམ་མོ），长兄玉海云海牙（ཡུ་ཀ་ཡུན་ཀ་ཡ），次兄撒温海牙（ཟེ་ཝུན་ཀ་ཡ），叶仙鼐在兄弟 3 人中最幼。《说明》一文中八思巴对叶仙鼐的祖父、父母、兄长情况能如此细微地表述，表明他与叶仙鼐之间是非同一般的熟识。

元代的畏吾儿喇嘛僧人数量相当可观，比较有名的，除了叶仙鼐，还有阿鲁浑萨理②、必兰纳识里③、舍兰兰、迦鲁纳答思等④。但叶仙鼐应是畏吾儿人中见于记载的最早的喇嘛僧。

1253 年蒙古军进兵云南时，叶仙鼐随征，表明这时他已还俗了。叶仙鼐的还俗，可能与 1251 年萨班·贡噶坚赞去世有些许联系。

（二）

关于叶仙鼐的履历、事迹，《新元史·叶仙鼐传》基本上未增加或更改《元史·叶仙鼐传》的内容，说明柯劭迫是完全认可《元史·叶仙鼐传》的记载的。但是，屠寄《蒙兀儿史记》卷 80《叶仙鼐传》却对《元史·叶仙鼐传》的记载提出了不少质疑。为便于将《蒙兀儿史记》的传文与《元史》的传文进行比较，现不避繁冗，亦将《蒙兀儿史记·叶仙鼐传》的原文照

---

① 此ཀ་ར་ཀོ་ཇོ乃是“哈喇火州”的音译，指现在的吐鲁番。唐宋时代，吐鲁番一般以高昌、西州之名见诸史书，曾是回鹘人活动的中心之一。至元二十年（1283）元朝在这里设置了和州（哈喇和卓）宣慰司，隶属于别失八里行尚书省。据伯希和考证，哈喇和卓（哈喇火州）系当地突厥语名称，主要指现在的二堡。

② 《全公神道碑》记有：“公从国师八思巴学浮屠法，不数月尽通其书，旁达诸国及汉语。”

③ 《元史·释老传》有：“又有必兰纳识里者，初名只刺瓦弥的理。北庭感木鲁国人。幼熟畏兀儿及西天书，长能贯通三藏暨诸国语。”“西天书”当即藏文。

④ 张羽新：《元代的维吾尔族喇嘛僧》，《中国藏学》1996 年第 2 期。并参拙文《元代参与吐蕃事务的畏兀儿人》，《西域研究》2000 年第 2 期。

录于下：

叶仙鼐，畏兀人。父土坚海牙，先后从成吉思、斡歌歹汗平夏、金，俱有功。叶仙鼐幼事忽必烈汗潜邸，从征吐蕃、大理，常为军锋，又从渡江攻鄂，先登夺其郛。中统初，从征阿里不哥，以力战，赏白金、貂裘。三年，从讨李璮，又以功受赏白金为两五百（自此以后至至元十五年旧传仕履俄空，脱误多矣——原注，下同）。至元十六年授四川西道都元帅，佩金虎符，兼吐蕃宣慰使（分川蜀为四道，并立宣慰司，旧纪书于是年正月壬戌。旧传脱“至元十六年四川”七字，特补。按，叶仙鼐之拜是职，其前必有战功于四川，惜纪传均佚其事，无从钳补）。叶仙鼐熟谙夷情，随地厄塞，屯兵镇抚之。恩威兼著，夷族贴然。屡拜金钞玉带之赐。二十四年拜云南行省平章政事（旧传“二十四年”上衍“为宣慰使历”五字。果如所云，则其宣慰使任满当在大德六年，然与下文“成宗继位召还”云云抵触。况宣慰使改拜行省官例为参知政事，今乃遽拜平章，恐其间仕履尚有脱误。总之，此传非全文）。与纳速剌丁同署事（纳速剌丁任云南平章自二十一年至二十八年，故知必同署事，但彼为首平章）。寻改江西行省平章政事，巨盗钟明亮已降，复叛，积年为害，及是叶仙鼐讨禽之（事在二十七年二月，旧纪称降）。三十一年，铁穆耳汗即位，召赴阙，赐玉带。改拜陕西行省平章政事，谢事归陇右，家居十年卒（旧传无“家居”二字，则十年上当补“大德”二字，否则当卒于大德八年）。赠协恭保节功臣、太保、仪同三司、上柱国、巩国公，谥敏忠。子完泽，至大四年由太子詹事拜中书平章政事，加金紫光禄大夫。皇庆三年，以宣徽使除知枢密院事。延屿四年，出为云南行省平章政事。至治末，与弑硕德八剌汗，伏诛。

显然，屠寄所述与《元史》的记载之间是存在着不小的分歧的，要想辨明事实真相，没有其他旁证材料是不足以奏效的。而与叶仙鼐同一时代，并与之有密切关系的元朝帝师八思巴喇嘛所著论著正可以帮助澄清一些历史事实。

1. 叶仙鼐初任吐蕃宣慰使的时间及在任时间

屠寄根据《元史·世祖纪七》至元十六年春正月壬戌“分川蜀为四道，以成都等路为四川西道，广元等路为四川北道，重庆等路为四川南道，顺庆等路为四川道，并立宣慰司”的记载，认定《元史·叶仙鼐传》记载的“授西道都元帅、金虎符、土蕃宣慰使”这句话中的“西道”就指四川西道，既然西道产生于至元十六年正月，授叶仙鼐西道都元帅与吐蕃宣慰使又是同时，那么叶仙鼐初任吐蕃宣慰使的时间就只能在至元十六年正月了。屠寄还认为，《元史》将叶仙鼐在至元三年到至元十五年这段时期的事迹脱漏了。

实际上屠寄只抓住至元十六年正月分川蜀之地为四道而擅改《元史》的记载是有问题的。

《关于（为）忽必烈抄写〈般若波罗蜜多经〉详中略的说明》中又提道：“……为了保卫疆土，给顿楚派了一位副手叶仙鼐，并授予他权力、爵号和牌符……为了修成佛果、王孙贵妃长寿而政权稳固，为了报答父母等的恩情，以及用佛法教化民众，于木狗年秋日里，在叫做玛康宗多（སྨད་ཁམས་ཚོམ་མདོ）的地方，聘请精通冶炼工艺的工匠，以纯金汁在与蓝宝石相媲美的纸张上抄写能胜三时的《般若波罗蜜多经》《般若经》详中略。”这明确讲述的是叶仙鼐被委任为吐蕃宣慰使的过程以及他在宣慰使任上所做的组织人抄写佛经的事情。文中的“木狗年”毫无疑问是指藏历第五饶迥木狗年，即 1274 年，因为此木狗年之前的一个木狗年是 1214 年，之后的一个木狗年是 1334 年，都与叶仙鼐生活年代无涉。1274 年是至元十一年，这一年叶仙鼐已经在吐蕃宣慰使任上了，由此证明，屠寄《蒙兀儿史记》将叶仙鼐被授吐蕃宣慰使的时间定在至元十六年是错误的。

据《元史·百官志》，乌思藏宣慰司设有宣慰使五员。据此推断，吐蕃宣慰司也不会只设一位宣慰使。叶仙鼐虽为顿楚副手，但职衔是宣慰使，顿楚可能是位居第一的宣慰使，其地位类似于乌思藏宣慰司的萨迦本禅（དཔོན་ཆེན）宣慰使，在霞鲁寺发现的一份帝师文告中把这种位居第一的宣慰使称之为“头宣慰司官员。”

叶仙鼐任“西道都元帅”的西道究竟指何处目前无法确知。笔者推断，此西道可能指藏区东部一带，也可能就指成都等路所在地区，只是“西道”这一建制在分川蜀为四道之前可能就已存在了，即西道是原来就有的，其他道是至元十六年新增的。

《元史》中，在“授（叶仙鼐）西道都元帅、吐蕃宣慰使”一句之前无纪年，只有一句“明年（按上下文推论，应是中统二年），讨李璮，以功赏白金五百两。”似乎授叶仙鼐宣慰使之职与平李璮之乱相隔时间很近。但《元史·世祖纪》明确记述，平李璮之乱是在中统三年二至七月间，而非中统二年，中统二年李璮还未起兵反叛。

这样看来，将叶仙鼐初任吐蕃宣慰使的时间确定为中统三年似乎比较接近事实。

《元史》本传记载，叶仙鼐在宣慰使任上长达24年之久。但屠寄认为只是至元十六年到至元二十四年这9年。屠寄之误主要在叶仙鼐初任宣慰使的时间上，并由彼误而导致此误。吴廷燮也认为叶仙鼐任宣慰使到至元二十四年，在这一年便被调任云南行省平章政事了。[①] 同样误。在叶仙鼐的在任时间上，如果再没有其他资料进一步佐证，还是不要轻易否定《元史》的记载。《元史》讲，叶仙鼐任宣慰使24年，算起来应是中统三年到至元二十二年。

---

① 吴廷燮：《元行省丞相平章政事年表》，《二十五史补编》第6册，中华书局，1955年，第8266页。

2. 叶仙鼐就职的吐蕃宣慰司管辖的区域

元代在藏区设立的宣慰司有三个，分别管辖三大片“地面”，即：吐蕃等处宣慰使司都元帅府，管辖区域主要是朵思麻（མདོ་སྨད），也就是安多藏区，其治所在河州，通常把这个宣慰司简称为朵思麻宣慰司；吐蕃等路宣慰使司都元帅府，管辖区域主要是朵甘思（མདོ་ཁམས），也就是康区，通常把这个宣慰司简称为朵甘思宣慰司；乌思藏纳里速古鲁孙等三路宣慰使司都元帅府，管辖乌思（དབུས，即卫，亦即前藏）、藏（གཙང，即后藏）、纳里速古鲁孙（མངའ་རིས་སྐོར་གསུམ，即阿里三围）三块地方，通常简称为乌思藏宣慰司。那么，叶仙鼐所在的吐蕃宣慰司究竟属于上述哪一个、具体管辖哪个区域呢？

“吐蕃”这一古老的名称本是对藏区的笼统称呼，但元代在藏区设立的三个宣慰司中的两个名称上就有“吐蕃”二字。在国外，有些学者认为元代官方用语中，古老名称吐蕃只用于指安多藏区。如果依照国外学者的这一观点，那么叶仙鼐担任的是朵思麻宣慰使。但是这一观点本身站不住脚。种种迹象表明，叶仙鼐就任的是朵甘思宣慰使。

先让我们看一下与叶仙鼐共事的顿楚的情况。藏族人名中，用སྟོན་ཚུལ的可能性不大，它大概是一个缩写名，或许就是སྟོན་པ་ཚུལ་ཁྲིམས（顿巴楚逞）的缩写。[①] 藏文史书《朗氏家族史》（成书于1361—1362年）、《汉藏史集》中都有顿楚的点滴材料。比如，《朗氏家族史》在讲到多康（མདོ་ཁམས，即朵甘思）地区的达官大德与帕木竹巴政权的关系时便讲到，宝师顿楚作为馆觉（ཀོན་ཇོ）地方的首领，曾依止萨迦班智达和八思巴叔侄学法，成为法主喇嘛叔侄的侍从。“后来，由于薛禅皇帝和喇嘛八思巴掌管（西藏），（顿楚）遂成为多康岗的主宰人。他公正不偏私，遵循皇帝供施的旨意，做了公众的主子。在他的贡觉（即馆觉）地方，连宣慰司、万户长、千户长亦未封拜，他照拂林葱家族，

① ［意］L·毕达克著，张云译：《顿楚（ston-tshul）：萨斯迦主权在康区的出现》，《西北民族研究》1993年第2期。

林葱家族被委封为万户长和千户长。”《汉藏史集》直呼顿楚为“大近侍顿楚”“朵甘思的霍尔钦顿楚”，称顿楚是在无数的贤哲伟人之中，最早对萨迦派立有大功的三人之一。在止贡派与萨迦派尖锐对立的时候，顿楚等三人曾被派往元大都，“辩论曲直”，结果萨迦派如愿以偿，顿楚本人的影响也不胫而走。藏历第四饶迥火龙年（1256）八思巴返藏途中，在朵甘思卓多新寺受到以顿楚为首的众人隆重接待。完全可以肯定，顿楚一生的活动主要是在朵甘思，而其老家在朵甘思的馆觉地方。

《朗氏家族史》中记载的忽必烈和八思巴时期，顿楚成了朵甘思的主宰者一事，在八思巴《说明》一文中亦有明确反映：“……之后，皇室的第五任大汗是忽必烈，……他崇信神示，对吐蕃之境表示出特别宽容，制定了好几种法令来保护雪山之地。有一地名叫色莫岗（ཟར་མོ་སྒང），在朵甘思省，是东、西、南、北四极的中心。为了所有人的利益，忽必烈指任顿楚为全省的总管（སྤྱི་བདག་པོ），……给顿楚指派了一名副手（ཉེ་བར་བསྐོས）——叶仙鼐，并授予他权力、爵号和牌符……”ཉེ་བར་བསྐོས 一词其本意是职位稍低一些的官，我们把它译为副手。ཟར་མོ་སྒང 即藏史所谓的“下部多康六岗”（སྨད་མདོ་ཁམས་སྒང་དྲུག）之地中的色莫岗，与察瓦岗、玛尔康岗、绷波岗、玛尔扎岗和木雅岗并存[①]。“色莫岗”又称“珠扎色莫岗”（འབྲི་ཟ་ཟལ་མོ་སྒང），“珠”乃“珠曲”（འབྲི་ཆུ）的简称，即指金沙江，“扎”指“扎曲”（ཟ་ཆུ），乃指雅碧江之上游。故格勒、张云、沈卫荣等学者皆认为“色莫岗”当指金沙江上游与雅碧江上游之间的广大地区[②]，包括青海玉树，四川甘孜、新龙、石渠、德格、白玉等地。叶仙鼐既然是朵甘思总管顿楚的副手，那么，毫无疑问是在朵甘思任职，而且也

① 智观巴·贡却乎丹巴绕吉著，吴均等汉译：《安多政教史》，甘肃民族出版社，1989年，第3—4页。

② 格勒：《论藏族文化的起源形成与周围民族的关系》，中山大学出版社，1988年，第29—30页；张云：《元代吐蕃等路宣慰司史地考证》，《民族研究》1994年第6期；沈卫荣：《元明两代朵甘思灵藏王族历史考证》，《中国藏学》2006年第2期。

能够肯定，《说明》一文讲述的叶仙鼐被派到朵甘思总管顿楚的辖区任职与《元史·叶仙鼐传》所记载的叶仙鼐任吐蕃宣慰使是同一件事。《汉藏史集》中记载的派遣叶仙鼐往吐蕃，给以管领吐蕃驿站的诏书，任为同知（ཏོན་ཙེ）之职，以保障刚刚设立的吐蕃27驿站（其中朵思麻7站、朵甘思9站、乌思藏11站）安宁，“使得上师、本钦、蒙古和吐蕃的金字使者们来往路途平安，使吐蕃强悍百姓得享幸福”，粗看起来与《说明》一文及《元史·叶仙鼐传》的记述之间不很合拍，但仔细分析，还是能找到一些相互之间的瓜葛的。首先，在任职时间上，初任同知的时间是叶仙鼐正在朵甘思任职的中统三年到至元二十二年这一时间段内。其次，在职责范围上，《元史》讲到叶仙鼐任宣慰使后，“随地阨塞设屯镇抚之，恩威兼著，顽犷皆悦服”。而《汉藏史集》说，因吐蕃驿站新立，须委派一名能保障驿站畅通的大臣来管理，“使吐蕃强悍百姓得享幸福”。看得出，在维护驿道平安这一方面，二书所记有相同之处。是否可以这样理解：叶仙鼐充任顿楚的副手，参预治理朵甘思政务，但同时，由于叶仙鼐早在蒙古人进兵云南之时，就曾掌管过朵思麻2个驿站、朵甘思2个驿站，有着管理驿站的经验，所以，让他兼任执掌吐蕃27驿站大权。

3. 叶仙鼐在吐蕃宣慰使任上的政绩

成书于藏历第七饶迥木虎年（1434）之后不久的藏文史书《汉藏史集》中记载叶仙鼐的事迹时讲道：“又以吐蕃诸驿站均系新立，请求委派一名能使其安宁之人管辖。于是派遣名叫额济拉克①的大臣，给以管领吐蕃驿站的诏书，任为同知之职，遣往吐蕃。从此以后，他在蒙古施主与萨迦派的联系中，使吐蕃27个驿站保持安宁，使得上师、本钦、蒙古和吐蕃的金字使者们来

① 陈庆英先生《元代朵思麻宣慰司的设置年代和名称》（载《中国藏学》1997年第3期）中认定，藏文史书《汉藏史集》中记载的“额济拉克”（ཨེ་ཛི་ལག）在读音上与叶仙鼐相近，其从征云南的事迹在汉、藏文史书中又如此相似，因此，额济拉克即叶仙鼐。

往路途平安，使得吐蕃强悍百姓得享幸福。他是薛禅皇帝派往萨迦的头一个金字使臣，对佛教以及萨迦派十分信仰，是一名良善的官员，故将其事迹简述如下：同知额济拉克，在受命管理吐蕃驿站之前，当蒙古皇帝率军前往云南之时，掌管朵思麻两个驿站，配合汉地的驿站，在收服云南的战争中效力，又掌管朵甘思噶热、郭贝两个驿站。他对乌思藏恩德甚大。”这是比较集中地叙述叶仙鼐在吐蕃宣慰使任上政绩的史料。其他的已知的汉、藏文资料的记载都比较简略。或许，还有其他藏文资料中有更详尽一些的记述，但只能等以后的发现了。

从现有资料看，可将叶仙鼐在朵甘思的政绩归纳为如下几点：其一，着重加强对驿站、贡道的管理、维护，确保了往来使者们的路途平安。其二，叶仙鼐作为忽必烈“派往萨迦的头一个金字使者，”同时也作为萨迦派的信仰者，在密切朵甘思地方与中央的关系方面起了不可替代的作用。其三，文武兼治，恩威并施，因地制宜，对顺服者抚恤，对顽犷者镇伐，从而使地方安宁，上下悦服。其四，与顿楚一起，组织人在玛康宗多地区用纯金汁抄写佛经。关于写经，八思巴《说明》一文中写道：“于木狗年秋日里，在叫做玛康宗多的地方，聘请精通冶炼工艺的工匠，以纯金汁在与蓝宝石相媲美的纸张上抄写能胜三时的《般若波罗蜜多经》《般若经》详中略。再三校勘，在书夹板、书带、包书布之间做了很好的经忏，如同产生于五味正理经中，进行了大圆满开光……”

尽管说汉、藏文献记载的叶仙鼐政绩比较简略，但我们从一些间接材料中仍能够看出叶仙鼐的政绩是卓著的。藏文文献中有这样的话：“（叶仙鼐）是一名善良官员”“卓有成效的工作赢得了对他的信任”；汉文文献《元史》中有忽必烈给他“赐金币钞及玉束带”的记载，这些都是对叶仙鼐政绩的肯定、褒奖。吐蕃宣慰使官秩从二品，云南行省平章政事官秩从一品。叶仙鼐离任吐蕃宣慰使后即被升迁为云南行省平章政事。从职位的升迁上亦能窥测到元朝中央政府对叶仙鼐在吐蕃宣慰使任上的政绩是满意的。

4. **叶仙鼐的其他活动**

从1253年征云南到1259年渡江伐宋夺鄂州，这6年里叶仙鼐在何地，在做什么，汉文文献缺载。而前引《汉藏史集》中记载的“又掌管朵甘思噶热、郭贝两驿站”一句所揭示的正是这一时期或这一时期某一段时间叶仙鼐的处所、公干。当然，我们也不能机械地理解这句话，认为叶仙鼐仅是一名驿丞之类的小头目，掌管的仅是噶热、郭贝两个驿站，而是说叶仙鼐的职责中有分管驿站这一项，除此之外，可能还有其他重任承担，只有这样，才符合叶仙鼐当时的身份。

讨益都李璮之乱，是在中统三年（1262）。《元史·叶仙鼐传》记为中统元年之后的“明年”，即中统二年是错误的。《蒙兀儿史记》在这一点上校正了《元史》的错误。

5. **叶仙鼐调离藏区后的情况**

叶仙鼐担任了24年的吐蕃宣慰使后，到至元二十二年（1286）调任云南行省平章政事。之后，又改任江西行省平章政事。其改任时间，吴廷燮《元行省丞相平章政事年表》系之于至元二十九年，恐怕有误。叶仙鼐任云南行省平章政事的时间很短。《元史》所记“寻改江西行省平章政事”的“寻”字其意思是非常明确的，是“随即，不久”。另外，根据《元史》记载的叶仙鼐擒捕钟明亮一事，亦能证明叶仙鼐调任江西行省平章政事在至元二十七年以前。刘埙《李参政平寇碑》上记有：“自丘元败而明亮孤，不数月，贼悉平。”丘元被擒斩，《元史·世祖纪》记载是在至元二十七年三月癸亥。就是说，钟明亮是在至元二十七年三月之后的数月间被擒捕的。

叶仙鼐在江西任平章政事到至元三十一年（1294），成宗继位，召还，赐玉带。后又改任陕西行省平章政事，但未去上任，归陇右，在家闲居。大德十年（1306）卒。赠协恭保节功臣、太保、仪同三司、上柱国、巩国公，谥敏忠。

叶仙鼐有一子名完泽，亦曾出任过云南行省平章政事，其简要事迹见前引《蒙兀儿史记》，在此不赘述。

6. 叶仙鼐被选任为吐蕃宣慰使的原因

叶仙鼐之所以能被选任为吐蕃宣慰使，依笔者之见，其原因有五：（一）叶仙鼐当年随从世祖忽必烈远征云南时，曾途经藏东，又曾管理过朵思麻、朵甘思的4个驿站，所以，他对藏区，尤其是朵甘思的民情、人文、地理等情况有比较多的了解。用《元史》本传的原话讲是“仙鼐素熟夷情”。（二）叶仙鼐曾是在藏地具有崇高威望的萨迦班智达的弟子。而朵甘思的头面人物顿楚也曾师从萨迦班智达和八思巴，与萨迦派有着很深的交往，甚至就可把顿楚视为萨迦派在藏东势力的代表人物。忽必烈调派叶仙鼐到朵甘思任职，与顿楚共事，可以说是甚为妥当的。（三）可能还有帝师八思巴的荐举。萨迦派在藏区占优势的前提下，管理藏族地区的高级官员的任免，上自中央的宣政院使，下至地方的宣慰使、万户长等，都离不开帝师的推举。与叶仙鼐共事的另一位朵甘思的铁腕人物顿楚便是经八思巴推荐，由忽必烈任命的，想必叶仙鼐也是经八思巴荐举才得以委任的。（四）与叶仙鼐个人卓越的才能有直接关系。《元史》中讲述的在攻取云南、夺据鄂州、与阿里不哥争战和平李璮之乱等战役中叶仙鼐不同凡响的表现，说明叶仙鼐是一员勇猛善战、德才兼备、忠贞不贰的将才，堪当此任。事实上，叶仙鼐在宣慰使任上的突出政绩亦说明他的确未辱使命。（五）与元代维吾尔人独特的社会地位以及元朝治理边疆地区的独特政策有着或多或少的联系。1209年西州回鹘亦都护巴尔术阿而忒的斤率先归顺蒙古，成吉思汗将己女也立合敦嫁给亦都护，并让亦都护享有“第五子”的待遇，“使与诸皇子约为兄弟，宠异冠于诸国”。之后，亦都护率本部军马随蒙古军东征西讨，屡立战功，为维吾尔人在元代地位的显赫奠定了基础。在整个元代官宦群体中，维吾尔人“内侍禁近，外布行列”，仅官居平章政事（地位仅次于丞相）者就达十余人，其他官员更是遍布内外，真可谓如星丽天，不胜枚举。叶仙鼐可算是这个维吾尔族官宦群体中的佼佼者之一。

（三）

畏兀儿人叶仙鼐作为萨班·贡噶坚赞的弟子，没有辜负其师的培养与信任，他以自己卓著的功勋发扬了萨班·贡噶坚赞的精神，实践了其师的宏愿，安定一方，造福一方。不仅进一步密切了西藏地方与中央王朝之间的关系，亦促进了畏兀儿与吐蕃之间的民族关系。

在隆重纪念萨班与阔端“凉州会谈”770周年的今天，我们由衷敬仰萨迦班智达这样一位有见识、有魄力的伟人所建立的一系列功勋。叶仙鼐的事迹无疑从另一个层面为萨班的功勋做了很好的注脚。

尹伟先，甘肃武威人，西北民族大学西北民族问题研究中心主任、历史文化学院教授、博士生导师。

论萨迦班智达的家国情怀

——再读《致蕃人书》和《萨迦格言》

班玛更珠

公元9世纪中叶，随着赞普达玛乌冬赞（དར་མ་ཨུ་དུམ་བཙན།）被弑到沃松（འོད་སྲུང་།）、云丹（ཡུམ་བརྟན།）两位王子竞立，再到席卷高原的平民起义，之前曾经一统高原、争雄四方的吐蕃王朝在内外多种力量的打击下迅速走向崩溃。在这之后将近400年的漫长时间内，西藏高原经历了一个从赞普王系割据到佛教教派竞立的分治过程，直到13世纪强势崛起于北方的蒙古将目光对准这里，一段分久必合的历史大戏方才拉开帷幕。萨迦班智达·贡噶坚赞（ས་སྐྱ་པཎྜི་ཏ་ཀུན་དགའ་རྒྱལ་མཚན།）这位学富五明、为藏族文化发展做出不朽贡献的一代宗师，因其渊博的学识、高尚的品德和无以伦比的社会威望，最终在这个关键的历史转折点为时代所选择，从而挑起之前佛门前辈们未曾担负起的历史重担，投入到了一场承前启后的宏伟的事业中并因此流芳百世。

一、萨迦班智达与凉州会谈

萨迦班智达·贡噶坚赞（1182—1251），是藏传佛教萨迦派著名高僧，出身萨迦昆氏（འཁོན།）家族，为著名的“萨迦五祖”

（ས་སྐྱ་གོང་མ་རྣམ་ལྔ།）① 之第四祖。萨班的父亲贝钦沃波（དཔལ་ཆེན་འོད་པོ།）是萨迦初祖贡噶宁布（ས་ཆེན་ཀུན་དགའ་སྙིང་པོ།）的幼子，娶玛久噶普玛尼赤杰（མ་གཅིག་གར་ཕུ་མ་ཉི་ཁྲི་ལྕམ།）为妻，育有两子，分别为萨迦班智达·贡噶坚赞和桑擦索南坚赞（ཟངས་ཚ་བསོད་ནམས་རྒྱལ་མཚན།，即八思巴之父）。按照《萨迦世系史》（ས་སྐྱའི་གདུང་རབས་ངོ་མཚར་བང་མཛོད།）的记载，萨班出生于其父 33 岁之阳水虎年，即藏历第三饶迥水虎年（1182），出生时多有异兆。② 据说他出生后无师自通藏梵双语，虽说为夸耀之词，但其从小就接受了严格的传统经学教育却是不争的事实，这也为日后的学富五明打下了坚实的基础。

萨班最初在其叔父至尊扎巴坚赞（རྗེ་བཙུན་གྲགས་པ་རྒྱལ་མཚན།）座前出家，赐名贡噶坚赞（ཀུན་དགའ་རྒྱལ་མཚན།），开始系统接受萨迦派寺院教育。随着知识的精进，贡噶坚赞走出萨迦门户，广拜名师，包括当时的著名佛学大师卡且班钦释迦室利（ཁ་ཆེ་པཎ་ཆེན་ཤཱཀྱ་ཤྲཱི།）③ 等，从而全面学习经律论三藏，修戒定慧三学，最终成为佛学造诣精深的一代宗师，被人们尊称为“班智达”（པཎྜི་ཏ།，梵语，大学者之意），名扬全藏。他一生著作等身，其著述主要有《能仁教理明释》（ཐུབ་པའི་དགོངས་པ་རབ་ཏུ་གསལ་བའི་བསྟན་བཅོས།）、

① 指藏传佛教萨迦派最初的五位祖师，分别为初祖萨钦·贡噶宁布（ས་ཆེན་ཀུན་དགའ་སྙིང་པོ།，1092—1158）、二祖索南孜摩（བསོད་ནམས་རྩེ་མོ།，1142—1182）、三祖扎巴坚赞（གྲགས་པ་རྒྱལ་མཚན།，1147—1216）、四祖萨迦班智达·贡噶坚赞（1182—1251）、五祖八思巴洛哲坚赞（འཕགས་པ་བློ་གྲོས་རྒྱལ་མཚན།，1235—1280）。萨迦五祖出身萨迦昆氏（འཁོན།）家族，初祖萨钦·贡噶宁布为萨迦派创始人昆·贡却杰布（འཁོན་དཀོན་མཆོག་རྒྱལ་པོ།）之子，二祖和三祖为初祖之子，三人并未剃度，故称为“白衣三祖”（ས་སྐྱ་དཀར་པོ་རྣམ་གསུམ།）。萨班和八思巴是叔侄关系，由于出家受戒，故称“红衣二祖”（ས་སྐྱ་དམར་པོ་རྣམ་གཉིས།）。

② 昂旺·贡噶索南（ངག་དབང་ཀུན་དགའ་བསོད་ནམས།）：《萨迦世系谱》（ས་སྐྱའི་གདུང་རབས་ངོ་མཚར་བང་མཛོད།）（藏文），民族出版社，1986 年，第 85 页。

③ 释迦室利（1027—1125），克什米尔佛教高僧，故称为“卡且班钦”，为印度那烂陀寺末任座主。1204 年，应古格王拉德之请，释迦室利由噶举派高僧绰浦译师（ཁྲོ་ཕུ་ལོ་ཙཱ་བ།）迎请入藏授戒传法。萨班曾在释迦室利座前受比丘戒，并听受《量释论》（ཚད་མ་རྣམ་འགྲེལ།）、《现观庄严论》（མངོན་རྟོགས་རྒྱན།）等大小五明之学并融会贯通，始有萨迦班智达之名。

《嘉言宝藏论》（ལེགས་པར་བཤད་པ་རིན་པོ་ཆེའི་གཏེར།）、《经义嘉言论》（གཞུང་ལུགས་ལེགས་པར་བཤད་པ་ཞེས་བྱ་བའི་བསྟན་བཅོས།）、《乐论》（རོལ་མོའི་བསྟན་བཅོས།）、《贤者入门》（མཁས་པ་ལ་འཇུག་པའི་སྒོ།）、《入声明论》（སྒྲ་ལ་འཇུག་པ།）、《语词藏》及《语词藏注疏》（ཚིག་གི་གཏེར་གྱི་བསྟན་བཅོས་དང་དེའི་འགྲེལ་བ་རང་ཉིད་ཀྱིས་མཛད་པ།）、《三律仪差别论》（སྡོམ་པ་གསུམ་གྱི་རབ་ཏུ་དབྱེ་བ།）等，其中影响最为深远的，便属《嘉言宝藏论》，即通常所说的《萨迦格言》（ས་སྐྱ་ལེགས་བཤད།）。

1216年，萨迦三祖扎巴坚赞圆寂，当时在藏传佛教界已经声誉渐隆的萨迦班智达正式继任叔父之法座，成为萨迦派的领袖。在当时，萨迦班智达无论在佛学造诣还是社会威望上都已经是一名极为杰出的教派领袖，如果没有之后的历史巨变，他仍会以自己精深的佛学造诣和渊博的学识，为萨迦派的发展和藏族传统文化的繁荣做出重要贡献，历史也会像书写之前的三位萨迦派祖师，亦或是其他教派的那些宗师一样，为其树碑立传。但是，时代选择了萨迦班智达，让他担负起前辈先贤未曾担负的历史重任，做出了影响之后西藏历史发展的重大抉择。也因此，萨班不同于他的前辈先贤，其历史印记显得更为深刻而厚重。

改变当时中国历史局面的是崛起于北方草原、横扫亚欧大陆的蒙古铁骑。

1206年春，铁木真统一蒙古各部，称“成吉思汗”。在之后的几十年里，新兴的蒙古汗国凭借强大的军事力量，相继攻灭其他割据政权，为建立各民族空前大统一的新王朝奠定了基础。在攻下西夏后，蒙古势力进一步南下，也就是在这个时期，西藏进入黄金家族的视野。

约在1239年，驻扎凉州统治西夏故地的蒙古汗国皇子阔端，派部将多达那波（དོར་ཏ་ནག་པོ།）带领一支蒙古军队，从今甘青藏区出发，前往西藏。进入西藏后，多达的军队“在北部热振寺（རྭ་སྒྲེང་དགོན།）砍下500僧人之头，使得吐蕃全境顿时地动石颤。……多达那布到吐蕃的时间，大致为成吉思汗之子窝阔台汗在位时期”[1]。关于这次蒙古势力进入西藏的原因，之前的藏文史籍给出了多种解释，中心思想就是蒙古汗王要迎请一位西藏高僧到蒙古地区传法，而这完全符合藏文史籍为某大德立传时必备的“应邀到某某地区传教”的叙事传统。而从当时的历史局势看，蒙古兵分三路南下攻宋，阔端踞陕甘而南下入川，统一吐蕃显然势在必行。

多达到藏后通过多种途径接触到西藏各部和各教派的上层，对当时的西藏社会有了一个大致的了解，于是回凉州向阔端呈递了一份报告：“边远吐蕃之地，僧伽组织以噶当派为大，通情赏面[2]以达隆法王最善，威仪庄严以止贡寺京俄为最，佛法造诣以萨迦班智达最高。”[3] 经过分析，阔端果断决定迎请萨迦班智达，理由是“世间事可由成吉思汗之法度来定夺，出世间事则需一位上师来指引”，遂于1244年下诏给远在萨迦的萨班贡噶坚赞：

依长生天之力、具吉祥福泽之王者诏：

晓谕萨迦班智达贡噶坚赞贝桑布者，吾为报答父母天地之恩，今需一善引正道之上师，为此思虑之时，恰

① 大司徒·绛曲坚赞（ཏཱ་སི་ཏུ་བྱང་ཆུབ་རྒྱལ་མཚན་སོགས་ཀྱིས་བརྩམས།）:《朗氏家族》（རླངས་ཀྱི་པོ་ཏི་བསེ་རུ་རྒྱས་པ།）（藏文），西藏人民出版社，1986年，第109页。《贤者喜宴》亦载，凉州阔端王派以多达为将军的蒙古军队首次到达吐蕃，在朵思麻（མདོ་སྨད）、朵甘思（མདོ་ཁམས）、索曲、热振寺等地方见人便杀。杰拉康寺被焚毁，500佛教僧人被杀。当时达隆寺（སྟག་ལུང་དགོན།）被雾笼罩得以幸免，而止贡寺（འབྲི་གུང་།）也因京俄扎巴迥乃（གྲགས་པ་འབྱུང་གནས།）降下石雨才躲过一劫，云云。见巴俄·祖拉陈瓦（དཔའ་བོ་གཙུག་ལག་ཕྲེང་བ།）:《贤者喜宴（下册）》（ཆོས་འབྱུང་མཁས་པའི་དགའ་སྟོན།）（藏文），民族出版社，1986年，第1416—1417页。

② 原文为“ངོ་བསྲུང་ནི་སྟག་ལུང་ཆོས་རྗེ་མཁས།”，其中“ངོ་བསྲུང”意为顾情面、看面子。之前对此翻译多有不同，刘立千先生译为“通达情理者”（《西藏王臣记》，西藏人民出版社，1992年，第60页），王森先生译为戒律清正，最有“德行”（《西藏佛教发展史略》，中国藏学出版社，2002年，第77页），等等。

③ 五世达赖喇嘛（རྒྱལ་དབང་ལྔ་པ་ཆེན་མོ།）:《西藏王臣记》（བོད་ཀྱི་དེབ་ཐེར་དཔྱིད་ཀྱི་རྒྱལ་མོའི་གླུ་དབྱངས།）（藏文），民族出版社，1980年，第90页。

有汝在①。故，望不辞长途劳顿，即刻前来。若假言年迈，往昔佛陀可为利益诸有情而施舍自身肉体，如此万生万世，与之如何？此可有违汝所习教法之誓愿乎？不惧吾金戈铁马严法酷刑有害于众生乎？故，望汝以教法为旨、众生为重，即刻前来，吾必使太阳落向之西方僧伽，皆知此为汝之功劳也。②

赏赐有：白银五大升、镶六千二百珍珠之珍珠图案绸缎袈裟、硫黄色③锦缎长坎肩、僧靴等，以及整幅“卡迪”（ཁ་དི།）花缎二匹、整幅“通迪”（ཐོན་དི།）④ 彩缎二匹、五种绸缎共二十四等。此回函及赏赐由多尔斯贡（རྡོར་སྡེ་མགོན།）和王侄觉达玛（དཔོན་ཇོ་དར་མ།）送达。

龙年八月三十日。⑤

由上可见，多达入藏背负着明确的使命，那就是为阔端选择西藏的代理人，故在其呈报中将当时西藏几位代表性人物的特点

① 此处原文作“བརྟག་པ་བྱས་དུས་ཁྱོད་དུ་འདུག་པས།”，其中的“བརྟག”有研究、分析、探索之意，“ཁྱོད་དུ་འདུག”似乎可以理解为“你在”。之前译文多将此译为“在选择之时选中了你”。见《西藏地方是中国不可分割的一部分（史料选辑）》，西藏人民出版社，1986年，第40页；《元以来西藏地方与中央政府关系档案史料汇编（1）》，中国藏学出版社，1994年，第4页；陈庆英、高禾福、周润年译：《萨迦世系史》，中国藏学出版社，2005年，第89页。

② 此句原文作“ཉི་མ་ནུབ་ཕྱོགས་ཀྱི་བཙུན་རྣམས་ཁྱོད་ཤེས་སུ་འཇུག་པ་ཡིན།”，之前译文将此译为我将让你“管理”西方众僧（《西藏地方是中国不可分割的一部分（史料选辑）》，第40页；《元以来西藏地方与中央政府关系档案史料汇编（1）》，第4页；陈庆英、高禾福、周润年译：《萨迦世系史》，第89页），从藏文字面理解，此句有让大家“知道是你”或者“认识你”的意思，似无“管理”之意。结合上下文，似可理解为让大家知道你为众生敢于担当之事。

③ 《藏汉大辞典》将“ལུ་ཏང་”解为汉语“硫磺”，此处译为颜色。可参阿旺·贡噶索南著，陈庆英、高禾福、周润年译注：《萨迦世系史》，中国藏学出版社，2005年，第89页。

④ 卡迪、通迪似为绸缎名，《藏汉大辞典》将“通迪”解为“蒙古语，指一种彩色绸缎”。可参阿旺·贡噶索南著，陈庆英、高禾福、周润年译注：《萨迦世系史》，中国藏学出版社，2005年，第89页。

⑤ 昂旺·贡噶索南（ངག་དབང་ཀུན་དགའ་བསོད་ནམས།）：《萨迦世系谱》（ས་སྐྱའི་གདུང་རབས་ངོ་མཚར་བང་མཛོད།），民族出版社，1986年，第118页。

如实列出。从多达的呈报看，阔端的选择主要集中在藏传佛教界，这可能不仅仅是蒙古汗王需要一位“指引出世间正道”的上师，而是他研究了当时西藏的社会状态后做出的判断。当时的西藏，随着藏传佛教各教派的形成及其逐渐与世俗力量的结合，使得藏地多年的割据形态逐渐从赞普王系割据向藏传佛教教派割据过渡，地方实权已经逐渐转移到寺院和宗教上层手中。因此，西藏的代理人必出自佛教界，而哪位佛教领袖能堪大任，则需多达的实地观察。

收到阔端这封言辞恳切又略带威胁的召请信后，萨迦班智达知道于公于私，远赴凉州，势在必行。于是，在对萨迦派事务做好安排后，已经63岁高龄的萨迦班智达携两位幼侄①，于1244年从萨迦寺启程远赴凉州。途中，萨迦班智达多次会晤西藏各地僧俗领袖，与大家讨论、分析当时的社会局势，解释其远赴凉州的缘由。1246年8月，萨迦班智达抵达凉州。1247年1月，参加蒙古大汗继任大会的阔端从蒙古返回凉州，两人在凉州举行了具有历史意义的会见，史称“凉州会谈”。会谈后，萨迦班智达撰写了著名的《致蕃人书》，最终促成了西藏地方纳入中央政府的行政管辖。

二、《致蕃人书》中的家国天下

萨迦班智达《致蕃人书》，全称《具吉祥萨迦班智达致乌思、藏、纳里速各地诸善知识、施主和福田书》（དཔལ་ལྡན་ས་སྐྱ་པཎྜི་ཏས་དབུས་གཙང་མངའ་རིས་དང་བཅས་པའི་དགེ་བའི་བཤེས་གཉེན་ཡོན་མཆོད་རྣམས་ལ་སྤྲིངས་པ།），是萨班和阔端会谈后写就并发往西藏各地的。从书信的题目来看，收信对象为卫、藏、阿里三地的政教高层人士，是当时左右西藏发展前途的统治阶层，体现了西藏政教割据、互不

① 当时的萨迦第五祖八思巴（འཕགས་པ་བློ་གྲོས་རྒྱལ་མཚན།），年方10岁；而后被招为蒙古驸马的恰那多吉（ཕྱག་ན་རྡོ་རྗེ།），当时只有6岁。

统属的社会格局。在书信里，萨迦班智达站在时代的高度，就藏人的命运、西藏地区的安危、藏传佛教的前景、蒙古汗国的影响、有情众生的利益等进行了深入分析，为西藏接下来的选择做出了谆谆教诲，体现了其宏大的家国情怀。

1. 作为政治家的高瞻远瞩

萨迦班智达不仅仅是一个造诣高深的宗教领袖和学富五明的大学者，更是一位高瞻远瞩、具有远见卓识的政治家。他对当时历史大势的判断是极为准确的：“当今之势，此蒙古军队兵多将广，整个赡部洲俨然已归其统治之下矣。顺之者可同甘，如若不以诚心遵旨听命，必为其灭亡殆尽”①，因此顺应历史潮流归附蒙古，应该成为当时卫、藏、阿里各地政教领袖唯一而又正确的选择。

为了进一步阐明“顺之者昌，逆之者亡”的道理，萨迦班智达在《致蕃人书》中列出了活生生的例子：“回鹘国境未遭涂炭，皆因此也，现其百姓财产皆归自土，掌文、理财、守城者皆由自人充任。”此指高昌亦都护巴而术阿而忒的斤归附蒙古之事②，由于巴而术阿而忒主动归附，成吉思汗以公主也立安敦嫁之，待之以“第五子”，列术赤、察合台、窝阔台和拖雷之后，死后其子孙皆袭为亦都护。与之相反，“想那汉地、西夏、阻卜等地，未灭之前为蒙古对待如己，等同视之，然彼等逆旨抗命，最终走投无路，不得不黯然归降”。蒙古铁骑在征服诸如花剌子模、西夏、金等政权时体现出的战斗力，以及之后“屠城”类威慑手段，显然是站在蒙古对立面的任何一方都需要万分慎重

---

① 昂旺·贡噶索南（ངག་དབང་ཀུན་དགའ་བསོད་ནམས།）：《萨迦世系谱》（ས་སྐྱའི་གདུང་རབས་ངོ་མཚར་བང་མཛོད།）（藏文），民族出版社，1986年，第136页。以下萨迦班智达《致蕃人书》引文，原文见该书第135—140页，笔者新译之完整汉译文附后，所引之处不再一一注明。

② 《元史》卷120载：“居是者凡百七十余载，而至巴而术阿而忒的斤，臣于契丹。岁己巳，闻太祖兴朔方，遂杀契丹所置监国等官，欲来附。未行，帝遣使使其国。……辛未，朝帝于怯绿连河，奏曰：‘陛下若恩顾臣，使臣得与陛下四子之末，庶几竭其犬马之力。’帝感其言，使尚公主也立安敦，且得序于诸子。”

的。萨班在此点出此事，可谓直击要害。

2. 作为地方领袖的担当精神

从多达呈报给阔端的文书来看，当时西藏较强的势力集团为萨迦、噶当、达隆噶举、止贡噶举，而萨迦班智达被选中，除了教派的力量基础，亦与其本人的社会威望和高贵品行分不开。当时代将如此艰巨的历史重任交付给他时，为了黎民百姓免遭涂炭，已经年逾古稀的萨班毅然决然地将其担负起来，体现出一位历史巨人应有的担当精神。

在收到阔端的诏书后，萨班决定远赴凉州，并就萨迦事务做了细致的安排，包括把两位年幼的侄子带在身边。[①] 对此，无论是来自教派内还是教派外的疑惑乃至阻力自然不少。《致蕃人书》中，萨迦班智达开宗明义就指出了此来凉州的原由和目的："吾以利益佛陀教法、世间苍生，尤以所有持藏语者为念，此来蒙古之地。"点明在蒙古大军即将南下的阴影笼罩下，他是为求佛教的发展，民众的幸福，特别是为"持藏语者"的平安而来的，担当精神相当鲜明。就当时普遍关心之"前往蒙古究竟有何好处"等问题，萨班做出了如是回答："蒙古汗王召吾去为福田，言：如若不去，必遣铁骑至也。若军队至此，吾雪域西藏必遭大难，故不得不去也。吾所去，唯愿能饶益众生有情，能否确实有益，吾亦不能保证[②]。然，若有益于有情众生，即使丧命捐躯，吾亦无惧矣！"[③] 《致蕃人书》中亦说："吾本人将要所遇者，勿论是福是祸，绝无半点悔意！"显然，在当时错综复杂的历史环境下，萨迦班智达的选择理念坚定而清晰，在拒绝必导致

---

① 萨班携两幼侄，既有向蒙古纳质之因，也有培养接班人之图。西藏归附之际，萨迦接班人先人一步入蒙古汗廷而服侍左右，由此可见萨班之远识及谋略。其后八思巴和恰那多吉的发展，也验证了萨班的构想。

② 此句原文作"སེམས་ཅན་ལ་ཕན་དུ་རེ་ནས་འགྲོ་བ་མ་གཏོགས་པ་ཕན་ངེས་པའི་རྒྱུ་མཚན་མ་མཆིས།"，其中"ཕན་ངེས་པའི་རྒྱུ་མཚན་མ་མཆིས"有"不能保证确有效果"之意。此前这句多译为"别无其他的利益"。

③ 萨迦班智达 · 贡噶坚赞：《答噶当巴南喀奔所问书》(བཀའ་གདམས་པ་ནམ་མཁའ་འབུམ་གྱི་ཞུས་ལན་བཞུགས།)，见《萨迦五祖文集》（第十九卷）(ས་སྐྱ་གོང་མ་རྣམ་ལྔའི་བཀའ་འབུམ་བཞུགས་སོ།། ཛ)（藏文），中国藏学出版社，2015 年，第 472 页。

覆灭的情况下，无论前景如何凶险、身后如何评价，也不论会否客死他乡、不归故土，于民于己，唯有毅然前去。

3. 作为谋略家的招抚艺术

作为一封呼吁诸人归顺的书信，萨迦班智达在《致蕃人书》中以当时形势为依据，洞察是非、权衡利弊，晓之以理、动之以情，表现出了高超的招抚艺术。

在佛教完全复兴、教派已呈割据、宗教人士逐渐掌握话语权的西藏地方，当时大家最大的愿望就是尽量避免“法难”，保护佛教的发展。萨迦班智达在《致蕃人书》里首先打消了大家在这方面的顾虑，一是将阔端描绘为一个“尊崇佛法，尤敬三宝”的“汗王菩萨”。然后说阔端答应自己“吾掌世间法，汝持出世间法，如此释迦牟尼之教法焉有四海不覆之理也!”“汝当教授汝吐蕃部众习知法度，吾当予之安乐生活。”指出阔端会以实际行动支持西藏佛教的发展。

其次是保护当权者的利益。萨迦班智达在《致蕃人书》中明确强调，只要归顺蒙古，阔端答应“汝等所据之土不变、所拥民众不变、各级职官可委官职”。在封建制度逐渐普及的时候，保证自己的辖地、差民、官职不变，这点完全符合当时西藏各部上层人物的根本利益，可以说在很大程度上促成了西藏各部的顺利归附。

最后是警醒大家要认清形势，自行权衡利弊。先是“当今之势，此蒙古军队兵多将广，整个赡部洲俨然已归其统治之下矣。顺之者可同甘，如若不以诚心遵旨听命，必为其灭亡殆尽，此非假言归顺可幸免也”。然后明示“吾等部族地偏民弱、势单力薄，如若自忖千方百计可脱逃，痴想蒙古军因路途遥远而不至，妄想或可战而胜之，凡谲诈谄诳等伎俩，必换来灭顶之灾”，由此警告大家破除不切实际的幻想。如果诚心归顺，“携带贡品而至者，此间善待有加”，“对人、对己皆有益处”。孰轻孰重、如何取舍，萨迦班智达在书信中已经分析得极为透彻了。

4. 作为代理人的实践意识

阔端经过深思熟虑，选择将萨迦班智达作为西藏的代理人召来会谈，而西藏各方也深悉这一点。在萨迦班智达离开萨迦一路北上时，途中会晤各地僧俗领袖，一同研讨佛法、参析时局，得到各地领袖的支持,① 是以名副其实的西藏地方代理人的身份去参加会谈的。

萨班到凉州后，恰逢阔端去蒙古参加王公大会未回，而他并未就此闲住，而是积极开展劝说归顺的工作，《致蕃人书》中就说“去岁吾曾遣人告知汝等，建议如此行事甚善，然听从执行者寡”。和阔端会谈后，萨迦班智达以代理人的身份，就相关归附事宜做了详尽周到的安排，比如“请将（卫、藏、阿里各地）官名、户数、贡赋等编为三册，一寄吾处、一存萨迦、一由该处官员自存”。又如：“另绘舆图一副，标明归附和未归附者，如不区分，恐归顺者被未归顺者所牵连而致覆亡”。

在细节上，萨班更是谆谆教导，生怕西藏各方反应有差：“蕃部归顺者亦多，然因贡赋微薄而致此方诸大人颇为不悦。”告诫要诚心归顺，需携贡而来，甚至耐心提醒大家“此间多喜金、银、象牙……”但又怕各部好大喜功，特别指出：“此间所重者非所献之财物，故可以各方自重宝物进贡即可。”而在如何接待金字使者时，萨班如此教导：“善待金字使者之迎送与侍奉，盖金字使者甫至，汗王必定先问：有无脱逃者和抗拒者？是否善待金字使者？有无乌拉差役？归顺者是否安定？若金字使者对汝不悦，则必进恶语；若金字使者愉悦，则多有益处。故不遵从金字使者之言，后患无穷。”叮嘱之细微，由此可见一斑。

① 比如在途中会晤止贡噶举（འབྲི་གུང་པ།）、蔡巴噶举（ཚལ་པ།）、达隆噶举（སྟག་ལུང་པ།）等教派的首领并接受赠送的礼品。见恰白・次旦平措（ཆབ་སྤེལ་ཚེ་བརྟན་ཕུན་ཚོགས།）、诺章吴坚（ནོར་བྲང་ཨོ་རྒྱན།）:《西藏简明通史》（中册）（བོད་ཀྱི་ལོ་རྒྱུས་རགས་རིམ་གཡུ་ཡི་ཕྲེང་བ། བར་ཆ།）（藏文），西藏藏文古籍出版社，2006 年，第 23 页。

三、《萨迦格言》中的政治思想

萨迦班智达的家国情怀，并不是到撰写《致蕃人书》时才表现出来的。作为一名在藏族文化史上承前启后的一代宗师，萨迦班智达博览群书，具有极高的理论素养，对西藏历史、社会和宗教的发展都有一个相对全面的把握和认识。加上萨迦派教主的身份，萨班与其诸多佛学前辈不一样，他还要研究统治之道，谋划发展之路。萨迦班智达的家国思想，集中体现在其代表作《萨迦格言》里，我们可以通过对相关格言的分析，一窥其家国思想得以形成的思想基础。

《萨迦格言》共分11个部分，除书首的礼赞（མཆོད་བརྗོད།）和书尾的结束语（མཇུག་བྱང་།），正文共分9品，包含格言诗457颂。其中第一品为“辨别智者品”（མཁས་པ་བརྟག་པའི་རབ་ཏུ་བྱེད་པ།），共30颂；第二品“辨别君子品”（ཡ་རབས་བརྟག་པའི་རབ་ཏུ་བྱེད་པ།），共18颂；第三品“辨别愚者品”（བླུན་པོ་བརྟག་པའི་རབ་ཏུ་བྱེད་པ།），共53颂；第四品“辨别各色人品”（སྤེལ་མ་བརྟག་པའི་རབ་ཏུ་བྱེད་པ།），共43颂；第五品“辨别恶行品”（ངན་སྤྱོད་བརྟག་པའི་རབ་ཏུ་བྱེད་པ།），共48颂；第六品“辨识性情品”（རང་བཞིན་གྱི་ཚུལ་བརྟག་པའི་རབ་ཏུ་བྱེད་པ།），共64颂；第七品“辨别悖理品”（མི་རིགས་པའི་ཚུལ་དཔྱད་པའི་རབ་ཏུ་བྱེད་པ།），共47颂；第八品“辨别事业品”（བྱ་བ་བརྟག་པའི་རབ་ཏུ་བྱེད་པ།），共95颂；第九品为“辨别佛法品”（ཆོས་བརྟག་པའི་རབ་ཏུ་བྱེད་པ།），共59颂。关于《萨迦格言》的具体写成年代，目前学界尚无定论。

作为藏族第一部哲理格言诗集，《萨迦格言》在萨迦班智达诸多著作中之所以能够传颂至今，并先后翻译成多种文字在国内外广泛流传，不仅在于“格言”体诗歌朗朗上口、容易传播的韵律学特征，更在于其中体现的基本思想具有难能可贵的进步意义和人文精神。人们通过这些格言，能够认识藏族文化的精髓，也能够了解当时藏族社会的价值取向和审美情趣。从格言所涉及的内容看，包括宗教、政治、经济、文化、社会、伦理等诸多方面。比如为人：

智者知识很渊博，愚者浑身是毛病；
祈求宝贝皆如愿，毒蛇祸患总无穷。①

谁是君子或小人，二者本性能分清；
此人处世又练达，此为坚实圆满根。②

比如行事：

辛勤经营利己事，此前承办利他事。
唯独重视利己事，此行无法做成事。③
如果自已所不欲，何时切莫施他人。
他人对己若伤害，品品自心啥滋味？④

比如为学：

学者求学倍困苦，享乐不会成学者；
有情迷恋点滴乐，焉能获得大快乐。⑤
智者掌握知识库，宝贵格言尽收集；

① 萨迦班智达著，萨迦班典顿玉、杨曙光译：《萨迦格言》，西藏人民出版社，2012 年，第 43 页。

② 萨迦班智达著，萨迦班典顿玉、杨曙光译：《萨迦格言》，西藏人民出版社，2012 年，第 110 页。

③ 萨迦班智达著，萨迦班典顿玉、杨曙光译：《萨迦格言》，西藏人民出版社，2012 年，第 138 页。

④ 萨迦班智达著，萨迦班典顿玉、杨曙光译：《萨迦格言》，西藏人民出版社，2012 年，第 119 页。

⑤ 萨迦班智达著，萨迦班典顿玉、杨曙光译：《萨迦格言》，西藏人民出版社，2012 年，第 13 页。

大海为水之宝藏，因为川流尽汇集。[①]

《萨迦格言》是历史的产物，由于格言出自宗教家的手笔，所以其中的天命观和神权论思想无法避免，但每首格言都与西藏社会现实生活有一定的联系，在山头林立、各据一方的形势下，能够有勇气提出这些看法，应当说是十分可贵的。[②] 特别是格言中一些为政、为官、为治思想，是从藏族传统文化土壤中生长出来的朴素的政治思想，充满理想主义色彩，其中体现出的政治理念和为政主张，是萨迦班智达做出历史性选择的出发点。以下试举几例：

赞仁君、贬暴政 在田园荒芜、生灵涂炭的年代，百姓饱受战乱之苦，和平、安定是全民所想。萨班作为统治阶级的代表，适时提出仁政思想，符合当时的社会发展和大众需求。比如：

慈心常育自眷属，主人容易得眷仆。
美妙莲花开满湖，天鹅自然聚此处。[③]

又如：

长官如此如此之，大恩养育众眷属。
如此如此眷属众，效忠长官承事务。[④]

同时，萨班也警告统治阶级，如果不顾百姓死活，那么必将遭到反抗，危及自己的统治基础：

① 萨迦班智达著，萨迦班典顿玉、杨曙光译：《萨迦格言》，西藏人民出版社，2012年，第3页。
② 耿予方：《〈萨迦格言〉简析》，《西藏研究》1984年第1期，第105页。
③ 萨迦班智达著，萨迦班典顿玉、杨曙光译：《萨迦格言》，西藏人民出版社，2012年，第83页。
④ 萨迦班智达著，萨迦班典顿玉、杨曙光译：《萨迦格言》，西藏人民出版社，2012年，第23页。

昏暴君主统治下，将要坍塌楼房下，
摇摇欲坠山峰下，在下时时受惊吓。①

轻徭役、薄赋税 在生产受到破坏，百姓生活艰难的情况下，萨班反对统治阶级征收苛捐杂税，提出轻徭薄赋的主张：

国王莫要伤民众，善巧合理而征税。
芸香树中滴香脂，过分流淌树枯死。②

与此相反，如若统治阶级不顾人民死活，横征暴敛、巧取豪夺，那么人民就会逃亡，竭泽而渔的后果必是两败俱伤，所以：

地广交税纳国库，即使少收库亦满。
蚁巢蜂蜜上弦月，渐渐累计而圆满。③

选贤才、任能人 在施政的过程中，人的因素非常重要，选贤任能，可以带来政治昌明、百姓爱戴；相反，昏庸无能和贪赃枉法者，必将危害统治基础。在治国用人方面，萨班在格言中明确提出了选贤任能的原则。比如：

授予贤能者做官，事业成功得安康。
宝石供于幢顶上，学者齐颂此地祥。④

---

① 萨迦班智达著，萨迦班典顿玉、杨曙光译：《萨迦格言》，西藏人民出版社，2012年，第62页。

② 萨迦班智达著，萨迦班典顿玉、杨曙光译：《萨迦格言》，西藏人民出版社，2012年，第114页。

③ 萨迦班智达著，萨迦班典顿玉、杨曙光译：《萨迦格言》，西藏人民出版社，2012年，第113页。

④ 萨迦班智达著，萨迦班典顿玉、杨曙光译：《萨迦格言》，西藏人民出版社，2012年，第17页。

又如：

智慧高尚之贤臣，能遂国王百姓愿。
精湛射手放直箭，相中何地皆如愿。[①]

从吐蕃王朝崩溃到元朝实现统一，西藏不同地方割据势力在将近4个世纪内相互攻伐，不相统属，由此导致长时期的生产破坏、田园荒芜，人民群众处在社会底层，苦不堪言。作为宗教上层人士，萨班在格言中表示出对底层人民生活的关注，提出了一系列相对进步的治世之道，而这一点恰恰也是其审时度势、敢于担当的思想基础。

四、小结

藏历第四饶迥铁猪年（1251），萨迦班智达在凉州圆寂，享年70岁。就像离开萨迦远赴凉州时所担心的那样，这位历史巨人最终长眠凉州而未能还乡，但由其完成的历史壮举却永垂史册。在萨迦班智达圆寂之后，萨迦派新任领袖八思巴继承伯父的精神和历史遗产，翻开了西藏历史新的一页。《西藏通史》将西藏历史发展概括为“三个高潮”和“两个低谷”，[②] 其中萨迦班智达·贡噶坚赞和八思巴洛哲坚赞伯侄两人，抱着家国天下的伟大情怀，以高度的历史使命感和大无畏的担当精神，顺利将西藏历史从第一个低谷中推出，并共同拉开了西藏历史又一个发展高潮的帷幕。

① 萨迦班智达著，萨迦班典顿玉、杨曙光译：《萨迦格言》，西藏人民出版社，2012年，第74页。

② 拉巴平措、陈庆英：《西藏通史·总序》，见拉巴平措、陈庆英总主编：《西藏通史》，中国藏学出版社，2016年，第6页。

附：《具吉祥萨迦班智达致乌思、藏、纳里速各地诸善知识、施主和福田书》原文及汉译文

དཔལ་ལྡན་ས་སྐྱ་པཎྜི་ཏས་དབུས་གཙང་མངའ་རིས་དང་བཅས་པའི་དགེ་བའི་བཤེས་གཉེན་ཡོན་མཆོད་རྣམས་ལ་སྤྲིངས་པ།①

ཨོཾ་སྭ་སྟི་སིདྡྷཾ། བླ་མ་དང་མགོན་པོ་འཇམ་པའི་དབྱངས་ལ་ཕྱག་འཚལ་ལོ། ། དཔལ་ལྡན་ས་སྐྱ་པཎྜི་ཏས། དབུས་གཙང་མངའ་རིས་དང་བཅས་པའི་དགེ་བའི་བཤེས་གཉེན་ཡོན་མཆོད་རྣམས་ལ་སྤྲིངས་པ། སངས་རྒྱས་ཀྱི་བསྟན་པ་དང་། སེམས་ཅན་སྤྱི་དང་། སྒོས་བོད་སྐད་སྨྲ་བ་ཐམས་ཅད་ལ་ཕན་པར་བསམས་ནས་ཧོར་ནང་དུ་འོང་། ངེད་འབོད་མཁན་ལ་ཡོན་བདག་ཆེན་པོ་ཤིན་ཏུ་དགེས། འཕགས་པ་སྤུན་འདི་འདྲ་བའི་ཆུང་བ་ནས་ཁྱེད་ནས་འཁོར་དང་བཅས་པ་འོང་བ་དེ་ངེད་ལ་བསམས་པ་ཡིན། ཁྱོད་མགོས་ངོ་བལྟས་པ་ཡིན། གཞན་ཚོ་རྐང་པས་ངོ་བལྟས་པ་ཡིན། ཁྱོད་ངས་བོས་པ་ཡིན། གཞན་ཚོ་སྐྲག་ནས་འོང་བ་ཡིན། དེ་ངས་མི་ཤེས་པ་ཨེ་ཡིན། འཕགས་པ་སྤུན་གྱིས་སྔར་ཡང་བོད་ཀྱི་ཆོས་ནི་ཤེས་པར་འདུག ད་དུང་ཡང་འཕགས་པས་བོད་ཆོས་སློབ། ཕྱག་ན་རྡོ་རྗེས་ཧོར་ཡིག་དང་ཧོར་སྐད་སློབ། ངས་མི་ཆོས་ཀྱིས་བསྐྱངས། ཁྱེད་ཀྱིས་ལྷ་ཆོས་ཀྱིས་བསྐྱངས་ན་ཤཱཀྱ་མུ་ནེའི་བསྟན་པ་ཡང་ཕྱིའི་རྒྱ་མཚོའི་མཐའ་ཚུན་ཆད་ཁྱབ་པར་མི་འགྲོ་བ་ཨེ་ཡིན་གསུངས་སོ། ། རྒྱལ་པོ་བྱང་ཆུབ་སེམས་དཔའ་འདི་སྤྱིར་སངས་རྒྱས་ཀྱི་བསྟན་པ་དང་། སྒོས་དཀོན་མཆོག་གསུམ་ལ་ཤིན་ཏུ་གུས་ཁྲིམས་ལུགས་བཟང་པོས་འཁོར་ཐམས་ཅད་ལེགས་པར་སྐྱོང་ཞིང་། ཁྱད་པར་དུ་ཡང་ངེད་ལ་གཞན་ལས་ལྷག་པའི་ཐུགས་ལ་འདོགས་པར་བྱུང་། ཁོང་གི་ཞལ་ནས་ཁྱོད་རང་བློ་བདེ་བར་ཆོས་ཤོད། ཁྱེད་ལ་གང་དགོས་ངས་སྟེར་བ་ཡིན། ཁྱོད་བཟང་པོ་གཏོང་བ་ངས་ཤེས། ངས་བཟང་པོར་ཨེ་གཏོང་གནམ་ཤེས་གསུངས། ཁྱད་པར་འཕགས་པ་སྤུན་ལ་ཐུགས་འདོགས་ཆེ་བར་འདུག རང་ཤེས་ཁྲིམས་ལུགས་འཚུར་ཤེས་ན། རྒྱལ་ཁམས་

① 此文献原文载昂旺・贡噶索南（ངག་དབང་ཀུན་དགའ་བསོད་ནམས།）：《萨迦世系谱》（ས་སྐྱའི་གདུང་རབས་ངོ་མཚར་བང་མཛོད།）（藏文），民族出版社，1986 年，第 135—140 页。

ཐམས་ཅད་ལ་ཕན་པར་བྱ་སྙམ་པའི་ཐུགས་དགོངས་བཟང་པོ་ཅིག་འདུག སློས་ཁྱེད་རང་གི་མི་སྡེ་བོད་རྣམས་ལ་ཁྲིམས་ལུགས་ལེགས་པར་སློབས། སྐྱིད་དུ་འཇུག་པ་ངས་ཞེས་གསུངས་པ་དང་། རྒྱལ་པོ་དང་རྒྱལ་བརྒྱུད་རྣམས་ཚེ་རིང་བའི་སྨོན་ལམ་རིམ་གྲོ་པ་ཐམས་ཅད་ཀྱིས་འབད་པར་ཞུ། སྐབས་དོན་ཧོར་འདིའི་དམག་སྡེ་གྲངས་ལས་འདས། འཛམ་བུ་གླིང་ཐམས་ཅད་ཁོང་གི་མངའ་རིས་སུ་འདུག་སྙམ་པའི་བསམ་པ་ཅིག་འདུག ཁོང་རང་དང་མཐུན་པ་ཚོ་སྐྱིད་སྡུག་ཁོང་རང་དང་མཉམ་པར་བྱེད། ཁོང་ལ་ཞེ་ཐག་པས་གང་ཟེར་ལ་མ་ཉན་ན་ངོ་བལྟས་པ་ཡིན་ཟེར་བའི་མིང་གིས་མི་ཆོག་པ། རྗེང་བརླག་པར་བྱེད་པ་ཅིག་འདུག ཡུ་གུར་གྱི་རྒྱལ་ཁམས་འདི་ཡང་མ་བརླག་པར་གོང་དུ་ཕན། མི་ནོར་རྣམས་ཁོང་གིས་བླངས་ནས། ཡིག་མཁན། ནོར་གཉེར་བ། བུ་དགའ་ཐམས་ཅད་ཁོང་གིས་བྱེད། རྒྱ། མི་ཉག སོག་པོ་ལ་སོགས་པ་མ་བརླག་གོང་དུ་ཧོར་འདྲ་བཏང་ཡོང་ཅི་ཟེར་མ་ཉན་པས་བརླག་པའི་རྗེང་ལ་འགྲོ་ས་མ་རྙེད་ནས་ངོ་བལྟ་དགོས་བྱུང་། འོན་ཀྱང་དེ་རྗེང་ཅི་ཟེར་ཉན་པས་ད་ལྟ་ཐད་ཐད་སོ་སོ་ན་བུ་དགའ་ནོར་གཉེར། དམག་དཔོན། ཡིག་མཁན་ལ་སོགས་པ་ཁོང་རང་གི་མི་ཆེན་རེ་བསྐོས་པ་མང་། འོ་སྐོལ་མི་སྡེ་ངན་ལ་གྲོང་བས་ཐབས་སྣ་ཚོགས་ཀྱི་སྒོ་ནས་བྲོས་པས་ཐར་དུ་རེ། ཐག་རིང་བས་མི་ཡོང་དུ་རེ། འཐབ་ཐུག་ཏུ་རེ་ནས། གཡོ་སྒྱུ་ཟོལ་གསུམ་བྱས་པས་བརླག་ཀྱང་བརླག ཐ་ཐད་སོ་སོ་ནས་ངོ་བལྟས་པའི་ཚོ་མང་། བོད་ངན་ལ་གྲོང་པའི་སྟོབས་ཀྱིས་བྲན་དང་གཡོག་གི་བྱེ་བྲག་མ་གཏོགས་པ། དཔོན་པོར་བསྐོས་པ་བརྒྱ་ལ་རེ་འགའ་ཙམ་ལས་མ་མཐོང་། བོད་ངོ་བལྟས་པ་མང་ཡང་འདབ་ནོར་ཉུང་བའི་སྟབས་ཀྱིས་མི་ཆེན་ཚོ་རྗེང་ནས་མ་མགུ་བའི་གནད་ཅིག་གདའ། ན་ནིང་ནི་ལོ་འགའ་ལ་སྟོད་དུ་དམག་སོང་བ་མེད། ངས་བེ་རི་ཁྲིད་ནས་ངོ་བལྟས། འདིར་ཤིན་ཏུ་ངོ་བལྟ་ལེགས་པས། སྟོད་མངའ་རིས། དབུས་གཙང་བ་རྣམས་ངོ་བལྟས། བེ་རི་ཐ་ཐད་ཚོ་ཡང་ངོ་བལྟ་བར་ཡོད་བྱས་པས། ད་བར་ལ་དམག་མ་སོང་བ་དེས་ཕན་པ་ཡིན་ཏེ། སྟོད་ཀྱི་མི་རྣམས་དེ་ཚོ་མི་ཤེས་ཏེ་མཆིས། དེ་སྐབས་སུ་འདི་ན་མར་ངོ་བལྟས་པ་ཡིན་ཀྱང་འདབ་ནོར་ལེགས་པོ་མ་བྱས་པ་དང་། སློ་མ་གཏད་པ་ཀུན་ལ་དམག་བརྒྱབ་ནས་མི་ནོར་ཐམས་ཅད་གཏོར་བ་དེ་ཁྱེད་རྣམས་ཀྱིས་ཐོས་ཏེ་མཆིས། དམག་བརྒྱབ་པ་དེ་ཚོ་ཡུལ་བཙན། མི་དཔའ། དམག་མང་། གོ་ཆ་སྲ་ཞིང་མདའ་མཁས་པ་རྣམས་ཀྱིས་ཐུབ་ཏུ་

རེ་བྱས་པས་ནྷག་འདུག མི་རྣམས་ཀྱི་བསམ་པ་ལ། ཧོར་པོ་རང་ཨུ་ལག་དང་དམག་ཁྲལ་ཆུང་། གཞན་ཚོ་ཨུ་ལག་དང་དམག་ཁྲལ་ཆེ་བསམ་སྟེ། གཞན་ཚོ་བས་ཧོར་རང་ཨུ་ལག་དང་དམག་ཁྲལ་ཆེ། དེ་དང་སྦྱར་ན་གཞན་ཚོ་ཆུང་བར་གདའ། ད་དུང་ཡང་ཅི་ཟེར་གྱི་ངག་ལ་ཉན་ན་ཁྱེད་རྣམས་ཀྱི་ཡུལ། ས་ཕྱོགས་ཀྱི་མི་སྡེ། སོ་སོའི་དཔོན་གང་ཡོད་པ་དེ་དཔོན་དུ་བསྐོས། ས་སྐྱ་པའི་གསེར་ཡིག་པ་དང་དངུལ་ཡིག་པ་པོས་ལ། ངེད་ཀྱི་ད་ར་ཁ་ཆེ་འདི་བསྐོས་ན་འཐད་པ་ཡིན་ཟེར་བའི་ངོ་སྤྲོད་ཀྱིས་ལ་ཕར་འགྲོ་ཚུར་འགྲོའི་བང་ཆེན་པ་གོ་ཆོད་པ་ཚུད། དེ་ནས་དཔོན་གྱི་མིང་། མི་སྡེའི་གྲངས། འདབ་ནོར་གྱི་ཚད་ཡི་གེ་ལེགས་པོ་གསུམ་གྱིས་ལ། གཅིག་ངེད་ལ་བསྐུར། གཅིག་ས་སྐྱར་ཞོག གཅིག་རང་རང་གི་དཔོན་གྱིས་བཟུང་། ཡང་ངོ་བལྟས་པ་འདི་ཡིན། མ་བལྟས་པ་འདི་ཡིན་ཟེར་བའི་ས་རིས་ལེགས་པོ་གྱིས། ཤན་མ་ཕྱེད་ན་ངོ་མ་བལྟས་པའི་ཞོར་ལ་བལྟས་པ་ཚོ་ཡང་བརླག་དོགས་ཡོད། ས་སྐྱ་པའི་གསེར་ཡིག་པས་ཡུལ་གང་ཡིན་པའི་དཔོན་དང་གྲོས་གྱིས་ལ། སེམས་ཅན་ལ་ཡང་ཕན་པར་གྱིས་ལ་རང་ཚོད་དབང་ཆེ་མ་བྱེད། ཡུལ་དཔོན་གྱིས་ཀྱང་ས་སྐྱ་པའི་གསེར་ཡིག་པ་དང་གྲོས་མ་བྱས་པར་རང་ཚོད་མ་བྱེད། གྲོས་མ་བྱས་པར་རང་ཚོད་བྱེད་པ་ཁྲིམས་ལ་མེད། ཉེས་པ་ལ་ཐུག་ན་འདི་ན་ཞུ་བ་དཀའ། དེར་ཐམས་ཅད་བློ་མཐུན་པར་གྱིས། ཧོར་གྱི་ཁྲིམས་ལུགས་བྱས་ན་ལེགས་པོ་འོང་། གསེར་ཡིག་པ་བསུ་བསྐྱེལ་དང་ཞབས་ཏོག་ལེགས་པོར་གྱིས། འདི་ཡང་གསེར་ཡིག་པ་ཡོང་བ་ཀུན་ལ་གཞན་འདྲི་བའི་སྔོན་ལ་མ་བྲོས་སམ་འཐབ་བམ། གསེར་ཡིག་པ་ཚོ་ཉ་ར་ལེགས་པོར་བྱས་སམ། ཨུ་ལག་བྱུང་ངམ། ངོ་བལྟས་པ་རྣམས་བརྟན་ནམ་བྱས་པ་དེ་ཚོ་སྔོན་ལ་འདྲི་བར་འདུག གསེར་ཡིག་པ་དེ་མ་མགུ་ན་གནོད་ཐུབ་པའི་གཏམ་གཏོང་བར་ངེས། མགུ་ན་ཕན་ཐོགས་ནུས་པ་ཅིག་གདའ། གསེར་ཡིག་པའི་ངག་ལ་མ་ཉན་ན་བྱས་ཀྱང་དཀའ་བར་མཐོང་། འདིར་མི་གང་དྲག་པ་དང་འདབ་ནོར་ཁྱེར་ནས་འོང་བ་ཚོ་བཟང་པོར་གཏོང་བར་གདའ། རང་རེ་ཚོ་ཡང་བཟང་པོ་བྱ་སྙམ་པའི་བསམ་པ་ཡོད་ན་ངེད་རང་གི་དཔོན་པོ་ཀུན་འདབ་ནོར་བཟང་པོ་བཟུང་ལ་ས་སྐྱ་བའི་མི་དང་འགྲོགས་ལ་ཕྱོན། འདབ་ནོར་འདི་ཙམ་ཅིག་འདབ་ཟེར་བའི་གྲོས་ཀྱིས། འདིར་ངས་ཀྱང་གྲོས་བྱེད། དེ་ནས་རང་ཡུལ་འོངས་ནས་རང་གཞན་ཐམས་ཅད་ལ་ཕན་པར་འོང་། ཕྱིར་ངས་ཀྱང་ན་ཞིང་ནས་མི་བཏང་ནས་འདི་ལྟར་བྱས་ན་

ལེགས་བྱས་ནས་གྲོས་བསྟན་པ། ཁྱེད་རང་རྣམས་ཀྱིས་ཀྱང་དེ་བཞིན་བྱེད་པའི་རིགས་སུ་མེད་པ་འདུག བརྟག་པའི་རྗེས་ལ་ཁྱེད་ཐ་དད་ཚོ་ཅི་ཟེར་ཉན་པ་ཅིག་འདོད་པ་ཡིན་ནམ། ཅི་ཟེར་བ་ཡིན་ཡང་མ་གོ ཕྱིས་ས་སྐྱ་པ་རྟོར་གསེབ་ཏུ་སོང་བ་ཡིན་ཏེ་ངེད་ལ་མ་ཕན་ཟེར་བ་དེ་མི་གསུང་པར་ཞུ། ངས་བདག་པས་གཞན་གཅེས་པའི་བསམ་པ་བྱས་ནས་བོད་སྐད་སླ་བ་ཐམས་ཅད་ལ་ཕན་པའི་ཕྱིར་དུ་རྟོར་གསེབ་ཏུ་འོང་བ་ཡིན་ཏེ། ངས་ཅི་ཟེར་ལ་ཉན་ན་ཕན་པར་འདུག ཁྱེད་རྣམས་ཀྱིས་འདིའི་སྣང་ཚུལ་མ་མཐོང་། ཐོས་པ་རྣམས་ལ་ཡིད་ཆེས་པ་ཤིན་ཏུ་དཀའ། དེའི་སྟོབས་ཀྱིས་ད་དུང་བཏུབ་པར་འོང་སྙམ་སྟེ། བདེ་བའི་འཕྲོ་ལ་སློ་བུར་དུ་འདྲེས་མནན་པ་ལྷ་བུའི་འཐིབ་གནོན་ཅིག་བྱུང་ནས་དབུས་གཙང་གི་བུ་ཚ་དང་མི་ལ་སོགས་པ་རྟོར་གསེབ་ཏུ་སོང་གིས་དོགས། ངེད་ནི་ལེགས་ཉེས་ཅི་བྱུང་ཡང་ང་ལ་འགྱོད་པ་མེད། བླ་མ་དཀོན་མཆོག་གི་བྱིན་རླབས་དང་བཀའ་དྲིན་གྱིས་ད་དུང་ལེགས་པོ་འོང་བའང་སྲིད། ཁྱེད་རང་རྣམས་ཀྱང་དཀོན་མཆོག་ལ་གསོལ་བ་ཐོབ། རྒྱལ་པོས་ངེད་ལ་སུ་དང་ཡང་མི་འདྲ་བའི་ཐུགས་ལ་བཏགས། དེའི་སྟོབས་ཀྱིས་རྒྱ་བོད། ཡུ་གུར། མི་ཉག་ལ་སོགས་པའི་དགེ་བཤེས་མི་ཆེན། ཡུལ་མི་གཅིག་པ་ཐམས་ཅད་ཀྱིས་ངོ་མཚར་ཆེ་སྙམ་ནས་ཆོས་ཉན་པ་དང་གུས་པ་ཆེ་བ་འདུག ངེད་འདིར་འོང་བ་རྣམས་ལ་རྟོར་གྱིས་ཅི་འདྲ་བྱེད་སྙམ་པའི་དོགས་པ་མི་དགོས། ཐམས་ཅད་ཀྱི་ཐུགས་ལ་བཏགས་ནས་བཟང་པོར་ཡོད་པས། ངེད་ཀྱི་ཕྱོགས་ནས་ཐམས་ཅད་བློ་བདེ་བར་བཞུགས་པས་ཆོག འདབ་ནོར་ལ་གསེར། དངུལ། གླང་པོ་ཆེའི་མཆེ་བ། མུ་ཏིག་ཇོག་པོ་ཆེ་བ། མཚལ། བཙོད། ཙ་ཏྲ། གི་ཝང་། སྟག་གཟིག་གུང་གསུམ། སྲམ། བོད་སྣམ། དབུས་ཕྲུག་བཟང་པོ། འདི་ན་དེ་ཚོ་དགའ་བར་འདུག སྤྱིར་ནོར་ལ་འདིར་གཙོགས་ཆུང་ཡང་རང་རང་གི་ཡུལ་ན་གང་བཟང་གི་ནོར་རྫས་འོང་བས་ཆོག་པ་ཡིན། གསེར་ཡོད་ན་གང་འདོད་འོང་བར་འདུག་པས་དགོངས་མཛོད། སངས་རྒྱས་ཀྱི་བསྟན་པ་ཕྱོགས་མཐའ་དག་ཏུ་རྒྱས་པར་གྱུར་ཅིག མངྒ་ལཾ།

具吉祥萨迦班智达致乌思、藏、纳里速各地诸善知识、施主和福田书[①]

愿得吉祥！顶礼上师怙主文殊尊！

具吉祥萨迦班智达致乌思、藏、纳里速[②]各地诸善知识、施主和福田书：[③]

吾以利益佛陀教法、世间苍生，尤以所有持藏语者为念，此来蒙古之地。邀吾之大施主，待吾极善[④]，曰：“汝能领如此稚子八思巴兄弟及随身侍从前来，实乃眷顾于吾。汝以头归顺于吾，他人则以足归顺于吾；汝因吾召而入，他人则因惧吾而入，此吾岂有不知也！盖八思巴兄弟之前已悉吐蕃教法，今仍由八思巴习蕃法，恰那多吉可习蒙古语文。吾掌世间法，汝持出世间法，如此释迦牟尼之教法焉有四海不覆之理也！”

此汗王菩萨，尊崇佛法，尤敬三宝，对民则仁爱有治，对吾则礼遇有加。曾对吾言：“汝可安心讲法，有所求，吾必予之。汝之善，吾可知；吾之善，天可鉴！”其对八思巴兄弟尤为厚

---

① 关于萨迦班智达《致蕃人书》，此前王尧（见王辅仁、陈庆英：《蒙藏民族关系史略》，中国社会科学出版社，1985 年，第 30—31 页注 18）、李有义、邓锐龄（杜齐：《西藏中世纪史》，中国社会科学院民族研究所，第 14—19 页）等先生皆有汉译。目前具有代表性的汉译版有《西藏地方是中国不可分割的一部分（史料选辑）》（西藏人民出版社，1986 年，第 41—44 页。以下简称《一部分》）、《元以来西藏地方与中央政府关系档案史料汇编（1）》（中国藏学出版社，1994 年，第 5—8 页。以下简称《元以来》）、陈庆英、高禾福、周润年译：《萨迦世系史》（中国藏学出版社，2005 年，第 102—105 页。以下简称《世系史》）等，整体而言，译文大同小异。此译文是在参考以上诸位先生译文的基础上由藏文原文译成，其中误读、误解、误译之处必然难免，冒昧译出，只为学习并求教于方家。

② 乌思、藏、纳里速分别为藏语“དབུས།”“གཙང་།”“མངའ་རིས།”的元代音译，现译为卫、藏和阿里，即今西藏自治区全境。

③ 此句即为这份书信的正式标题，所谓《致蕃人书》则为汉文简称。

④ 此处原文作“ཤིན་ཏུ་དགེ”，《一部分》《元以来》《世系史》皆译为“甚喜”。

爱。彼心怀“知法守法、四海皆平”① 之良愿，曰：“汝当教授汝吐蕃部众习知法度，吾当予之安乐生活。”望吾辈为汗王及王子王孙之长寿，力行福寿祈愿法事。

当今之势，此蒙古军队兵多将广，整个赡部洲俨然已归其统治之下矣。顺之者可同甘，如若不以诚心遵旨听命，必为其灭亡殆尽，此非假言归顺可幸免也。回鹘国境未遭涂炭，皆因此也②。现其百姓财产皆归自土，掌文、理财、守城者皆由自人充任。想那汉地、西夏、阻卜等地，未灭之前为蒙古对待如己，等同视之，然彼等逆旨抗命，最终走投无路，不得不黯然归降。然归顺之后，遵旨听命，今有自人充任守城、理财、统兵、掌文之职者众。吾等部族地偏民弱、势单力薄③，如若自忖千方百计可脱逃，痴想蒙古军因路途遥远而不至，妄想或可战而胜之，凡谲诈谄诳等伎俩，必换来灭顶之灾。现各处归顺蒙古者众，吐蕃部族因地偏民弱、势单力薄之故，除却驱为贱役奴仆外，能充官职者百里方见一二。蕃部归顺者亦多，然因贡赋微薄而致此方诸大人颇为不悦，此要害一也。

去岁之前，上部地区④数年未见用兵。吾率白利来归，因归顺多有好处，遂有上部纳里速、乌思、藏民之归顺，白利各部亦趋归伏，故刀斧得免，缘于此也。然上部诸民，似有不解此中缘由者。彼时多有称归顺却少贡赋、怀二心，最终引来刀兵之灾而致人死财空者，诸位必有所闻。彼等自认地险、人勇、兵多、甲固、善射，试图战而胜之，本身却遭毁灭。

诸人或忖，此蒙古乌拉、兵役轻，别部乌拉、兵役重；其他

---

① 此句原文作“རང་ཤེས་ཁྲིམས་ལུགས་འཁྱུར་ཤེས་ན། རྒྱལ་ཁམས་ཐམས་ཅད་ལ་ཕན་པར་བྱ།”，《一部分》《元以来》《世系史》皆译为“为政者善知执法，定有益于所有国土”。

② 此句原文作“གོང་དུ་ཕན།”，《一部分》《元以来》《世系史》皆译为畏兀儿之境未遭涂炭且“较前昌盛”，按ཕན字字意解，为“受益”之意，因此此句似有“受以上原因的益处”之意。

③ 此句原文做“ངན་ལ་སྒོང་བ།”，《一部分》《元以来》《世系史》皆译为“愚顽”，按字意解，ངན་和སྒོང་都可理解为差、弱等，似无“愚顽”之意。

④ 指西部阿里地区。传统藏族地理观将阿里视作上部，故有“上阿里三围、中卫藏四茹、下多康六岗”之说。

部落则认为蒙古乌拉及兵役重，与之相比，其他部反而较轻也。①

（汗王）又曰："如若遵令行事，汝等所据之土不变、所拥民众不变、各级职官可委官职。"召萨迦金字、银字使者，令其承担来往信使之责②："传吾此令，同意委任彼等为达鲁花赤。"如此，请将（卫、藏、阿里各地）官名、户数、贡赋等编为三册，一寄吾处、一存萨迦、一由该处官员自存。另绘舆图一副，标明归附和未归附者，如不区分，恐归顺者被未归顺者所牵连而致覆亡。萨迦金字使者当与各处官吏共商决断，以利益民众为重，切忌擅权专行③。各处官员，亦忌无视萨迦金字使者而独断行事。凡不经商榷擅自妄为者，皆视为目无法度，若犯法，吾处亦不好求情。对此，尔等务必齐心同志。遵行蒙古法度，效果必佳。

善待金字使者之迎送与侍奉。盖金字使者甫至，汗王必定先问：有无脱逃者和抗拒者？是否善待金字使者？有无乌拉差役？归顺者是否安定？若金字使者对汝不悦，则必进恶语；若金字使者愉悦，则多有益处。故不遵从金字使者之言，后患无穷。

但凡势大贵族，以及携带贡品而至者，此间善待有加。汝等若怀求得善待之愿，吾等诸官可备上好贡品，与萨迦之人同来。备何等贡品类，汝等协商之，吾于此处亦为计议。如此之后返

① 此句原文作"མི་རྣམས་ཀྱི་བསམ་པ་ལ། ཧོར་ཁོ་རང་ཨུ་ལག་དང་དམག་ཁྲལ་ཆུང་། གཞན་ཚོ་ཨུ་ལག་དང་དམག་ཁྲལ་ཆེ་བསམ་སྟེ། གཞན་ཚོ་བས་ཧོར་རང་ཨུ་ལག་དང་དམག་ཁྲལ་ཆེ། དེ་དང་སྦྱར་ན་གཞན་ཚོ་ཆུང་བར་གདའ།"，其中后一句"གཞན་ཚོ་བས་ཧོར་རང་ཨུ་ལག་དང་དམག་ཁྲལ་ཆེ། དེ་དང་སྦྱར་ན་གཞན་ཚོ་ཆུང་བར་གདའ།"的"གཞན་ཚོ"读起来似为主语，故此句可理解为："其他部落则认为蒙古乌拉及兵役重，与之相比，其他部反而较轻也。"《一部分》《元以来》《世系史》等将这个"གཞན་ཚོ"理解为对比对象，将其译作"殊不知与他部相比"，全句大致译为：众人或以为：蒙古本部乌拉及兵差轻微，他部乌拉及兵差甚重，殊不知与他部相比，蒙古本身之乌拉及兵差甚重。两相对比，他部之负担反较轻焉。

② 《一部分》《元以来》《世系史》将此句作为直接引文，而从原文看，此句似为陈述句而非引阙端语。

③ 此句原文作"སེམས་ཅན་ལ་ཡང་ཕན་པར་གྱིས་ལ་རང་ཚོད་དབང་ཆེ་མ་བྱེད།"，《一部分》《元以来》《世系史》皆译为"除利益众生之外，不可擅作威福"。

乡，对人对己皆有益处。去岁吾曾遣人告知汝等，建议如此行事甚善，然听从执行者寡，汝等是否遭到覆亡后，方有听吾所说为何之愿乎?① 既然所说者不遵，日后切勿有“萨迦巴远赴蒙古，然未有益于吾”之类怨言也。吾怀舍己利他之心，为利益所有持藏语之众而来此蒙古之地，若依吾言，必有益处。汝等未见此间情景，所闻者亦难信服，尚存以自身微薄之力而拒之之妄想。吾则深虑如“安乐之余鬼忽至”之谚语般，天降灾祸，恐使吾卫藏之子弟和民众被驱往蒙古也。吾本人将要所遇者，勿论是福是祸，绝无半点悔意，自有上师、三宝之加持与护佑，增福添运亦未可知。汝等诸人，亦多向三宝祈祷。

汗王待吾，远超他人，因此，汉地、吐蕃、畏兀儿、西夏诸地之善知识和大人显贵，诸人虽来处不同，然甚觉奇异，故前来听吾讲法者众，且颇为恭敬。凡来吾处者，对蒙古如何待己之类无需多虑，诸人心中所怀者皆为善意，故安心居于吾处即可也。②

贡品者，此间多喜金、银、象牙、大粒珍珠、银朱、茜草③、木香、牛黄、虎（皮）、豹（皮）、草豹（皮）、水獭（皮）、藏布、乌思地方的上等氆氇等。此间所重者非所献之财物，故可以各方自重宝物进贡即可。

黄金在手，万事皆会如意！诸位切记、切记！

愿佛陀之法教弘传四海内外！吉祥！

班玛更珠，中国藏学研究中心历史研究所副研究员、博士。

---

① 此句原文作“བརྟག་པའི་རྗེས་ལ་ཁྱེད་ཐ་དད་ཚོ་ཅི་ཟེར་ཉན་པ་ཅིག་འདོད་པ་ཡིན་ནམ།”，《一部分》《元以来》《世系史》皆译为“岂汝等愿在败灭之余方俯首听命耶?”

② 此句原文作“ངེད་ཀྱི་ཕྱོགས་ནས་ཐམས་ཅད་བློ་བདེ་བར་བཞུགས་པས་ཆོག”，《一部分》译为“听从我之人均可放心安住”，《元以来》《世系史》皆译为“至于我之各方面，众人只可放心为是”。

③ 原文为“བཙོད།”，《藏汉大辞典》解释为“茜草”。《一部分》《元以来》《世系史》译为“藏红花”。

凉州会谈与萨迦派在康区的发展

袁晓文　黄辛建

1247年，萨班与阔端在凉州成功举行会谈，为西藏地区纳入元朝中央政府行政管辖之下奠定了基础，可谓意义重大。目前，学术界对于凉州会谈已有较多研究。其中，筱洲的《阔端与萨班凉州会谈》一书全面介绍了凉州会谈的前因后果、历史意义和深远影响，具有重要的学术价值和社会价值[①]；张云的《萨班与凉州会谈》认为"凉州会谈揭开了西藏历史发展新的一页，为西藏纳入元朝中央政府行政管辖之下奠定了基础"[②]；其他如赵永红的《藏传佛教在凉州的传播及影响》[③]和《萨班与萨迦派在河西地区的传播》[④]、王世丽的《凉州会谈与蒙藏关系的奠基》[⑤]等文则分别从凉州会谈对河西地区藏传佛教的传播以及对蒙藏关系的推进等方面进行了研究。总体来看，已有研究成果分别从不同角度对凉州会谈进行了较为全面、深入的研究，对凉州会谈的积极影响论述也非常深入。不过，我们注意到，现有成

---

① 筱洲：《阔端与萨班凉州会谈》，甘肃人民出版社，1997年。

② 张云：《萨班与凉州会谈》，《人民论坛》，2008年第4期。

③ 赵永红：《藏传佛教在凉州的传播及影响》，《西北民族大学学报》（哲学社会科学版），2006年第6期。

④ 赵永红：《萨班与萨迦派在河西地区的传播》，《青海民族大学学报》（社会科学版），2012年第2期。

⑤ 王世丽：《凉州会谈与蒙藏关系的奠基》，《云南民族大学学报》（哲学社会科学版），2009年第3期。

果对凉州会谈与萨迦派在康区蓬勃发展的关系，以及由此引发的对康区社会的深远影响关注得还不够。故本文拟对此做一初步探讨。

一、萨班前往凉州途中在康区的弘法活动

1227年和1234年，在先后灭掉西夏和金朝后，蒙古势力开始进入藏区，成吉思汗之子窝阔台汗将原属于西夏和金朝的甘青藏区划为其子阔端的份地。随后不久，阔端即开始了征服藏区的军事行动。1236年，阔端攻占成都，并“招谕秦、巩等二十余州”①。1239年，蒙古将领多达那波奉阔端之命，率领骑兵从青海出发，向卫藏地区进发，多达那波的军队很快便直抵藏北高原一带，他们烧毁了位于今西藏自治区林周县的热振寺以及杰拉康寺，并在杀死数百僧俗人众后，于次年返回甘青地区。多达那波的军事行动结束后，蒙古政权统治者对卫藏地区皆由众多地方势力所割据，彼此又不相统属，且各个教派势力亦彼此交错的政治宗教格局已经有所了解。②

然而，在此时的康区，由于以噶玛、止贡和帕竹为代表的噶举派的众多支系与康区有着极深的渊源，故噶举派在康区发展有着独特的优势，也是当时在康区最有影响的藏传佛教派系。相较而言，此时萨迦派的影响还主要局限于卫藏地区。到12世纪末至13世纪初，通过青海和河西走廊一带活动的西纳家族的传播，萨迦派在东部藏区的安多一带开始有所传播③。但康区还没有发现萨迦派活动的痕迹。

1244年，阔端向萨迦班智达贡噶坚赞发出邀请。同年，63

① 〔明〕宋濂：《元史》卷二，《本纪第二·太宗》，中华书局，1976年。

② 石硕：《西藏文明东向发展史》，四川人民出版社，1994年，第169页。

③ 王兰：《从寺院时空分布看藏传佛教萨迦派在安多地区的传播》，《北方民族大学学报》2013年第6期，第132页。

岁的萨班携侄子八思巴和恰那多吉启程前往凉州。在前往凉州的两年多漫漫路途中，萨班一行在康区设坛讲经、传播佛法，使萨迦派在康区开始有所传播。其中，他们“前往藏拉雅朵地方巡视道场”，并收取康区贡觉的部落首领顿楚做侍从，“当法主叔侄前往北方时，被（顿楚）迎至左陀地方，承侍直至他们前往北方”①。与此同时，萨班还将康区的部落首领带往了凉州，据称在萨班前往凉州的队伍中，除了有顿楚的陪同外，康区的白利部落也有人在随行队伍中。《萨迦世系史》记载了白利地区的部落首领追随萨班，前往凉州会见蒙古窝阔台汗的三子阔端的情形，其载：“前此数年，蒙古兵未至上部地方，由我率白利归顺，因见此归顺甚佳，故上部阿里、卫、藏等部亦归顺，复又使白利诸部输诚，故至今蒙古未遣军旅前来，亦已受益矣。”② 白利、贡觉等来自康区的部落在追随萨班拜见了阔端之后，便与萨班一道归顺了蒙古政权，白利、贡觉等地也成为康区最早归顺蒙古政权的地区。

萨班等人在前往凉州途经康区之际，与康区部落建立了诸多联系，使萨迦派得到了康区一些部落首领的支持，促进了萨迦派在康区的初步传播，为凉州会谈后萨迦派在康区的进一步发展打下了一定的基础。

二、凉州会谈后萨迦派在康区的发展

1246 年，萨班抵达凉州。1247 年，萨班与阔端会晤并商定了归顺蒙古政权的相关事宜，萨迦派由此“从过去割据一方的地方教派势力一跃而上升到西藏霸主的地位。与此同时，萨班也

① 大司徒·绛曲坚赞著，赞拉·阿旺、佘万治译，陈庆英校：《朗氏家族史》，西藏人民出版社，1989 年，第 243 页。

② 阿旺·贡噶索南：《萨迦世系史》，陈庆英等译，西藏人民出版社，1989 年，第 91 页。

从一个教派领袖的地位一跃上升为各教派总领袖的地位”①。随即，萨迦派在蒙古政权的支持下，开始积极向康区发展自己的势力。

萨迦派首先在康区扶植地方部落势力，以扩大萨迦派在康区的影响和地位。归顺蒙古政权后，白利部落得到了萨迦派和蒙古政权统治者的青睐，加之地处藏区往来内地的交通要道上，使白利土司的地位也迅速提高。对于贡觉的顿楚这样的康区地方势力，萨迦派首先承认了其政治地位，并给予政治、宗教上的扶持，使其参与到了萨迦派在康区的发展之中。据史料记载，蒙哥汗末年，忽必烈与阿里不哥之间为争夺王权而相互争斗，萨迦派依附于忽必烈一方，康区的顿楚作为萨班的弟子也依附于忽必烈。在1274年左右，八思巴举荐顿楚为朵康的总管，顿楚很快“成为多康岗的主宰人”，是萨迦派在康区的“重要支持者”②，其主要势力范围为德格地方及周邻地区，并受吐蕃宣慰使的管辖。据《朗氏家族史》记载，在萨迦派的支持下，顿楚在康区的地位十分尊崇，“在他的贡觉地方，连宣慰使司、万户长、千户长亦未封拜，他照拂林葱家族，林葱家族被委封为万户长和千户长”③，而萨迦派对顿楚也寄予了厚望。

其次，萨迦派在康区发展的重要方式是排挤其他教派和将其他教派的寺庙改宗为萨迦派寺庙。在萨迦政权时期，虽然据《萨迦世系史》称，元朝“命令萨迦派统领西土之僧人。下令在整个吐蕃地方只准修习萨迦派教法，不准修习其他教法”，但在八思巴的反对下，元朝“下令准许各派修习自己的教法”④。实际上，从凉州会谈后康区藏传佛教教派的发展情况来看，各教派

① 石硕：《西藏文明东向发展史》，四川人民出版社，1994年，第174页。

② L·毕达克著，张云译：《顿楚（ston-tshul）：萨斯迦主权在康区的出现》，《西北民族研究》1993年第2期，第147—149页。

③ 大司徒·绛曲坚赞著，赞拉·阿旺、佘万治译，陈庆英校：《朗氏家族史》，西藏人民出版社，1989年，第243页。

④ 阿旺·贡噶索南著，陈庆英、高禾福等译注：《萨迦世系史》，西藏人民出版社，2002年，第106—107页。

在康区的争夺和冲突是非常激烈的。凉州会谈之前，康区势力最大的教派是噶举派，其中尤以噶玛噶举派和帕竹噶举派为甚。贡觉的部落首领顿楚最初信奉的即是帕木竹巴派，萨班前往凉州途中经过康区时才又改信萨迦派。[①] 1259 年，蒙哥汗驾崩。1260 年，忽必烈继汗位。此后，在康区一带具有重要影响的噶玛噶举派受到冲击。年末，忽必烈封八思巴为国师。由于未追随忽必烈，且有帮助阿里不哥争权夺位的嫌疑，噶玛拔希被逮入狱。萨迦派在与噶玛拔希等其他藏传佛教教派的斗争中获胜，不但进一步巩固了自己在卫藏地区的地位，也为其在康区一带的扩张打下了基础。噶举派等一些其他藏传佛教教派在康区的寺院被迫改宗为萨迦派。如位于德格的噶玛噶举派寺庙八邦寺，享有“小布达拉宫”之称，建成于 1227 年，其前身是兄里寺。1181—1189 年，止贡噶举派创始人仁钦贝派遣弟子巴登·向秋能巴前往康区传教，巴登·向秋能巴在此期间修建了兄里寺，13 世纪末一度改宗萨迦派，后又在清代改奉噶玛噶举派。

今天青海地区最大的萨迦派寺院、九世班禅大师确吉尼玛返藏途中圆寂之地结古寺原系噶玛噶举派寺庙。结古寺藏语全称为“结古顿珠林”[②]，建寺之初为苯教寺庙，属于当地部落首领扎武的家寺，后来发展成为两座噶玛噶举派寺庙。后来，萨迦派大师当钦哇·嘉昂喜饶坚赞奉命到玉树地区传教，得到扎武家族的支持，将噶玛噶举派僧尼迁往他处，在此基础上建成萨迦派寺院结古寺。据第八世嘉那活佛的经师口述称，当时为争夺结古寺，萨迦派与噶玛噶举派之间发生了激烈的冲突。当钦哇·嘉昂喜饶坚赞到达之前，噶玛噶举派在当地发展昌盛，萨迦派无法与其抗衡。后来，在一次法会上，萨迦派战胜噶玛噶举派，噶举派僧众

① L·毕达克著，张云译：《顿楚（ston-tshul）：萨斯迦主权在康区的出现》，《西北民族研究》1993 年第 2 期，第 147 页。

② 结古寺之结古为养育众生之意，汉语译为“结古义成洲”，因此，也有人称结古寺为“众生义成洲”。

疯的疯，自杀的自杀，被迫从原址迁出。[①] 从经师的口述史中，我们可以看到当时各个教派之间的争斗是异常残酷的。

据《萨迦世系史》记载：

> 因为该寺[②]建立之后萨迦家族的人很少到这一带来，而该地不远处有一伙总想贪占别人地盘的噶玛巴的噶尔巴师徒，他们对洛追坚赞前去该寺非常忌恨，表现出轻蔑等不信仰的态度。住在该寺的僧人们不能忍受，一再向洛追坚赞恳求说："你是萨迦派有法力的教主，这次为了佛法，无论如何要向这些人施展一次法力，不然的话，今后在这一带萨迦派连一个名义也维持不下去。"因此他们师徒七人在住下七天时，举行依止普达罗的加行法事，过了三天的那天晚上，修法的房屋里出现了光芒闪烁、雷鸣、三角形地坑中发出魔鬼哀嚎等内部奇幻征兆，正在此时，噶尔巴的副手，也即是参与计议对法主洛追坚赞加以轻蔑的为首之人突然肠子断裂，发出哀叫，最后死去。由于看到如此威猛的法力明白显示出来，所以洛追坚赞的名声在大地之上传遍各方。[③]

上面记载的是萨迦当钦哇·嘉昂喜饶坚赞之弟洛追坚赞，离开后藏萨迦地方受邀前往结古寺，与当地的噶玛噶举派僧人发生冲突的情况。从中可以看出，结古寺改宗成为萨迦派寺庙后，噶玛噶举派并不甘心失去结古寺，仍然没有放弃对结古寺的争夺，斗争异常激烈。这也是凉州会谈后康区的藏传佛教教派势力之间相互斗争的一个缩影。

---

① 海宁、白玛措：《青海萨迦古刹结古寺》，《青海民族研究》2008年第4期，第101—102页。

② 此即结古寺。

③ 阿旺·贡噶索南著，陈庆英、高禾福等译注：《萨迦世系史》，西藏人民出版社，2002年，第205页。

另外，萨迦派还通过收徒、建寺等方式扩大其在康区的影响。凉州会谈后，萨迦派很快在康区修建了大量的萨迦派寺院，如位于白玉县的甲朗寺、道孚县弥勒寺、甘孜县一带的汉人寺等。同时，萨迦派还采取派遣弟子前往康区传教和建寺的方式在康区发展萨迦派的势力，如位于康定县的高尔寺即是八思巴派遣弟子所建。[①] 凉州会谈后，康区涌现出了一些在萨迦派历史上具有重要地位的贤哲伟人。1264 年，八思巴从元大都返回后藏萨迦途经玉树，在噶哇隆巴地方有一万多人参加的大法会上升座讲经说法，举行灌顶仪式，并在噶哇隆巴接受了兄弟二人为弟子，其中一人为元初著名的胆巴国师。在《佛祖历代通载》《元史·释老传》及《辍耕录》等一些元明时期的著作中均可见到此人的相关记载。据尕藏寺相传，该兄弟二人随八思巴在萨迦学法三年，后奉命返回称多县，修建寺院并由八思巴赐名为“尕藏班觉楞”，并成为元代玉树地区的大寺，鼎盛时期僧人达到 1900 人之多，使萨迦派在玉树地区得到较大发展。贡觉的顿楚也在凉州会谈后前往卫藏学习萨迦派教法，“不久后就成为萨迦派众格西中颇有名望的人物。中间一段时间，他们一直担任八思巴的侍从，服侍上师，担当过许多重要的任务”[②]，后来回到康区后，顿楚集政教于一身，成为萨迦派在康区的重要支持者。据统计，在凉州会谈后的 13 世纪中期，萨迦派在康区就新建了 6 所寺院，其中稻城 1 所、白玉 2 所、甘孜 1 所、道孚 1 所、康定 1 所[③]。据《萨迦世系史》记载：“法王萨班有大、中、小三种寺院。大寺有具吉祥萨迦寺和北方凉州寨喀寺；中等寺院有桑耶寺、年堆

---

① 周文生、陈庆英：《大元帝师八思巴在玉树的活动》，《西藏研究》1990 年第 1 期，第 36 页。

② 达仓宗巴·班觉桑布著，陈庆英译：《汉藏史集》，西藏人民出版社，1986 年，第 247 页。

③ 王开队：《康区藏传佛教历史地理研究（公元 8 世纪—1949 年）》，暨南大学博士学位论文，2009 年，第 65 页。

江图尔寺、香色新寺；小寺遍及康、藏、卫等各地。”①

凉州会谈之后，萨迦派之所以能够在康区得到迅速发展并很快兴盛起来，离不开萨班的侄子帝师八思巴等人的努力。除凉州会谈外，八思巴先后4次通过康区往返于大元帝都和萨迦之间。八思巴往返卫藏与元大都在康区留下了大量的足迹。玉树是八思巴往来康区的必经地带，八思巴经过时的活动区域主要集中在今称多、玉树和囊谦三县的东部地区。1268年，八思巴从萨迦前往大都之际经过玉树地区，在玉树地区讲经传法，并支持当地僧人修建了东程寺，将苯教寺庙赛达寺改宗为萨迦派。1274年，八思巴又一次经过玉树地区，在宗达寺驻锡，会见了当地的部落首领并结成了供施关系。回到萨迦后，八思巴还专门为宗达寺拟出了一份法旨。这份法旨的内容为：

> 凡阿里三围、中区卫藏四如、下部朵康六岗所属霍卡四部、囊肖六部、安多上部、贡囊尼和仲巴、格吉部落，百日和年措、优秀、拉秀部落，噶哇仁庆部落和苏鲁、苏莽、拉托、仲巴葱、卜杰，全德格的农牧区，罗买和查哇安康的上下部，贡觉和扎样、昌都、类乌齐、仲巴、尕谢、群保白黑黄三族等地区，尤其是康德囊地区的高僧、贵族等务必保护宗达寺。该寺蒂什察喇嘛系囊谦（千户）的大喇嘛，为噶德钦楞寺、求宗寺和阐布冷德赛寺三寺之寺主。凡此三寺皆属我萨迦派，全藏区均应保护之，不许任意占地断路、刁难寺院，不准拦劫上交萨迦寺的税赋，不得在生活上为难寺院僧徒。以上三寺所化布施归寺院自己支配。特别是嘉绒隆上部四沟、下部八滩以及若骨滩和边智等地的土地、草山、牲畜的饮水、所化布施等永远属于以上三寺。若有人侵

① 阿旺·贡噶索南著，陈庆英、高禾福、周润年译注：《萨迦世系史》，西藏人民出版社，2002年，第94页。

犯，即是违背萨迦之旨意，定受严惩。①

可见，玉树地区萨迦派的发展得到了八思巴的大力支持和保护。据藏文史籍《宗木朵寺历任法座简编》记载，八思巴在驻留凉州期间还向芒康的萨迦派教徒寄送过法衣、供物等佛事用品。② 正是在八思巴等人的努力下，凉州会谈后萨迦派在康区的发展非常迅速。根据周文生等学者的统计，在玉树地区称多县境内存在25座寺庙，其中萨迦派的数量最多，占9座，这些多是八思巴时期建造或改宗的。③ 八思巴先后4次途经康区，一方面显示出萨迦派对在康区发展的重视，另一方面也显现出经过凉州会谈后萨迦派在康区得到了迅猛发展且在一些地区已拥有了很大的影响和地位。④

但是，随着元朝灭亡，失去元朝统治者庇护的萨迦派政治和宗教地位不断下降，康区的萨迦派势力受此影响，也逐渐变得处境艰难，已不再具有凉州会谈后那段时间所拥有的辉煌。下面的材料可以为我们呈现出萨迦派在康区地位变化的一些情况。萨迦的拉康拉章之世系中有关于嘉贝央·贡噶洛卓勒巴迥乃坚赞贝桑布前往康区传教的记载，“在朵康之地有杰尊萨迦巴阐明释教圣者之美称”⑤。为使萨迦派在康区发展，他给卫藏萨迦派的丹巴尼玛俄强曲吉杰波·阿旺贡噶仁钦扎西札巴坚赞贝桑波写了一封

① 该法旨的这一汉文版本应是周文生和陈庆英根据藏于宗达寺内的藏文法旨翻译而来。参见周文生、陈庆英：《大元帝师八思巴在玉树的活动》，《西藏研究》1990年第1期，第41页。

② 嘎玛多杰编：《芒巴噶举传记汇编》（藏文），四川民族出版社，2006年，第109—110页。

③ 周文生、陈庆英：《大元帝师八思巴在玉树的活动》，《西藏研究》1990年第1期，第37—43页。

④ 在八思巴第二次返藏过康区之际，顿楚以奢华的规模组织了一次复制《波罗蜜多》三种版本（大、中、小）的仪式，作为对皇帝、他的家庭和帝国的康乐赎罪的贡献。为数众多的工匠们被召集起来做必要的原材料的工作，前后历时数月之久。

⑤ 阿旺·贡噶索南著，陈庆英、高禾福等译注：《萨迦世系史》，西藏人民出版社，2002年，第233页。

长信，内容如下：

> 今写信主要是请求派代理人来康区一事。理由是，在康区的大小萨迦派寺院、僧徒、施主等，在释迦教法住世之时，如果不护持我萨迦纯洁之教法，就会使我等教法自边区颓废。为不使此类情况出现，使我萨迦世系永不间断地传承下来，需从您之公子中选派一人，任康区萨迦派寺院之住持。因达钦我自幼出家，不宜结婚生子，传承后代。如果不许，以后我所有萨迦派在康区之大小寺院、僧人、施主等会改信其他教派，一些富贵大豪亦会跟随，全部转信他教，我萨迦教法在康区亦就会销声匿迹。所以请您三思，此为我师徒之心愿，万勿放弃。①

从信的内容可以看出，由于在康区发展萨迦派的贡噶洛卓出家未结婚生子，因此请求卫藏萨迦派的札巴坚赞贝桑波派遣其子前往康区主持康区的萨迦派事务和传承萨迦派教法，不然会使康区的萨迦派改宗，地方头人、僧人和民众转信其他教派，萨迦派势力将会在康区消亡。对于来自康区的请求，萨迦派给予回复。回复函共两份，一份为正式的信函，一份为便函，随同信函还附带了一些礼物。正式信函内容是一些常规的祝福和赠送礼品的清单，便函的内容如下：

> 得知你等一心为利益康区萨迦教法所作出的奇异般的事业，我亦非常高兴。信中所提之事，正如我心意，并设法办理。不求今生之威望，只求来世为徒众。我子因功德和年龄等均未成熟，不能前往。孜东虽年龄已成熟，但无见识，我亦不能派遣前往，请原谅。我虽有不

① 阿旺·贡噶索南著，陈庆英、高禾福等译注：《萨迦世系史》，西藏人民出版社，2002年，第233页。

> 使先辈上师之传统例规永不衰败之欲念，但因时劫不佳，不能如愿。加之来自所有内外对萨迦教法之危害。总之我希望你那里能按我之想法行事，希望能听到你心里只有萨迦教法之美称，相信你一定会领悟的。近时你派人来此，并声称一定要来萨迦进行赞颂功德和朝拜诸大殿，我意你可以动身前来。我年事已高，但是从整个方面来看，我叔侄还暂时不会示现涅槃。你从康区来此，在路途开销大，费用多，不会顺利的。你要以遁世者身份来此，方可完成意愿。此事请明察。①

从回信中可以看出，卫藏萨迦派势力对来自康区的请求并未应允，仅仅给予了宽慰和并对贡噶洛卓在康区的弘传行为给予了赞美。之所以如此，主要由于当时的萨迦派势力同样遇到了很大的困难，正面临前所未有的威胁。这正是元末明初之际，萨迦派在遭受到来自帕木竹巴等其他藏传佛教教派势力的不断冲击，并失去元朝中央政权的支持后，地位下降的结果。据统计，明代萨迦派在藏东地区仅仅新建立了 3 座寺庙②，这与凉州会谈后萨迦派所建寺庙的数量形成了鲜明的对比，前述材料中噶玛噶举派对玉树县结古寺的争夺就显现出萨迦派在康区的势力受到了其他教派的冲击，日渐式微。

三、凉州会谈及萨迦派的发展对康区社会的影响

通过上述分析可以看出，凉州会谈的举行为萨迦派在康区的发展带来了前所未有的历史契机。凉州会谈后，萨迦派在拥有巨

① 阿旺·贡噶索南著，陈庆英、高禾福等译注：《萨迦世系史》，西藏人民出版社，2002 年，第 234 页。

② 王开队：《康区藏传佛教历史地理研究（公元 8 世纪—1949 年）》，暨南大学博士学位论文，2009 年，第 55 页。

大政教优势的情况下，通过建寺收徒、扶植地方首领等方式在康区迅速发展并形成了自己的寺院集团①，成为这一时期在康区建立寺庙最多、势力最盛的藏传佛教教派，这也是历史上萨迦派在康区发展过程中最为鼎盛的时期。因此，在康区萨迦派的发展史上，凉州会谈无疑具有非常重要的历史地位。更值得注意的是，凉州会谈以及由此带来的康区萨迦派的历史性发展对康区的社会发展同样产生了极为深远的影响。

首先，凉州会谈加快了康区部落归顺元朝中央政权的历史步伐，对多民族统一国家的形成做出了重要的历史贡献。在萨班前往凉州的队伍中，不但有白利等康区的部落随行，而且贡觉的部落首领顿楚在萨班途经康区时还成为萨班的侍从。凉州会谈后，白利、贡觉等康区部落纷纷与卫藏地区一道向蒙古政权输诚，白利、贡觉等地也成为康区中最先归附蒙古政权的地区。随后，忽必烈南征大理时穿越康区，最终完成了对康区其他区域的征服。后来，元朝在康区设置吐蕃等路宣慰使司都元帅府，康区也成为出入卫藏的主要通道，在元代的治藏战略中占据了重要的地位，而贡觉和德格一带则成为元朝经营康区的行政中心②，此后康区与中央王朝之间的联系不断加强，并逐渐发展成为中央王朝与藏区之间往来联系的纽带，促进了我国多民族统一国家的形成。

其次，凉州会谈的举行也促进了康区与西藏地区的联系。唐代吐蕃时期，吐蕃的扩张开启了藏区内部、藏区与内地、藏区与周边地区的第一次全面、深刻的交往、交流和交融。但随着达玛吾东赞灭佛后吐蕃王朝的崩溃，藏地长时期处于四分五裂、部落林立的状态。“由于元朝统治者普遍皈依和崇信藏传佛教，西藏各教派僧人受到了元王室集团的特殊青睐，形成了由西藏僧人担任元朝帝师的制度。所以终元一代，大批的西藏僧人络绎不绝地

① 王开队：《试论历史时期藏传佛教萨迦派寺院在康区的空间分布及其特征》，《宗教学研究》，2011年第3期，第183页。

② 叶拉太：《元代多康藏区与西藏的关系考略》，《青海民族大学学报》（社会科学版），2016年第3期，第40页。

涌向元朝京城”[1]，而康区是进出卫藏的必经之路。为此，元朝开辟了从元大都通向卫藏萨迦地方的驿道及驿站系统，在康区所设驿站达到9站[2]，主要线路是从西藏腹地出发，经藏北进入康区，穿越昌都并在邓柯渡过金沙江，穿过玉树、河州（今临夏）、凉州，再北上到达元大都[3]。萨班前往凉州和八思巴数次经过康区均是沿这条线路通行。

最后，凉州会谈促进了康区藏传佛教的多元发展和康区政教联盟、政教合一的政教形制的产生和发展。凉州会谈之前，康区主要受宁玛派和噶举派的影响，但随着萨迦派在凉州会谈中取得蒙古政权的支持并拥有了对卫藏地区的政教统治权后，其在康区也迅速发展，促进了康区藏传佛教的多元化发展。今天，康区的宗教派别在藏区中是最为多元的，除苯教外，藏传佛教的宁玛派、噶举派、萨迦派等诸多教派均在康区得到了很好的保留，这与西藏地区格鲁派一家独大的宗教格局形成了鲜明的对比，而这一局面的形成与凉州会谈及其后萨迦派在康区的勃兴发展有着密切的联系。与此同时，凉州会谈后的萨迦派凭借其在藏区所拥有的政教优势，扶植贡觉的部落首领顿楚等康区萨迦派的支持者以宗教上的封号和统治地方的政教权力，促成了康区政教联盟、政教合一的政教形制的产生和发展。

综上所述，凉州会谈的历史意义是极为深远的，它给康区社会带来极大的冲击。凉州会谈后，萨迦派取代噶玛噶举派成为康区势力最大的藏传佛教教派，康区的宗教格局由此发生了深刻变化，对此后康区多元宗教格局的形成产生了重要影响。同时，凉州会谈也促进了康藏之间、康区与元朝中央政权之间的频繁交往和交流，为多民族统一国家的形成做出了重要的历史贡献。由此

① 石硕：《历史上藏人向中原地区的流动及与西藏社会发展的关联》，《中国藏学》2012年第2期，第37—38页。

② 阿旺·贡噶索南著，陈庆英、高禾福等译注：《萨迦世系史》，西藏人民出版社，2002年，第168页。

③ 巴桑旺堆：《关于藏文文献中汉藏通道史料》，“汉藏交流：通道、物资与贸易”国际学术研讨会论文，2017年10月。

开始，康区在藏区政治、宗教和地缘格局中的地位开始提升，并在此后历代中央政权治藏过程中占据了十分重要的历史地位。

袁晓文（益希汪秋），藏族，四川省民族研究所研究员、所长；黄辛建，四川省民族研究所副研究员。

《元史·赵阿哥潘传》研究

刘迎胜

《元史》卷一百二十三中有《赵阿哥潘传》。阿哥潘是元代吐蕃重要人物。笔者在“元史汇注”项目中分担此传。今将初稿以段后注形式刊出，以期学界同仁指正。

> 赵阿哥潘，土波思乌思臧掇族氏。[1]始附宋。赐姓赵氏。[2]世居临洮。祖巴命，富甲诸羌。[3]父阿哥昌，貌甚伟，有力兼人，金贞佑中，以军功至熙河节度使。[4]金亡，保莲花山，以其众来归。皇子阔端[5]之镇西土也，承制以阿哥昌为叠州安抚使。[6]時兵兴，城无居人，至则招逃亡立城垒，课耕桑以安辑之，年八十卒于官。

〔1〕笔者曾为“土波思乌思臧掇族氏”曾于2016年初致信询问中国藏学研究中心张云研究员，得回复曰：“土播思乌思臧”，就是藏文བོད་དབུས་གཙང音译，“而‘掇族氏’就有多种可能，还原为藏文，有可能是‘ཇོ’，这个词藏文中有做姓氏的例子，还有可能是‘ཇོ’（多、朵），即甘青地区是藏文中的‘མདོ་སྨད’（朵思麻），以地名为姓氏，后者在藏文中也较为流行。”附记于此。

〔2〕汤开建：“角厮罗家族之世系主要见之于北宋，至于其

家族的遗裔，金代有名的为结什角，元代有名的为阿哥潘。

结什角，统领木渡、陇逋、庞拜、丙离四个吐蕃部族，号称王子。‘其疆境共八千里，合四万余户’（脱脱《金史》卷九十一）。后归附金朝。但《金史》关于结什角安图县的记载有误。《金史》卷九十一说：‘结什角者，西蕃既衰，其苗裔曰董毡，其子曰巴毡角，始附宋，赐姓赵，改名顺忠，顺忠子永吉，永吉子世昌……世昌子铁哥，……铁哥弟结什角。’结什角乃赵顺忠（即巴毡角）的曾孙，应出于瞎毡之系，《金史》却谓出于董毡之系，误。结什角之后，还有赵师古，赵师古乃结什角之侄，按推测则应为其兄赵铁哥之子。”（《角斯罗家族世系考述》，《青海民族研究》，1982年，第1期，第80页。）

赵阿哥潘后裔曾编有家谱《赵氏家乘》，今已不存。王继光对此记曰：“安木多地区土［司?］家族谱毁失最大者，莫过于十年动乱，风暴所及，民间私藏几无一幸免。最令人遗憾的是甘肃临洮世系指挥使赵土司家族《赵氏家乘》的焚毁。”“赵土司家原藏明正统五年（1440）赐会川伯赵安铁券一，土司金印一方，《赵氏家乘》一函。金印在1950年上交后，不知下落，铁券仍存，今藏甘肃省渭源县文化馆。惟《赵氏家乘》由土司子孙传替保存，近世张维纂修《甘肃通志稿》之‘土司志’，曾借观摭录，以订补史传之伪漏。该谱历载其先祖唃厮啰以来之世系，任职、兼载诏敕、诰命、墓志、碑记。于藏族史、安木多地区史、唃厮啰家族史及宋、元、明、清几代在安多地区之施政诸方面的研究，颇有参考价值。笔者于1984年曾数次查找木司后裔，多方访求《赵氏家乘》，最后得知：《赵氏家乘》解放后一直由赵柱侄保存，‘文革’初迫于形势转交其表亲代为收藏，不久，其惧祸及于已，辗转于土司族人赵某，赵某将《家乘》在赵土司祖茔悄悄烧毁，这份极有价值的少数民族家谱不复于人世。据说，《赵氏家乘》尚有分谱，惜迄今为止未能访获。”（《安木多藏区土司家族谱探研——以〈李氏宗谱〉、〈鲁氏世谱〉、〈祁氏家谱〉为中心》，《西北民族研究》，1988年第2期，见第34—35页。)

〔3〕汤开建:“赵阿哥潘之祖巴命在《金史》中没有记载,但从‘世居临洮’这一句话来看,很可能是出于赵醇忠之后。《金史·结什角传》云:‘既而鬼芦族长京臧杀世昌,朝廷遣兵执京臧,斩之临洮市,以世昌子铁哥为把羊族都管。’世昌者,赵醇忠之孙也,居于临洮被京臧所杀。《金史·结什角传》又记:‘(移剌)成至临洮,使人招结什角,乃率四族来附。’结什角者,乃赵醇忠曾孙,亦居临洮。可见赵醇忠之后也是‘世居临洮’的蕃族。所以据此推断,赵阿哥潘很可能是出于赵醇忠之后。但是,其祖巴命为谁之子,却无法断定,按时间之次序,巴命约与赵师古同时。”(《角厮罗家族世系考述》,第80页)

〔4〕熙河路,北宋熙宁五年(1072)置。为经略安抚使路。治熙州(治今甘肃临洮县),辖熙、河、洮、岷四州及通远军,相当于今甘肃大夏河流域,洮河流域以及渭河上游甘谷县以西地、西汉水和白龙江上游的西和、礼县、宕县等县地。后增辖兰、会二州,辖境北展包有兰州市、榆中县和祖厉河流域。改称熙河兰会路,后会州割属泾原路,增辖廓州(治今青海尖扎县),又改称熙河兰廓路。其后湟州、西宁州、积石军相继来属,辖境西包有湟水流域及黄河上游今贵德县一带。金皇统二年(1142)改为熙秦路。(郑天挺、吴泽、杨志玖主编《中国历史大辞典》下卷,上海辞书出版社,2000年,第3120页。)

至于赵阿哥潘之先人在金代事迹的史料,明代赵氏后裔赵安编有《临洮赵氏族谱》,当即前引王继光所提毁于“文革”中之《赵氏家乘》。此族谱已佚,但赵安同事罗亨信为之所撰之序,保存在其文集《觉非集》卷二中。其中提道:“世有仁孝之士,悯其宗之不振,奋然特立,克致显扬,岂非卓荦不凡之英杰哉?予观会川伯赵公(会注按,即赵安)所修之谱,未尝不感于斯也。”(四库存目丛书,济南:齐鲁书社影康熙刊本,1997年,第503页。)又云:“公追念所由,实皆祖、考之庇,世谱已修,犹有未备,因重订世次而增益之,一依欧阳文忠公谱例,间用苏氏作谱之意，断以忠武王为一世祖，三房支派则分图以系之。历世各立小传，凡仕进爵位，隐晦行迹，生娶卒葬，靡不备书之。……赵氏之族十世矣，自忠武王桓勇启之于前，汝楫昆仲接迹而起，伯通公用继而述之，虽罹颠沛，不绝如缕……。”（四库存目丛书，济南：齐鲁书社影康熙刊本，1997年，第504页）

该序记：“赵氏其先，西羌人，世居蜀董卜之地。初未尝有姓，逮宋仁宗朝，其远祖阿葛昌，以武艺入仕，官叠州等处军民安抚使，率师讨平迭西州叛寇，有大勋劳，因赐姓曰赵，命镇临洮，寿终于官，追封忠武王。由是子孙享有禄序，为国名臣，世守临洮。临洮有赵氏，实自忠武王始。”（四库存目丛书，济南：齐鲁书社影康熙刊本，1997年，第503页）

对于这位“忠武王”，齐德舜提道：“明参议刘宪曾为刘英（会注按，刘安子）写过一篇《乐闲庄记》，文中对赵英的身世这样记载：‘公（即指刘英）为洮阳世家，始祖有功于宋，赐国姓，封谥忠武王，代有显者。”（《从〈清史稿〉的一则错误考唃厮罗家族世系——唃厮罗家族世系表辨误与补遗》，《边疆史地研究》，2009年第1期，第111页。）足见刘宪所据者，应当也是《赵氏族谱》。

《〈赵氏族谱〉序》提到的撰谱者赵安的十世祖阿葛昌，林友标、王飔引本传，考为赵阿哥潘之阿哥昌（《〈临洮赵氏族谱序〉解读》，《西夏研究》，2014年第2期，第54页。），甚是。但两位作者对序中引《族谱》所述阿葛昌宋仁宗时事迹，虽指其“在追先世时杂入了不少杜撰和捏造”，但仅言聚集于迭州问题。

据本传，阿哥昌既非宋仁宗时人，而是活动于金蒙并峙华北时期，具体而言，为金贞佑间；且亦非始受赐姓赵者。《族谱》将此混为一谈，且称其十世祖为“阿葛昌”而非“阿哥昌”，足见赵安修谱时，既未见过其元末所存家乘，也不知《元史》中有本传。

有一点是可以确定的，即赵安修谱时，其家族已不知其元代尚存记忆中之巴命，仅可上推至其十世，即阿葛昌。至于当代所存各种资料中所言其家族可上溯至唃厮啰云云，《族谱》与本传中均无一辞，可见均系其家族后人阅读汉文史籍后所加，并非另有史料来源，尚不能作为信史看待。换而言之，即使《赵氏家乘》尚存，也不能为我们考察其元初以前史事提供多少新的线索。

乾隆《甘肃通志》，称阿哥昌为赵昌。([清]许容修：《（乾隆）甘肃通志》卷三十四，乾隆元年刻本)

〔5〕元太宗窝阔台第二子。见本书卷一百七《宗室世系表》与《史集》第二卷《窝阔台合罕纪》。

〔6〕《本证》卷二十七《证遗四》：垒州亦不见于《志》。(会注按，“垒州”《元史》作“叠州”)

阿哥潘事亲以孝闻，从伐蜀，与宋都统制曹友闻屡战，胜负略相当，以破大安功最，〔1〕授同知临洮府事。斩朝天关，乘嘉陵江至阆州，获蜀船三百艘。攻利州，生得其刘太尉，战败宋师于潼川。宋制置使刘雄飞〔2〕进攻青居山，阿哥潘击之，宵溃，四川大震。进逼成都，略嘉定，平峨眉太平寨，擒其将陈侍郎、田太尉，余众悉降。大小五十余战，皆先陷阵，皇子赐以金甲、银器。

〔1〕《昭忠录》中有其传，谓：“曹友闻，同庆粟里人也。擢丙戌（1226）第，为天水军教授，以功名自任。制司命招忠义，就以为总管。所部皆两界亡命，及武仙、汪世显麾下回回、西夏十八族之不归附者，敌甚畏之，因谓‘短曹遍身胆’，友闻遂以‘遍身胆’为旗号。每战胜，即分其家赀以赏。丙申（1236）秋八月，二太子（会注按，即阔端）及塔海元帅以精兵五十万于初三日入大散关，友闻议坚守沔州。无合，四川忠义赴沔州，制司连檄友闻屯大安，友闻不可，督以军令。友闻叹曰：

‘武休出奇，前既失机，沔阳坚守，今又掣肘，以此误蜀，蜀必亡，吾与俱亡矣。’九月九日不得已离沔赴大安。十六日至，谋于诸将曰：‘前日沔州主客势殊，故元兵月余不敢动，其计谋欲诱我也，制司已堕其术。沔州既不守，敌已得志。大安平坦，旦夕必并兵至。若与之战，众寡不敌，止有鸡冠山一堡可守，然无粮无水，诸君能坚守五日乎?’诸将曰：‘若坚壁不战，何止五日！但恐粮尽。’友闻曰：‘今日见兵二万，以一万付汝等守此山，而自带一万出奇。彼止谓我在堡上，必来攻。汝等逆折其锋，佯败入堡。我决乘夜捣其背，以两声鼓为号，闻声则出，内外夹击。’又令大开阳平关以诱敌。营内不立旗帜，炊烟不出，鸡犬不声。二十日，元兵至十八里。二十一日，友闻入教场，选精兵健将，皆二十以上，四十以下。忠义七千人，两戎司兵七百人。夜一鼓后，由大安渡江，其经七箭堤，逆上三百余里，复渡江面干来、刘溪、黑水一带谷道，出敌背，退伏。二十二日，元兵节次至。先有哨马至，见关门开，无人，径入，伏兵斩之。大队继至，曹万、刘孝全麾兵战关外，自辰至未，元兵败绩。日暮，万等敛兵驻鸡冠山。元兵环堡捣堑，排木数层围之。二十七日，友闻探知元兵已掠大安令，诸军束装，戒诸将曰：‘我曹家一军，累年忠赤报国，声撼秦陇。今与汝等在敌之背，正欲出敌不意，用奇制胜。且北兵今号百万，为攻蜀计。诸君食君之禄，用民之财，正宜奋发，忠勇立功，上报国家，下报蜀民。大丈夫当于死中求富贵。先锋夏用，可提兵奋入阳平关，直趋北营；王汉臣、吕嗣宗可提兵分头入左、右隘，夺隘口入关；统制王畏可专驻阳平关外，捉败马。居常夜劫寨，止二三百人，今提万人，谓之夜战。各带白搭膊，以全胜二字为号。’再三告戒讫，遂进行二十里，少憩。值暴雨如注，索途冥行。嗣宗谓友闻曰：‘今大风雨不息，人马疲乏，不若在此待明朝。’友闻曰：‘鸡冠山无粮、无水、无城，初约五日，今已十八日。此山一破，技无所施。虽大风雨，机会岂可失也。’至水牛岭，分三道入北营，转战至晚，破数十营，直入阳平关。北兵备内不备外，又以雨作，尽归毡帐，杀死十数万。鸡冠山之兵闻鼓声，出堡夹击，转战至回回寨。二太子欲取韩溪路走，会天大明，分骑为百十队，更迭驰突鏖战。二十八日午未间，友闻马中数箭，步骑五六百人。诸将曰：'军虽战没，然杀敌亦过半，将军曷若突围而出，以图后举。将军身在，敌决不敢入蜀。'友闻乃率余骑突阵而出，敌俱披靡。至酉戌时，友闻中流矢，下马步鬭，死之。夏用等诸将皆战死。曹万仅存五百余人，入堡。谓刘孝全曰：'兄既亡，兵且坚守此堡，犹可制敌。然即日无粮，与其坐而待之，孰若突阵而出，可则可，不然与兄俱亡。'二十九日黎明，率诸将转战至龙门，万、孝、全俱死之。张宣守七里堡，面中两矢，亦死。曹兵苦战，制司逃燀，竟不遣援，三泉之下，白骨山积。元兵不意友闻死，盘旋大安，搜战地三日，得'遍身胆旗'及其尸，然后举手加额。平明，入蜀矣。制司尝旌以旗曰：'元戎却敌世间有，教授提兵天下无。'每战扬之前，驱友闻前，与元兵战，于花石峡获捷。"（清守山阁丛书本）

〔2〕其事迹多见于李曾伯《可斋续稿》。

岁壬子[1]，世祖以皇弟南征大理，道出临洮，见而奇之，命摄元帅，城益昌[2]。时宋兵屯两川，堡栅相望，矢石交击，历五年而城始完。宪宗出蜀，以阿哥潘为选锋，攻西安，下之[3]，赐金符，授临洮府元帅。帝驻钓鱼山，命州守将王坚夜来斫营，阿哥潘率壮士逆战，手杀数十百人，坚遂引去。明日陛见，帝喜曰："有臣如此，朕复何忧。"赐黄金五十两，名曰拔都。中统建元，诏还镇临洮。岁饥，发私廪以赈贫乏。给民农种粟二千余石、芜菁子百石，人赖不饥。郡当孔道，传置旁午，有司敝于供给。阿哥潘以私马百匹充驿骑，羊千口代民输。帝闻而嘉之，诏京兆行省酬其直。阿哥潘曰："我岂以私惠而邀公赏耶。"卒不受。以军事赴青居山，道为宋兵所邀，遂死于敌。

〔1〕壬子，公元1252年。

〔2〕《元史》卷一一〇《赵阿哥潘等传》：“即利州。”

〔3〕《元史》卷一一〇《赵阿哥潘等传》：“州属陕西凤翔府，故城在固原西百二十里。”

阿哥潘好畜良马，常千蹄，岁择其上骥五驷贡于朝，子孙遵之不替。先是勋臣子孙为祖父请谥者，帝每靳之，至是敕大臣以美谥谥之，谥曰桓勇。[1]

〔1〕林友标、王龘引本传，将桓勇考为赵阿哥潘的谥号，并比为上引《〈赵氏族谱〉序》中“自忠武王桓勇启之于前”中之“桓勇”。（《〈临洮赵氏族谱序〉解读》，《西夏研究》，2014年第2期，第54页。）

子重喜，[1]始给侍皇子阔端，为亲卫。癸丑[2]，从世祖征哈剌章[3]，数有功。中统元年，浑都海[4]反，从总帅汪良臣[5]引兵至拔沙河纳火石地[6]逆战，以功授征行元帅。四年，从讨忽都、达吉、[7]散竹台等[8]，克之，制必帖木儿王承制[9]，使袭父职为元帅。入觐，赐金虎符，为临洮府达鲁花赤。

〔1〕乾隆《甘肃通志》卷三十四：“赵汝楫，一名重喜，潘子。”

齐德舜：“其实重喜是其小名，他的官名是赵汝楫，‘赵汝楫，小字重喜’。（张维鸿汀遗稿，张令瑄辑订，《甘肃民族研究》，1983年，第1期。另见《甘肃全省新通志》《临洮府志》等）”（《从〈清史稿〉的一则错误考唃厮罗家族世系——唃厮罗家族世系表辨误与补遗》，《边疆史地研究》，2009年第1期，第112页。）

同一作者还提道：“《元史》记载赵阿哥潘仅有一子（赵重

喜）。”“但是在诸多地方志中却明确记载赵阿哥潘有三个儿子，即赵重喜（赵汝辑）、赵汝翼、赵汝励。”（齐德舜：《论少数民族家族史研究中的史料问题——以唃厮啰家族研究的个案为例》，《西北民族大学学报》，2011 年第 3 期，第 110 页。）

前引明罗亨信《〈赵氏族谱〉序》中，在叙赵氏十世祖“忠武王桓勇”之后，接着一句是“汝楫昆仲接迹而起”。林友标、王鵰在其解读中，对此未置一辞。这位汝楫应当就是上述齐德舜所列之赵汝辑。即使阿哥潘确有三子，从《族谱》的引文观之，在《族谱》撰者赵安眼中，也只有其中两位，即“汝楫昆仲”最有作为。

〔2〕癸丑，公元 1253 年。

〔3〕《元史》卷一一〇《赵阿哥潘等传》：“义谓黑蛮，即大理土人，种名。”

方国瑜《中国西南历史地理考释》（下册）：“元代记录多有称大理国全境为哈剌章。又有仅限于大理区域者。哈剌章称谓有广义与狭义之不同，法国伯希和（Paul Pelliot）之《交广印度两道考》曰：‘哈剌章一名，就广义包括南诏所属一切种族，就狭义言，仅指南诏发源地之大理一带。’作此解释，已近之。然伯希和释哈剌章为黑爨，则谬论也。哈剌章与鸭赤，元初作为两个区域，在大理时期已如此。在大理国后期，高智升得势，任知军布燮，掌军政大权，封鄯阐侯。其后高氏益盛，智升子升泰，继段氏建大中国，后还位于段氏，而以高氏世为相国，称高国主，政令皆出其门，段氏虚拥名位而已。高氏分封子弟于八府，以高升泰之子守威楚、统失、谋统、永昌、腾冲诸地。又以高升祥子分守鄯阐各地，亦即河阳、秀山、石城之地，并统摄三十七部。故自高智升以后，以其二子统治大理境，平分春色，已画成两个区域。而高氏之最高位为相国，自高升泰还位于段氏，即以其子高泰明任相国，自后以泰明子孙出任相国为常。而升祥子孙亦不示弱，争夺相国职位，姚安《与实寺碑》所谓：‘蝇玷成瑕，南箕自远’，即高寿昌任相国时，高氏内讧，《南诏野史》

诸书亦载其事。故不惟高氏分土统治，且不能相容，严然成为两个区域，元初统治大理故土，亦分作两个区域，即以鄯阐为中心之鸭赤与以大理为中心之哈剌章也。”（中华书局，1987年10月，第786页。）

〔4〕叶新民：浑都海（？—1260），宪宗蒙哥征蜀旧将，曾率军副哈剌不花攻南宋四川地。宪宗攻蜀，奉命率骑兵二万驻六盘山。蒙哥死后，世祖即位，以廉希宪为京兆等路宣抚使，遣使招谕。他附阿里不哥，欲进兵关右，闻京兆有备，劫六盘府库，渡河西去。至甘州（今甘肃张掖），与阿蓝答儿军合，复东进。为世祖所遣合丹等军败于甘州东耀碑谷，被擒杀。（《中国历史大辞典·辽、夏、金、元史卷》编纂委员会:《中国历史大辞典·辽夏金元史》，上海辞书出版社，1986年，第378—379页。）

〔5〕汪世显第四子，本书卷一百二十八有傳。

〔6〕《元史地名考》：拔沙河、纳火石地地皆在和林之西。列传第四十九之《李忽兰吉传》有合纳忽石温，急读为纳火石耳。

〔7〕《元史》卷一一〇《赵阿哥潘传》第一叶：“旧传忽都、达吉。按忽都，它传作火都，实则（浑仍是都海）［疑为‘仍是浑都海’倒误］省变。达吉，即作荅机，或作荅离，音差。”

〔8〕达吉，疑即本卷《纯只海传》之子。纯只海为珊竹氏（散竹台）。刘敏中记其第二子为达吉。（《敕赐益都行省达鲁花赤赠推忠宣力功臣金紫光禄大夫太尉上柱国温国公谥忠襄珊竹公神道碑铭》，《中庵集》卷六）如是，则“达吉”与“散竹台”之间不应点断。

〔9〕《考异》卷九十四：即只必帖木儿。会注按，阔端第三子。

时解军职而转民官者，例纳所佩符。有旨：「赵氏世世勤劳，其金符勿拘常例，使终佩之。〔1〕重喜在郡，劭农兴学，省刑敦教，以善治闻。请致事不许，诏其长子官卓斯结[2]袭为达鲁花赤。升重喜巩昌二十四处宣慰使。卒，谥桓襄。

〔1〕《元史》卷一一〇《赵阿哥潘等传》："实以地边，吐蕃之故。"

〔2〕齐德舜在讨论唃斯啰家族世系时，据《甘肃、青海土司志》（张维鸿汀遗稿，张令瑄辑订，《甘肃民族研究》，1983年，第1期。），补记其"汉名为赵伯祥"。（《从〈清史稿〉的一则错误考唃斯罗家族世系——唃斯罗家族世系表辨误与补遗》，《边疆史地研究》，2009年第1期，第112页。）

同一作者还提到，《元史》记载赵阿哥潘"仅有""一孙官卓斯结。""但是在诸多地方志中却明确记载赵阿哥潘""还有三个孙子，即官司卓斯结（赵伯祥）、赵伯仁、赵伯通、赵公用、赵公臣、赵公辅、赵德寿（会注按，至于此人，见下）、赵猛哥帖木。"（齐德舜：《论少数民族家族史研究中的史料问题——以唃斯啰家族研究的个案为例》，《西北民族大学学报》，2011年第3期，第110页。）

会注按，本传明记官卓斯结为重喜之"长子"，并非"仅有"一子。

官卓斯结性靖退，辞官闲处二十余年。仁宗闻其名，召不起。子德寿，[1]云南左丞。[2]

〔1〕前注齐德舜据方志补本传有关赵重喜之孙，共八人，其中有赵德寿。（《论少数民族家族史研究中的史料问题——以唃斯啰家族研究的个案为例》，《西北民族大学学报》，2011年第3期，第110页。）

齐德舜此前还在另一文中就德寿的世次问题写道："祝启源和刘建丽文中的世表均无赵德寿之名，汤开建和魏贤玲把赵德寿列为官卓斯结之子。虽然《元史》中明确记载赵德寿为官卓斯结之子……但几乎所有的地方志都否认《元史》的这一说法，都认为赵德寿为赵重喜之子，官卓斯结之弟。《甘肃全省新通志》记载赵德寿：‘公臣（重喜子）四弟德寿，云南诸（会注按，应为云南诸路）行中书省左丞（《甘肃全省新通志》卷六十六《人物·群材一》）。《临洮府志》记载则更为详细：‘赵德寿，阿哥潘之裔，授资政大夫，云南诸路行中书省左丞。弟兄三人，公臣授松潘开迭威茂军民安抚使。公用授资善大夫，陕西诸道行御史台御史中丞，卓有风力于时。公辅授中奉大夫，河南等处行中书省参知政事，卒赠天水郡公。’（（清）高锡爵纂修《临洮府志》卷十六《人物志中》）这种说法还见于《甘肃、青海土司志》：“赵德寿，公辅（重喜子）弟，元中奉大夫……”（张维鸿汀遗稿、张令瑄辑订：《甘肃、青海土司志》，《甘肃民族研究》1983年第1期。）张维在写《甘肃、青海土司志》时，曾借阅过《赵氏家乘》，因此其说法有一定的权威性。这几条数据足可以证明赵德寿并非官卓斯结之子，而是赵重喜之子，官卓斯结之弟。（《从〈清史稿〉的一则错误考唃厮罗家族世系——唃厮罗家族世系表辨误与补遗》，《边疆史地研究》，2009年第1期，第111—112页。）

按明初修《元史》时，本传皆有所本，一般是元代资料。前已言及，《赵氏族谱》称阿哥昌为宋仁宗时人，且为始受赐姓赵者，又未提及其父巴命，足见明初赵安修族谱时，并未见其元末所存家乘，也不知《元史》中有本传，其可信度低于本传。至于《赵氏家乘》肯定晚于《赵氏族谱》。以晚出史料否定前代文献，有悖于史学基本原则，不足取。

此外，公臣所授之安抚使之地“松潘开迭威茂军民”名有误，元代实称为“松潘客迭威茂军民”，如苏天爵《皇元封奉议大夫铅山知州骁骑尉泾阳县子张府君墓碑》记墓主南台御史张德明子“世杰，承务郎、同知松潘、客迭、威茂等处军民安抚事，佩金虎符。”（《滋溪文稿》卷二十，陈高华、孟繁清点校本，中华书局，1997 年，第 332 页。)

另一位文人同恕《封奉议大夫张君墓志铭》亦记：“世杰，承务郎、同知松潘、客迭、威茂等处军民安抚使。”(《榘庵集》卷八，文渊阁四库全书本。)

同恕在其《送张宣抚序》又记：“西南卫藩尤要且剧，择可寄威惠之任者，无问内外，不次拔擢，故元卿两以虎符宣抚松潘、容迭、威茂六州。”(《榘庵集》卷二。)

而赵孟俯也有《送张元卿序》曰：“延佑三年夏五月，松潘、容叠、威茂六州宣抚张元卿拜佥广东道肃政廉访司事，将行，来求余言。”(《松雪斋集》诗文外集，《四部丛刊》景元本。)

〔2〕汤开建：赵阿哥潘“所传世系终于元仁宗，以后则史不见载。”(《角斯罗家族世系考述》，第 80 页。)

齐德舜：“其实重喜是其小名，他的官名是赵汝楫，‘赵汝楫，小字重喜’。(张维鸿汀遗稿，张令瑄辑订，《甘肃民族研究》，1983 年，第 1 期。另见《甘肃全省新通志》《临洮府志》等)”(《从〈清史稿〉的一则错误考唃厮罗家族世系——唃厮罗家族世系表辨误与补遗》，《边疆史地研究》，2009 年第 1 期，见第 112 页。)

赵阿哥潘的后裔赵琦后来降明。齐德舜对此有讨论：“《明实录》记‘赵琦，狄道人，一名脱脱木儿，世为元土官。’(《明太祖实录》卷四十一，洪武二年四月丁丑条。) 同样的记载还出现在其他一些典籍中，如：‘赵琦，字仲玉，狄道人，名脱帖木儿，呼为赵脱儿。元授荣禄大夫，陕西中书省平章事，守临洮。’(《甘肃全省新通志》卷 66《人物志·群材一》，清宣统元年刊本。)”其入明后经历，限于篇幅，兹不赘引。

刘迎胜，清华大学国学院教授。

蒙元时期阔端系诸王世系传承考述

胡小鹏

1229年窝阔台即蒙古汗位后，将以西凉为中心的西夏故地分封给次子阔端。拉施特对阔端兀鲁思的形成有详细介绍：

> 窝阔台当了合罕后，没有跟诸王、异密商量，擅自从也可那颜诸子管辖下的军队中将亦鲁该那颜的兄弟异密都剌带宝儿赤及雪你惕部异密连同一千雪你惕部军队及二千速勒都思部人分给了自己的儿子阔端。①

在拥有了这三千户军民集团后，窝阔台又把“唐古惕地区分给他作分地，并把他和军队一起派遣到了那里”②。1235年，阔端统兵攻四川，旋往凉州就封土，形成了自己的兀鲁思。尽管后来蒙古统治集团内部围绕汗位继承屡起争斗，风波不断，但阔端后王分地始终存在，与元朝的命运相始终，并在西北地区保持着传统的影响力。

遗憾的是，关于阔端系诸王的世次，各书记载详略不一，矛盾错漏之处不少，笔者以前曾就此作过一些研究，限于史料不足，尚留有若干空白。近年日本学者利用波斯文、回鹘文史料研究蒙古诸王系谱，有不少发现，笔者在此基础上，再次梳理阔端

---

① ［波斯］拉施特主编，余大钧、周建奇译：《史集》第1卷第2分册，商务印书馆，1985年，第381页。《史集》第1卷第1分册第158—159页有类似记载。

② 《史集》第2卷第10页。

系诸王世次，力求有所补益。

先看《元史·宗室世系表》阔端太子位[1]：

	灭里吉歹王	也速不花大王	
	蒙哥都大王	亦怜真大王	
阔端	只必帖木儿王		
	帖必烈大王		
	曲列鲁大王	汾阳王别帖木儿	荆王也速也不干

《史集》和《世界征服者史》均说阔端约在1246年贵由汗即位后不久就去世了，《蒙古源流》则说他与萨班均于1251年去世，而陕西户县草堂寺和周至县重阳万寿宫保存着几道阔端太子令旨碑，最晚的颁布于1247年，而到了1250年即有其子“弥里杲带太子”同样口气与内容的令旨[2]，以此可以推知阔端当卒于1247至1250年之间。《元史》卷一一七《宗室世系表》载阔端有子五人，依次为灭里吉歹、蒙哥都、只必帖木儿、帖必烈、曲列鲁。《史集》中提到有三子，但只著录了蒙哥都、只必帖木儿两人（波义耳英译本补充了次子库延）。日本学者杉山正明依据东西方文献对阔端世系作了详细研究[3]，指出波斯文史料《五族谱》[4] 的蒙古世系中的阔端世系与《史集》中的世系有很大不同，帖木儿朝的史料《贵显世系》虽源自《史集》和《五族谱》，但也有一些区别。如下表所示：

① 《南村辍耕录》卷一《大元宗室世系》相关部分内容与此表相同。

② 蔡美彪：《元代白话碑集录·一二五〇年盩厔重阳万寿宫圣旨碑（六）》，科学出版社，1955年。

③ 杉山正明：《东西文献によるコデン王家の系谱》，《史窗》48，1991年。

④ 1927年，土耳其学者托甘在伊斯坦布尔Topkapi-Sarayi图书馆发现了《史集》的一个附编的单独抄本，称为《五族谱》（*Shu'ab-iPanjgana*），包括阿拉伯、犹太、蒙古、拂朗、中国五民族，可能原是第二卷的附录。

《五族谱》①

<table>
<tr><td rowspan="6">Köden</td><td>Menggedü</td><td></td></tr>
<tr><td>Jibik-Temür</td><td></td></tr>
<tr><td rowspan="2">Yisü-Buqa</td><td>Nembüle</td></tr>
<tr><td>Külüg</td></tr>
<tr><td>Irinjin</td><td></td></tr>
<tr><td>Cing-Temür</td><td></td></tr>
</table>

《贵显世系》②

<table>
<tr><td rowspan="6">Köden</td><td>Munkatū</td><td></td></tr>
<tr><td rowspan="2">Kūyān</td><td>'BWLA</td></tr>
<tr><td>Kūlūk</td></tr>
<tr><td>Îsū-Būqān</td><td></td></tr>
<tr><td>Îrï（n）gān</td><td></td></tr>
<tr><td>GBK-Temür</td><td></td></tr>
</table>

从传世碑刻资料和藏文史料看，灭里吉歹、蒙哥都、只必帖木儿等三人均有明确记载，得到印证，其他两人则是将阔端孙辈误为子辈（详后）。前人早已指出《宗室世系表》错误百出，此即一例。波斯文史料也有同样的错误，《史集》等虽然将帖必烈与曲列鲁正确地列在了孙子辈，但其具体传承没有交待清楚，还有待考证。以下分别考述：

① 原文用阿拉伯文和回鹘文两种文字标注，这里只保留了回鹘文。原图为根系图，长幼顺序自下而上，这里改为自上而下。

② 《贵显世系》记载形式与《五族谱》同，长幼顺序自下而上，此表也改为自上而下。

1. **灭里吉歹一支**

阔端长子灭里吉歹（Merkitai），这个名字来自漠北篾儿乞惕（Merkit）部。除《宗室世系表》的记载外，陕西周至县《一二五〇年盩厔重阳万寿宫圣旨碑（六）》也有记载，称作“弥里杲带太子”①，从他当时在西凉的斡耳朵对陕西京兆路大小官员发布令旨来看，他大约在阔端死后的1250年左右一度管理着兀鲁思，统治原西夏故地。因他没有参加1251年的忽里台大会，可能就死于1250年至1251年期间。又，钱大昕《十驾斋养新录》卷十五《朝城县令旨碑》载有合剌查太子令旨一道、皇子忽察大王令旨一道、密里吃台太子令旨一道合刻于一碑，密里吃台就是灭里吉歹，此三人皆为太宗子孙。另外，《至正集》卷四十五《曹南忠宣王神道碑铭并序》载太宗时也柳干“嗣宿卫，事岳里吉太子，从阔出、忽都秃太子伐金，遂侵宋。”岳里吉太子，前人均不知其所从出，按也柳干是蒙古扎剌儿氏，该部亦鲁该千户属于窝阔台兀鲁思，也柳干当出身该千户，故“嗣宿卫”。当时窝阔台子孙通称太子，如此处之阔出太子即窝阔台第三子，则也柳干所服事之岳里吉太子，也应为太宗子孙，或即灭里吉歹。总之，阔端长子灭里吉歹实有其人。

《宗室世系表》又载灭里吉歹有子名也速不花，《元史》卷五《世祖纪》载至元元年，“给诸王也速不花印”，《诸王表》作“也速不花，至元二年赐印”。至元二年，“以诸王也速不花所部戍西蕃军屡有战功，赏银三百两”②。其分地当靠近青海吐蕃地区。至元二十五年，也速不花谋叛受诛，子孙情况不明，可能是绝嗣了。《五族谱》和《贵显世系》将也速不花列为阔端之子是错误的。将念不列（Nembüle）和曲列鲁（Külüg）列为也速不花之子也与元朝方面的记载不符。

2. **蒙哥都一支**

阔端次子名蒙哥都，意为“多痣之人”或“长寿之人”。

① 《元代白话碑集录·一二五〇年盩厔重阳万寿宫圣旨碑（六）》。

② 《元史》卷六《世祖纪》。

《史集》将他误记为阔端长子。他因参加1251年拥立蒙哥的忽里台大会而另获分地于阔端所居地之西。1252年，蒙哥再次分封诸王贵族，其中心内容就是分割削弱窝阔台系势力：

> 分迁诸王于各所：合丹于别石八里地，蔑里于叶儿的石河，海都于海押立地，别儿哥于曲儿只地，脱脱于叶密立地，蒙哥都及太宗皇后乞里吉忽帖尼于扩端所居地之西。仍以太宗诸后妃家赀分赐亲王。①

以上除分封于曲儿只（今格鲁吉亚）的别儿哥为术赤系拔都汗之弟外，其余诸王均属窝阔台系，其中合丹是太宗第六子（庶出），蔑里是太宗第七子（庶出），海都是太宗第五子合失之子，脱脱是太宗第四子哈剌察儿之子，蒙哥都是阔端之子。他们都因亲附拖雷系，未参与窝阔台系的反抗，并且在蒙哥即位大典后前去祝贺而得到奖赏，尤其是蒙哥都参加了拥立蒙哥的忽里台大会，“与彼联合，给予支持”②，获益也最大。从他们分封的所在看，除合丹获得的别失八里原属高昌畏兀儿亦都护领地外，其余诸王只是在原窝阔台兀鲁思的范围内进行了再分封。志费尼说，合丹、蔑里各自分到其父的一个斡耳朵和一个千户的军队③，窝阔台兀鲁思的其余千户则被大汗剥夺。而拉施特则补充说阔端诸子也分到了一个斡耳朵，蒙哥汗还将谋叛者拥有的那些军队规定为他们所有④，实际上就是参加忽里台大会的蒙哥都分到了太宗三皇后乞里吉忽帖尼所在的斡耳朵及其留守军队，这个斡耳朵很可能是在窝阔台兀鲁思的南部，靠近河西走廊，即阔端所居地之西，或者蒙哥都的分地就是分割了阔端兀鲁思的西部即

① 《元史》卷三《宪宗纪》。

② 《成吉思汗的继承者》（《史集》第二卷），波义耳英译，周良霄汉文译注，天津古籍出版社，1992年，第206页。

③ 《世界征服者史》下册第698页。

④ 《成吉思汗的继承者》第249页，《史集》第2卷第11页。

河西走廊西部一带。

藏文史书《红史》记载忽必烈南伐大理前，驻军六盘山，“凉州大王蒙哥都与上师（八思巴）一起前去会见，十分欢喜，王子忽必烈赠给凉州大王蒙古马军一百去迎请萨迦人，八思巴给忽必烈汗灌顶，由此建立了施主与福田的关系”①。《元史》卷一三五《月举连赤海牙传》称其曾“从太子满哥都征云南，战数胜”。满哥都即蒙哥都的异写，太子是说他的身份为本兀鲁思首领，太宗子孙，这种用法在元代文献中几成惯例。从这两条材料看，蒙哥都往六盘山见忽必烈后参加了伐大理之役。《元史》卷三又载宪宗八年十一月，“诸王莫哥都攻礼义山，不克”；九年正月，“诸王莫哥都复攻渠州礼义山”。这两处所提到的诸王莫哥都，柯氏在《新元史》卷一一一中认为就是阔端之子蒙哥都，参加了蒙哥汗南伐川蜀的战争。值得一提的是，《汪惟正神道碑》提到汪德臣、蒙哥汗先后死于征蜀军中时，“皇侄寿王乃以公袭爵”②，巩昌汪氏降于阔端军前，为阔端系家臣，所以有权力任命汪惟正袭爵的寿王应是阔端系诸王，当时符合此条件的诸王（阔端之子，蒙哥之侄，时在征蜀军中），只有蒙哥都③。任命汪惟正袭巩昌便宜都总帅的，正是蒙哥都。此后蒙哥都不见于史，可能即死于随后发生的蒙古军内乱中。④

《宗室世系表》记蒙哥都子名亦怜真，元代《巩昌府城隍庙令旨碑》保存有马儿年十一月志（亦）怜真大王令旨一道：

天的气力里，皇帝福荫里，志（亦）怜真大王

---

① 蔡巴·贡噶多吉著，东嘎·洛桑赤列校注，陈庆英、周润年译：《红史》，西藏人民出版社，1988年，第43页。

② 《中书左丞汪惟正神道碑》，见汪楷主编：《陇西金石录》上卷第41页，甘肃人民出版社，2011年。

③ 当时的蒙古国并没有封授“寿王”之类王号的做法，寿王一称可能来自蒙哥都的名字，蒙哥含有“永生”“长寿”之意。《元史·宪宗纪》：“蒙哥，华言长生也。”“蒙哥都”似也可译为“有寿的”。

④ 杉山正明认为蒙哥都开创了阔端家族云南驻屯军的历史，似乎认为他留在了云南。

（令旨）：便宜总管府官人每根底，巩昌府里属咱每的城隍坏了有么道，这文书到呵，依圣旨体例里，添气力修理者，凭每根底说将去了也。令旨马儿年十一月初一日永昌府有时分写来。①

由于永昌府系至元九年赐名，所以此马儿年当为壬午年（1282）或甲午年（1294），而以前者的可能性较大。敦煌莫高窟第61窟有寅年（1290）亦仁真（Irincin）王子使臣帖木儿不花的题记②。《元史》卷十五《世祖纪》至元二十五年（1288）正月条云，“赐诸王亦怜真部曲钞万锭”。二十七年，“章吉寇甘木里，诸王术伯、拜答寒、亦怜真击走之”③。甘木里就是哈密力，术伯、拜答寒皆为镇守瓜、沙至哈密一带的宗王。从亦怜真戍守哈密，其使臣在莫高窟题字，联系到其父蒙哥都分封于阔端兀鲁思西端，部下月举连赤海牙为畏兀儿人，高昌亦都护所尚公主多是窝阔台系特别是阔端一支所出的事实，可以推知他们的份地当也靠近瓜沙一带。亦怜真大王自称其令旨写于永昌府，表明该系仍以永昌府为本兀鲁思大斡耳朵所在。大德元年（1297）正月，亦怜真入朝时死于道，后裔情况不明。

《宗室世系表》阔端太子位下有子名“帖必烈”，《五族谱》作“Nembüle”，列在孙辈栏里，“帖必烈”疑为“粘必烈”之误。《蒙古秘史》卷一第24节有“粘不列”一词，旁译曰“庵”，总译曰“草庵”。《〈蒙古秘史〉词汇选释》标音为nembüle（与《五族谱》标音一致），又译作“马衣”④。这应是这一蒙古名的原义出处。《宗室世系表》误孙为子，《五族谱》虽列为孙辈，但却错误地标为也速不花之子。笔者判断，此粘必烈（念

① 《陇右金石录》卷五。

② 敦煌研究院考古研究所、内蒙古师范大学蒙文系：《敦煌石窟回鹘蒙文题记考察报告》，《敦煌研究》1990年第4期。

③ 《元史》卷十六《世祖纪》。

④ 额尔登泰、乌云达赉、阿萨拉图：《〈蒙古秘史〉词汇选释》，内蒙古人民出版社，1980年，第136页。

不列）可能是蒙哥都之子，亦怜真之兄弟。

乾隆《陇西志》收载的《宝庆寺约禁令旨碑》中出现的阔端后裔捏木烈大王就是诸表中的粘必烈，碑文内容如下：

> 天的气力里，皇帝福荫里，察忽真妃子、捏木烈大王令旨：管民官人每根底，城里达鲁花赤官人每根底，经过的使臣每根底，军官军人每根底，先前圣旨里，如今皇帝圣旨：和尚、也立可温、先生每，不拣什么差发休当，告天祝寿者。依着圣旨体例里，这巩昌府住持福讲主持（特）赐福智圆明大师，金镧（襕）袈裟销金伞盖那般，执把金印为（与）了也，他每的寺院里，使臣每休安下者，差发铺马祇应休当者，有的田地、水土、人口、畜匹、园子、水磨、铺面，但有的不拣阿谁，使气力休夺要者。有的每，衙（俺）有令旨么道。当差人户粮（根）底休得隐占争要田地，别了天圣旨，没体例勾当休行者。猪儿年二月十七日，永昌府有时分写来。①

此令旨写于永昌府，所以颁发令旨的察忽真妃子、捏木烈大王必是阔端后王。查《元史》卷十九成宗纪大德二年五月己酉条载："诸王念不列、妃扎忽真诈增所部贫户，冒支钞一万六百余锭，遣扎鲁忽赤同王府官追之。"同书卷二十大德五年六月，"赐诸王念不烈妃札忽而真所部钞二十万锭"。七月，"给诸王妃札忽而真及诸王出伯军钞四十万锭"。又，《大元马政记》记世祖至元二十年，元廷于"大王只必铁木儿、驸马昌吉两位下民户内"和买马匹，大德三年枢密院又与省官议："察忽真、念不烈百姓，又忙奇？百姓及河西不曾刷马之地，和尚、先生、也里可温、答失蛮马匹尽行拘刷依例与价"②。从对音看，碑记之捏

① 乾隆《陇西志》卷十二《杂识·拾遗》。

② 《大元马政记》，《广仓学窘丛书》甲类第一集。

木烈大王、察忽真妃子无疑就是《元史》和《大元马政记》的诸王念不烈、妃札忽真，从人物出现的场合看，念不烈是与诸王只必铁木儿、出伯，驸马昌吉及所尚公主忙古台（?）并立的河西诸王之一。准此，猪儿年就是大德三年（1299），从令旨和《大元马政记》的内容看，诸王念不烈也是以永昌府为本兀鲁思中心的阔端后裔，从元廷曾一次赐钞二十万锭看，其王位下拥有的部民是相当多的。由于当时阔端兀鲁思宗主永昌王只必帖木儿尚健在①，诸王念不烈又自有王府百姓，而且十分活跃，所以念不烈不是继承了只必帖木儿之位，当是因承袭了另一分支王位而连续出现于史。前已述及，大德元年正月亦怜真入朝时死于道，大德二年诸王念不烈见于史，二者之间必有联系，念不烈殆即亦怜真之兄弟，继承了王位。

《元典章》也有两处提到诸王念不烈，一是大德六年十月，“江浙等省准，中书省咨：二道有扎忽儿真妃子、念不烈大王位下差来使臣晏只哥歹等，钦赍圣旨，追征斡脱钱物。”② 二是大德七年十一月十六日，“中书省咨，御史台呈，陕西汉中道廉访司申：大德七年四月二十一日，有捏不烈大王位下乾州段长官所管医工户计文清状告本投下提领所衙门，止管人户一百八十户，设立官吏人等一十五名，并无印信，置备牢狱枷锁，接受本管人户词状。不惟官冗人多，实为扰民不便。乞施行得此照例行下本管安西等路本投下诸色户总管府，照勘回申解内署立官衙，除达鲁花赤、同知钦受宣命外，总管段世贤不见所授文凭。为此追照得本府大德六年五月十四日承奉本投下王傅照会到段世贤敬受令旨，充管领本投下安西、凤翔、延安、兴元等路打捕鹰房人匠诸色户总管府总管”③。

又，大德六年立《成县金莲洞修建始末碑》和《成县金莲

① 永昌王最后一次出现于史是在武宗至大三年（1310）。

② 《大元圣政国朝典章》10《户部》卷十三“钱债·斡脱钱”。中国广播电视出版社1998年影印元刊本。

③ 《大元圣政国朝典章》10《吏部》卷四“职制一·赴任”。

洞施舍地土四至圣旨碑》，也记载了察忽真妃子、捏木来大王护持道教洞宇徽州金莲洞的过程，不仅赐号其洞主为“道通清静湛然真人”，还给徽州牧守僚佐颁布令旨，敦促其公证保护金莲洞的土地财产。①

以上几条材料再次说明活跃于成宗大德年间的诸王念不烈、念木烈、捏木烈、捏不烈、捏木来是同一人，就是《宗室世系表》中的“帖必烈”（粘必烈），《五族谱》中的“Nembüle”，其在安西、凤翔、延安、兴元、徽州等地的本投下诸色户总管府正是承继了阔端兀鲁思的遗产。

以上两道令旨还有助于我们澄清永昌王与巩昌二十四城的关系问题。《元史》卷六十三《地理志·西北地附录》别失八里条载：“至元二十一年，阿只吉来言，元隶只必帖木儿二十四城中，有察带二城，置达鲁花赤，就付阔端，遂不隶省。至是奉旨，诚如所言，其还正之。”② 阿只吉时总别失八里军事，屠寄以此误认为“盖只必帖木儿二十四城错入西域，而永昌路则其东土也”③。佐口透也持类似看法④。这两条令旨可以消除这种误解，证明只必帖木儿二十四城即巩昌二十四城。

成宗大德以后，念不烈不见于史，《诸王表》中的荆王脱火赤可能是其继承者。至正八年立《井真人道行碑》载井德用事迹：“年甫弱冠，賫奉亦怜真大臣令旨护持”，“至治改元，大哥赤荆王赠洞阳真人号，镇西武靖王以师事之，上洞阳显道之称”⑤。此处之亦怜真大臣应为亦怜真大王之误，大哥赤荆王即脱火赤荆王（西北方言音近）。由于此处亦怜真大王、脱火赤荆

---

① 吴景山辑：《西北民族碑文》，甘肃人民出版社，2001 年。

② 这里所谓的“察带二城”，乃指察合台部将按竺迩攻下后，曾寄隶于阔端辖下巩昌都总帅府的泾、邠二州。参见松田孝一：《察合台家族千户的陕西南部驻屯集团》，《国际研究论坛》第 5 卷 2 号，1992 年 12 月。

③ 《蒙兀儿史记》卷三十七《只必帖木儿传》，中国书店，1984 年。

④ 佐口透：《河西的蒙古封建王侯》，载《和田博士还历纪念东洋史论丛》，讲谈社，1951 年。

⑤ 《续陕西通志稿》卷十。此据《全元文》卷一二三七何约《井真人道行碑》。

王先后出现，在护持封赠井道人一事上有传承关系，因而可以考虑以脱火赤直承亦怜真、念不烈，如下表：

<table>
<tr><td rowspan="2">阔端</td><td rowspan="2">蒙哥都</td><td>亦邻真</td><td></td></tr>
<tr><td>念不烈</td><td>脱火赤</td></tr>
</table>

3. 只必帖木儿一支

阔端第三子是只必帖木儿。据藏文史料记载，阔端迎请萨迦班智达到凉州后，“由于教主的赐福，他得到了一个名叫只必帖木儿的儿子”①。如果这一记载可信，那么只必帖木儿当生于1247年到1250年之间，也就是说阔端死时他可能还在襁褓之中，这也可以解释为什么他没有参加蒙哥汗即位大典，为什么是弥里杲带太子在这一时期颁发令旨。《逊都思氏世勋碑》说只必帖木儿直承阔端“嗣镇河西”，这正符合幼子继承的蒙古草原习俗。这一切似乎说明阔端不可能有更小的继承人，《红史》和《汉藏史集》都明确说阔端仅有只必帖木儿等三个儿子，与《史集》的说法一致，成书较早（1363）的《红史》更是自称其系谱抄自蒙古秘笈《脱卜赤颜》，似无可疑。所以《宗室世系表》关于阔端还有四子帖必烈、五子曲列鲁的说法是不可信的。至元九年（1272），只必帖木儿筑新城竣，赐名永昌府（在今武威市北15公里之永昌堡），至元十五年又设永昌路，以永昌王宫殿所在而名，降西凉府为州隶焉，只必帖木儿遂以永昌王见称于史②。《宗室世系表》载只必帖木儿身后无嗣，《史集》说他有子，但不知其名。综合各种资料分析，《史集》只必帖木儿有子的记载应该是可信的，其子是曲列鲁的可能性最大。现将《史集》中的阔端世系表列于下：

① 《萨迦五祖全集》函313a－b，转引自［匈］J. 史尔弼：《八思巴上师遗著考释》，载《国外藏学研究译文集》第2辑，西藏人民出版社，1987年。

② 分见《元史》卷七《世祖纪》，《元史》卷六十《地理志》。参见梁新民：《武威史地综述》，兰州大学出版社，1997年。

《史集》（俄译本）阔端世系表

<table>
<tr><td rowspan="4">阔端</td><td>1. 蒙哥都</td><td></td></tr>
<tr><td rowspan="2">2. 也速不花</td><td>1. 曲儿鲁克</td></tr>
<tr><td>2. 佚名</td></tr>
<tr><td>3. 只必帖木儿</td><td>有子，佚名</td></tr>
</table>

《史集》（英译本）阔端世系表①

<table>
<tr><td rowspan="3">阔端</td><td>1. 蒙哥都</td><td></td></tr>
<tr><td>2. 库延</td><td>也速不花</td></tr>
<tr><td>3. 只必帖木儿</td><td>有子，佚名</td></tr>
</table>

以前述阔端世系的情况看，阔端有子三人：灭里吉歹、蒙哥都、只必帖木儿；孙四人：也速不花、亦怜真、念不列、曲列鲁。其中，也速不花肯定是灭里吉歹之子，那么，其余三人中有两人是兄弟关系，并且只能有三种可能：（1）曲列鲁，亦怜真；（2）亦怜真，念不列；（3）曲列鲁，念不列。《史集》中的兄弟组合是曲儿鲁克，佚名；《五族谱》和《贵显世系》中的兄弟组合是念不列、曲儿鲁克。《史集》又明确记载曲儿鲁克兄弟非只必帖木儿之子。所以，无论如何也没有办法兼顾各种记载，只能依情理推测。前已述及，诸王念不列在只必帖木儿在位期间已十分活跃，明显拥有自己的王位下，并且在活动时间上与亦怜真前后衔接，因此有理由认为亦怜真与念不列为兄弟关系，而忽略《史集》曲儿鲁克非只必帖木儿之子，《五族谱》曲儿鲁克与念不列兄弟关系的记载，如下表所示：

① 《成吉思汗的继承者》（《史集》第二卷）第29页。

改正后的阔端世系表

<table>
<tr><td rowspan="4">阔端</td><td>灭里吉歹</td><td>也速不花</td></tr>
<tr><td rowspan="2">蒙哥都</td><td>1. 亦怜真</td></tr>
<tr><td>2. 念不列</td></tr>
<tr><td>只必帖木儿</td><td>曲列鲁</td></tr>
</table>

《汪惟简圹志》载汪惟简长子汪羲昌曾“敬受曲律禄大王令旨，乾州丝绵散慢总管府达鲁花赤”[①]，可证阔端后王确有曲列鲁（曲儿鲁克、曲律禄）。成宗元贞元年四月，“平阳民诉诸王小薛、曲列、失伯部曲恣横，遣官鞫之”[②]。大德七年（1303）七月，“赐诸王曲而鲁等部钞币有差”[③]。屠寄认为上述的曲列、曲而鲁就是《宗室世系表》之阔端幼子曲列鲁，“盖自河西流入河东”[④]。今按当以孙为是，即阔端幼子只必帖木儿之子。

上面与曲列鲁一起出现的诸王小薛，据蔡美彪先生考证是窝阔台汗第三子阔出之幼子，分地在睢州。平阳路在窝阔台汗时期被封授给术赤，成宗以后外系诸王部民流入此地，《元史·本纪》记载，元贞、大德年间，窝阔台系诸王小薛、曲列鲁，察合台系诸王阿只吉部民多饥，被迫移民就食，进入平阳路一带，因骚扰当地百姓，造成严重问题，朝廷多次下诏或遣官严责，诸王也不得不颁发令旨禁约。[⑤] 由此可见，阔端后王可能借此在山西平阳（大德九年改为晋宁路）获得了新的份地（详后）。阔端系的汾阳王称号，可能与此有关。

《宗室世系表》载曲列鲁有子称汾阳王别帖木儿，其世次

① 吴景山辑：《西北民族碑文》，甘肃人民出版社，2001年。

② 《元史》卷十八《成宗纪》。

③ 《元史》卷二十一《成宗纪》。

④ 屠寄：《蒙兀儿史记》卷三十七，中国书店，1984年。

⑤ 蔡美彪：《河东延祚寺碑译释》，《蒙古史研究》第2辑，内蒙古人民出版社，1986年。

为：曲列鲁大王→汾阳王别帖木儿→荆王也速也不干。《元史》卷二十五《仁宗纪》载延祐二年（1315）九月，“赐诸王别铁木儿永昌路及西凉州田租”，卷二十六延祐四年闰正月，“封别铁木儿为汾阳王”[①]，则曲列鲁—别铁木儿一支另有王号，与念不列—脱火赤的荆王一支并立。在这里，有必要纠正一下《宗室世系表》和《诸王表》记载的讹误。

《宗室世系表》将荆王脱脱木儿、也速不坚植于睿宗（拖雷）第十子岁哥都位下：

岁哥都	速不歹大王	荆王脱脱木儿	荆王也速不坚

《诸王表》荆王项下有：

也速不坚。
脱脱木儿。
脱火赤，口口口年封，至顺二年来朝。

其承袭顺序为也速不坚→脱脱木儿→脱火赤。

综合各种记载看，不仅《宗室世系表》将荆王脱脱木儿、也速不坚列为岁哥都之后是错误的，其与《诸王表》记载的荆王承袭顺序也都明显有误。

前引至正八年立《井真人道行碑》载明，至迟在英宗至治元年（1321），脱火赤已拥有荆王王号，而此时也速也不干所出的曲列鲁—别帖木儿一支则拥有汾阳王号，两支是并立关系。阔端在史籍中给人的印象是身体孱弱，好像其后裔也不兴旺。可能是脱火赤去世后念不列一支绝嗣，荆王王号转入曲列鲁—别帖木儿一系，由也速也不干承袭。还有材料表明，在英宗至治元年以前，脱火赤已封荆王，山西永乐宫《纯阳万寿宫令旨碑》载：

① 《诸王表》作七年（1320）。

长生天气力里皇帝圣旨里脱火赤荆王令旨：俺的管民官人每根底、城子里达鲁花赤官人每根底、往来的使臣每根底、管军官人每根底、军人每根底：在先圣旨里、如今皇帝圣旨里：和尚每、也里可温、先生每、答失蛮根底，不拣甚么差发休着者，告天祝寿行者道来。圣旨体例里晋宁路河中府永乐镇有了十方大纯阳万寿宫里主持的三宫提点、保和崇德明义大师萧道遇先生根底，执把的金宝令旨与了也。从今后，他的宫观里房舍里，使臣休安下者，差发、铺马首思休要者，田地、水碾、人口、头疋、园林、磨店、铺席、房舍，不拣甚么他的，不拣是谁休倚气力者休夺要者。这的每文书与了也么道，没体例的勾当休行者。

令旨俺的。猴儿年四月二十四日，大都有时分写来。[①]（下截）

这里的猴儿年蔡美彪、宿白先生考订为文宗至顺三年壬申（1332）[②]，而从《井真人道行碑》看，比定为仁宗延祐七年庚申（1320）更为合理。碑文显示，阔端系后裔的确在山西平阳一带获得了新的份地。同时也说明，正确的荆王承袭顺序为：脱火赤→也速也不干→脱脱木儿。

泰定帝也孙帖木儿泰定元年（1324）九月乙酉，也速也不干进封荆王，无可置疑地表明其“一字王”，即阔端系中“大大王”的身份，也说明此时脱火赤已亡，阔端后裔仅存此一支。此时荆王位下虽不能与过去鼎盛时期同日而语，但仍属有势力的宗王之列，甘肃行省就曾称“荆王位下概管军民，最为富庶”，“本位下多有钱粮，军民富庶”[③]。但是当也速也不干站在上都方

---

① 陈垣编，陈智超、曾庆英校补：《道家金石略》，文物出版社，1988年，第804—805页。

② 宿白：《永乐宫调查日记——附永乐宫大事年表》，《文物》1963年第8期。

③ 《永乐大典》卷一九四二一《站赤六》。

面参加天历天顺之战后，其王位下便开始走下坡路。据《元史》卷一三七《阿里海牙传》记载，当时陕西诸王及行台官起兵支持上都，分军三道东取河中、武关、虎牢，荆王也速也不干驻营河南之白马寺，上都失败后，由他传檄放散诸军西还，其作用举足轻重。当文宗胜利后，严厉打击报复陕西四川诸王与官员，至顺元年（1330）正月，“召荆王之子脱脱木儿赴阙”[①] 为质。同年，荆王也速也不干从镇西武靖王搠思班远征云南，并留镇当地，可以看作是一种惩罚。顺帝即位后，力反燕铁木儿专权时镇压异己的做法，荆王位下才有所复苏。《元史》卷二十八《顺帝纪》至元元年（1335）十二月壬辰条载：“诏宗室脱脱木儿袭封荆王，赐金印，命掌忙来诸军，设立王府官属。”《顺帝纪》至元三年十一月条又云：“诏脱脱木儿袭脱火赤荆王位，仍命其妃忽剌灰同治兀鲁思事。”说明脱脱木儿继承了其父也速也不干的荆王王号，但这一王号是在脱火赤一支绝嗣后，转入也速也不干一支的，“袭脱火赤荆王位”一语应如是解读，并不是说脱脱木儿与也速也不干之间尚有脱火赤。脱火赤应死于泰定元年九月也速也不干袭荆王位之前，《诸王表》记他至顺二年（1331）来朝有误，可能是与也速也不干的事迹搞混了，也速也不干最后一次出现就在至顺二年十一月，当时他献犛牛四百，有可能是入朝的礼物。前引山西永乐宫《纯阳万寿宫令旨碑》上截载：

> 天的气力里皇帝洪福里脱帖木儿荆王令旨里：管民官人每根底、管城子达鲁花赤官人每根底、来往的使臣每根底、军官每根底、军人每根底：在先圣旨里、如今皇帝圣旨里：和尚、也里可温、先生每，不拣是么差发不着，告天祈福者么道说有来。依着圣旨体例里，属咱每所管的河中府里有的永乐大纯阳万寿宫里，主持三宫提点保和冲妙崇教真人丁道融，他的名字与了呵，每月

① 《元史》卷三十四《文宗纪》。

与上位咱每根底祝寿者么道。这的宫观里，使臣休安下者，铺马祇应休着者，水土、人口、头疋、园林、碾磨、店舍、铺席，任是么他的，不拣是谁休倚气力夺要者。这壁那壁诵经行的时分，不拣是谁休拦当者么道。执把的金印令旨与了也。这的每根底与了令旨呵，无体例的勾当休做者。

令旨俺的。兔儿年二月初三日，昌平县有时分写来。[①]（上截）

这里的兔儿年，蔡美彪、宿白先生比定为顺帝至元五年己卯（1332），与《本纪》的记事比较，应该没有问题。不过，由于《纯阳万寿宫令旨碑》是两道令旨合刻于一碑，脱帖木儿令旨碑在上，脱火赤令旨碑在下，杉山正明认为应以上下关系排列年代先后，从而将猴儿年比定为顺帝至正四年甲申（1344），也就是说脱火赤曾两度承袭荆王，或有两个荆王并存，之所以出现这种复杂的继承关系，应与英宗新政与遭暗杀，泰定帝登基与猝死，天历内乱与文宗新政这三次政变导致的动荡政局有关。[②]

脱脱木儿身后绝嗣，《元史》卷九十二《百官志》永昌等处宣慰使司都元帅府条载：

至正三年七月，中书省奏：阔端阿哈所分地方，接连西番，自脱脱木儿既没之后，无人承嗣，达达人口头匹，时被西番劫夺杀伤，深为未便！遂定置永昌等处宣慰使司都元帅府以治之。

永昌宣慰司设在今永昌县城，宣告了荆王位下的终结，活跃于河西一百余年的阔端家族自此退出了历史舞台。

① 陈垣编，陈智超、曾庆英校补：《道家金石略》，文物出版社，1988年，第804页。

② 杉山正明：《东西文献によるコデン王家の系谱》，《史窗》48，1991年。

又，《元史》卷四十三《顺帝纪》至正十四年（1354）五月条云：“命荆王答儿麻失里代阔端阿合镇河西，讨西番贼。”似乎阔端家族又有传人。但《诸王表》荆王位下并无答儿麻失里其人，既云“代”而不说袭，又与阔端阿合（意谓阔端大兄，这里当指已绝嗣的阔端家族）对称，显然不是阔端后裔。据《红史》记载，第四世噶玛巴乳必多杰曾受元顺帝邀请前往大都，于藏历第六饶迥土猪年（1359）二月到达河州，在这里他利用自己的影响解救了遭革职的西凉王及其官属。此西凉王或与代阔端家族出镇河西的答儿麻失里有关。查《元史》卷四十三《顺帝纪》至正十三年十二月癸丑条有“以西安王阿剌忒纳失里为豫王，弟答儿麻讨南阳贼有功，以西安王印与之，命镇宠吉儿之地”。这个答儿麻系西平王奥鲁赤之后，该系长期镇守吐蕃地区，与凉州阔端兀鲁思及河州镇西武靖王镇戍地相邻，该系成员有谥为凉王者，在元末政治舞台上也十分活跃，将他与荆王答儿麻失里及《红史》所说的西凉王联系起来有一定的可能性，答儿麻或即答儿麻失里的省文或脱文，由西安王改封荆王。

现依据以上研究，试将阔端诸王世次排列如下：

<table>
<tr><td rowspan="4">阔端</td><td>灭里吉歹</td><td>也速不花</td><td colspan="3"></td></tr>
<tr><td rowspan="2">蒙哥都</td><td>亦怜真</td><td colspan="3"></td></tr>
<tr><td>念不列</td><td>脱火赤</td><td colspan="2"></td></tr>
<tr><td>只必帖木儿</td><td>曲列鲁</td><td>别帖木儿</td><td>也速也不干</td><td>脱脱木儿</td></tr>
</table>

阔端系所拥有的王号继承如下：

永昌王：只必帖木儿

汾阳王：别帖木儿

荆　王：脱火赤——也速也不干——脱脱木儿

《史集》成书于14世纪初的成宗时期，因此对阔端后裔的记载止于活跃于大德年间的曲列鲁、念不列，以下传承不明。《元史·宗室世系表》和《诸王表》记载多有错乱，只能依较可靠的《本纪》、碑刻中的史料，加以斟酌，故以上世次难免有推测成分。

胡小鹏，西北师范大学历史文化学院教授。

藏传佛教萨迦派在古丝绸之路的影响

丹　曲

历史上，丝绸之路几度繁荣、几度衰落，在构建中西交通、发展中外贸易、促进经济发展，尤其是沟通中外文化交流等方面发挥了重要的作用。河西走廊的凉州，又是丝绸之路的黄金地段，也是国际性的经贸通道和沟通世界文化的桥梁，更是我国古代各民族文化交流的荟萃之地。蒙古统治初期的 1247 年，在丝绸之路的重镇凉州，由蒙藏民族的僧俗首领阔端与萨迦班智达举行了历史性会晤，树起了祖国统一的历史丰碑，西藏正式纳入中央政府的行政管辖之下，为祖国的繁荣强大、民族的友好团结、文化的交流做出了历史性的贡献。这不但使元朝中央政府与西藏地方的政治关系发生了根本的变化，而且也促进了藏蒙地区的社会历史发展，对促进国内各民族之间的友好往来建立了不可磨灭的历史功勋。也正是这一历史性的机遇，藏传佛教萨迦派教法传遍整个河西走廊这个古丝绸之路的黄金地段。

一、萨迦派的创立

蒙古族最早起源于额尔古纳河流域，840 年回鹘汗国崩溃后，蒙古族部落向西迁徙，遂与蒙古高原上的突厥语族居民相融合。[①] 12世纪，游牧于鄂嫩河、克鲁伦河、土拉河三河上游及肯特山以东一带，组成强大的部落集团。至12世纪末，部落林立的蒙古高原上，只剩下蒙古、塔塔尔、克烈、蔑儿乞、乃蛮五大部落集团。1206年，蒙古部的首领铁木真在鄂嫩河畔举行的忽里勒台上，被推举为全蒙古的大汗，号“成吉思汗”，建立了蒙古汗王国。[②] 国家的建立，结束了蒙古高原上长期以来的分裂混战局面，促进了蒙古民族共同体的形成。1205、1207、1209年成吉思汗连续对西夏进行了三次征服战争，攻城破寨，迫使西夏主李安全纳女求和，1211年灭西辽。1219年秋，成吉思汗亲统12万蒙古大军西征。1226年蒙古军攻取了西夏的黑水城、甘州、肃州、凉州、灵州，长驱直入都城中兴府。当攻肃州城时，因遭顽强抵抗而屠城，西夏军死伤30万。1227年正月，“帝留兵攻夏王城，自率师渡河口攻积石州（今青海循化县）”。“二月，破临洮府（今甘肃临洮县）”。“三月，破洮、河、西宁三州”。“夏四月，帝次龙德，拔德顺（今甘肃静宁县）等州”。闰五月“避暑六盘山”。六月，西夏主李遵顼投降，七月，成吉思汗驾崩于清水行宫（在甘肃清水县）。不久，李遵顼来降被杀，西夏亡。[③] 成吉思汗逝世后，于1228年由其子窝阔台继大汗位。1234年，蒙古与南宋分兵灭金，之后蒙古以宋败盟攻取汴京为由，发动了攻宋战争。1235年，窝阔台发动“长子西征”，兵分三路，进攻南宋。西路军由其子阔端统帅，进攻陇、蜀。是年十一月军至今甘肃陇西，招降了伪金巩昌总帅汪世显，并令千户按竺迩取其北面会宁、定西、兰州等地。继攻陕西略阳。次年八月，阔端自率汪世显等出大散关，然后分兵，令宗珠耿率按竺迩等出阳平道，会师成都。九月降服利川、潼川等路，冬十月兵入

---

① ［法］雷纳·格鲁塞著，龚钺译、翁独健校：《蒙古帝国史》，商务印书馆，1983年，第1页。

② ［法］雷纳·格鲁塞著，龚钺译、翁独健校：《蒙古帝国史》，商务印书馆，1983年，第150—151页。

③ 《西夏书事》卷四十一。

成都。1241 年，窝阔台驾崩，蒙、宋战争休止。阔端雄踞吐蕃东北面，已占领了凤翔路、临洮路；在其东面占领了利川西路、利川东路、潼川府路、成都府路，对吐蕃形成重兵压境之势。吐蕃的正北面，早在成吉思汗降畏兀儿、灭西夏时，已直接交界了。除东南角上有大理政权外，吐蕃基本上已落入蒙古军的包围之中。至乃马真皇后称制时，“阔端开府西凉，承制得去封拜”。阔端还采纳了原西夏儒臣高智耀的建议，“除河西儒士役籍，凉土安之”。阔端“开府西凉”，吐蕃就自然成为其争取的对象了。

当时的吐蕃社会，正值吐蕃王朝崩溃、西藏陷入分裂割据状态。朗达玛即位后采取“禁佛”措施，结果被佛教僧所杀，大妃琳氏掌权，其子永丹和欧松争位，各不相让，相互混战，时达 28 年之久。“吐蕃本土经历两个派系彼此火并内讧，日趋支离破碎，境内各处每每分割为二，形成了‘大政权与小政权，众多部与微弱部，金枝与玉叶，肉食者与谷食者，各自为政，不相统属’”①。11 世纪中叶，西藏的封建经济得到了较大发展，各封建领主的统治日益巩固，封建领主之间争权夺利的斗争也日益激烈，这就使得依附于不同领主集团的佛教势力之间，也出现了门户之见，形成了宁玛派、噶当派、萨迦派、噶举派、希解派等众多教派。萨迦派以款氏家族为中心，最初由贡却杰布（དཀོན་མཆོག་རྒྱལ་པོ，1034—1102）在后藏仲曲河谷萨迦地方于 1073 年建立萨迦寺。经济基础雄厚，势力较强。寺主去世后，由其子贡噶宁布（ཀུན་དགའ་སྙིང་པོ）嗣位，这就是史书上所及的萨迦五祖中的第一祖。其去世后由子索南孜摩（བསོད་ནམས་རྩེ་མོ）继承寺主法位。后又由其弟扎巴坚赞（གྲགས་པ་རྒྱལ་མཚན）继承法位。之后是萨迦·贡噶坚赞（ས་སྐྱ་ཀུན་དགའ་རྒྱལ་མཚན）嗣位，为萨迦第四祖，因精通“五明”而博得“萨迦班智达”称号，使萨迦派誉满全藏，因此成为当时西藏政教界的头面人物。为此，他当时代表西藏地方势力同蒙古王室进行会谈，正式建立政治联系。萨迦寺经

① 黄奋生编：《藏族史略》，民族出版社，1985 年，第 144 页。

过“萨迦五祖”的积极经营，以款氏家族世袭传承的藏传佛教萨迦派，在元朝中央政府的大力尊崇下，达到了历史上最昌盛的时期。除八思巴帝师统领总制院而身居元朝中央政府之要职从一品大员外，该家族中先后受封或与皇室通婚者近20人，而元朝皇室用于佛事活动的耗费之巨，也达到惊人的程度。仅元一代，款氏家族在政治上，通过“萨迦本钦”指挥卫藏十三万户，完全处于全藏统治地位；在宗教上，萨迦派不排斥藏传佛教其他教派，因而该派威望显著提高，迅速普及整个藏族地区，并向蒙古地区和南亚邻国传播。

二、凉州会晤

萨班·贡噶坚赞于宋淳熙九年（1182）出生在后藏萨迦地方，幼年随伯父学习佛教教义并受沙弥戒，起法名为“贡噶坚赞”。后从喀且班钦·达纳西拉学习声明学和注释学，掌握了进一步学习佛教教义的方法。贡噶坚赞天赋聪颖，18岁学习《俱舍论》，23岁跟从印度班智达释迦师利及其弟子僧迦师利等上师学习法称的《释量论》等七部因明论著，掌握了佛学逻辑学的基础知识。此后，贡噶坚赞进一步钻研大小五明。25岁从释迦师利受比丘戒，取法名萨班·贡噶坚赞。萨班与印度佛学界的绰叨噶哇等30名学者辩论，他们失败后都做了萨班的弟子，贡噶坚赞名声大振，35岁时就任萨迦寺的寺主。1245年，萨班应蒙古阔端的邀请，不顾63岁高龄，带领两侄子八思巴和恰那多吉长途跋涉前往甘肃的凉州，藏历火羊年（1247），“施主与福田双方会见，上师成为汗王祭天的首席长老。萨迦班智达成为汗王的上师，在蒙古地方弘扬佛法，这是蒙古与萨迦派最早建立的联系”①。贡噶坚赞与蒙古阔端王举行了著名的“凉州会谈”。

① 达仓宗巴·班觉桑布：《汉藏史集》（藏文版），四川民族出版社，1985年，第201—202页。

当时元太宗窝阔台继蒙古国大可汗位后，封其子阔端为西凉王，坐镇甘肃凉州（今武威）。当时，蒙古人的主要注意力在西亚和东欧，想以和平方式解决西藏的归顺问题，东可牵制南宋，西可解后顾之忧。于是即于1239年，阔端派部将道尔达（亦作多达那波）等领兵入藏，侦察西藏军事实力。这支蒙古军在拉萨北面只遭到寺院武装的小规模反抗。道尔达便以武力攻占了热振寺①、杰拉康寺，屠杀了很多僧众。② 从此以后，这支蒙古军在拉萨一带留驻达两年之久，再也未与当地僧俗势力发生武装冲突，而且还同他们开始和平的接触和频繁的交往。当道尔达详细了解到前后藏僧俗势力的割剧情况，以及藏传佛教各派间势力交错，觉得难以由蒙古军队分别派兵统治。1240年，便率兵撤回凉州，道尔达即向阔端建议选用当地的宗教领袖协助蒙古统治卫藏全区，曰："在卫藏蛮荒之地以噶丹教派的寺院最多；达垄教派（即达垄噶举）的僧人戒律清整；止贡教派（即止贡噶举）的京俄大师最具法力；萨迦教派的班智达（即萨班）学富五明"③。他请求阔端在这些人当中选用一个。蒙古对于自己征服或准备去征服的地区，采用笼络当地宗教领袖来帮助统治其地的策略，是成吉思汗以来一贯采用的政策，阔端又派遣道尔达和杰门带着礼物和信件④，邀请萨班到凉州去和阔端见面，商谈卫藏归顺蒙古之事。

据文献记载，萨迦班智达接到阔端的邀请信时，已是63岁了。从阔端来信的口吻来看，非去不可，且不可延误。于是，萨班毅然做出决定，携带自己的两个侄子即10岁的八思巴和6岁

① 热振寺，是噶当派的第一座寺院，为开创教派者仲敦巴所倡建。至1738年，七世达赖喇嘛将该寺赠与自己的老师甘丹赤巴阿旺却登，自此，阿旺之历代转世法号通称"热振活佛"。

② 第五世达赖喇嘛著，郭和卿译：《西藏王臣记》，民族出版社，1993年，第88—89页。

③ 第五世达赖喇嘛著，郭和卿译：《西藏王臣记》，民族出版社，1993年，第90页。

④ 王辅仁、陈庆英编著：《蒙藏民族关系史略》，中国社会科学出版社，1985年，第18页。

的恰那多吉，由萨迦动身，途经拉萨前往凉州。经过长时间的旅途跋涉，于1246年8月终于抵达凉州。[①] 萨班抵达凉州后，并未能与阔端立即会见，因为当时阔端恰好去和林参加贵由继任蒙古大汗的王公大会而未在凉州。据志费尼的《世界征服者史》记载，阔端曾在这次大会上争取做大汗，因他体弱多病，没有得到王公们的拥护，最后贵由被立为大汗，即元定宗。阔端从和林回到凉州时，已是1247年初，直到这时，萨班和阔端才在凉州会见。阔端见到萨班后，对萨班印象极好。萨班不仅有萨迦派教主的地位，而且佛学知识渊博。阔端扶植萨迦派，命其管理西藏事务，萨迦派从而取得了在西藏各地方僧俗势力中的领导地位。阔端还特意在凉州为萨班修建了一座幻化寺（百塔寺），作为诵经和驻锡之所。在取得一致意见以后，由萨班写了一封致西藏各地僧俗领主的公开信，即著名的萨迦班智达《致蕃人书》[②]。

萨迦派带头归顺蒙古，已赢得了阔端的信任，这从书信中可看出。萨班叔侄三人受到特殊礼遇。西藏各教派领袖审时度势，权衡利弊，归顺蒙古已成大势所趋；顺者昌，逆者亡，蒙古的强大军事实力是无法相抗衡的，这也是书信中重点强调的。另外信中还说明：西藏成为蒙古属地，萨迦派已受命管理西藏政教事务，原当地官员的姓名及属下百姓户口数目，一律登记造册，一式三份，一份上报阔端王府，一份交萨迦法王，一份由各地官员自存。愿归顺者保留官职，否则后果自负。其贡赋形式和数量已作确定，各地长官征收后，协同萨迦金字使者上交蒙古王室。蒙古王室就这样通过萨迦派，开始统治西藏。统一合乎历史潮流，符合藏蒙两族人民共同愿望。西藏归顺蒙古，对于尔后忽必烈完成全国统一大业具有重大的促进作用。

---

① 关于萨班抵达凉州的时间有几种说法。松巴堪布的《如意宝树史》记载，八思巴兄弟是在1245年先到凉州的，萨班是次年到达的，而在《萨迦世系史》和《汉藏史集》［汉译第201页载："上师在路上走了3年，于马年（1246）到达凉州"］中是1246年，本文采取后说。

② 阿旺·贡噶索南：《萨迦世系谱》（藏文版），民族出版社，1986年，第140页。

萨班在凉州七年间，在宗教活动方面，正如文献《胜教宝灯》云："亲授王大乘发心经、大悲空智金刚灌顶等法，使蒙古国之人成就供养（三宝）之德，弃绝不善业道，皈依佛教宝法。"《黄金史》云："万众欢乐，遵奉了萨迦班智达的法谕，在边远的蒙古地方首次弘扬了教法。"《金轮千幅》云："这是佛教最初在蒙古弘法之始。"同时，阔端对于萨班弘扬佛法，也很赞成和支持。在凉州城外，他为萨班特地建造了宫邸和幻化寺，广设道场，供给一切所需。如萨班讲经时，要由四名翻译把他们的话分别译成蒙古语、畏兀儿语、汉语及当地的安多藏语。这种讲经场面之大，听众之多，前所未有。通过与元王室的接触，建立了藏族地区和元朝的正式关系。萨迦班智达·贡噶坚赞于蒙哥汗元年（1251）十一月十四日逝世于凉州，享年 70 岁。萨迦班智达·贡噶坚赞不仅是一位学识渊博的学者，也是藏传佛教界著名的佛学家，在藏族历史上享有很高的声誉。萨迦派的传承传至萨迦四祖萨班·贡噶坚赞时，萨迦派已是寺庙林立，人才辈出。

萨迦班智达在甘肃最具历史性的活动就是与蒙古阔端王在凉州的会晤，在汉文史料中称之为"凉州会晤"。这在中国历史上具有伟大的历史意义和现实意义，划时代地开创了蒙藏民族的友好关系，为实现祖国统一奠定了良好的基础。由于会谈成功，西藏归蒙古直接统治，萨迦派作为蒙古王室代理官员"达鲁花赤"行使职权。"各地长官亦毋不与萨迦金字使议而擅权作主"。自此，结束了西藏地方持续四百年各自为政、四分五裂、不相统属的局面。此外，因已谈妥西藏归顺蒙古，阔端再未派大军入藏进行武力征服；西藏地方也无须组织武装力量进行战争抵抗，从而避免了战争的破坏和伤亡，西藏人民得以安居乐业。西藏的经济、文化也得到了持续稳定的发展。

三、八思巴大师的功绩

自 1247 年萨班与蒙古阔端王在凉州举行历史性的会晤后，

对蒙古帝国的形成以及整个青藏高原社会的发展产生了深远的影响。在蒙藏民族的友好往来、文化交流日趋推进的形势下，1251年至1252年萨班和阔端这两位重要人物相继离世。1260年，元世祖忽必烈即位后，八思巴与忽必烈继承前辈基业，顺应时代的潮流，密切合作，将历史进程推向新的里程。八思巴在藏区建立军政管理机构、巩固中央政府对西藏地方的有效管理等一系列政治活动中发挥了重大作用，成为萨迦班智达未尽事业的完成者。八思巴，全名八思巴·罗哲坚赞（འཕགས་པ་བློ་གྲོས་རྒྱལ་མཚན），据《红史》《汉藏史集》《青史》《萨迦世系史》等藏文文献记载，他生于藏历第四饶迥木羊年（1235）正月六日，出生在后藏昂仁地方，系萨班·贡噶坚赞之弟索朗坚赞之子。幼时从萨班学习佛法，以其聪颖过人、领悟顿彻而被视为神童。1244年随萨班赴凉州途中经拉萨时，剃度于大昭寺，取法名罗哲坚赞。抵达凉州后，除学习蒙文外，将主要精力放在随其伯父修学显密二宗和大小五明上，悉心闻思修辩，成就日益圆满。1251年萨班去世后，同年蒙哥汗即位，将全部汉、藏居住区划归其弟忽必烈统领。次年忽必烈召见萨班，因萨班与阔端均于前一年去世，阔端之子命八思巴应召。八思巴遂于1253年在开平谒见忽必烈，被奉为上师，此后即随留左右。1258年，忽必烈召集佛、道两教代表各17人，由他亲自主持进行大辩论，八思巴作为佛教代表参辩驳倒众道士而获全胜，于是赢得忽必烈器重。1260年忽必烈在上部开平继汗位，即封年仅25岁的八思巴为国师，赐玉印。[①] 随后，元世祖忽必烈改年号为至元，迁都北京，正式建立系统的元朝中央政权，设总制院（1288年改名宣政院），掌管全国佛教事务和藏族地区的军政事宜，命八思巴以国师身份兼领总制院。1265年八思巴奉命为组建西藏地方政权而返回西藏，扩建萨迦寺，建立由苏本、曲本、森木等组成的“喇章”组织，

① 王磐：《八思巴行状》：“庚申（1260）师年二十二岁，世祖皇帝登基，建元中统，尊为国师，授予玉印，任中原法主，统天下释教。”载《佛祖历代通载》卷二一。

经管其私属财产和承办所交事宜。自此萨迦王朝历代法王均设置“喇章”机构，而对萨迦寺的寺务，则另委堪布处理。开创了萨迦款氏家族为主的法王体系和萨迦寺堪布体系二者分开的制度。1268 年，完成西藏地方建政的神圣使命，返京途中，授意“萨迦本钦”释迦桑布，征集卫藏十三万户的大量人力物力，在元中央政府的巨大财力援助下，兴建萨迦南寺。抵京后，向元世祖呈其仿照藏文创制的蒙文新字 42 个字母，“帝大悦，遂始赐僧人（八思巴）统国之权”。接着元世祖于 1269 年 2 月下诏将蒙古新字颁行天下；7 月，又下令各地设立教授蒙古新字的学校。八思巴因造字有功，1270 年被封为“帝师”①，称“大宝法王”，赐玉印。之后于 1276 年返藏，由真金太子出资举办有 7 万多僧众参加的曲美大法会，后又主持萨迦南寺大殿开光仪式，自任萨迦寺第一代法王。1280 年八思巴在萨迦寺内圆寂，终年 45 岁。②1320 年，元仁宗又下诏全国各路（元制十路为一省）给八思巴修建帝师殿，并规定其仪制与孔庙等同。

八思巴在促成元朝统一祖国中做出了杰出的贡献，不仅是一位继萨班之后伟大的政治家和思想家，也是著名的佛学家和翻译家。在当时的特定条件下，藏族人民从信仰角度而言，也正是需要像萨班、八思巴那样有学问、有道德、有远见卓识的宗教领袖，忽必烈成为众望所归、人心所向的政治领袖，久而久之，在忽必烈大力支持下萨迦教派也就形成了强大的“政教合一”的政教集团。

萨迦派经过“萨迦五祖”的经营发展，在元朝中央政府的大力推崇下，达到了历史上最兴盛的时期。八思巴以帝师兼领总制院而身居元朝中央重要官职，除此，其家族中受封或与皇室通婚的将近 30 人。这样就使元朝中央政府在政治上通过萨迦本钦

---

① 达仓宗巴・班觉桑布：《汉藏史集》（藏文版），四川民族出版社，1985 年，第 205 页。

② 达仓宗巴・班觉桑布：《汉藏史集》（藏文版），四川民族出版社，1985 年，第 206 页。

指挥西藏十三万户，从而结束了青藏高原近四个世纪分裂割据的混乱状态。在相对稳定、统一的局面下，人们休养生息，藏族社会经济、文化由此得以持续发展。在宗教上，元世祖忽必烈采纳八思巴的建议，不排斥藏传佛教的其他教派，使萨迦派威望日益提高，迅速普及藏族各地，并向蒙古地区和中原地区传播。在经济文化上，因生产发展，社会安定，各种科学、文学、宗教著作相继问世；内地的印刷、建筑技术先后传入藏区，藏区的塑像、造塔、工艺美术等传入内地，形成了藏族历史上继吐蕃王朝时期后又一个发展高潮。这些都是与八思巴顺应历史潮流，为实现祖国统一而作出的努力的结果。如果说八思巴的伯父萨班·贡噶坚赞是为西藏纳入中央政府行政管辖下、实现祖国统一的搭桥人，那么八思巴就是这一伟大事业的完成者。八思巴去世后，元世祖谥其为“皇天之下一人之上开教宣文辅治大圣至德普觉真智佑国如意大宝法王西天佛子、大元帝师”,[①] 给予了高度评价。

四、萨迦教法在丝绸之路的传播

河西走廊上的藏区，历史上通称“华锐”（དཔའ་རིས）藏区，“华锐”原指贺兰山以上、湟水以北、河西走廊东南即今天的青海省乐都县北山、互助、门源、大通三县东部；甘肃省的天祝、古浪、庄浪（今永登）、肃南县的皇城、马蹄等广大藏区。

历史上羌、月氏、匈奴、鲜卑、回鹘、汉等多民族交错居住，是中华文明开发较早的地区之一。河西走廊也是佛教在我国传播最早的地区之一。自汉武帝开辟了西域交通线之后，佛教开始由西域大量传入中国。据史书记载：“汉哀帝元寿二年，博士弟子景卢受大月氏王使伊存口授浮屠经。”这是佛教最早传入中国的记载。东汉章帝建初四年至桓帝延熹九年（79—166），凉

① 阿旺·贡噶索南：《萨迦世系谱》（藏文版），民族出版社，1986年，第141页。

州经学大师马融即开始设馆研究佛学，并提供财物，支持僧人翻译佛经，还在学馆讲析佛经。在佛教传入初期，原先居住在甘肃张掖、敦煌祁连山一带，后迁徙到西域的大月氏人，起了率先传播的作用。汉桓帝建和二年（148），有大月氏人支类迦哉到洛阳，翻译了大乘经典《金刚般若经》《首楞严经》《般若三味经》。在佛教僧人经过这条通道向中国传播佛教的同时，中国也派遣使者经这条通道去西域求取佛经。魏晋南北朝时期，是佛教在全国空前发展的时期，尤其在河西走廊这条古丝绸之路高度发展和兴盛的时期。自西晋怀帝永嘉元年（307）至隋开皇九年（589）统一中国的280多年里，在甘肃境内先后由部族、豪族建立的割剧政权有：五胡十六国时期的前凉、后赵、前秦、后凉、后秦、西秦、西凉、南凉、北凉；南北朝时期的北魏、西魏、北周以及大夏、吐谷浑、仇池、武兴、宕昌、邓至等十多个相互割据的国家政权。这些国家政权的统治者，都大力提倡和推崇佛教。五凉时期，正值佛教东传的初期阶段，一些来自印度的高僧，如佛图澄、鸠摩罗什、僧迦跋摩等，怀着虔诚的宗教热情，不远千山万水，越过浩瀚大漠，留居河西，传播佛法，西来的佛教得以在这里生根开花，开始了它的中国化进程。各地佛教徒络绎不绝地往来于丝绸之路，从事繁忙的佛教活动，终于使佛教这一外来宗教成了中国的一大宗教。正是由于佛教的盛兴，千百年来，它支配着多少人的思想和行为，成为中国文化不可分割的一部分；对中国的哲学、文学、艺术、民间风俗等都有很深的影响。

吐蕃时期，吐蕃攻占安息四镇，先后统治河西、西域等地区80余年，藏传佛教很自然地传入这一地区，加之这条东西走廊是青藏高原和蒙古高原突起的缓冲地带，也就成为藏传佛教从雪域高原传入蒙古高原的桥梁和纽带。历史上除汉传佛教外，藏传佛教的噶举、萨迦以及格鲁等派都曾在这块净土上广为弘扬，兴建道场，形成了儒、释、道甚至国外基督教等相互依存，同时又互为争雄的局面，成为中西文化交流的旱码头。河西走廊佛教寺院很多，这就为藏传佛教的广泛传播奠定了良好的基础。如著名的凉州四部寺即百塔寺、金塔寺、莲花寺、海藏寺，甘州的马蹄寺以及肃州南部的文殊寺等。

百塔寺，又称作“白塔寺”，凉州四部首寺，藏语称作谢尔智贝代（ཤར་སྤྲུལ་པའི་སྡེ），位于今甘肃武威市东南约20公里处的武南镇刘家台村。塔西南原有3户人家称百塔村，据当地村民介绍，早年百塔寺大白塔的外围有石条筑起，上帖琉璃瓷砖，五彩色饰；塔北有松林，东北方有40座小塔，正南有48座小塔。元代被毁，明宣德五年重修，清时由索南嘉措修复，仅清代即四毁四修。塔北方约60米处，原建有大雄宝殿，占地面积270亩，正西方有20座小塔，共计大塔四周有108座小塔拱卫，每塔高约2米，有铁顶、石质顶，塔上刻有六字真言，后寺山门向南，前寺山门朝东，规模宏大，殿宇层叠，气度非凡。至道光年间有僧人数百名，而同治年间就没有僧人了。据说，西藏有一萨迦派的法王久居百塔寺，知识渊博，法力无边，赢得远近各地群众的崇敬和拥戴。① 百塔寺是萨迦班智达在凉州驻锡讲经的场所。《安多政教史》载：“离城（凉州城）四十里，有百塔寺，也叫夏珠巴第寺，蒙古阔端汗邀请萨迦班智达法王，供施双方于火羊年（1247年，宋淳祐七年，蒙古贵由汗二年，丁未）会晤，多次举行庆贺与谈论。”② 据《凉州佛寺志》记载：“以前萨班与蒙古王漫谈。一次，蒙古王将乌龟皮毛为题相辩，萨班拿出了有毛的乌龟皮，蒙古王有点难堪，便召集魔幻师变出一座雄伟、庄严的寺院，邀请萨班及众使臣前去观看，萨班破其幻术使寺院不得还原，因此，便有了幻化寺。”③ 类似说法在《安多政教史》

---

① 据1995年考察组在武威百塔寺考察时采访刘愧生材料。刘愧生，37岁，汉族，其叔叔早年出家，法名称作慈智嘉措（ཚུལ་ཁྲིམས་རྒྱ་མཚོ），为百塔寺18代传人，1958年被下放到天祝石膏矿劳动，1964年放回，略懂藏语，家中珍藏有百塔寺两通石碑。

② 智观巴·贡却乎丹巴绕吉：《安多政教史》（藏文版），甘肃民族出版社，1982年，第143—144页。

③ 布曲玛笑哇得思尔雅著、苏得华译：《凉州四寺简志》，甘肃民族出版社，1994年，第149页。

中有详尽记载："法王在此居住了五年，讲授了许多甚深妙法，藏历金猪年（1251 年，宋淳祐十一年，蒙古海迷失皇后称制三年，辛亥），70 岁圆寂。火化时，头盖骨显现喜金刚、文殊菩萨、胜乐、佛陀等佛像；膝盖骨正面显现了喀萨巴尼观音、度母、不动佛等像。手指骨上显现了弥勒佛像、ཨཿ 和 ཧཱུྃ 字；两耳骨上显现了尊胜塔像，并出现了许多舍利。"① 为纪念萨班的业绩，修建了一座装有阿罗汉和菩萨的舍利，并用金银墨水书写的陀罗尼经咒及十万泥塑小佛像等为内藏，仿噶当佛塔形式高十六层的灵骨塔。据藏文文献记载："在具吉祥萨迦寺中，修建了灵骨金塔，上述的自然显现各圣物作为内藏，都装入这座灵塔之内，由八思巴法王等做了开光安神仪轨云。在这座寺的佛塔群中确有大小不等的许多佛塔。幻化寺之称据说因空行化身佛塔而得名。达隆巴的《寺志》记载：'菩萨龟行相的皮张是为了调伏海藏寺（རྒྱ་མཚོ་སྡེ）的龙魔，由法王亲自带来的。'又说：'尊者（指华丹巴）和随从 10 人用一整天时间，以各种方法计算了塔数，然而没有得到一个确切的数字，多次出现了 48、49 这个数字，因而流传有 49 座佛塔的说法。'"②

百塔寺，因为有 108 塔而得名，又因萨班破魔幻师的幻术而称为"幻化寺"，其实同属一寺。百塔寺在史料中虽有"令人目眩意夺的数处稀奇的佛堂和拉让（佛邸）"的记载，而在历史上的规模有多大，均无详尽的记载和考释。《安多政教史》的作者智观巴·丹巴绕吉大师曾亲往百塔寺做过实地考察，也只因"佛殿已经破损不堪"，几经战火的毁坏和以后的修复，连八思巴盛期的原貌都无法看清。我们在考察中，从刘愧生家中堂屋正墙上看到了一张彩色复原图，虽不一定准确，但也能说明一些问题。据刘先生讲，先前武威的王宝元先生多次抵百塔寺做考察，

① 智观巴·贡却乎丹巴绕吉：《安多政教史》（藏文版），甘肃民族出版社，1982 年，第 144 页。

② 智观巴·贡却乎丹巴绕吉：《安多政教史》（藏文版），甘肃民族出版社，1982 年，第 144 页。

根据百塔寺18代传人刘喇嘛和当地老人提供的口碑史料大体描绘:"佛城南北440米，东西420米，占地面积277亩，计184800平方米。城墙宽4米，高8米，夯土筑成，开东西南北4座城门，周围筑有8座烽墩拱卫。该城解放后被毁。百塔寺建在城内西部，余为附属建筑、塔林、松林和寺院耕地。寺院占地面积40亩，坐北向南建有山门、钟鼓楼、金刚殿、三宝殿、大经堂等。重檐七彩，雕梁画栋，佛像千姿百态，造型考究。"① 寺内柱顶石有磨盘大小，殿柱用两人合围的原生通天松树建成。百塔寺在武威城东杂木河流域绿洲上，拔地而起，庄严肃穆，金碧辉煌，其规模和造型均为凉州诸寺之冠。"寺前为松林和塔林，有大菩提佛塔108座，此外还有大小不等的众多佛塔。左右为宫邸、僧舍、戏楼及店铺等，还有清朝两江总督牛鉴的家人开设的当铺。至今还遗有元代筑城建寺时的砖瓦窑和饮水涝池。萨班居住的这座佛城和百塔寺，规模宏大，人文荟萃，盛况空前，融政治、经济、宗教、民族、文化于一体，成为蒙古王室及蕃（甘、青、藏）、回纥（新疆）、党项（宁夏）、内蒙等各族人民和僧侣群众前来听经拜佛的圣地。至萨班逝世、八思巴住持该寺时，这里有僧人近一万人。"②

萨班在此住了5年多，亲临凉州四大佛寺进行加持，为弘扬佛法做出了贡献。萨班在70岁那年的9月染疾，1251年11月14日凌晨圆寂。阔端王臣为他举行了盛大的悼祭活动。25日用白檀香木火化。为此建起高7层14丈8尺（69米），周边63米的白塔，萨班舍利遗骨大部分葬于塔内供奉。③ 后来，百塔寺屡

① 王宝元:《凉州百塔寺考察记》,《西凉文化研究》（创刊号），武威地区五凉文化研究会，1993年，第31页。

② 布曲玛笑哇得思尔雅著、苏得华译：《凉州四寺简志》，甘肃民族出版社，1994年，第149页。王宝元:《凉州百塔寺考察记》，载《西凉文化研究》（创刊号），武威地区五凉文化研究会，1993年，第31—32页。

③ 《凉州百塔寺考察记》记载："灵骨塔位于百塔寺南部，占地面积20亩，即13320平方米，建有山门、三宝殿、班智达殿和僧院，筑成一座人们朝圣参拜的塔寺。"载《西凉文化研究》（创刊号），武威地区五凉文化研究会，1993年，第32页。

遭火灾兵燹，逐渐破落。“宣德四年，西僧妙善通慧国师锁南坚赞重修寺塔”，并“请命于朝，赐名曰庄严”。至清康熙时，“大塔基本完好，小塔大多淋漓坍塌”，“康熙十四年（1675），三韩都督孙复斋，莲花山弥勒院绰尔只顾曲鉴璨首先捐资合力缮修”，经8年工始告成。民国十六年（1927）因地震寺塔俱毁，现仅存约7米高的萨班灵塔塔基。百塔寺院文物在史料上均无详尽记载，唯有在《安多政教史》中还对重要文物作零散记载。[①]百塔村残塔土墩的前侧现竖两块石碑。东南处为武威市武南镇人民政府于1992年11月14日所立的新碑。仅阴面刻字，上写藏文“ལིང་ཙུ་ཞར་སྤྲུལ་པའི་སྡེ་ཆེན”，音译为“凉州夏尔智贝德钦”，汉译为“凉州东部幻化寺”。藏文下面为汉文碑题“凉州百塔寺简史碑”。东北角距新碑30米处立有一枚旧碑，由碑头、碑壁、碑基三部分组成，碑头有喜旋珠（ནོར་བུ་དགའ་འཁྱིལ）纹饰，下有竖写的一行八思巴文。碑边刻有狗尾纹样，碑文清晰可见，年月日被毁。据当地学者王宝元先生考证，碑目为“重修白塔碑记”[②]，此碑立于1682年（康熙二十一年），碑石风化严重，碑头石片脱落。新旧两碑均距白塔23米。残塔基前有1987年5月28日武威市政府列为重点文物保护单位的名为“百塔寺白塔”碑，

① 《安多政教史》载：“众生怙主八思巴时期，这座萨迦寺院有比丘千余名，大经堂背面的佛塔内装藏有贵重的十万小泥佛像。萨班师徒时期，有令人目眩意夺的数处灵验的佛堂和佛宫，此后因火灾逐渐破落。大明初期，佛塔、佛殿又遭火灾，有重建的文字记载。康熙帝即位初期，又将佛殿修葺一次。古籍记载称：大经堂中央供着金刚持，左右是金刚手菩萨和度母；右侧是释迦能仁佛，左右是二胜；在此右侧是利见佛，他的左右是须菩提和迦叶。主尊左侧是无量光佛，其左右是黄独雄本尊和则噶温保；他的右侧是药师佛，其左右是达图和芒钦。东西两边各有四尊近侍佛子。右侧顶端有持杖马头明王，传说在此以前，佛殿发生了火灾，他的一只脚站在水边，用手洒水扑灭了火灾；左侧顶端有蓝色不动佛。天花板六个大方格藻井的中央是释尊和十六尊者。右侧是十尊忿怒尊者围绕宝髻转轮忿怒明王，左侧是近侍佛子围绕着释尊。前面中央部分是普明大日如来，其左右是不动佛和三尊无量寿佛的曼荼罗。260个小方格藻井中，门头上方是四尊忿怒明王，其余为三十五尊忏悔佛、五部佛等佛陀、菩萨、独觉等共2600尊佛像。”（智观巴·贡却乎丹巴绕吉：《安多政教史》（藏文版），甘肃民族出版社，1982年，第144—145页。）

② 王宝元：《凉州百塔寺考察记》，载《西凉文化研究》，武威地区五凉文化研究会，1993年，第32页。

现残基上方有塔尔寺几位喇嘛所立的经杆一根，足见宗教界对重修白塔的期望。经刘槐生同志介绍，他叔叔刘喇嘛家藏有藏汉合璧碑，此碑曾有人撰文考释过。碑阳汉文，碑阴藏文，碑目为“重修凉州白塔志”，汉文共15行，“大明宣德五年岁次庚戌六月吉日”，碑阳为藏文，共计25行，碑头竖写“噢木”（ཨོཾ）、阿（ཨཱཿ）、“吽木”（ཧཱུྃ）三字。汉藏碑文内容相同，只是按两种文字的各自特点表述。为了便于研究，有人做了对译。[①] 此碑藏汉略有区别处是：碑文开头所提古寺，汉文称“原其本乃前元也”，而藏文则说“乃前朝古寺，不知建于何代，西夏时曾修葺”。

海藏寺：凉州四部寺之一，藏语称“嘉措代”（རྒྱ་མཚོ་སྡེ），是凉州四部寺之一。该寺位于武威市西北郊五华里处。据明成化二十三年（1487）奠立的《重修古刹海藏寺劝缘信官檀越记》碑云：“相传，灵钧台原为水中小岛，寺建于台上，故名海藏”。又称清化禅寺，藏语全称“香嘉措代”（汉语意为北部海部）。《安多政教史》载：“萨迦班智达在此处曾讲经说法，大转法轮，并降伏了使蒙古阔端汗（ཧོར་གོ་དན་རྒྱལ་པོ）患龙病的龙魔。该寺被称为当时的圣地之门，具有加持力的水井一处，还有灵验佛塔、三世佛、近侍佛子、金刚持、大日如来、无量寿佛、十六尊者等像。院中墙上画有各种佛像，有供奉大威德和许多护法神的依怙殿，汉地版的《甘珠尔》大藏经，还有汉族缁衣和尚的寺庙等。”[②] 海藏寺建于何年，无法考证，有几种说法，也难以断定。据清乾隆年间的一块石碑记载，建寺当在宋、元之间。《甘肃旅游》载：“寺建南宋淳祐九年（1247），距今已有七百年的历史。”另一说为：“元定宗三年（1248）扩建，毁于元末。当时凉州是西夏属地，也是蒙古军事力量在北方崛起的时期，阔端王

① 乔高才让：《〈重修凉州白塔志〉碑文考略》，《中国藏学》，1993年第4期，第146页。

② 智观巴·贡却乎丹巴绕吉：《安多政教史》（藏文版），甘肃民族出版社，1982年，第143页。

驻守凉州，邀请萨班抵达凉州，他先后主持修建金塔、白塔、莲花、海藏四寺，建筑宏伟完整。若追溯到东晋前凉王张茂于321年筑灵钧台，则建于其台上的海藏寺已有一千多年的历史。海藏寺，坐北向南，红墙围拱，正门外，有一四柱三间三层的木质牌楼，重檐翘角，雕梁画栋，轩昂壮观，造型古朴玲珑，颇具民族特色。门楣“海藏禅林”，为清康熙壬申三月由振武将军孙思克题立。海藏寺在明成化时，由太监张睿奉旨募缘备赀，重新修复。成化十九年二月十九日开工，成化二十三年八月十五日完工，历时四年半。据《重修海藏寺碑记》载：寺院进深76.5丈，宽52丈，占地22.1亩。[①] 进寺门约40米，为大雄宝殿，主供三世佛，两侧为十八罗汉。殿后20米处为三圣殿，一层五间，为歇山式，内供三世佛像，高约3米许，均于1992年塑，为平凉崆峒山管理处雕塑技师8人所修。三圣殿背面朝北门处塑观世音菩萨。该殿后20米处是“幽冥教主”殿，内供地藏王菩萨，高7.5米，两侧为十殿阎君像，高2米，均为中国历代帝王塑像。后20米处有一小山堡，即著名的灵钧台，台前为明成化十九年修建的天王殿，后为无量殿。台下有一面双龙壁，为琉璃砖塑。登台入正殿“无量殿”，这座寺内最早的建筑，占地面积239.4平方米，殿内保存有清奉政大夫郭朝祚及王录所书碑文两块以及清书法家曾国杰所书文联一付。该殿原藏经6820卷，现都收于武威市文管会。1986年海藏寺正式开放，现有僧侣8人。寺前有海藏公园，并有人工湖，是武威地区的主要旅游景点。

钟楼：位于武威市内，主要珍藏萨班铜像。我们在武威地区文教处李天伟先生的陪同下，抵达钟楼。殿内供奉着五尊铜佛像。右边第一尊即萨班像，[②] 坐像通高125厘米，头部为铜制，身为铁铸，接缝处理不好。面部带有明显的藏族特征，表情淳厚庄重，目光下射，颧骨略高，带有慈祥微笑神态。像背座处有

① 武威市佛教协会编：《武威佛教寺院简况》，1995年。

② 关于此铜像的来历说法不一，有人认为是萨迦班智达的塑像，也有人认为是八思巴的塑像。

“天启四年三月二十五日造。马秉熊同室人马氏，陕西西安府礼泉县”的落款，由此可知铜像并非萨班时代人所铸，因此铸此像的马秉熊及其妻子只能依靠流传下来的其他铜像和宗教画像等，再凭自己的艺术创造立体地表现出萨班的神态相貌。①

天梯山石窟：坐落在武威城东南，距城约50公里的地方，在今武威县中路乡黄羊水库山崖上，有用水泥修筑的护水长堤，堤坝上有栈道通石窟崖下，最大者高达29米、肩宽10米的释迦牟尼佛。大佛背山面水，可惜在60年代修水库时下半部被水浸泡冲刷而被破坏，现修筑护水长廊后佛像可得以修复，在大佛两侧侍立文殊、普贤、广目、多闻、迦叶、阿难6尊造像，造型生动，神态威严，至今保存完好。在6尊像顶的四方小洞中原藏有大量佛经，其中有藏文大藏经《甘珠尔》和少量《丹珠尔》以及宁玛派《莲花生传》等，现都已移存至敦煌研究院和省博物馆以及武威市博物馆。据有关史料记载，石窟原有26处，因历代变乱、地震，现较完整的有8窟，不全的3窟，其余15窟已湮灭。天梯山石窟开凿于401年至432年之间，距今已有1560年的历史。据《广宏明集》载：“凉州南百里崖中泥塑像中，昔沮渠蒙逊王有凉土，专弘福事，于此崖中大造佛像，千变万化，

---

① 据说萨班塑像原在百塔寺中，元末兵燹被毁，被移至大河驿铜佛寺，萨班铜像毁坏，重铸身，将其首冠之。解放后，交废品收购站，后由文物部门收藏保管，并移交至古钟楼大殿中。第二尊铜像，无法考释，头盘一蛇，面部慈祥，具有印、尼罗汉姿态，身着袈裟而坐，铜制鎏金有许多被刮痕迹。第三尊为释迦牟尼铜像，造型极优美，额部镶上的珍宝被人挖取。此像和第一尊萨班像很有可能就是《安多政教史》中记载的那两尊铸像。“在凉州城与幻化寺之间，有供奉着称之为大佛爷的一人高的金铜合金铸造的释迦佛像的佛殿，于大明永乐时期装了藏。到最后一个皇帝崇祯十六年，发生灾荒，许多汉族乞丐把佛像抬出殿外，用武器正要挖取佛像额部光华闪闪的夜明珠时，佛像口中发出声音，并闪出像火花一般的亮光，动武之人都昏倒在地，口吐鲜血。次日把佛殿埋于地下。灾年过后，仍供在原地。此事记载于汉文志书中。此外还有青铜铸造的萨迦班智达法王像和汉族塑造的十六罗汉围绕如来像。”（智观巴·贡却乎丹巴绕吉：《安多政教史》（藏文版），甘肃民族出版社，1982年，第146—147页）第四尊铜像为观世音菩萨，铜质鎏金，造型细腻优美，女性特征浓郁，是五尊中造型最精美的一尊，后背落款为“万历三十九年三月初八日造”。从几尊铜像看，时代、造型风格各不相同，只是在文物集中保护时收集在一起，萨班铜像也落户钟楼。

惊人眩目……”“今石崖上佛像，有高及九丈的，当系蒙逊遗迹。”① 由此可知现存大佛像及石窟是沮渠蒙逊当了北凉王后所开。《安多政教史》记载：“在居古美尔（ཇུ་གུ་མེར）地方，有大佛寺（ཏའ་ཧྥོའུ་ཟི，也称广善寺、石窟寺），这里有一尊与炳灵寺的弥勒像相似的高 36 寻的弥勒佛大像……还有格萨尔和他的部属以及许多汉族神像的庙堂……据石碑中说：从前佛堂里住着一位叫依格（དབྱི་དགེ）的藏族僧人，很有学识，从事利济众生之事，他被敕封的名号为‘妙善通慧国师索南坚赞’，佛堂之名为‘广善寺’（ཀོང་ཞན་ཟི）”。一般认为就是约・格迥（ཀྱོ་དགེ་འབྱུང）。大约明正统十三年（1448）曾经维修，至今道光二十九年土鸡年（1849），已历三百九十六年矣。”② 1929 年，寺院建筑及九层楼全毁于地震。1954 年，史岩教授来此作过考察，并撰文发表，此时，世人始知继莫高窟、榆林窟、马蹄石窟后，在河西走廊上又发现了天梯石窟。1959 年因当地兴修水库，窟存部分造像、壁画等分送省博物馆和敦煌文物研究所。在天梯山发现的藏文经卷，经初步考证大都是明清两代的手抄本。用金粉、银汁、朱砂和墨汁抄写。全为藏文楷体，字体工整。页面上有汉文经格页码，很可能是清康熙年间北京所刻的藏文《甘珠尔》赤字版，此版已毁于光绪二十二年“庚子之役”。武威市博物馆馆藏的经书，长 63 厘米左右，宽 50 厘米，纸为加工黑皮纸。

马蹄寺：位于河西走廊中段的古甘州（今张掖）正南 50 公里的祁连山北麓，今属张掖地区肃南县马蹄藏族自治乡政府驻地。寺周苍木挺拔，绿草如茵，百鸟齐鸣，依山傍水，景色十分秀丽。该寺藏语称“噶旦丹曲朗”（དགའ་ལྡན་དམ་ཆོས་གླིང）。根据有关文献记载：萨迦班智达也曾抵达该寺传教，据传大师圆寂后，寺僧将部分舍利请至马蹄寺，建塔供养，以示纪念。寺窟均开凿于南北走向的马蹄河两侧的悬崖峭壁间。历史上，由于该寺规模

① 武威市民族宗教事务局编：《武威市民族宗教志》，1995 年，第 225 页。

② 智观巴・贡却乎丹巴绕吉：《安多政教史》（藏文版），甘肃民族出版社，1982 年，第 140 页。

宏大，青海、甘肃、西藏以及蒙古等地区的藏、蒙古、汉民族群众络驿不绝，香火常年不断。[①]《丝路史话》记载，马蹄寺“旧时为匈奴阿音单于避暑地”[②]。马蹄寺位于塔尔岭上，崖面中央即著名的“三十三天”石窟，外观呈塔状凿于崖上，内有通道相连，人行其中真有“洞天穿空，至佛国天界”之感。马蹄殿在三十三天左侧、藏佛洞北。据有关资料介绍，解放前内供释迦牟尼佛一尊、四大天王和十六罗汉等像，经药法台和青海羊川人马藏之等于1949年集资重修一新，窟中央有一方形塔柱，直达顶部，柱前有三个佛龛。柱左侧地上刻有一个凹陷的马蹄迹，形态逼真。藏佛殿，俗称“站佛殿”，在马蹄殿右侧，三十三天左下侧，原有一尊8米多高的泥塑站佛，腹内藏有一尊白玉精雕而成的救度母，故名藏佛殿。殿之规模宏大颇为罕见，石窟开凿于魏晋，造像于元代，现仅存的壁画对研究我国古代的石窟绘画艺术有重要价值。殿深达21.28米，宽达20.42米，分内阵和外阵两部分。据考证，该洞为西夏时所凿，而经明、清各代多次修补。三十三天，据考证其建于北魏时期，距今约1600载。[③] 在塔尔岭前可见一座白塔，底边4.20米，是一新建宝塔。1984年马蹄寺对外开放以来，国家拨专款24万，在原萨迦班智达舍利

---

① 马蹄寺的命名有许多传说，《马蹄寺历史简述》记载：1248年萨班抵达甘州，据传路过马蹄石窟群千佛洞时在一个巨大的红沙岩石前遇到一位身着蓝衣的仙长，双手尊敬的捧着一捧黄金献给了宗教领袖萨班，萨班深受感动，为此，在石崖修建了这座迄今740多年的寺院。在破土动工期间，工匠挖出了一杖玉印，藏语习惯称为“替”（ཐེ），寺院竣工时这枚印章奇迹般显出了藏文字“玛”（མར）字，由此将这枚玉印称为“玛替”。随着时间的推移，玉印之名冠于寺院之上，该寺便被称为“玛替寺”。“玛替”系“马蹄”谐音，久之便写作马蹄子的“马蹄”两字了；又有一说，系格萨尔王马蹄的足迹，因而得名。（阿卡多杰：《马蹄寺历史简述》，藏文手抄本。）

② 陈良：《丝路史话》，甘肃人民出版社，1983年，第108页。

③ “三十三天”，自下而上有七层二十一个洞窟。第一层在高坡上悬崖的下部，分成五个龛室，开间较窄；第二层正对着第三层，一列五室；第四层一列三室；第五层是一个洞窟，都是下数层直上；第六层一室，处第五层南上方；第七层一室又在第六层上方但尚未正对第五层。至此已达前壁的最高处，目测离高坡不足60米，各层间都有隧道通连。隧道开凿于石壁的内部，由第一层北边口，通黑暗无光的石栈道曲折上行，经由二、三层以达最高一洞。最高三层便有木造门窗和伸出壁外的翅角式窟檐。

宝塔的原址上修建。款式为藏式塔样，通高约 10 米。马蹄寺，在历史上经历高僧喇嘛、施主、香客的扩建，规模宏大。该寺分南北两寺，南寺大经堂原来金顶碧瓦十分辉煌。北寺为石窟寺，悬崖峭壁，洞道深邃，有大窟可容七八百人。明代藏族僧人五六百人居于南北马蹄寺，均为藏传佛教格鲁派寺院。历史上佛法兴盛，戒律森严，组织健全，人才济济，南寺均为藏、土等民族僧侣，北寺亦招收汉族子弟。有显宗学院和密宗学院，两寺实为一寺，均诵藏经，平素隔寺念经，逢会相聚。石窟前的半坡上，1958 年前还建有经堂两座，南面一座称“三佛宝殿”，1858 年（清咸丰八年）法台薛喇嘛重建。马蹄寺于明永乐十四年被赐名“普光寺”，雍正、嘉庆、光绪三朝都曾扩建过。《安多政教史》：“从凉州向西北行，约六、七天的路程便到达甘州城，彼城统辖着十三个万户的土地，皇帝的大臣甘州提督曾迎请第三世达赖喇嘛索南嘉措，遵照皇帝的旨意，约有十三万大军在马蹄寺迎接。据说彼寺是吉巴尔王（རྒྱལ་པོ་ལྷུགས་འབར）之子洛哲倍（བློ་གྲོས་འཕེལ）以智慧利剑驯服龙魔的地方……石崖上有二十五处佛窟，许多雕刻在石岩上的佛陀像，一座大石崖上有两座新佛窟，在经堂及称为西夏王大塔，崖面光滑得象粉刷过的墙壁”。[①]“该寺院由琼察格西拉丹修建”。由此可见，当时的马蹄寺成为中央政府地方机构迎接边疆宗教领袖的重要场所和沟通各民族文化交流的中枢。

文殊寺，藏语称“嘉木样贡钦”（འཇམ་དབྱངས་དགོན་ཆེན），意为“文殊大寺”。坐落在张掖地区肃南裕固族自治县境内的祁连山北麓祁丰区文殊山中。据藏文文献记载：文殊山石窟寺开凿年代很久，后来经过历代的扩建增修，组成规模宏阔、气势雄伟的大殿，其建筑手法别具一格，前廊有巨大的朱红藏式柱子，上面雕刻精美的链珠枋，再上为弓形肘木构成的斗拱、柱头、梁枋，斗拱到处绘制图案纹样、花草、云纹，水波曲直结合，梵文咒语间有空插。但由于终年失修，彩绘纹样隐约若失。文殊山遍山古

① 智观巴·贡却乎丹巴绕吉：《安多政教史》（藏文版），甘肃民族出版社，1982 年，第 147—148 页；另见《元史》，《释老传》所载。

碉窟寺，有300多个禅室，号称“小西天”。每逢农历四月初八日，藏传佛教各寺僧人及裕固、藏、蒙古、汉各民族群众前来文殊寺观跳神法会。整个山谷人山人海，到处香烟缭绕，法号齐鸣，形成一种壮观的景象。

寺院分前山和后山两部分。前山文殊寺创建于元代，当时，萨班·贡噶坚赞在河西各地讲经传法、广弘萨迦教法时，由东纳克左翼六部作根本施主，兴建了这座文殊菩萨大殿，供奉了文殊菩萨像。从此以后，这一带宗教节日的聚会活动多在这里举行。1326年蒙古皇系察合台一支的皇太子喃达什游历到此，对毁于兵燹的文殊寺进行了一次大的整修。1615年进行了一次扩建。于清康熙元年（1662），赛迦格隆·金巴嘉措又进行了扩建，建一座大堂和弥勒佛殿，清康熙十三年（1674）寺院全部竣工落成。五世达赖喇嘛为该寺赐名“噶丹措赛朗”（དགའ་ལྡན་ཚོགས་གསལ་གླིང）。到清乾隆年间，文殊寺僧人多达300余人，清末民初时，文殊寺大经堂被烧毁。1936年第七世顾嘉堪布罗桑成勒嘉措对寺院进行了扩建、重修，形成现今的格局，并取名“大海寺经堂”。该寺除了日常的诵经、烧香、点灯等宗教活动外，每年还定期举行规模较大的法会。①

综上所述，历史上丝绸之路虽几度繁荣、几度衰落，但对构建中西交通、发展中外贸易、促进经济发展，尤其是沟通中外文化交流等方面发挥了重要的作用。河西走廊的凉州，又是丝绸之路的黄金地段，也是国际性的经贸通道和沟通世界文化的桥梁，更是我国古代各民族文化交流的荟萃之地。元代萨迦派在丝绸之路的传播形成了诸多特点，表现在以下几个方面：

一、藏传佛教在丝绸之路的传播，有着牢固的基础。一是因为河西是佛教东传的必经之路，二是因为河西各割据政权的统治者和当地民众笃信佛教，推动了佛教在河西走廊的广泛传播，故各民族高僧大德层出不穷，他们为了学习佛学，弘扬佛法，不辞

① 丹曲等：《祖国统一的历史丰碑——萨迦班智达在甘肃的足迹》，《安多研究》1996年第4期，第11—31页。

辛苦，跋涉西行，或至天竺，或至突厥，或往于阗，拜师求学，瞻仰圣迹，归来时携回大量经卷，在河西境内开窟建寺，聚徒讲经，对后期佛教的传播发挥了重要作用。

二、丝绸之路是萨迦派兴盛的起点。藏传佛教萨迦派对元朝的政治、宗教、文化产生了巨大的影响，同时，作为该派领袖人物的萨班也为促进祖国的统一大业做出了重要贡献。凉州会晤后，逐步建立了以凉州四大佛寺为代表的藏传佛教寺院，藏传佛教萨迦派在丝绸之路广建寺院、广传教法，凉州最终成为河西走廊藏传佛教文化传播的中心和明珠，萨迦教法也逐步凭借凉州白塔寺，向周边地区的青海、甘肃、四川、西藏，甚至蒙古等地区传播，前来的各族香客络绎不绝，凉州也常年香火不断。

三、随着时代的发展，丝绸之路的佛教文化中心在不断变化。藏传佛教在青藏高原西北部边缘地带甘肃的传播也呈现出自身的特点，随着时代的发展和历代中央政府的更替，丝绸之路上的文化中心也在不断地变化和转移，如果说元代丝绸之路藏传佛教文化中心是凉州，代表人物是萨迦班智达和八思巴的话，那么明代的藏传佛教文化中心当为定西地区岷县的大崇教寺，代表人物是“洮岷三杰”的班旦扎西、释迦益西等；而清代的文化中心就是甘南卓尼禅定大寺和夏河的拉卜楞寺。但无论时代的更替也好，藏传佛教各教派的角色转换和更替也罢，明清时期的藏传佛教在甘肃的发展，远不及元朝时期萨迦派在丝绸之路包括内地、蒙古地区的传播。可以毫不夸张的说，历史上的元代藏传佛教萨迦派教法在我国的传播是大手笔，它惊涛骇浪，气势磅礴，成为划时代的壮举，历史进程中的丰碑。

四、萨迦派广建寺院，以凉州为中心，向四面传播。在元朝王室的大力倡导下，萨迦派教法沿着丝绸之路的重要地段凉州向东（内地中原地区）、向西（西域新疆地区）、向南（祁连山南麓青海地区）、向北（东蒙四十九旗的蒙古地区）传播。萨迦教法在传播的过程中，逐步成为元代各民族认同的一种文化，及元廷推崇的一个教派。河西走廊张掖南部的马蹄寺，酒泉南部的文殊寺，山西的五台山，杭州的灵隐寺，还有元朝的元大都城，传播的地域是非常辽阔的。藏文史料《安多政教史》记载，萨班多次讲经传法的过程中，前来聆听佛法的有蒙古人、汉人、西夏人、于阗人，畏兀儿人等，很奇特的是萨班讲经是用吐蕃语（藏语）讲经，各民族的人都能听懂，一则说明当时各民族人民对佛教文化的认同和佛法的魅力，另一则说明当时北方的各民族对藏语并不陌生，甚至在语言上吐蕃统治西域和丝绸之路数百年中是互相贯通的。

五、抄录经典，开凿洞窟，追求功德圆满。从武威发现的藏文经典抄本来看，不乏有元代抄写的经典。从目前武威地区发现的诸多藏文文献来看，古代的凉州很可能还有译经场，这些译经场的设立，将藏文经典翻译成汉文、八思巴文、西夏文、回鹘文，甚至将梵文译成藏文、汉文、八思巴文、西夏文、回鹘文，互译经文、抄写经文是当时的一种信仰时尚。从敦煌壁画可以看出，其中元代的藏传佛教壁画占有相当数量。这表明，藏传佛教绘画艺术已经进入敦煌艺术宝库当中，成为敦煌艺术宝库中佛教艺术不可分割的组成部分。

综上所述，历史上的丝绸之路，不仅是中西经济贸易的重要纽带，也是佛教文化传播的重要桥梁。尤其蒙藏民族的僧俗首领阔端与萨迦班智达举行了历史性会晤后，河西走廊的文化格局发生了根本性的改变，这对促进各民族的友好往来，经济贸易发展，尤其是文化交流发挥了重要的作用。

丹曲，西藏民族大学藏学研究所所长、教授。

荣耀与记忆

——萨迦派贡却隆珠所作《霍尔王统附带帝师等之名录》

才 让

萨迦班智达、八思巴等人紧紧抓住了历史机遇，不仅使西藏融入到了元帝国所推动的历史潮流中，也为萨迦派带来了广阔的发展空间，确立了萨迦派在元帝国的崇高地位。萨迦派的历史无疑在元朝时期最为辉煌，有关历史知识被记忆、被传承。

一、贡却隆珠及其主要历史著作

贡却隆珠（དཀོན་མཆོག་ལྷུན་གྲུབ，1497—1569）是16世纪萨迦派著名学者，其生平见之于其弟子贡却贝丹所著《至尊贡却隆珠传》①、萨迦法王阿梅·阿旺·贡噶索南著《至尊学者之王贡却隆珠传》，② 及《艾旺寺志》等文献中。贡却隆珠生于萨迦寺附近，其父是一位通达象雄苯教教法又坚信佛法者，其母

① 百慈藏文古籍研究室编辑整理《先哲遗书》之《艾旺文集》第18册，北京：中国藏学出版社，2010年，第76—130页。

② 四川藏文古籍院编《阿梅·阿旺贡噶索南文集》第5册，拉萨：西藏藏文古籍出版社，第1—24页。

则是著名的萨迦派大师贡却培巴（དཀོན་མཆོག་འཕེལ་བ）的侄女。幼时名拉高达（ལྷ་གོད་དར）。至13岁间在家接受教育，学习文字拼读等知识。13岁时到艾旺寺（ཨེ་ཝམ，又称俄尔寺），在贡却培巴座前受居士戒和沙弥戒，起名贡却隆珠。之后，从贡却培巴、格勒谢宁（དགེ་ལེགས་བཤེས་གཉེན）等接受了多种萨迦派密法传承。20岁时，在萨迦派大师弥钦·桑杰仁钦（མུས་ཆེན་སངས་རྒྱས་རིན་ཆེན）等人座前受比丘戒。从桑杰仁钦闻法，桑杰仁钦成为其最主要的上师。后又依止萨译师等大德。贡却贝丹所著《至尊贡却隆珠传》中，言其精通显密佛教外，还通达声明学、因明学、修辞学、韵律学、辞藻学、时轮历法等，对其学识和品行予以了高度评价。贡却隆珠27岁时曾调解地方纷争，说明此时他已具有一定的社会地位和影响力。38岁时任艾旺寺法座，在位24年，讲经传法，弟子无数，还曾受邀赴萨迦寺传法授戒，对修缮的佛殿等举行开光仪式，颇得昆氏上层之敬重。传中记述有部分地方首领从其闻法，并献供礼敬之事。贡却隆珠在弘法利众之余，热衷于历史著作之编写，著有佛历表、世系史、人物传记、佛教史等。其著作关注之重点在于本派的历史，彰显萨迦派已往之荣耀。兹将其所撰历史著作，简介如下。

1.《佛历表·善巧口饰》（སངས་རྒྱས་ཀྱི་བསྟན་པའི་རྩིས་མཁས་པའི་ཁ་རྒྱན），[①] 成书于阳金鼠年（1540）。以偈颂体写成，间有夹注。其编写依据是《时轮密续释》，采用时轮密续中的纪年法，是一部有关时轮密续的大事纪年。其内容主要有两个方面，一是佛祖诞生、成道、讲说时轮密续之年份；二是传承时轮密法的香巴拉国历代法王在位年代，及时轮密续注释弘传之年代和野蛮教出现、传播的年代。上迄释迦牟尼之诞生年，下至作者获

① 《艾旺文集》第17册，第1—4页。

得时轮灌顶之金鼠年（1540），距佛入灭 2416 年。此《佛历表》亦能反映时轮密法的传播史，以及藏传佛教中有关香巴拉国的信仰。

2.《佛历简要·极明》(སངས་རྒྱས་བསྟན་པའི་རྩིས་ཉུང་ངུ་རབ་གསལ)，[①] 成书于阳金鼠年（1540）。此佛历表与前者不同，是印藏佛教史大事纪年。上迄佛诞生之土龙年，下至作者撰写此著之金鼠年（1540）。内容可分为三个方面。一、印度部分，包括佛诞生、入灭之年，印度佛教大师龙树、无著二位大师之生卒年等。二、吐蕃部分，包括吐蕃松赞干布、赤松德赞、赤热巴巾的生年，大昭寺释迦牟尼佛像入吐蕃之年（作者认为是金阳牛年，松赞干布时年 24 岁）、桑耶寺建寺之年（金阳虎年）、七试人出家之年、拉喇嘛益西沃之生年等。三、萨迦派部分，包括萨迦寺建寺之年，萨钦、索南孜莫、萨班、八思巴等之生年或卒年，帝师贡噶洛追受比丘戒之年，艾旺寺、那烂陀寺等寺院之建寺年份等。显见，此《佛历表》重在记述本教派相关的重要事件和年代，对研究萨迦派历史有一定的参考价值。

3.《萨迦派世系·上流口饰》（ས་སྐྱ་པའི་གདུང་རབས་ཡ་རབས་ཀྱི་ཁ་རྒྱན），[②] 成书年不详。该著即萨迦昆氏家族世系史，上迄传说年代，下至作者生活的时代，记述了昆氏家族世系。用偈颂体写成，其内容大致可分为七个部分。一、早期世系，从传说时代至昆·贡却杰布（萨迦寺之建立者）。二、萨迦五祖时代的世系。三、细脱（གཞི་ཐོག་པ）喇章世系。四、仁钦岗（རིན་ཆེན་སྒང）喇章世系。五、拉康（ལྷ་ཁང）喇章世系。六、都却（དུས་མཆོད）拉章世系。七、萨迦寺历任法座（即住持）。对有不同说法的，作者有夹注，并以至尊扎巴坚赞的说法为准。贡却隆珠的著作，在众多的萨迦昆氏世系史中以简洁明快而著称，阿

① 《艾旺文集》第 17 册，第 5—7 页。

② 《艾旺文集》第 17 册，第 8—14 页。

梅·阿旺贡噶索南在《萨迦世系史》中予以很高的评价。阿梅·阿旺贡噶索南的《萨迦世系史》就是以贡却隆珠所著的《萨迦派世系·上流口饰》一书为依据（ཙ་བ），[1] 作了进一步的扩充和补续（阿梅·阿旺贡噶索南将其所著视为是对前者之注释）。

4.《佛教史·入佛法海之大船》（དམ་པའི་ཆོས་ཀྱི་བྱུང་ཚུལ་བསྟན་པའི་རྒྱ་མཚོར་འཇུག་པའི་གྲུ་ཆེན），[2] 未完稿。作者言撰写此书的目的是为了佛法长久住世。其内容之排序，与《布顿佛教史》类似，即先讲佛教义理，然后叙述历史。共分三大章，即为使福德生起而修行佛法之理、为使信仰生起讲述佛教如何产生之情况、为使精进生起讲述佛教住世之量。每一部分下又分若干子目，层次井然。其中，第一大章中，广引佛教经论，详论闻思佛法之功德、“法”之含义、十二契经、二谛之义、显密二乘、经论及其类属、如何修证佛法、讲修佛法之果等。因此，第一部分是论述整个佛学体系的，可目之为“佛法概论”。第二章，又分三节，即导师佛出世之情况、佛法弘扬之情况、佛法在西藏出现的情况。第一节是佛传。第二节又分导师讲法之情况、结集者结集经典的情况、持教者如何出现之情况等三子目，实际上就是印度佛教史。第三节西藏部分，又分前弘期之安立、后弘期之安立、所译的经典。前弘期部分记述有吐蕃王统（认为源自印度）及佛教传播史，依据的是《拔协》等较早期的史书。后弘期部分只记述了“下路弘法”，此以下内容未完成。后由艾旺寺的另一学者桑杰彭措补写，名为《佛教史·入佛法海之大船未完稿补编·嘉言摩尼宝库·教法源流》（དམ་པའི་ཆོས་ཀྱི་བྱུང་ཚུལ་བསྟན་པའི་རྒྱ་མཚོར་འཇུག་པའི་གྲུ་ཆེན་ཞེས་བྱ་བའི་བསྟན་བཅོས་ཆེན་པོའི་རྩོམ་

---

① 阿梅·阿旺贡噶索南的《萨迦世系史》中，首先引述了《上流口饰》之原文，之后进一步加以解说。

② 《艾旺文集》第17册，第18—272页。

འཕྲོ་ཁ་སྐོང་ལེགས་པར་བཤད་ནོར་བུའི་བང་མཛོད་ཅེས་བྱ་བའི་ཆོས་འབྱུང་），完成于水阳猴年（1692）。

5.《吉祥萨迦大译师传·文殊功德庄严》（དཔལ་ས་སྐྱ་ལོ་ཙྪ་བ་ཆེན་པོའི་རྣམ་པར་ཐར་པ་འཇམས་པའི་དབྱངས་ཀྱི་ཡོན་ཏན་རྣམ་པར་བཀོད་པ），[①] 成书于木阴羊年（1535）。传主萨迦大译师指嘉央贡噶索南扎巴坚赞贝桑布（འཇམ་དབྱངས་ཀུན་དགའ་བསོད་ནམས་གྲགས་པ་རྒྱལ་མཚན་དཔལ་བཟང་པོ，1485—1533），出生于萨迦昆氏家族，担任过萨迦寺法座。此传内容共分三章，即略述前世之传记、详述此世之传记、分述善贤德之功德即传记内容之概要。其中，第一章仅有一页，说明传主是文殊菩萨、萨迦班智达之转世。第二章详记传主之生平，内又分若干子目，如出生之传记、如何行殊胜行为之传记，后者又分出家前的传记、出家后如何行佛法事，后者又分受出家戒、沙弥戒行佛法之事业、受比丘戒行佛法之事业，后者又分如何获得比丘戒、如何行讲闻之情况，等等。子目极为细碎。虽多分类，但仍是以年记事，重点介绍传主人生之大事。作者大加称颂传主之智慧和博学，言其精通梵文、藏文、空行文（མཁའ་འགྲོའི་ཡི་གེ）、蒙古新字（ཧོར་ཡིག་གསར་པ，似指八思巴文）及显密佛学，是因前世习气之醒悟，学习毫不费力，亦无畏于讲授佛法。言其在 12 岁时向千余位听众讲法，被惊为天人。同年担任萨迦寺法座，成为名义上的萨迦派领袖。护理寺院的同时，传主又广闻显密教法。其依止的主要上师为艾旺寺的萨迦派大师贡却培巴，足见艾旺寺在当时萨迦派中的地位。传主亦从学于恰译师·曲吉加波、夏鲁译师仁钦曲郡桑波（学习声明论典《噶拉波》）等。传中数处提到传主与西藏实力派仁蚌巴家族间的交集，仁蚌巴·顿月多杰曾向其献礼。传中称仁蚌巴为“威力转轮王”或“统辖广大国土之大人

① 《艾旺文集》第 11 册，第 156—213 页。

主”，反映了当时仁蚌巴家族拥有显赫的权势。第三章中记述有传主之著作、弟子等。作者所依据的资料主要是传主所作《闻法录·红宝石鬘》，及祈愿文等。每段开头皆引有祈愿文原文，段末有作者用诗体写的赞文。

6.《天等无际众生顶之摩尼宝座上双足登临之胜导师法王传·稀有显现之光》（ལྷ་དང་བཅས་པའི་འགྲོ་བ་མཐའ་ཡས་པའི་གཙུག་གི་ནོར་བུའི་ཁྲི་ལ་ཞབས་ཟུང་གིས་རྣམ་པར་རྩེན་པའི་འདྲེན་མཆོག་ཆོས་ཀྱི་རྗེའི་རྣམ་ཐར་ངོ་མཚར་སྣང་བའི་ཉིན་བྱེད），① 成书于土阳狗年（1538）。传主贡却培巴（དཀོན་མཆོག་འཕེལ་བ）是萨迦派俄尔支派中的代表人物之一，在传承萨迦派教法方面多有建树。该传以弥巴钦莫（མུས་པ་ཆེན་མོ）所著贡却培巴传记为基础，并参考传主之闻法录等材料写成。该传不分章节，按年记述传主之生平。除对生卒年、出生地、出家、受比丘戒等重要事项有交代外，传中最为核心的内容是传主闻法、修行和讲授佛法之经历。闻法部分，几乎照录了传主本人之闻法录，故记述颇详，包括所拜之上师，所求的各类显密法，一一罗列。第二修行方面，首先是对传主品行道德的评述，高度颂扬传主爱护戒律、深信因果、慈爱弱小的高尚品德。其次，记述传主在密法修炼方面的体验，言传主勤于念修、供施，空行护法等无不协助事业成就等。第三讲授佛法事业方面，传主在42岁任艾旺寺法座，在位28年，期间为全寺僧众等讲授道果等教法，成为教法之主。传记之最后部分记述了传主之弟子及圆寂后超荐法事等。该传文体散韵相间，每叙述完传主之一段经历时，便插入以颂扬为主的诗文。总体上该传属于概要叙述的小传，缺乏对传主生平具体细微的记述，传主活动的部分时空也不够清晰。

① 《艾旺文集》第11册，第83—155页。

二、《霍尔王统附带帝师等之名录》之译注

《霍尔王统附带帝师等之名录》（ཧོར་གྱི་རྒྱལ་རབས་ཞར་བྱུང་དང་བཅས་པ）（以下简称《霍尔王统》）之结尾处作者署名“僧人热达纳”，新编《艾旺全集》（第17册）目录中署名贡却隆珠。“热达纳”是梵语，译为藏文为རིན་ཆེན（宝），恐是其法名之组成部分（给其授比丘戒的亲教师是桑杰仁钦，名号中有རིན་ཆེན）。[①] 该文用偈颂体写成，内容有六个方面，现用散文体翻译如下：

“嗡萨迪！三界之上师是萨迦派，对其传承礼敬而供养者，是依往昔所积福德力量所成就的大霍尔王统。兹讲说大霍尔王统等。

威力之王成吉思汗（ཇིང་གིར་གན，庙号太祖——译注）之子，有窝阔台（ག་གན，庙号太宗——译注）和拖雷诺颜二人。窝阔台有二子，长者名贵由汗（གོ་ཡུག་གན，庙号定宗——译注），次子阔端王（གོ་དན་རྒྱལ་པོ）。拖雷的妃子索多达（ཟོ་ཏོག་ཏ，《元史》作“唆鲁禾贴尼”——译注）生三子，长子蒙哥（མང་གོལ，庙号宪宗——译注），次子忽必烈或名薛禅汗（གོ་པེ་ལ་འམ་སེ་ཆེན་གན，庙号世祖——译注），三子旭烈兀（ཧུ་ལ་ཧུ）即放逐至上部者。阔端之子是只必帖木儿（ཇིག་བིག་ཐེ་མུར）。忽必烈之长妃有四子，即真金（ཇིམ་གིན）、忙哥剌（མང་ག་ལ）、莫那木罕（མོ་ནམ་གན，《元史》作‘那木罕’——译注）和畐鲁赤（ཨ་རོག་ཆེ）。真金之妃阔阔真（གོ་གོ་ཅན）有三子，即甘麻剌（ཀ་མ་ལ）、答剌麻八剌（དྷརྨ་པཱ་ལ）和完者笃（ཨོ་ཛ་ཏུ，又名铁穆耳，

① 贡却贝丹所著《至尊贡却隆珠传》中未载传主受比丘戒时的法名（第83页记述有受比丘戒事）。

庙号成宗——译注）。忙哥剌（མམ་ག་ལ）之子是阿难答。甘麻剌之子也孙铁木儿（ཡེ་སུན་ཐེ་མུར）。答剌麻八剌有子曲律（ཀུ་ལུག，又名海山，庙号武宗——译注）、爱育黎拔力八达（ཨ་ཡུ་སྲ་ཏ，又称普颜笃汗，庙号仁宗——译注）。也孙铁木儿（ཡེ་སུན་ཐེ་ཏུར，ཏུར 是 མུར 之误，无庙号，以年号称之泰定帝——译注）之子阿速吉八（ར་ཁྱི་ཕག，藏文意译为“山羊狗猪”。无庙号，以年号称之天顺帝——译注）。曲律有二子，长子和世瓎（ཀུ་ཤ་ལ，又称忽都笃汗，庙号明宗——译注），次子扎牙笃（ཛ་ཡ་ཏུ）或名图帖睦尔（ཐོག་ཐེ་མུར，庙号文宗——译注）。爱育黎拔力八达（ཨ་སུ་བ་ཏ，前文作ཨ་ཡུ་སྲ་ཏ——译注）之子是格坚（ཀེ་གན，名硕德八剌，庙号英宗——译注）。[1] 和世瓎最小之子懿璘质班（རིན་ཆེན་དཔལ，又称超克图汗，庙号宁宗——译注），长子妥欢帖睦尔（ཐོ་གོན་ཐེ་མུར，又称乌哈噶图汗，庙号惠宗——译注）。其中，执掌国政的有成吉思汗、窝阔台（ག་གོན，前文作ག་གན——译注）、贵由汗、蒙哥汗、薛禅汗、完者笃、曲律汗、爱育黎拔力八达（ཨ་ཡུ་བ་ཏ，前文作ཨ་ཡུ་སྲ་ཏ、ཨ་སུ་བ་ཏ——译注）、格坚汗、也孙汗、阿速吉八、和世瓎、扎牙笃、懿璘质班、妥欢帖睦尔（ཐོ་གེན་ཐེ་མུར，前文作ཐོ་གོན་ཐེ་མུར——译注），是天命之王十五位。

皇帝之应供处历任帝师，有法王八思巴（ཆོས་རྒྱལ་འཕགས་པ，《元史·世祖本纪》译作‘八合思八’——译注）、阿阇梨仁坚（རིན་རྒྱལ，圣者贡噶扎说此人担任过帝师——原注。仁坚是仁钦坚赞之省称，其名《元史·世祖本纪》译作‘亦邻真’）、达玛巴拉（《元史·世祖本纪》译作‘答耳麻八剌剌吉塔’，《元史·释老传》作‘答儿麻八剌剌吉塔’——译注）、夏尔巴时轮师（ཤར་པ་དུས་འཁོར་བ，本名意希仁钦，《元史·世祖本

① 格坚：是蒙古语之庙号，《元史·泰定本纪》载：“癸亥，以国言上英宗庙号曰格坚皇帝。”

纪》译作‘亦摄思怜’，《元史·释老传》作‘亦摄思连真’——译注)、帝师扎沃（གྲགས་འོད，康赛巴 ཁང་སར་བ——原注。扎沃是扎巴沃色之省称，《元史·世祖本纪》译作‘吃剌思八斡节儿’，《元史·释老传》作‘乞剌斯八斡节儿’——译注)、夏尔巴绛央且（ཤར་པ་འཇམ་དབྱངས་ཆེ，本名绛央仁钦坚赞，《元史·成宗本纪》译作‘辇真监藏’——译注)、桑杰贝（སངས་རྒྱས་དཔལ，康赛巴 ཁང་སར་བ——原注。《元史·成宗本纪》作‘相加班’，《元史·释老传》作‘相家班’——译注)、洛窝·仁钦扎（སློ་བོ་རིན་ཆེན་གྲགས，朵思麻巴 མདོ་སྨད་པ——原注。《元史·文宗本纪》作‘辇真吃剌思’，《元史·释老传》译作‘辇真吃剌失思’——译注)、帝师贡罗（ཀུན་བློ，是贡噶罗追之省称，《元史·释老传》作‘公哥罗古罗思监藏班藏卜’——译注)、贡噶勒迥（ཀུན་དགའ་ལེགས་འབྱུང，是贡噶勒贝迥乃之省称，《元史·泰定本纪》作‘公哥列思巴冲纳思监藏班藏卜”，《元史·释老传》同——译注)、帝师贡坚（ཀུན་རྒྱལ，是贡噶坚赞之省称，《佛祖历代通载》作‘公哥儿监臧班臧卜’——译注)、喇钦索罗（བླ་ཆེན་བསོད་བློ，是索南罗追之省称——译注）等，是担任花园寺法座（མེ་ཏོག་ར་བའི་ཁྲི）之十二位。

执掌寺院（གདན་ས）法规之本钦：第一任释迦桑波（ཤཱཀྱ་བཟང་པོ）；第二任贡噶桑波（ཀུན་དགའ་བཟང་པོ），是普梅人（ཕྱུལ་དམར་བ）；第三任仁钦贝（རིན་ཆེན་དཔལ），岗噶人（སྒང་དཀར）；第四任绛仁（བྱང་རིམ，应是བྱང་རིན，即绛曲仁钦之省称——译注)，香之喀则地方人（ཤངས་ཀྱི་མཁར་རྩེ་བ）；第五任贡宣（ཀུན་གཞོན，贡噶宣尼之省称——译注)，拉堆那东地方人（ལ་སྟོད་ན་བྲུམ）；第六任宣旺（གཞོན་དབང，宣尼旺楚之省称，《元史》作“软奴汪术”——译注)，卫之彭域人（དབུས་ཀྱི་འཕན་ཡུལ་བ）；第七任绛曲多杰（བྱང་ཆུབ་རྡོ་རྗེ），显地方人（ཤབ་པ）；第八任本钦阿迦仑（ཨཱག་སླེན，其名又写作ཨག་ལེན或ཨང་ལན——译注），卓孔地方人（གྲོ་ཁུད་པ）；第九任勒巴贝（ལེགས་པ་དཔལ），擦扎地方人（ཚ་གག）；第十任僧格贝（སེང་གེ་དཔལ），香地方人（ཞངས་པ）；第十一任洛地区的沃色僧格（སྟོ་པ་འོད་ཟེར་སེང་གེ）（ཆུ་རུག་པ，曲汝地方人——原注）；第十二任洛巴·贡噶仁钦（སྟོ་པ་ཀུན་དགའ་རིན་ཆེན）；第十三任喀乌地方的顿月巴（ཁ་ཧུའི་དོན་ཡོད་པ）；第十四任绛地方的云尊钦莫（བྱང་པ་ཡོན་བཙུན་ཆེན་པོ）；第十五任沃色僧格复任；第十六任香地方的甲哇桑波（ཞངས་པ་རྒྱལ་བ་བཟང་པོ，《元史》作‘加瓦藏卜’）；第十七任先地的旺楚贝（ཤབ་པ་དབང་ཕྱུག་དཔལ）；第十八任达陀地方的索南贝（སྟག་ཐོག་བསོད་ནམས་དཔལ）；第十九任甲哇桑波复任；第二十任卫地的旺楚尊追（དབུས་པ་དབང་ཕྱུག་བརྩོན་འགྲུས）；第二十一任绛地方的南卡丹巴（བྱང་པ་ནམ་མཁའ་བསྟན་པ）；第二十二任院使（དབེན་ཤྲི）甲桑（རྒྱལ་བཟང，是རྒྱལ་བ་བཟང་པོ之省称——译注）复任；第二十三任香地方的扎巴坚赞（ཞངས་པ་གྲགས་པ་རྒྱལ་མཚན）；第二十四任卫地的本钦贝本（དབུས་པ་དཔོན་ཆེན་དཔལ་འབུམ）；第二十五任洛地区的阿莫噶（སྟོ་པ་ཨ་མོ་ག）。此等是敕封的本钦（ལུང་གིས་བཀོས་པའི་དཔོན་ཆེན）。

彼等（指本钦——译注）执掌（སྐྱོང）的十三万户：藏地（གཙང）有拉（ལྟོ，又称བྱ་ཡུལ་བ，《元史》作‘扎由瓦’——译注）、香（ཞང，又称绛卓万户བྱང་འབྲོག——译注）、洛（སྟོ，即拉堆洛——译注）、绛（བྱང，即拉堆绛——译注）、曲（ཆུ，即曲弥，《元史》译作‘出密’——译注）、夏（ཤལ，即夏鲁，《元史》译作‘沙鲁’——译注）六万户；乌斯地方（དབུས）有雅（གཡའ，即雅桑，《元史》译作‘牙里不藏思’——译注）、帕（ཕག，即帕摩竹巴，《元史》译作‘伯木古鲁’——译注）、塘（ཐན，即塘波切，《元史》译作‘汤卜赤’——译注）、蔡（ཚལ，蔡巴，《元史》译作‘搽里八’——译注）、甲（རྒྱ，即甲玛，《元史》译作‘加麻瓦’——译注）、止

（འབྲི，即止贡，《元史》译作‘迷儿军’——译注）六万户；藏、乌斯交界处有羊卓万户（གཙང་དབུས་མཚམས་སུ་ཡར་འབྲོག་ཁྲི་སྐོར，《元史》作‘俺卜罗’——译注）。

乌斯藏是圣法的却喀（ཆོལ་ཁ），朵堆（མདོ་སྟོད）是人遍布的却喀，朵思麻（མདོ་སྨད）是马的却喀，此乃普遍传称的吐蕃三却喀。

附带提及内外之官职（ལས་ཚན）：膳（གསོལ，司膳食之官——译注）寝（གཟིམ，司寝室之官——译注）祭（མཆོད，司供祭之官——译注）三种及宾（འཇའ，原文误，应是མཇལ。《萨迦世系史》所引文中作མཇལ。知客之官——译注）字（ཡིས，原文误，应是ཡིག，《萨迦世系史》作ཡིག。司书函之官，又译为“秘书”——译注）库（མཛོད，司库藏之官——译注）三种，厨（ཐབ，司厨房之官——译注）引（འདྲེན，司引见之官——译注）座（གདན，司座位之官）三种及运（སྒྲུ，司运输之官——译注）马（རྟ，司马匹之官——译注）犏牛（མཛོ，司犏牛之官——译注）狗（ཁྱི，司犬之官——译注）四种。① 这是适宜大人物的十三种（侍从）官职，是法王萨迦派具祥八思巴时期出现的。

此文亦是从可靠的古代文献中，由僧人热达那择要而成。愿吉祥！”

《霍尔王统》用偈颂体写成，故人名多用省称。内容虽简，所载却也有自己的特点，不乏有史料价值的部分。如萨迦派帝师名录中，所载第八任洛窝·仁钦扎（སློ་བོ་རིན་ཆེན་གྲགས），夹注中云是朵思麻人（མདོ་སྨད་པ），但其名前的洛窝似也是地名，古代属于阿里境。因此，此处的夹注不知所指，有待其他材料的发现。根据学界的研究，他应是第十一任帝师。但以往，在藏

① 此处译注参考了张云《元代吐蕃地方行政体制研究》第 32 页之相关内容（北京：商务印书馆，2017）。

文史书中未见其名，只有《元史·文宗本纪》《元史·释老传》有载，其名分别作“辇真吃剌思”“辇真吃剌失思”，研究者还原藏文为“仁钦扎西（རིན་ཆེན་བཀྲ་ཤིས）”。但从《霍尔王统》可知，其名非仁钦扎西，而是仁钦扎。辇真即རིན་ཆེན（仁钦），吃剌思或吃剌失思即གྲགས（扎）之音译，再如帝师扎巴沃色名字中之“扎（གྲགས）”，《元史》音译为“吃剌思”。可知，元代时藏文的གྲགས译作“吃剌失思”或“吃剌思”。因此，《霍尔王统》的记载，证明《元史》之不误，亦说明藏文并未失载。

历任本钦的记载中，首先提及了本钦的职责，称本钦是“执掌寺院（གདན་ས）法规”者。此处的གདན་ས有两层含义，一是指寺院，二是指寺院的住持（又译为法座、座主）。可知，《霍尔王统》所谓的གདན་ས即萨迦寺，也可视为是萨迦寺的法座，本钦即代表法座处理世俗之法规。介绍十三万户时，称为本钦“执掌（སྐྱོང）的十三万户”，更明确地说明了萨迦本钦主要职权是管辖乌斯藏十三万户。记述历任本钦时，名前冠有出生地或对出生地有说明，这对研究本钦的出生区域或家族提供了线索（出生地往往也是家族名）。共记载了二十五本钦，并称其等是“敕封的本钦”（ལུང་གིས་བསྐོས་པའི་དཔོན་ཆེན），即这些本钦得到了元朝政府的正式任命。所记又有与《红史》等不同者，如《红史》言有二十七任本钦。第三任本钦《红史》作“尚尊”（ཞང་བཙུན），《霍尔王统》中则称之为“仁钦贝”（རིན་ཆེན་དཔལ），或许是尚尊之本名。部分本钦的任职次序与《红史》亦有差别，如《红史》言绛仁是第五任，《霍尔王统》中则将其列为第四任。《霍尔王统》所说甲哇桑波三任本钦的记载，亦不见于《红史》等。总之，对研究萨迦本钦而言，《霍尔王统》所记可能也有不准确之处，但弥足珍贵，值得研究者重视。

元代西藏万户的记述方面，藏文史书中就万户的名称、万户数等有不同的记述。贡却隆珠所述，除“拉”万户外，其余与《新红史》同，《新红史》作“古尔摩”。

有关八思巴十三侍从官的记述，也是十分宝贵的，作者依据的是早期文献，但现在尚未发现作者所据的这类文献，反而作者所记在已知的文献中是最早的。阿梅·阿旺贡噶索南的《萨迦世系史》中全文引述了这段资料，并注明引自《萨迦世系史·贤者口饰》。[1] 实际上贡却隆珠所著《贤者口饰》中无这段资料，而是出自《霍尔王统》中。

三、结语

贡却隆珠生活时代是16世纪，已属于明朝晚期。此时的萨迦派在政治上早已失势，萨迦昆氏家族人才凋零，萨迦派教法之中心已转移到哲域吉蔡寺、那烂陀寺、艾旺寺、色林寺、多杰丹寺、图丹格派寺等后期兴建的寺院，著名的萨迦派大师大多出自于非昆氏家族，而且昆氏家族的多位著名人物皆有赴外寺求法的经历。但贡却隆珠却热衷于以昆氏为中心的萨迦派历史之撰写，完成了《霍尔王统附带帝师等之名录》等概要性的便于记诵的历史著作，必有其深意，非一时之心血来潮。

笔者以为艾旺寺等寺院虽积极谋求各自的发展途径，谋求外部政治势力之支持，但是萨迦派昆氏作为至少名义上的教派领袖（萨迦法王对艾旺寺等并无管辖权），以及公认的其血统的高贵性，是其他萨迦派支派无法撼动的。尤其是昆氏为首的萨迦派曾经达到的政教影响和历史荣光，是萨迦派共有的宝贵

① 阿梅·阿旺贡噶索南：《萨迦世系史》，北京：民族出版社，1986年，第174—175页。

历史资源。萨迦派诸多显赫的历史人物中，萨迦班智达和八思巴之地位最为突出，虽然就本派之教法而言，此二人之贡献并不是最突出的，但所拥有的超越教派的社会影响又是他人（包括后期各支派的创始人）所无法比肩的，也是难以达到的。故历史叙述和记忆中（如《佛历表》）萨班叔侄处于最显赫之位置，此为萨迦派之共识。叙述本派以往的辉煌和先辈的伟业，在建构本寺教统的合法性方面是不可缺少的，这种历史叙述使本寺乃至作者本人进入了圣神的历史链条中。而不断讲述和记忆最为荣耀的历史时段，有利于增强历史自豪感，从而助推未来之发展，历史亦可成为未来之目标。故此作者所著以霍尔王统为名，兼及元代萨迦地方政权。在作者眼里，元朝皇帝、萨迦帝师和本钦最具历史符号象征，是支撑着萨迦以往荣耀史的架构。作者按层次予以编排，亦与历史事实相吻合。元朝皇帝之名号排在了首位，因作者十分清楚，萨迦派权力来源之所在，元皇朝是其历史叙述中最为重要的背景。若无皇权的支持，则萨迦派的历史地位和权力之正当性难以建构。皇帝、萨迦帝师、本钦、十三万户之间有着层层递进的内在的逻辑关系，将有关史事加以补充的话，就会构成较为完整的历史画面。因此，此著类似佛教论典之རྩ་བ（根本文），已呈现了最为主要和核心之内容。此外，如此极简之叙述，作者还用偈颂体写成，显然就是为了方便记忆和传承。元朝及昆氏家族的主要代表人物为主的萨迦派历史知识，是后世萨迦派僧侣中的知识阶层必备的常识之一，这也可以解释为何出现内容不断重复的著作。

才让，西北民族大学历史文化学院教授、海外民族文献研究所副所长。

四世班禅在西藏地方与祖国关系中的作用

——以《四世班禅传》（藏文）为中心

冯　智

我国是一个统一的多民族国家，藏族是中华民族大家庭中的光荣一员。许多藏族上层人士，在历史发展进程中的紧要关头，顺应历史发展趋势，在一定意义上代表了藏族人民的意愿和时代的选择，以自己特殊的身份和影响力，促进了历史进程，进而为推动多民族国家的统一和本民族的繁荣发展做出了重要的贡献。萨班·贡噶坚赞和四世班禅罗桑却吉坚赞虽然生活于两个不同的时代，但他们都是在祖国统一和中华民族团结的大业中做出了杰出贡献的藏族上层人物。他们的历史作用和伟大功绩，流芳千秋，载入史册。本文就四世班禅与萨迦班智达二者历史事迹特点相比较和联系，以《四世班禅传》（藏文）为第一手新资料，对相关问题进行新视角的探讨。

一、成为寺主和格鲁派首领

四世班禅罗桑却吉坚赞（1567—1662）和萨班·贡噶坚赞

（1182—1251）是两个时代的不同人物，但是他们却有着相似的一些特点。首先，他们都是本派寺院的寺主，也是自身教派的首领。萨班·贡噶坚赞是萨迦五祖中的第四祖，他因精通“大小五明”，而得到了“班智达”的称号（按：佛教理论，称通达“五明”的人为“班智达”），萨班，即萨迦班智达的简称。1216年，他接管了萨迦寺的管理权，成为萨迦寺的寺主，同时也成为萨迦派的首领。

与萨迦班智达一样，班禅系统成为扎什伦布寺的寺主则始于四世班禅时期，即在1603年四世班禅正式到扎什伦布寺担任第十六任赤巴（法台）之后，班禅转世系统始以扎什伦布寺为母寺的开端。而此前的一至三世班禅与扎什伦布寺之间并不是寺主的关系。扎什伦布寺是由一世达赖喇嘛根敦朱巴（1391—1474）于1447年（明正统十二年）所兴建。此时也是一世班禅克珠杰·格勒贝桑布（简称克珠杰，1385—1438）时期。一世班禅是宗喀巴的著名弟子。他曾为宗喀巴大师宗教思想的传播开辟了后藏的根据地。1419年宗喀巴在甘丹寺圆寂前将衣钵传授给了大弟子贾曹杰·达玛仁钦，即第二任甘丹赤巴。1432年贾曹杰圆寂，克珠杰成为第三任甘丹赤巴。后来藏族宗教界把宗喀巴、贾曹杰和克珠杰三人合称为“师徒三尊”。

二世班禅索南却朗（1439—1504）出生在后藏恩萨地方（今日喀则江当区）一个农民家庭。他曾长期住在家乡的恩萨寺潜心修行，并在恩萨寺建立了曲结颇章宫，担任恩萨寺的赤巴（法台）。此间，他与扎什伦布寺和札什甘贝寺（位于日喀则西面谢通门地方）建立了密切的联系，规定恩萨寺的僧人必须轮流前往这两座寺院进修深造。这是班禅活佛系统与扎什伦布寺建立关系的开端。索南却朗因在后藏僧俗界名望和影响较大，被尊称为“恩萨朱古”（恩萨寺活佛）。

三世班禅名罗桑敦珠（1505—1566）也出生在后藏恩萨地方，与二世班禅是同一个家族。1517年（明正德十二年），按照例制，罗桑敦珠前往扎什伦布寺习法。1538 年，他拜二世达赖喇嘛根敦嘉措为师习法。1542 年二世达赖喇嘛根敦嘉措圆寂，四年后，哲蚌寺上层认定出生在堆龙地方的四岁幼童索南嘉措为根敦嘉措的转世灵童，格鲁派正式采取噶玛噶举派创立于 13 世纪中叶的活佛转世制度。1553 年开始，罗桑敦珠云游后藏各地。1563 年，回到恩萨寺收徒传法著书立说。恩萨寺僧众认定他为前世法台索南却朗的转世，被尊为“恩萨巴”（即恩萨地方者）。

四世班禅名罗桑却吉坚赞，出生在后藏拉珠嘉尔地方（今日喀则以西）兰伦热布庄园珠加白哇村（དྲུག་བརྒྱ་སྒྲིལ་བ）一个平民家庭。父名仲措哇 · 贡噶维赛，又名才仁班觉，母名措嘉①。幼年出家，后被恩萨寺僧俗认定为前世罗桑敦珠的转世灵童。1583 年二月初三日，继任为恩萨寺曲结颇章宫的赤巴（法台）法座②。1586 年（火狗年）十一月初三日他来到扎什伦布寺吞桑林扎仓（闻思院）学法。与时任扎什伦布寺第十三任法台的班钦桑珠白桑（པཎ་ཆེན་བསམ་འགྲུབ་དཔལ་བཟང）见面，互换哈达，但没有互行叩首礼③。但各扎仓堪布、僧官均来向他拜谒磕头，以示崇敬。罗桑却吉坚赞在扎什伦布寺获得“热钦”（对博学喇嘛的尊称）学位。1591 年七月初三日，他在扎寺第十四任法台班钦当却雅培（པཎ་ཆེན་དམ་ཆོས་ཡར་འཕེལ）堪布前受了比丘戒。同年秋天到甘丹寺开始数年的求法修行。他以学识渊博、辩才精湛而著

① 据《四世班禅传》（藏文）记载：父亲是后来被称为“次仁班觉大夫”（འཚོ་བྱེད་ཚེ་རིང་དཔལ་འབྱོར），精通医学、常年讽诵《般若八千颂》（འཕགས་པ་བརྒྱད་སྟོང་པ）的行善者仲措哇 · 贡嘎维赛（དྲང་འཚོ་བ་ཀུན་དགའ་འོད་ཟེར），母亲是正直、善良的措嘉（མཚོ་རྒྱལ）。见班禅罗桑却吉坚赞著《四世班禅传》（藏文），西藏藏文古籍出版社，2014 年，第 4—5 页。

② 班禅罗桑却吉坚赞：《四世班禅传》（藏文），西藏藏文古籍出版社，2014 年，第 12 页。

③ 班禅罗桑却吉坚赞：《四世班禅传》（藏文），西藏藏文古籍出版社，2014 年，第 18—20 页。

称于格鲁派各大寺院[①]。1598年，他返回恩萨寺，继续担任赤巴。1601年（铁牛年），扎什伦布寺第十五任赤巴阿旺洛追卸任，经僧众商议一致决定迎请罗桑却吉坚赞担任扎什伦布寺第十六任赤巴。罗桑却吉坚赞应请于是年（1603）十二月初三日正式到扎什伦布寺担任第十六任赤巴[②]。

从此，四世班禅既成为扎什伦布寺的寺主，又成为格鲁派的重要首领之一。康熙六十年（1721），康熙帝在记述清军驱逐准噶尔扰藏的《御制平定西藏碑文》中开篇即写道："昔者太宗文皇帝之崇德七年（1642），班禅额尔德尼、达赖喇嘛、固始汗……至今八十载，同行善事……"[③] 把班禅额尔德尼的名字排在达赖喇嘛和固始汗之前，表明了康熙帝对班禅额尔德尼的重视，也足见班禅额尔德尼是西藏地方重要的代表人物。

二、促进内部及格鲁派发展和贡献

1239年，阔端（成吉思汗之孙、元太宗窝阔台之次子）派遣手下大将多达那波率军由青海入藏，他了解到西藏地方各方面的情况，最终认为萨迦班智达在教法方面"最为精通，学问最好"[④]，而被阔端选为西藏地方的代表人物，邀请他前来凉州会晤。最终，萨迦班智达为西藏地方和平纳入元朝中央政府的统治之下做出了巨大历史贡献。同萨班·贡噶坚赞一样，四世班禅也是当时格鲁派首领和为本派发展做出了杰出贡献的重要代表人物，当时西藏地方的当权者是第悉藏巴汗，并有势力强大的噶玛

① 班禅罗桑却吉坚赞：《四世班禅传》（藏文），西藏藏文古籍出版社，2014年，第26—29页。

② 班禅罗桑却吉坚赞：《四世班禅传》（藏文），西藏藏文古籍出版社，2014年，第42页。

③ 《清圣祖实录》卷294，康熙六十年九月丁巳条。

④ 王辅仁、索文清编著：《藏族史要》，四川民族出版社，1981年，第72页。

噶举派的噶玛巴十世黑帽活佛和夏玛巴六世红帽活佛，以及萨迦法王、主巴噶举活佛、止贡寺、达隆寺等势力较大的活佛，但是在巩固本寺根基，寻求本派发展、顺应历史潮流、做出重大决策等方面，四世班禅则更有远见卓识和历史作为，后来的事实证明也确实如此。

四世班禅采取多种措施，不遗余力地推进了扎什伦布寺的发展壮大。例如，他组织人手铸造了一口大锅，一次可煮米一千五百多斤，供两千五百余僧众同时吃饭①。1603 年（水兔年），他仿照拉萨“默朗钦莫”传召大法会做法创建了扎什伦布寺的“默朗钦莫”传召大法会制度，熬茶斋僧，最多时一日供斋茶五六次②。同年（1603）修建大经堂的响铜殿，主供宗喀巴等身响铜像。他还组织人员绘制了祈愿大法会上用于展示的一批唐卡画像；新制一批柱面幡、幡条、香囊、佛幢、顶幔华盖、珍贵僧衣、银质曼荼罗、珍珠佛被；更换中心佛殿的佛祖像和弥勒大佛等像的祖衣；更换根敦朱巴时期使用却已破旧的顶幔华盖等③。四世班禅对各个殿堂加以维修，新建四层高的东大殿、噶当颇章殿、益噶曲增殿和俄擦尔贵巴殿等。修建阿巴扎仓（密宗学院），制定了僧院规章。

据初步统计，四世班禅时期共修建了十五座殿堂及其内供佛像、佛塔、佛经等，粗略估计大概有大小佛像五千尊，大小鎏金铜塔二百三十尊，银质佛像八十尊，银质佛塔八尊，檀香木质佛塔和佛像十多个。经典方面，写有金汁经《甘珠尔》五整套等。

---

① 班禅罗桑却吉坚赞：《四世班禅传》（藏文），西藏藏文古籍出版社，2014 年，第 45 页。

② ཐོག་མར་མཛེས་བྱེད་ཀྱི་ལོ་ཏ་པ་ཟླ་བའི་དཀར་ཆོས་གསུམ་ནས་བཅུ་དྲུག་གི་བར་དུ་སྨོན་ལམ་ཆེན་མོ་ལེགས་པར་བཙུགས། དང་པོ་མང་ཇ་རེ་རེ་ཙམ་ཡང་འགྲིག་པ་ཇི་ལྟར་སྙམ་དུ་ཡིད་འཕྱང་མོ་ཞུག་ཏུ་གྱུར་ཀྱང་། ཕྱིས་ནི་ཉིན་རེ་མང་ཇ་དུས་ལྔ་དྲུག་ཙམ་གཏོང་དགོས་པ་ཡང་བྱུང་། 班禅罗桑却吉坚赞著：《四世班禅传》（藏文），西藏藏文古籍出版社，2014 年，第 46 页。

③ 班禅罗桑却吉坚赞：《四世班禅传》（藏文），西藏藏文古籍出版社，2014 年，第 47—48 页。

为各个扎仓增加了米村：根敦朱巴时期扎什伦布寺的扎仓共有二十六个米村，四世班禅增加了三十二个米村，即脱桑林扎仓增加了十六个米村，吉康扎仓增加了六个米村，夏仔扎仓增加了十个米村。僧众数量达两千五百七十多名①。另据统计，四世班禅圆寂时扎什伦布寺僧侣达到五千人，楼房三千间，属寺五十一处（僧侣四千人），谿卡（寺院庄园）十六处，牧区部落十余处②。四世班禅时期的最高权力机构是拉章孜雪和涅仓勒空，还有基萨曲赤康（ཀྱི་ས་ཆོས་ཁྲིམས་ཁང）等③。

四世班禅成为寺主之后，用短短几十年时间，就使扎什伦布寺发展成为殿堂众多、规模宏大的建筑群，成为有完整的显密兼修的西藏格鲁派四大寺院之一，对西藏格鲁派的整体发展和壮大做出了积极贡献。

三、促成西藏地方与清朝建立联系

四世班禅与萨班·贡噶坚赞所处的时代，都有一个共同特点，就是他们都处于历史的转折关头。萨班·贡噶坚赞处于宋末元初，元朝统一成为历史大趋势。而四世班禅处于明末清初，清朝统一已势不可挡。他们都觉察到了这一历史趋势，顺应历史而动。

四世班禅成为扎什伦布寺的寺主之际，正值1603年蒙古骑兵将四世达赖喇嘛云丹嘉措（1589—1616）从漠南蒙古送到拉

① 阿旺久美等著，克珠群佩译：《第四世班禅洛桑曲吉坚赞简传》，刊登于《西藏文史资料选辑》第三十一辑，日喀则史料专辑，中国藏学出版社，2014年。

② 牙含章编著：《班禅额尔德尼传》，西藏人民出版社，1987年，第52页。

③ 扎什伦布寺拉章由上下（孜雪）两部分和涅仓构成。“孜”是最高政教共管的机构，其标志是班禅；“雪”是“孜”的代言机构，由扎萨克喇嘛主管；“涅仓”管理经济；“基萨”也称“基索”，译为公家或公上，为管财务收支的机构；“曲赤康”（戒律院）为扎什伦布寺的执法机构。

萨北部的热振寺举行坐床典礼，随后被迎到哲蚌寺供养。当年秋，四世班禅应请前往拉萨哲蚌寺同四世达赖喇嘛见面[①]。1605年，四世班禅又应邀赴拉萨为四世达赖喇嘛传授“时轮金刚灌顶”[②]。此后，在1608年和1611年，四世班禅又两度到拉萨为四世达赖喇嘛传法。1613年，四世达赖喇嘛因年幼无力主持“默朗钦莫”传召大法会，故请四世班禅来拉萨主持大法会[③]。这是班禅系统代替达赖喇嘛主持该法会的第一位班禅喇嘛。次年（1614）正月，四世班禅为四世达赖喇嘛授了比丘戒[④]。

1616年（明万历四十四年）十二月十五日，四世达赖喇嘛在哲蚌寺突然圆寂，年仅28岁。四世班禅赶到拉萨主持了四世达赖喇嘛法体的超度仪式。同时担任了次年（1617）拉萨传召大法会的主持[⑤]。四世班禅生活时期，正是西藏历史上极为变动的时期。一个表现就是各教派之间发生了迫害与反迫害的生死斗争，主要是掌控着西藏地方政权的噶举派噶玛巴法王及其世俗支持者、封建大领主藏巴汗对以达赖喇嘛和班禅喇嘛为代表的格鲁派之迫害。所以，四世达赖喇嘛圆寂后，藏巴汗下令不准达赖喇嘛转世。此后不久，四世班禅因治好了藏巴汗的重病，藏巴汗才允许达赖喇嘛转世。1622年，哲蚌寺将山南琼结地方出生的一男童认定为四世达赖喇嘛的转世灵童，并迎到哲蚌寺供养。1625年，四世班禅到拉萨哲蚌寺为灵童剃度，取法名为“阿旺罗桑

---

① 藏文《四世班禅传》记载了四世班禅与四世达赖喇嘛第一次见面的情景，见《四世班禅传》第50页。这是班禅系统与达赖喇嘛第一次建立的师徒关系，从此长者为师，幼者为徒，成为两大活佛转世系统的定例，只有在双方都年幼时是例外。

② 班禅罗桑却吉坚赞：《四世班禅传》（藏文），西藏藏文古籍出版社，2014年，第56页。

③ 班禅罗桑却吉坚赞：《四世班禅传》（藏文），西藏藏文古籍出版社，2014年，第90—91页。

④ 班禅罗桑却吉坚赞：《四世班禅传》（藏文），西藏藏文古籍出版社，2014年，第94页。

⑤ 班禅罗桑却吉坚赞：《四世班禅传》（藏文），西藏藏文古籍出版社，2014年，第98页。

嘉措”①，即为五世达赖喇嘛，并授了沙弥戒。之后，四世班禅多次给五世达赖喇嘛传法。1638年四月初五日，四世班禅到哲蚌寺为五世达赖喇嘛授了比丘戒。此间，四世班禅与五世达赖喇嘛探讨了格鲁派所处困境及其对策等问题，其中就是派遣使者同蒙古和硕特部固始汗取得联系，请求入藏协助格鲁派发展。

明末清初，应西藏地方格鲁派的邀请，蒙古和硕特部首领固始汗于1636年（清崇德元年）年底率部进入青海。次年（1637），固始汗率领一千多人到达拉萨，拜会五世达赖喇嘛，献银四千两。五世达赖喇嘛赠给他“丹增却吉杰波”（执掌教法法王）的尊号和印章。同年（1637）藏历十月，四世班禅以为五世达赖喇嘛传法授戒的名义来到拉萨，并同五世达赖喇嘛一道与固始汗正式会晤。据《四世班禅传》记载：“固始汗用武力征服了许多地方，为一切智（五世达赖喇嘛）敬献了非常丰厚的礼品，给我（按：四世班禅）也献上二千两银子等很多礼物”②。此次会面做出了三项重大决策，其中一个重要内容，就是共同派遣代表赴盛京与清政权建立联系。

为了掩人耳目，固始汗宣称他欲迎请五世达赖喇嘛到青海建寺。五世达赖喇嘛便派人去向第悉藏巴请示。四世班禅也作出服从第悉藏巴统治的姿态③。为了进一步麻痹第悉藏巴，1639年夏，固始汗发兵攻打白利土司时，还派戴青绰尔济（སེ་ཆེན་ཆོས་རྗེ། 也译作车臣曲杰）前往拉萨向诸大寺和扎什伦布寺进行布施。同时，四世班禅宣称固始汗和格鲁派尊重第悉藏巴的统治，希望以第悉藏巴为首共同派遣一个使团到穆克顿（即盛京，今辽宁沈阳）与清朝建立关系。因此，第悉藏巴、噶玛巴黑帽系活佛、

---

① 班禅罗桑却吉坚赞：《四世班禅传》（藏文），西藏藏文古籍出版社，2014年，第114页。

② 班禅罗桑却吉坚赞：《四世班禅传》（藏文），西藏藏文古籍出版社，2014年，第183页。

③ 五世达赖阿旺洛桑嘉措：《五世达赖喇嘛传》，陈庆英等译本，中国藏学出版社，1997年，第155—157页、第162—163页。

萨迦法王、五世达赖喇嘛、四世班禅、主巴噶举活佛、达隆噶举活佛等给清帝写信备礼，交使者戴青绰尔济带去。

1642年十月，由伊拉古克三和戴青绰尔济率领的西藏使团，经近3年长途跋涉①，到达盛京（今沈阳），受到皇太极等君臣高规格的接待和礼遇②。这就传递了一种信息，即尊崇和信奉藏传佛教，将是清朝的一项基本国策。

木猴年（1644）初，四世班禅追述了1640年至1642年期间，西藏地方格鲁派集团做出决策，同各地方势力和各教派共同派出使者团到盛京与清室取得联系等历史。《四世班禅传》藏文有一段记载：

སེ་ཆེན་ཆོས་རྗེ་སྟར་ཕྱིན་དུས་ནོར་གན་ཆའི་རྒྱུད་སྦྱོར་ཛེད་ཀྱི་རྒྱལ་པོ་འདི། ཁལ་ཁ་ཨོའི་རོད་མ་གཏོགས། སོག་ཡུལ་ཐམས་ཅད་དང་། རྒྱ་ནག་གི་གྲོང་ཁྱེར་ཁྲི་ཕྲག་ཡོད་པའི་ཡུལ་ཁམས་ལ་དབང་བྱེད་པའི་སྟོབས་ཤིན་ཏུ་ཆེ་བ། སངས་རྒྱས་ཀྱི་བསྟན་པའི་སྒོར་མ་ཚུད་པ་ཡོད་ཚུལ་བྱུང་བས། དེ་ལྟར་ན་ཆོས་རྗེ་ཉིད་ཕྱིན་ན་བསྟན་པ་དང་འགྲོ་བ་ལ་ཕན་པ་ཡོང་ཤས་ཆེ་ཞེས་མོལ་མཆེད་བྱུང་བ་ན། ཆོས་རྗེའི་གསུང་ནས། ཁོ་བོའི་ལུས་ངག་ཡིད་གསུམ་ཁྱོད་ལ་ཕུལ་བས་ཁྱོད་ཀྱིས་སོང་ཟེར་ན་འགྲོ་གསུང་པ་ལྟར། སྦྱོར་ཛེད་ཀྱི་རྒྱལ་པོ་ལ་ཡི་གེ་རྟེན་ལྡན་དང་། ཐམས་ཅད་མཁྱེན་པར་ཡང་ཞུས་པའི་བཀའ་ཤོག་རྟེན་ལྡན་དང་བཅས་ས་ལྡེའི་ཕོངས་སུ་འཕོར་དགོས་ཚུལ་བྱས་ནས་འབྱོན་བཙུག་པ་ལྟར།③

译成汉文，基本内容是：

戴青绰尔济来到西藏时，财富之主居尔济特（女真）汗王（ནོར་གན་ཆའི་རྒྱུད་སྦྱོར་ཛེད་ཀྱི་རྒྱལ་པོ། 按：皇太极）控制着除喀尔喀厄鲁特之外的所有蒙古和汉地上万城的地方，实力极为强大，然可能尚未有佛教推广。因此当时商议说：若是法王（即戴青绰尔济）

① 据《五世达赖喇嘛传》载，西藏使团于1640年正月拉萨祈愿大法会后从拉萨出发，至1642年十月到达沈阳。使团是从青海绕道新疆厄鲁特蒙古，再到喀尔喀蒙古，再从喀尔喀蒙古到沈阳。参见陈庆英：《西藏首次遣使清朝史实探讨》，《中国藏学》1998年第1期。

② 见《清太宗实录》卷63，崇德七年十月壬戌条。

③ 罗桑却吉坚赞：《四世班禅传》（藏文），西藏藏文古籍出版社，2014年，第207页。

能前往彼地（盛京），必将于佛教和众生都有益。法王说：我的身、语、意都已奉献与您（按：四世班禅），若您吩咐令我启程我可以立即动身。于是，戴青绰尔济带着给盛京王的信件和礼物，顺便带去给五世达赖喇嘛的信件和礼品并要求在五年内返回。

此处提到的高僧“སེ་ཆེན་ཆོས་རྗེ”（或译作“车臣曲杰”），他是使团里格鲁派的一位重要人物，通常被称作“戴青绰尔济”（སེ་ཆེན་ཆོས་རྗེ།），是安多地区的僧人金巴嘉措，后来被五世达赖喇嘛派往北京任职，他在家乡青海民和曾建巴州寺，故又被称为巴州活佛，他的转世即是康熙皇帝时因支持噶尔丹而被清廷处死的伊拉古克三呼图克图。

《四世班禅传》接着记述了使团在盛京受到皇太极的礼遇和讲经说法、及皇帝交给使团带回西藏的书信等内容：

ཡུལ་དེར་ཕྱིན་ཙམ་ཉིད་ནས་ངོ་མཚར་བའི་རྟགས་མཚན་དུ་མ་བྱུང་འདུག་ཅིང་། རྒྱལ་པོ་སྐྱེ་དང་བཅས་མཆོག་ཏུ་དད་པས་བསྟན་པ་ལ་ཞུགས། ཆོས་རྗེ་ཉིད་རིགས་ཀྱི་ཅོད་པན་དུ་བཟུང་། འབུལ་བ་བསྙེན་བཀུར་བསམ་གྱིས་མི་ཁྱབ་པ་བྱས། རྟེན་འབྲེལ་ལེགས་ཚོགས་འགྲིག་ངོས། རྒྱུན་དུ་བཞུགས་དགོས་ཚུལ་ནན་ཆགས་པ་བྱས་འདུག་ཀྱང་། སྔར་གྱི་དུས་ཚིགས་ལས་ཐལ་དོགས། སླར་སྐྱུར་དུ་འབྱོན་པའི་ཞལ་ལེན་མཛད། འབྱོན་པར་ཕྱོགས་པ་ན། རྒྱལ་པོས་བླ་མ་རིན་པོ་ཆེ་ཐམས་ཅད་མཁྱེན་པ་དང་། ཁོ་བོ་ཅག་དཔོན་སློབ་ལ་ཡི་གེ་དངུལ་སྲང་སྟོང་ཕྲག་རེ་རེ། རིན་པོ་ཆེ་སྣ་ཚོགས་ཀྱི་ཞལ་སྲུད་རྣམ་གྲངས་མང་བ། གོས་དར་ལ་སོགས་པའི་རྟེན་ཤིན་ཏུ་བཟང་བ་དང་། ཕྱོགས་རིས་མེད་པའི་བོད་ཀྱི་བླ་མ་ཆེ་བ། ཀརྨ་པ། ས་སྐྱ་བ། སྟག་ལུང་པ། འབྲུག་པ་རྣམས་ལ་ཡང་ཡི་གེ་དངུལ་གྱི་ཡོལ་གོ་རེས་མཆོད་པའི་རྟེན།①

译成汉文，基本内容为：

（使团）到了那里（盛京）之后，出现了许多奇异吉兆，汗（按：皇太极）和庶民对尊者（按：戴青绰尔济）非常敬信，纷纷入佛门，将法王（戴青绰尔济）作为顶饰，奉献丰厚供养与

① 罗桑却吉坚赞：《四世班禅传》（藏文），西藏藏文古籍出版社，2014 年，第 207—208 页。

服侍，吉祥妙汇。原本要去长期留住那里，但因考虑到已有返回的时间约定，只好答应今后再来。返回之途启程时，汗（皇太极）给一切智五世达赖和我（按：四世班禅自己）师徒两人捎来信件和每人一千两白银、各种珠宝器皿和绸缎布料等优厚礼物，同时不分教派的给西藏大喇嘛噶玛巴、萨迦哇、达隆巴、主巴（不丹）法王等都捎来信件和银碗等礼物。

这段藏文记载可以与汉文文献的记载相比较，其大致相同，汉文记载西藏使团在盛京停留 8 个月后，于清崇德八年（1643）五月离开。当时，皇太极派察汗喇嘛等随西藏使团进藏，并给五世达赖喇嘛、四世班禅、固始汗、藏巴汗、萨迦法王、达垅法王、不丹法王、噶玛法王等分别带去书信和礼品。启程时，皇太极亲率王公贝勒送至演武场，并以盛宴饯行。

值得注意的是，皇太极给西藏地方各领袖人物写信，上引《四世班禅传》中只提了各派领袖人物，而没有提到固始汗和藏巴汗。因为大概四世班禅写传时，西藏地方政权已更迭，固始汗推翻了藏巴汗并将他处死的这一历史已经翻过了一页。同样的原因藏文《四世班禅传》中没有提到的使团里的另外一位高僧，名叫戴青俄木布（སེ་ཆེན་དཔོན་པོ།），他是拜巴噶斯（按：1616 年起任卫拉特和硕特蒙古汗王，固始汗之兄）的义子——和硕特蒙古的高僧咱雅班智达南喀嘉措（ནམ་མཁའ་རྒྱ་མཚོ། 1599—1662）[①]。此外，伊拉古克三是当时厄鲁特（卫拉特）蒙古人对高级活佛的一种泛称，蒙古语意为“特殊的”“不同凡响的”“在众人中地位最高的”。

使团为后来格鲁派主导的西藏地方政权与清朝最早取得联系立下了汗马功劳。木猴年（1644）十二月下旬，四世班禅在扎

① 咱雅班智达，后在厄鲁特部传法，被尊为厄鲁特和喀尔喀四部七旗的喇嘛，他的转世即是和硕特部车臣汗鄂齐尔图的义子伊拉古克三。噶尔丹汗控制厄鲁特四部以后，咱雅班智达僧俗徒众分散，其后再无传承。见陈庆英：《西藏首次遣使清朝史实探讨》，《中国藏学》1998 年第 1 期。

什伦布寺为由戴青绰尔济和扎仓法王出资铸造的两尊银质佛像等举行了开光加持[1]，以示对戴青绰尔济的敬意。

总之，此次派遣使者与远在盛京的清朝建立联系，是四世班禅、五世达赖喇嘛与固始汗共同做出的重大决策，这对于清朝的统一和多民族国家的建立具有深远的意义和影响。

四、支持五世达赖喇嘛进京朝觐

在格鲁派的援引下，1641年藏历四月固始汗率军抵达当雄，随后，在格鲁派僧兵配合下，固始汗大军一路破敌，将第悉藏巴包围于桑珠孜城堡。第悉藏巴坚守桑珠孜城堡达十个月。直到1642年藏历二月桑珠孜城堡被攻破，才将第悉藏巴汗噶玛丹迥旺波俘获，并把他监禁在拉萨附近的内邬宗里。后因第悉藏巴手下人发动叛乱，企图将他救出，固始汗遂下令将他投拉萨河处死。

青藏高原为固始汗所统一后，他倾心内向，凡西藏事务均依从清廷，清朝对西藏地方则通过和硕特蒙古政权来实施统治。固始汗推翻第悉藏巴政权后，建立起以“甘丹颇章”命名的西藏地方政权，使格鲁派占据了统治地位，同时五世达赖喇嘛的威望日益提高。然而，支持第悉藏巴政权的噶玛噶举派势力和影响仍很大，尤其在第悉藏巴政权的根据地后藏地区，仍有觉囊派、噶举派的反抗，局面难以完全控制。为此，固始汗决定在后藏另树一个格鲁派的宗教领袖，一是为四世班禅在此次战争中作出重大贡献以示褒奖，二是以统领后藏各教派同噶玛噶举派分庭抗礼。为此，固始汗选定四世班禅罗桑却吉坚赞为格鲁派的另一个宗教领袖。目的是以四世班禅主持的扎什伦布寺为后藏的中心，可与

---

① 罗桑却吉坚赞：《四世班禅传》（藏文），西藏藏文古籍出版社，2014年，第210页。

前藏达赖喇嘛相呼应地控制西藏。顺治三年（1645），固始汗赠给罗桑却吉坚赞以“班禅博克多”的尊号①。“班”是“班智达”的简称，是梵语，意即智慧或智者；“禅”是藏语“钦布”的简称，“禅”是“钦”的变音，是大的意思；“博克多”是蒙古语，是对睿智英武人物的尊称。同时，固始汗将后藏地区的数十个庄园全部捐献给扎什伦布寺，以作僧众的供养。

就在这一年（1645），扎什伦布寺为了格鲁派的发展，也可能是为了庆贺固始汗赠给四世班禅名号，从此年起连续几年召集书写人员缮写《甘珠尔》金字大藏经②。在四世班禅时期，扎什伦布寺藏有六套《甘珠尔》经，其中五套为金写经书。

崇德七年（1642），清朝政府正式派遣察汉喇嘛为使者赴西藏迎请五世达赖喇嘛。随后，又经多次敦请，并数次敕谕固始汗、四世班禅、第巴索南饶丹等人敦劝五世达赖喇嘛尽早动身。特别是清世祖敕谕四世班禅要他劝说。火狗年（1646）秋季，戴青绰尔济夏仲（ཆོས་རྗེ་སེ་ཆེན་ཞབས་དྲུང）特派使者喜饶喇嘛师徒（ཤེས་རབ་བླ་མ་དཔོན་སློབ）前来，将一尊吉祥大威德金刚鎏金佛像、各种法器，以及他赴内地时由清帝赠给他的特殊礼品等敬献于四世班禅③。土鼠年（1648）冬季法会后，居尔济特汗（顺治帝）的使者（སྤྱོར་རིད་ཀྱི་མི་སྣ）喜饶喇嘛与色康噶久巴（གསེར་ཁང་དཀའ་བཅུ་པ）一起前来，并献上宗喀巴发愿所依释迦牟尼佛像。应请为色康噶久巴传授了出家戒，满足了各自心愿④。他们代口谕请四世班禅敦促五世达赖喇嘛尽快动身。

在四世班禅等人的敦请下，顺治五年，五世达赖喇嘛同意赴京觐见，但决定行期在五年以后即“辰年（1652）前来”⑤。据

① 牙含章编著：《班禅额尔德尼传》，西藏人民出版社，1987 年，第 40—41 页。
② 《四世班禅传》（藏文），第 212—213 页。
③ 《四世班禅传》（藏文），第 223 页。
④ 《四世班禅传》（藏文），第 235 页。
⑤ 《清史稿 · 藩部八》卷 525。

《清世祖实录》记载："顺治九年正月癸酉（1652年2月9日），班禅胡土克图、第巴、厄鲁特部落顾实汗等，以劝导达赖喇嘛来朝，奉表奏闻，并贡方物"①。五世达赖喇嘛之推迟五年动身，是因为格鲁派占据主导的西藏地方政权尚不稳固。布达拉宫白宫工程尚在进行（1645—1649）；噶玛噶举派虽已承认格鲁派的管辖权，但局部仍时有反抗和叛乱；蒙藏结成的政治联盟内部，因权力和利益分配而充满了矛盾和斗争。至顺治六年（1649），布达拉宫工程竣工，西藏对不丹的战争平息，西藏局势趋于稳定。于是五世达赖喇嘛决定于辰年（1652）进京朝觐。

帝闻讯，即于顺治八年（1651）八月二十九日派出以喜饶喇嘛、噶居喇嘛、察罕达尔汉曲杰等为首的二百多人的使团前往西藏迎请五世达赖喇嘛。使团赍谕至藏，向五世达赖喇嘛递交敕谕，同时交敕谕给四世班禅、第巴索南饶丹、固始汗长子鄂齐尔台吉等人，敦促尽早起程。水龙年（1652）三月十五日良辰吉日，五世达赖喇嘛率领三千人的进京队伍，离开拉萨开始进京之旅。四世班禅从后藏赶到约定地点相送。据藏文《四世班禅传》记载：

> 至水龙年（1652）二月底，五世达赖喇嘛即将前往内地时，已经约定在纳噶玛（ན་དཀར་མ）会面。于是，四世班禅在三月十一日，同扎什伦布寺上师们一道经温萨寺（དབེན་དགོན），又在噶丹饶杰寺（དགེ་ལྡན་རབ་རྒྱས་གླིང་）僧众仪仗队的欢迎下抵达噶丹饶杰寺，为该寺讲经布施。随后经托布结（ཐོབ་རྒྱལ）村庄时，为卧域（འོད་ཡུག）的各寺献茶布施。之后翻过雪古拉山（སོག་ཀུ་ལ）后，鄂尔寺堪钦（ངོར་པ་མཁན་ཆེན）会面。二十二日正式拜谒五世达赖喇嘛。在吉祥、圆满因缘中互致问

① 《清世祖实录》卷62，顺治九年正月癸酉条。

候，互敬珍贵礼品。在七天的时间里，为五世达赖喇嘛传授了《修心》等经文传承。①

四世班禅与五世达赖喇嘛还详谈了相关政教事宜。住了七天后，便互相道别，五世达赖喇嘛一行一路向北，途经桑珠德庆、藏北重镇那曲、藏北“无人区”、唐古拉山等地，于顺治九年（1652）七月十一日，抵达青海湖西边的切吉滩（在今青海省海南州石乃亥乡境内）时，同清廷派来以理藩院侍郎沙齐达喇昆坚为首的迎接队伍会合。此后，顺治帝沿途派遣朝廷官员并同地方各级官员一道善加迎送，接待优渥，赏赐有加。五世达赖喇嘛沿途经塔尔寺（八月十七日到达）、西宁、青海省、甘肃省，以及宁夏和今内蒙古鄂尔多斯部等地，至十一月初二日，在途中与前来迎接的和硕承泽亲王会合。和硕承泽亲王向五世达赖喇嘛递交了皇帝的敕谕和各种赏赐。十一月十六日，五世达赖喇嘛一行抵达岱噶汉式寝宫。十二月十四日五世达赖喇嘛抵达京城，在“禅林”② 地方驻锡两天。顺治九年十二月十六日（1653 年元月 15 日），顺治帝以“田猎”为名，与五世达赖喇嘛“不期然”相会于南苑。十七日，五世达赖喇嘛移居顺治帝专门为五世达赖喇嘛居住而建的西黄寺。顺治十年（1653）正月十一日，顺治帝在紫禁城太和殿盛宴款待五世达赖喇嘛等人。顺治十年二月二十二日，五世达赖喇嘛一行在京城停留近七十天后，从黄寺起程返藏。三月初十日，五世达赖喇嘛行抵岱噶，后在此驻留了五十天。

顺治十年闰五月间，清朝政府遂派遣以礼部尚书觉罗郎球和理藩院侍郎席达礼为首的官员携带金册、金印赶往岱噶，正式册

① 《四世班禅传》（藏文），第 244—245 页。

② 此“禅林”疑即东黄寺，因东黄寺最初名为“普净禅林”，藏语ཆེན་པོ་ཁྲི། 即为“禅林”的音译。1651 年五世达赖喇嘛来朝之前才改名为东黄寺。地在今北京市德胜门外黄寺大街中段，与西黄寺一墙之隔。

封五世达赖喇嘛为“西天大善自在佛所领天下释教普通瓦赤喇怛喇达赖喇嘛”。金印和金册用汉、藏、满三种文字写成。五世达赖喇嘛当即“写了诗体吉祥偈颂，启用了此印，作了荐新”[①]。后又于五月二十五日上表谢恩。通过正式册封，既确立和巩固了皇帝对广大信奉藏传佛教的少数民族地区的最高统治权，又确立了五世达赖喇嘛的宗教地位，从此凡历代达赖喇嘛都须由中央政府册封成为一项制度。五世达赖喇嘛通过进京朝觐和接受册封，也表明了他对中央王朝的认可和归附。清朝在册封五世达赖喇嘛的同时，又派内大臣囊努克、修世岱二人随五世达赖喇嘛一行携金印、金册入藏，正式册封固始汗为“遵行文义敏慧顾实汗”。清顺治帝要固始汗“作朕屏辅，辑乃封圻”，即尽好清朝一统天下中领有封地的一个汗王的职责。

五世达赖喇嘛从汉地返回时，四世班禅又专门派人给五世达赖喇嘛送去慰问礼物。至木马年（1654）元月，扎什伦布寺举行祈愿大法会。这时，五世达赖喇嘛派人给四世班禅回赠丰厚礼物，为僧众广散布施。同年（1654）七月初，五世达赖喇嘛一行来到扎什伦布寺，并在扎什伦布寺驻留了五天[②]。

五、增进民族交往，促进关系发展

四世班禅时期，四世班禅因个人的威望、地位和宗教影响吸引着广大蒙古族、汉族等信众慕名前来拜谒。蒙古准噶尔部、和硕特部、喀尔喀部的王公贵族频繁往返于西藏扎什伦布寺、布达拉宫与青海和蒙古各地，他们中大多成为四世班禅的虔诚弟子和

---

① 五世达赖喇阿旺洛桑嘉措：《五世达赖喇嘛传》，陈庆英等译本，中国藏学出版社，1997年，第343页。

② 罗桑却吉坚赞：《四世班禅传》（藏文），西藏藏文古籍出版社，2014年，第252—253页。

重要施主。这在《四世班禅传》中有诸多记载，随便举两例：1616年秋季，两名喀尔喀王室后裔为主的大批北部蒙古人来到扎什伦布寺，四世班禅为近千人授近圆戒。又如，铁兔年（1651）十一月，厄鲁特王都热洪太吉主仆（ཨོའི་རོང་དཔོན་པོ་ཏུ་རལ་ཏོང་ཐའི་ཇི་དཔོན་གཡོག）、喀尔喀王诺门艾青主仆（ཁལ་ཁའི་དཔོན་པོ་ནོམ་ཨེ་ཇིན་དཔོན་གཡོག），以及内地的使者恰噶喇嘛（ཆ་ཀར་བླ་མ）、喜饶喇嘛（ཤེས་རབ་བླ་མ）等大批人员来到扎什伦布寺，广散布施①。蒙古各部王公贵族和大批施主常年往返，拜谒四世班禅，作礼佛布施等活动，他们在一定程度上成为扎什伦布寺财富的一种来源，同时密切了蒙藏民族关系，这对于当时统一的多民族国家的建立和发展具有重要意义。

四世班禅时期，清朝皇帝曾多次派遣专人给四世班禅送来亲笔信函和各类赐礼，汉藏联系十分密切。据藏文《四世班禅传》和《清世祖实录》记载，较为重要的有以下几次：

土鼠年（1648）冬季法会后，居尔济特汗（顺治帝）的使者（སྐྱུར་ཇིད་ཀྱི་མི་སྣ）喜饶喇嘛（ཤེས་རབ་བླ་མ）与色康噶久巴（གསེར་ཁང་དཀའ་བཅུ་པ）到来并一起献上宗喀巴发愿所依释迦牟尼佛像②。铁兔年（1651）十一月，内地使者恰噶喇嘛（ཆ་ཀར་བླ་མ）、喜饶喇嘛等大批人员来到扎什伦布寺，广散布施③。至土狗年（1658）正月，喜饶喇嘛（ཤེས་རབ་བླ་མ）及亲属等大批信众又前来拜谒。迎请四世班禅为喜饶喇嘛在青城（མཁར་སྔོན་པོ། 今呼和浩特）建造的山庙赐写寺规。

水蛇年（1653）十一月，内地的喀尔喀喇嘛（ཁལ་ཁ་བླ་མ）、达尔罕法主（ཏྲར་ཁན་ཆོས་རྗེ）、色康噶久巴等人，带来皇帝的珍贵礼品④。《清实录》顺治十一年九月丁未（1654年10月30日）

① 《四世班禅传》（藏文），第242页。
② 《四世班禅传》（藏文），第235页。
③ 《四世班禅传》（藏文），第242页。
④ 《四世班禅传》（藏文），第251页。

条亦载："遣官存问达赖喇嘛、顾实汗、班禅胡土克图，赐以嵌绿松石珊瑚金茶筒及玉瓶、缎匹等物"①。

木羊年（1655）五月，内地的曼殊西喇嘛（མཉྫུ་ཤི་བླ་མ）和诺布温布（ནོར་བུ་དཔོན་པོ）二人为主的汉地使者与恰噶喇嘛（ཆ་ཀར་བླ་མ）派遣来送印制《甘珠尔》经的精美汉地纸张的奔仓曲扎（དཔོན་ཚང་ཆོས་གྲགས）等抵达扎什伦布寺②。

《清实录》顺治十三年三月丙戌（1656年4月1日）条、顺治十四年四月丁亥（1657年5月27日）条等均有相应记载③。顺治十四年六月甲午（1657年8月2日）"赐达赖喇嘛、班禅胡土克图贡使卓礼克图俄穆布等银茶筒、蟒缎等物。复遣西喇布喇嘛、萨木坦格隆等存问达赖喇嘛、班禅胡土克图，赐以金茶筒、玉瓶等物"④。

土狗年（1658），正月，皇帝派遣使者前来慰问并赠送丰厚礼品，为此写了回信和贡礼⑤。《清世祖实录》顺治十五年十二月乙丑（1658年12月26日）条也有相似的记载⑥。

土猪年（1659），六月，皇帝派来金字使者颁赐印玺和礼品。蒙古洪太吉也献来丰厚礼物。据《清实录》顺治十七年六月庚子（1660年7月23日）："以达赖喇嘛、班禅胡土克图、瓦齐尔汗遣使奉表问安，命喇木扎木巴喇嘛等赍敕存问，并赐雕鞍、玉壶、缎匹等物"⑦。

铁牛年（1661）年初，皇帝派遣金字使者唐家喇嘛（ཐང་སྐྱ་བླ་མ）等主仆多人来送印玺和礼品，并献曼札⑧。1662年三月下

---

① 《清世祖实录》卷86，顺治十一年九月丁未条。

② 罗桑却吉坚赞：《四世班禅传》（藏文），西藏藏文古籍出版社，2014年，第255页。

③ 《清世祖实录》卷99；卷109。

④ 《清世祖实录》卷110，顺治十四年六月甲午条。

⑤ 《四世班禅传》（藏文），第280页。

⑥ 《清世祖实录》卷122，顺治十五年十二月乙丑条。

⑦ 《清世祖实录》卷137。

⑧ 《四世班禅传》（藏文），第319页。

旬，皇帝特派弥格法主（མི་རྒན་ཆོས་རྗེ）、额尔克噶久（ཨེར་ཁེ་དཀའ་བཅུ）等捎来慰问信和大量礼物，个人也献上了礼物[①]。

另据《清世祖实录》记载，四世班禅派遣使者与五世达赖喇嘛、固始汗的代表一同进京朝贡，“上表谢恩”。其记载的年代和次数如下：顺治四年（1647）二月和三月；顺治八年（1651）正月；顺治九年（1652）正月；顺治十一年（1654）六月；顺治十四年（1657）五月；顺治十五年（1658）十二月；顺治十七年（1660）四月和六月等（均有四世班禅“遣使上表谢恩，并贡方物”等记载）[②]。

在上述一来一往的交往过程中，汉藏文化得到了交流。如在扎什伦布寺专门建造了汉地佛堂（རྒྱ་ནག་ལྷ་ཁང་），藏名叫“甲那拉康”，四世班禅很注重这一佛堂的维修和供养。火狗年（1646）春季，为拉章坚赞吞布寝殿之顶制作了鎏金的佛幢，为汉地佛堂的主供释迦牟尼像用二十七两黄金制作了宝石顶鬘[③]。土猪年（1659），六月，在汉地佛堂供奉文殊菩萨像、四臂怙主像。扎什伦布寺新立金字《甘珠尔》的经纸来自内地。如木羊年（1655）五月，皇帝派遣专人送来印制《甘珠尔》经的精美汉地纸张等。

四世班禅圆寂后，水虎年（1662）由大管家洛桑格勒主持修建供奉四世班禅灵塔的曲康夏殿。四世班禅的法体安放在塔瓶内，塔瓶门内有用白银三十八斤五两和黄金八十九钱制成的四世班禅等身像。木龙年（1664）生喜月（五月），皇帝为供养四世班禅的银塔大宝，特派曲登喇嘛（མཆོད་རྟེན་བླ་མ）、群培格隆（ཆོས་འཕེལ་དགེ་སློང་）两人，于十五日前来献上特制哈达多条以及精美曼

① 《四世班禅传》（藏文），第 349 页。

② 《清世祖实录》卷 30 和卷 31、卷 52、卷 62、卷 84、卷 109、卷 122、卷 134 和 137。

③ 《四世班禅传》（藏文），第 223 页。

札等大量供物，他们个人也献来很多供养器具[1]。

六、小结

四世班禅和萨班·贡噶坚赞一样伟大，历史地位突出。四世班禅是一位深受西藏僧俗人民尊敬和爱戴的格鲁派领袖人物，早在木猴年（1644）顺治皇帝登基后，就给五世达赖喇嘛和四世班禅送来赞颂信函和慰问品，称四世班禅为"无上"，并授权为扎什伦布寺的住持[2]。四世班禅在宗教方面，为本来只是单一的格鲁派寺院的扎什伦布寺发展成为后藏地区政教合一的统治机构奠定了基础。在政治方面，他在与第悉藏巴汗地方政权斗争中发挥了重要作用，通过与固始汗联系，开启了清初蒙藏民族（格鲁派与蒙古部落）持久关系的历史阶段。他在历史转折关头积极奔走，维护西藏地方与清朝中央政府的关系，随后又支持五世达赖喇嘛进京朝觐。四世班禅还多方增进与清廷及内地在政治、经济和文化诸多方面往来。四世班禅圆寂时，康熙帝特派官员参加祭奠、赠送供品，以表达对他的尊崇。后来清朝中央政府在管理西藏地方过程中对前后藏所采取的一系列政策，其根源无不与四世班禅的重要历史作为有着极大的关系。

冯智，中国藏学研究中心历史研究所副所长、研究员。

① 《四世班禅罗桑却吉坚赞传》（藏文），第375—376页。

② 阿旺久美等著，克珠群佩译：《第四世班禅洛桑曲吉坚赞简传》，刊登于《西藏文史资料选辑》第三十一辑，日喀则史料专辑，中国藏学出版社，2014年。

冰心玉壶为家国

——萨迦法王与哲蚌寺汉僧欧阳无畏的秘室对话

喜饶尼玛　韩敬山

萨迦班智达与阔端在凉州的会盟，彰显两大深层次的成果：一是气氛祥和的会盟令萨迦班智达亲笔书写了一封情真意切、声情并茂的公开信，由此正式结束吐蕃时期西藏分立割据长达数百年的大动荡；二是元中央政府正式在西藏地方派官设治，对后来治藏产生深远的影响。

十世班禅大师曾在许多场合自豪地说："萨迦昆氏族是为西藏和华夏民族作出最大贡献的大家族"，他的一首诗形象地对萨迦昆氏族和萨迦的爱国文化作出了精辟的概括：昆氏先祖雪域圣，藏蒙教长帝师。护持佛法利众生，法王盛名尘颂。统一祖国成大业，团结各族树典范。前人业绩堪效法，爱国爱教学先哲。[①]

元朝在北京（大都）建都后，设立了管理藏区及全国佛教

---

① 萨迦·班典顿玉：《促进祖国统一的萨迦家族》，《海内与海外》2010 年第 1 期。

的总制院,[①] 由萨迦派驻京管理。由于蒙古皇室的极度尊崇，藏传佛教开始了史无前例的东进，最有影响的还是萨迦派。自元以降，萨迦派继续坚定传承萨迦班智达的遗愿，护国利教。如1413年5月，明成祖赐封年事已高为其多次讲法的萨迦法王贡噶札西为“万行圆融妙法最胜真如慧智弘慈广济护国演教正觉大乘法王西天上善金刚普应大光明佛领天下释教”，简称“大乘法王”。至清代“仪仗中有香炉、黄伞，在旧西藏除了达赖、班禅和萨迦法王之外，只有甘丹赤巴才能享有这种待遇”[②]。由此可见，即便清代尊崇格鲁派，但中央政府对萨迦法王的宗教地位与出行仪仗的规格亦很特殊。至民国时期，中央政府与西藏地方的关系一度极不正常，信息沟通也受到各种干扰，但潜心修行于千年古寺的萨迦法王，对祖国之情仍念念难忘。

1937年7月至次年1月，哲蚌寺汉僧欧阳无畏[③]自拉萨出发，历时192天，经后藏至加德满都，沿途详记山川形势，交通

---

① 1264年，总制院设立，以国师八思巴领之。1288年，尚书右丞相兼总制院使桑哥奏请用唐朝皇帝在宣政殿接见吐蕃使臣的故典，改名为宣政院，秩从一品，用三台银印，以帝师领院事，置院使二员（后增至十员），其为长者常以朝廷大臣担任，位居第二者由帝师推荐僧人担任。宣政院与中书省、枢密院、御史台并为元朝四个独立的任官系统。灭宋后，即置江南释教都总统；至元二十八年，又分设行宣政院于杭州，掌江南各省佛教，其后曾两度废而复置。诸路、府、州、县置僧录司、僧正司、都纲司，为宣政院下属地方机构，管理各地佛寺、僧徒。

② 王维强：《甘丹赤巴在藏传佛教发展史上的地位与作用》，刊于《中国藏学》2006年第2期。

③ 欧阳无畏，1930年毕业于东北冯庸大学政治系，1933年任教于青海第一师范，1937年于西藏拉萨哲蚌寺剃度出家，法名君庇亟美，七年后离藏。其后在重庆中央大学和政治学校教授藏文。抗战胜利后，其担任国防部边务研究所藏文教席。1948年再度入藏，修习显密教法。1951年，欧阳无畏获格鲁派格西拉让巴最高学位候选人的同时西藏面临解放，由于“欧阳无畏与国民政府关系密切，此种身份使他留在西藏十分不利，于是欧阳在还未进行辩经考试前，即越藏印边境，辗转抵达台湾”。（王俊中著，江灿腾、潘光哲、金仕起合编：《东亚汉藏佛教史研究》，台北东大图书公司，2003年，第234页。）

里程，风土民情，撰成《藏尼游记》①。他在路经萨迦寺时拜见萨迦法王，并将谈话细细书写于日记，字里行间对这一时期的萨迦法王作了生动的记叙。今日读来，感慨万分，亦觉颇具史料价值。

萨迦法王初次会见表达立场：前清旧制　难以忘怀

1937 年 8 月 11 日，哲蚌寺汉僧欧阳无畏在西藏日喀则萨迦寺与萨迦法王第一次见面。当晚，欧阳无畏挑灯夜记，将此日会见内容详尽誊写于随身携带的笔记本上，两人对话颇精彩，使我们不能不在时隔 80 年后细细将其全貌记录于此：

> 室幽静，颇便密谈。
>
> 于是，余首告以班禅不久将到藏之消息，探问彼对此事之感想如何？
>
> 贡玛反问余，班禅进藏后，中国是否将恢复从前之驻藏钦差大臣制度？
>
> 余略加考虑，答以否。
>
> 贡玛问："何故"？
>
> 余曰："驻藏钦差大臣，乃满清专制时代之产物，为君主压迫西藏人民之替身，民国宗旨以五族平等为原则，当然无需恢复从前制度，即使派大员驻藏，亦必简选深明佛陀教义，胸襟开阔之人物，以求达到弘扬正

① 《藏尼游记》手稿完成于 1938 年 5 月。内容包括：藏尼纪程、藏尼日记及附记、藏尼绝句（129 首）3 个部分，附录手绘地图 10 幅。1954 年 5 月，台"蒙藏委员会"列为《边情资料辑之六》铅印出版，未附地图。1986 年，政治大学边政研究所影印手稿，未大量流通。2016 年，韩敬山校注整理之《藏尼游记》由《西藏民族大学学报》（哲学社会科学版）开始连载。

教，汉、藏亲爱，真正一家之域。”

贡玛闻言，颇现喜色。连询民国建国道理？

余曰：“民国建国，乃系根据大佛菩萨化身之孙中山之三民主义，建国大纲，建国方略，以求造成一国内民族完全平等，国家主权在全体人民，国家财富人民公享而无贫苦疾痛，一世界上最强盛、最快乐之国家，亦即佛经所云：西方极乐之现实也！”

贡玛曰：“然则必须有一福德智慧皆臻十全之皇帝以统御临治之！”

余曰：“不然！民国主旨在使主权归诸全体人民，方免专制压迫之苦。如有皇帝，则权力集于一人，虽偶有爱民卫国之皇帝一二出世，然子孙承袭，难保不肖，不如民国之选贤任能为愈。以西藏举例言之，自松赞干布王直至髯巴坚①（རལ་པ་ཅན），吾人固无所非议，然髯

① 即热巴巾（802—841），是赞普赤德松赞赛那勒之子，后继父位为赤祖德赞热巴巾，其在位政绩主要是“继承父王遗志，和解了唐蕃边界军事冲突”。（恰白·次旦平措、诺章·吾坚、平措次仁著，陈庆英、格桑益西、何宗英、许德存译：《西藏通史——松石宝串》，西藏社会科学院、中国西藏杂志社、西藏古籍出版社出版，2004年，第184页。）在《唐蕃会盟碑》中，有大蕃年号为彝泰年的文字是吐蕃学习汉族文化的一个明显范例，这个彝泰一年恰好就是赤祖德赞热巴巾继位之年。由于其身边奸臣阴谋策划，趁赤祖德赞热巴巾醉眠时，韦·达纳坚、觉热·拉伦、勒都赞三个奸臣，将热巴巾的“颈部折断，头颅扭转而死”。（恰白·次旦平措、诺章·吾坚、平措次仁著，陈庆英、格桑益西、何宗英、许德存译：《西藏通史——松石宝串》，西藏社会科学院、中国西藏杂志社、西藏古籍出版社出版，2004年，第194页。）

巴坚不能保其子之不肖①，故朗达玛卒至毁灭佛法②。若为民国，知其不肖，人民必早选立他人贤者继统，预先防犯，可免毁灭佛法之祸。然因西藏崇信君主，故朗达玛继立暴虐，人民无法制止，终不免佛法中灭之祸也。更以满清而论，继统诸帝，如殊能如康、雍、乾三朝之富强，天理人心，犹不能听任君主之胡作非为，何况其末造乃逢西太后紊乱朝政，卖官鬻爵，官吏贪黩，屡屡割地赔款，犹复朝野嬉顽，不图振作，人民水深火热，忍无可忍，始觉悟到非将主权归还于人民，不足以救贫弱，于是奋起革命。清室亦知民心所向，情愿退位，于是民国成立，仍以皇帝之尊荣优礼清室，不过一切国政，皆由人民选举贤能以治理而已。观此可知清帝之逊位，并非受有人民之逼迫，而民国之待清帝仍不薄也。”

贡玛曰：“中国人民能自治理国政，固属尽善尽美，

① 欧阳无畏所称热巴巾不能保证其子孝顺，实属张冠李戴。事实上，篡权热巴巾王位的是其兄弟朗达玛，并不是热巴巾之子。

② 在吐蕃历史文献中，朗达玛的形象大多数历史文献刻画为魔王。2015 年 6 月出版的བོད་ཀྱི་ལོ་རྒྱུས་སྙིང་བའི་གཏམ，对朗达玛的名字做了考证，“赞普的外表像牛，民间取绰号为朗达玛”。朗（གླང）在藏文中意即牛，但朗达玛的真正名字ཁྲི་དར་མ་འུ་དུམ་བཙན（笔者译：赤达玛乌东赞）却鲜有人知。藏族诸多教法史均将这位赞普写成喜欢作恶之人，当他的兄弟ཁྲི་གཙུག་ལྡེ་བཙན（赤祖德赞）登上王位后，朗达玛依靠反对派大臣将赤祖德赞杀害，观世音菩萨的化身ལྷ་ལུང་དཔལ་ཀྱི་རྡོ་རྗེ（拉隆·贝吉多杰）不久就将其正法。类似的民间传说非常多，但从史学家们的文献记载中还是能够看到一些严谨的说法：首先，这位赞普从小到大作恶的说法并没有历史证据，相反，他在执掌政权后尊崇佛教的史实在许多历史文献和史书教法史中均有记载；其次，敦煌文献འུའི་དུན་བཏན་ཀྱི་བརྗོ་ཡིག记载称“赞普འུའི་དུན་བཙན脸黑的原因是为了降服体内灾祸的魔鬼，以确保身体健康，为此他新建了寺院和佛塔，心底里敬奉佛教。在其掌权后依旧按照祖先和兄弟定制，不断修复和新建庙宇、佛塔，以求佛教和吐蕃赞普度过各种劫难，万古不变。”上述文字详见周华：བོད་ཀྱི་ལོ་རྒྱུས་སྙིང་བའི་གཏམ 即《藏族简史》（修订版），中国藏学出版社，2015 年，第 157—163 页。无独有偶，台湾学者林冠群同样认为吐蕃的崩解是因为经年累月的征战，拖垮了吐蕃的经济政权，社会冲突加剧下的政教矛盾，导致佛法中衰，无以为继，此乃历代赞普所应分摊责任者，怎可独咎其一人。上述论点详见林冠群：《唐代吐蕃史研究》，台北联经出版事业股份有限公司，2011 年，第 358 页。

余亦非谓中国之人民必待有皇帝而后治，不过因中国之皇帝都为曼殊师利之化身，如不使其临位统御，恐人民有毁谤佛菩萨之过，终致减损福德，而冥冥受因果之谴报，且国亦不得治！”

余曰：“贡玛仁波且因果之说良是，然亦即西藏人对于皇帝观念之根本错误所在，不但不合民国宗旨，亦且有悖大乘佛理，何也？如适所云，则中国除皇帝外，全国四万七千万人中，更无第二曼殊师利化身在，四万七千万人皆凡夫俗子，此任何人不能肯定言之。经云：‘补特伽罗于补特伽罗勿执其量’，悖佛理一也。如谓曼殊师利度化有情，必生帝皇家而后可，故民众推倒一皇帝，即是推倒一曼殊师利。然则曼殊师利不能化身于西宁一牧户家，如宗喀巴是，此现量相违也，悖佛理二也。如谓帝王皆菩萨所化，则朗达玛不应毁灭佛法，此亦现量相违，悖佛理三也。曼殊师利度化中国有情，随其缘分，设种种方便，化种种身以度，然则中国之瘸癞聋瞽中亦应有曼殊师利，初不必限于帝皇，如其不然，则经云：‘十地菩萨能化亿万身，遍三千大千世界，或为金轮王，或为银轮王……或为比丘，或为商主，或为白衣，或为乞士，或为徒隶，于俱胝那世间，饶益有情，广作无量佛事’，与此相悖四也。国之治乱，视其国内有情之共业果报而定，业报当治则治，当乱始乱，菩萨亦视其当否而随时入世以度之，如谓有皇帝则治，无皇帝则乱，是不问皇帝之是否真正曼殊师利，不问世之治乱是否由业报所成，‘种种世间业力生’，与论相悖，五也。如谓有曼殊师利则治，然则有大悲观世音亦可治，有其他大菩萨亦可治。返观西藏，达赖在时之公培拉[①]招贿揽权，百姓嗟怨，达赖不大悲观自在之化身乎？竟亦无公培拉何。目下为藏王者，岂非大菩萨转化之大喇嘛乎？然藏中情形更不如达赖在世时，故虽有在位之大菩萨以统御国家，亦不能谓其国必治，中国二千年来皇帝在位无缺，即使都为真正曼殊利师化身，然二千年来亦治乱循环，人民饱受专制压迫之苦，岂不出于曼殊师利之赐耶！故，迂执皇帝论者，又与此等现量相违，悖佛理六也。夫所谓皇帝者，不过一行使国家最高权力之人之名称，若命名之初，名之曰娼妓，然则缪执皇帝论者，又将以国有娼妓则治，无娼妓则乱，宁有是理！执名作实，入中云：'一切法假名所立，世间言说所成'，又悖论旨，七也。故皇帝不须必有，民国亦可得治，四万七千万人中佛菩萨化身随在多有，吾人不必求曼殊师利于皇帝，但求之于大总统已足，是故吾人只希望凡人民所选出之民国官吏为曼殊师利或其他佛菩萨之化身。更进者，吾人不必民国官吏尽为曼殊师利，但求诸自己为民国国民者，人人都为曼殊师利。如是，岂有不治之民国乎！"

① 今译为土登贡培、土丹贡培、公被拉、公披拉、宫披拉等，为十三世达赖喇嘛生前最信任的人，后因达赖喇嘛病逝怀疑案被迫辞职，西藏政局发生重大变化。随后其彻底倒台，被剥夺一切权利流放林芝，其与亲属的全部财产均予没收，其父亲札西则被发配至拉萨尼木重新为奴隶。此外，"遭株连者尚有近侍扎西顿珠、德钦英色、医生强巴益西和乃穷护法神汉罗桑索朗等人"（《中华通鉴·西藏卷》，中国藏学出版社，2013 年版，第 1 卷，第 467 页）。1954 年，土登贡培还俗成婚，育有三子。同年，十四世达赖喇嘛离藏出席全国人民代表大会，"为了将达赖喇嘛的小卧车送过汹涌澎湃的拉萨河，土丹贡培将船夫们召集起来研究，终于想出了一个好办法：将四只大牛皮船，结连在一起，船里装满青稞杆子，再在上面铺上木板，把小卧车结结实实地捆在上面。他同船夫、工作人员冒着生命危险，起船向前划去，顺利到达对岸"（拉宗卓嘎：《关于坚赛·土丹贡培》，西藏自治区政协文史资料研究委员会编：《西藏文史资料选辑（第三辑）》，1984 年，第 77 页）。1956 年后，土登贡培先后担任西藏自治区筹委地质局副局长、西藏自治区筹委行政处长。1963 年 12 月病逝。

贡玛聆毕，肃然动容。①

在两人上述逻辑缜密、层层深入的对话中，欧阳无畏由浅入深，让对“共和”毫无概念的萨迦法王迅速知悉晓理民国建国的意义——自由、平等、幸福，进而用最能贴近法王实际的生动语言阐释民国成立的目的：佛经所云西方极乐之现实。信息闭塞的萨迦法王也念及过往，对欧阳无畏明确表达：其追思历代皇帝是文殊菩萨化身，希望清代驻藏大臣制度在西藏地方的恢复，盼望中央政府强力维护佛法秩序。与此同时，萨迦法王还说出了他内心的忧虑：那就是民国没有皇帝统御，恐人民有毁谤佛陀之险，最终招致国人减损福德。欧阳无畏据此再次用萨迦法王完全理解的佛教譬喻做出解释：吾人不必民国官吏尽为文殊菩萨，但求诸自己为民国国民者，人人都为文殊菩萨。如是，岂有不治之民国乎！这句精准的解释最终令萨迦法王“肃然动容”。欧阳无畏以典型的佛教语言诠释民国的意义，拉近了彼此关系。双方迅速建立起共信与互信。我们更是从以上对话，看到了此时的萨迦法王对国家之深情。

欧阳无畏对其思想的启蒙：关注时事　爱憎分明

欧阳无畏在1937年8月11日的秘密日记中还对萨迦法王身边人的思想流露也有详尽的记载，这是欧阳无畏在正式拜见萨迦法王前的试探性拜访：

下午二时抵萨迦，借宿民家，立遣人持名刺往达见仁波且（བདག་ཆེན་རིན་པོ་ཆེ 萨迦掌教之尊称也）宫中，请

① 引自欧阳无畏著，韩敬山校注整理：《藏尼游记》（八），《西藏民族大学学报》（哲学社会科学版）2017年第4期，第65—66页。

示何时准许谒见。时一老者进屋探视，命之坐谈，彼曰：

“达见仁波且恩德大，甚慈悲，穷苦游方远僧，如有朝谒，立时召见；若西藏官吏参谒，则不轻易接待，常至只候十余日之久，见时且有许多仪注，但我佛爷，毫无权势，不似从前盛时——现则被藏政府压迫不堪，毫无喘息余地。”

欧阳无畏通过与萨迦法王身边一老者的对话，快速准确地知悉了萨迦法王本人的待客好恶，尤其是知其对西藏地方官吏的态度后，心里对其平添一丝敬意。更为重要的是，欧阳无畏知悉民国时期萨迦法王自谦其毫无权势，这其实是政治上的地位。但其依然保有宗教上的权威，如“若西藏官吏参谒，则不轻易接待，常至只候十余日之久，见时且有许多仪注”，这种宗教上的权威此际也受到西藏官吏的认可。

欧阳无畏竭尽所能了解各种相关信息后，对即将拜见的萨迦法王已有所了解，显得胸有成竹，从日记中可见其在面谒萨迦法王时没有太多客套和试探之语，相反却能迅速直奔主题，开诚布公地充分对话：

“今日西藏处于专制暴虐下，粮价飞涨，百物艰苦，人民生活困难，藏政府中大小官吏未闻有一人慨然提出救济之办法。虽菩萨亦无能为力，人民复无主权可以推翻政府，只得忍气承受压迫，坐以待毙。反观内地，则五权分治，秉我佛众生平等之原则，救苦济危之慈心，虽贵至国府主席、五院院长，犯法亦准人民自由控告。水旱刀兵，一切灾疫，政府须负责救济，公安、保健、娱乐受用，国家负责创设，此皆藏人所谓无皇帝治下之现象也。两相比较，而藏人犹曰西藏是快乐福地，岂非大邪见现前乎！”

贡玛点首不已，曰：“民国诚能如是，我亦愿作百姓！”复问皇帝（贡玛之意，盖指溥仪逆贼）现在何处？余曰：“前几年听说在天津，现已死绝了，后嗣亦无！”①

贡玛复询班禅究竟亲汉耶？抑亲噶厦？

余曰：“班禅乃佛化身，佛性无远近亲疏，冤亲平等，故亲汉亦亲噶厦！”

贡玛又询班禅进藏后，设若与噶厦争执，酿成纠纷时，中央将如何应付？

余曰:“班禅乃佛性，当然与任何人不致发生争执，惟其座下，难免不肇事端，尔时中央自当设法弹压”。

贡玛又曰：“噶厦如迳欺凌班禅，中央又将如何?”

余曰：“昔提婆达都②陷害释迦，致佛足流血，而达都终因造此无间业生入地狱，噶厦如敢侵及活佛，将来自受同样恶报。”

贡玛曰：“设班禅终久被阻，不得进藏，中央将有何法使之必进?”

余曰：“佛住处必得安乐丰稔，此次班禅进藏，原为俯顺藏民舆情，诚能永不返藏，岂非内地有情福果善业所召，中央又何必必欲送之入藏乎？噶厦之阻止班禅，即是蔑弃师尊，设谤佛菩萨，不敬佛法，所造罪孽，必具现报。”

---

① 爱新觉罗·溥仪（1906—1967），字耀之，号浩然，中国历史上最后一个皇帝。1911年辛亥革命爆发，1912年2月被迫退位，清朝统治结束。“九·一八”事变后，其在日本人控制下成为伪满洲国傀儡皇帝，年号康德（1934—1945），又称“康德皇帝”。1945年8月17日，溥仪在沈阳准备逃亡时被苏联红军俘虏，带至苏联。1950年8月被解回国。1959年12月4日接到中华人民共和国主席毛泽东的特赦令并成为全国政协委员。1967年因肾癌在北京逝世，享年61岁。

② 又译为提婆达多，其是释迦牟尼佛的堂兄弟，佛侍者阿难罗汉亲生兄长。

谈至此，贡玛遂询班禅入藏问题经过，余举所知约略以告，复询及噶厦对中央之根本态度？

余曰："西藏僧官多数倾心内向，盼中央势力早日达到西藏。惟在政府中无权势，俗官中除少数甘心为虎作伥替英国作走狗者外，大多数人仍妄想西藏独立，自成一国。现噶厦完全由此派人把持，故此一派人之态度，即噶厦对中央之根本态度也。"

于是贡玛乃转询藏政府中人物，自藏王、司伦以下及各重要官员，皆有评骘。贡玛乃微声曰："闻得日前有一大势力喇嘛自南京化缘作买卖归来，实否？"

余知其意乃暗指藏王热振，此问使余深深觉察到贡玛之聪明机警，乃应曰："然！诚有是！"

贡玛乃言及彭秀噶伦①，问余："此人如何？"

余曰："据云，彼于四噶伦中，对公事最熟谙，惟损人利己事太作多耳！"

贡玛大然余言，曰："此人甚恶，但知欺压百姓，行事毫无功德。前数年曾勾通追玛婆章（即度母宫之藏名）侵吞萨迦公私庙产，不计其数。迄今余尚隐忍胸头，无法与抗！"

余默然不语，心知贡玛言及两宫讼事。此彼家务事，外人不便措辞也。

贡玛复问及詹通噶伦②，余评之为噶伦中之唯一明白事理者，贡玛立翘大指，鼓掌赞成余说，即曰："今

---

① 又译彭雪·才旦多吉、彭休·才旦多吉、彭休·泽登多吉（1889—1945），西藏江孜人，彭雪贵族之后裔。其任噶伦时间是1934年6月，其任首席噶伦时间是1936年1月。1939年9月赴那曲迎接十四世达赖喇嘛候选灵童，后因五世热振下台失势，于1943年辞职，1945年9月在拉萨病故。

② 又译泽桐·居美嘉措、詹东·居美嘉措、哲通·居美嘉措、扎通·居美嘉措、贞冬·居美嘉措、泽洞·居美嘉措（1890—1938），西藏日喀则人，第巴贵族之后裔。其任噶伦时间是1932年，1935年卸任，1938年病故。

日所谈极洽，信是前生缘分，君有需用物件，可向我直告，毋须逊让也！”①

上述对话中，欧阳无畏与萨迦法王对西藏地方当时的情况取得共识，并较为细致地讨论到九世班禅回藏问题。特别让人感慨的是，在欧阳无畏向萨迦法王介绍了民国的基本情况后，通过民主思想的启蒙，就令他做出了一个惊人的表态：“民国诚能如是，我亦愿作百姓！”这句话不是一个简单的表态，而是萨迦法王等人对欧阳描述的内地美好生活的向往，尽管这种生活只是在欧阳无畏的嘴上。

在欧阳无畏8月13日的日记中，其与萨迦法王还就举国上下正在进行的全民族抗战进行了深入对话：

萨迦之骰卜颇著灵验，因亦询三事：

第一、中日战事胜利何属（余临行前二日，蒋致余告我北平方面有冲突，然尚不知此为卢沟桥事变之演进也）？卦曰：“暂时不至于开火，中国不至于甚败。”

第二、余父母之康健寿量？卦曰：“无妨！宜多诵《度母经》《阿弥陀咒》《阿弥陀赞》。”

第三、余学法经师，已赴南京，作募化功德，成就如何？卦曰：“大吉！须多祈护法默佑，并于高山岭上熏烟招福。”

贡玛且云：“中日果开战，余当在护法处虔诚祈请冥助！”

① 引自欧阳无畏著，韩敬山校注整理：《藏尼游记》（八），《西藏民族大学学报》（哲学社会科学版）2017年第4期。

余起立敬谢。[1]

从上述对话中，可以看出萨迦法王的心迹。如果抗日战争继续，他会竭尽所能以宗教方式为国祈祷。这再一次彰显了萨迦法王的爱国情怀，也看到一种对国家的认同。显然，这不仅仅是法王个人的想法，更代表西藏地方不少僧俗民众的想法。

1937年8月15日，欧阳无畏第三次前往萨迦法王宫殿向法王辞行。临别之际，萨迦法王除了向欧阳无畏赠送大量的珍贵宗教礼品外，更向他敞开心扉，真诚话别。此时，法王不仅希望中央政府在藏官员能从中调和他与班禅及其身边之间的关系，更希望中央政府在藏官员能够维护萨迦应有的正当权益。日记这样记道：

晨起，赴贡玛处辞行。前日所请印像皆就，共一百十八尊，外又蒙赏赐贡玛旅印度时所摄照像一帧，背页贡玛亲手书写皈佑护身咒并硃玺，历代贡玛配制丸药二十三包，加持灵物一大包，万粒红药丸一枚，蓝绸哈达一疋，拉达蔗糖五封，余一一敬领拜收。

贡玛命坐与余言：“余之前代，贡玛称勒仁钦（ཕྲིན་ལས་རིན་ཆེན），曾应班禅召，赴札什伦布朝谒，因班禅左右索贿未遂，数度请谒，皆被阻隔，愤懑不告而归。故迄今班禅左右，颇疑忌萨迦，此次班禅从内地有书召余，命余务必前往黑河会晤。余得信后，即随时探访班禅入藏确息。问噶厦，则噶厦不理；问班禅方面，则佯推不知。余鉴于前代之失，设又冒失前去被阻于其左右，重蹈覆辙不亦太难乎！余思中央既有正式办事官员

① 引自欧阳无畏著，韩敬山校注整理：《藏尼游记》（九），《西藏民族大学学报》（哲学社会科学版）2017年第5期。

驻在拉萨，烦君之介，重托彼从中斡旋如何?”

余允写信与蒋参议，烦彼一得班禅起程确息时，即予萨迦方面以通知。

惟问：“藏政府侵吞萨迦公私庙产甚多，如控诉于中央，政府受理否?”

余曰：“原则上当然受理，惟整个中、藏问题未解决前，尚不能急遽办理此等琐事。若贡玛仁波且亲赴内地，暂以宏法容身，分暇致力于中、藏问题解决之扶助，以图获得民国册封，则可缓图恢复，亦且有助于萨迦内部纠纷之解决。”①

发自内心的真情：汉藏民族　兄弟友谊

在萨迦法王与欧阳无畏的对话中，涉及民族间情义的对话就达九次之多。

在8月11日的日记中，面对欧阳无畏的困境，萨迦法王明确表态全力帮助：

贡玛折函且阅且聆，笑问：“君何故不向噶厦索取直赴尼国马牌?”

余曰：“恐启疑怪，忖知贡玛仁波且慈悲？必能有济，故敢冒渎也!”

贡玛点首微笑曰：“我当全助汝!”

在当天的日记中，我们看到令欧阳无畏暖心的还有多处：第一处是“信是前生缘分，君有需用物件，可向我直告，毋须逊

① 引自欧阳无畏著，韩敬山校注整理：《藏尼游记》（八），《西藏民族大学学报》（哲学社会科学版）2017年第4期，第67页。

让”；第二处是希望欧阳无畏“多住几日，无急急就行”；第三处是萨迦法王明令寺院将所有经版洗净，为欧阳无畏印刷藏传佛教经典；第四处是充分信任欧阳无畏，希望他助力将自己的两大青年优秀弟子送往内地，以传扬佛法使内地不致中断萨迦佛法；第五处是关于萨迦寺院的维修，萨迦法王向欧阳无畏请教怎样与中央政府取得联系，欧阳无畏巧妙用策，意在力促九世班禅助力萨迦法王成事；第六处是萨迦法王希望内地将来有萨迦派的大道场。

“今日所谈极洽，信是前生缘分，君有需用物件，可向我直告，毋须逊让也！”

时天已黑，余起立作辞。顶礼，贡玛谕曰：“明日余请师傅引导朝寺，事毕，可再来谈，多住几日，无急急就行也！”余敬诺出。

贡玛乃顾老僧命抄目下寺存所有经版目录来，余敬谢，时适才在朝殿侍旁之老僧，又进屋，余已于进食时探悉彼乃贡玛学经法之师传，颇加敬礼，贡玛嘱彼将寺中经版全都洗净，以便为余印刷，复问余在拉萨来时曾见追玛娑章人否？（余按：当余离拉萨时，追玛娑章之贡玛新抵拉萨，住邦达昌家中）余答以“来时毫未知其到拉萨也”。余乃请求贡玛启云：“将来余随缘仗三世佛佑，得在内地创立藏法道场时，望贡玛仁波且大发慈悲、垂悯有情沉溺，驾临内地一宏萨迦不共密法，尔时自当承侍一切。”

贡玛大欢喜，其师插言曰：“现本寺有二青年论师，颇精内外诸明，如遣赴汉地传法，不悉能被信受奉行否？”

余曰：“诚蒙派遣，自当迎奉，岂有不崇敬佛法者！”

贡玛始谓余曰:“现本寺[1]有一殿，年久失修，工大款绌，如赴汉地募化，不知能圆满功德否?”

余曰：“十方皆施主，随处有善财，如赴汉地募化，款少则何劳跋涉，款钜则非同热振有政治势力不可!”

贡玛乃共其师耳语，议甚久，始告余约需藏银二千秤上下（合国币二万余元)。

余曰:“此事颇费力，因萨迦对中央并无直接政治关系，与热振为藏王之地位截然悬殊，政治路线完全走不通，舍此只有两途：一贡玛仁波且直接亲赴内地传法，或可藉元、明两代之历史声望，以“帝师”旧资格从社会中公开募化;[2] 一俟班禅进藏后，请班禅代电中央引荐，或可藉其面子与助力，得到成就。”

贡玛领听无答，忽问:“萨迦昔有无数庙宇在内地，不悉今尚存否?”

余曰:“元、明两代，原有几处萨迦寺院，在北京与五台两处，但其后因萨迦自身并未遣人前去照管，住持易人，迄今湮忽既久，已无法追认领回。如诸寺现确存在，亦已全归章嘉呼图克图掌握矣!”

贡玛甚喜，问由加尔各答赴南京须几日？答以须二十四五日，忽又问及中国皇帝之传位法，余告以:“自来父传子，子众多则立嫡，无嫡立长，无子立孙，子孙并无则以侄继，或有兄终弟及者。清制稍变，由帝预择诸子中之贤者，储名金匮，崩后启视，如其名以立。”时余觉谈话已无中心题目，乃自元代内地与萨迦关系

① 萨迦寺的主体建筑多具有元代建筑风格，被称为中国的“第二敦煌”。1961年，萨迦寺被列为全国重点文物保护单位。

② 八思巴被元中央政府封为“帝师”，其“统领西藏后，萨迦北寺又成为西藏地方政权机关所在地”（梅柴编:《萨迦寺》，五洲传播出版社，1998年，第22页)。

始，根据历史详陈中国佛教之进展，希望将来内地有一大道场，能充分移植西藏教法。虽现在西藏教法、派别岐多，然中国为大国，人民信教有自由，该道场自不能容某一派独自把持，且各派亦互有长短，如能混居一大道场中，相共箴磨砥砺，日久当能各各扬精澄泽，共担宏法之任，实有情无上之福也。①

在8月15日的日记中，萨迦法王专门请人帮助欧阳无畏抄写《萨迦佛迹记》一部，在欧阳无畏离开萨迦后，其感念法王为其提供的种种便利：

再请贡玛饬人为余抄写《萨迦佛迹记》一部，抄就后连同所印经籍，一并寄交王乐阶代收。贡玛允诺，珍重叮咛，余于是跪拜辞出。贡玛派其师伴送至寓，余念此老为伴五日，颇觉情深，惜别依恋，始乃叩问法号，曰："瞒兰札什"（སྨོན་ལམ་བཀྲ་ཤིས），曾任誐札仓之补处阿阇黎②，立匆促修一函致蒋致余，言斡旋之事付之，所借《萨迦佛迹记》亦托人送还青年格西，乃偕刘德澄、马志仁控骑西发而别，此情意绻绻之萨迦矣！

余之行队，共四马一骡。余骑骡，健而稳疾。马二骑二驮，给役二仆，一名八宝不辣（Ba-Bo-Bu-La），一名札什策仁（བཀྲ་ཤིས་ཚེ་རིང），使余感到无限方便舒适，在途念想贡玛之慈悲德意，真无法比拟于万一，不知将何以为报也。③

① 引自欧阳无畏著，韩敬山校注整理：《藏尼游记》（八），《西藏民族大学学报》（哲学社会科学版）2017年第4期，第65—67页。

② 亦称导师，意即教授弟子，使之行为端正合宜。

③ 引自欧阳无畏著，韩敬山校注整理：《藏尼游记》（九），《西藏民族大学学报》（哲学社会科学版）2017年第5期。

在8月20日的日记中，欧阳无畏切身体悟到萨迦法王派出的护送人员之得力，于是请完成任务的随从返回萨迦向萨迦法王详报平安：

> 过定日不过六七里，即至德萨庄。随来仆从将萨迦贡玛牌照交割于庄头，于是庄头遂指定一民户当差，供应余之住宿。此处白菜甚佳，晚餐饱甚。饭后赏八宝不辣、札什策仁二人藏银十两，饬其携函回呈贡玛报告平安。

从上述欧阳无畏与萨迦法王的详细对话中，我们可以清楚地看到萨迦法王等西藏僧俗民众在时代变迁、民国肇建后，对内地信息了解的极度闭塞，对中央政府相关政策多不知悉，以至于在很长时间与中央政府颇有隔阂，并非有所谓“分离”之想；即使在民国时期政治环境恶劣的情况下，九世班禅、萨迦法王等西藏高僧大德仍具爱国情怀。他们无论居于何地、无论身处何时，均对国家有着特殊的感情，始终倾心祖国、信任中央政府。尤其是萨迦法王对国家的那份忠诚，对中华各民族的那份真情，在欧阳无畏的日记中俯拾皆是。

综上所述，自萨迦班智达前往凉州会盟之后，藏传佛教萨迦派在770年的历史风雨和政治变迁中爱国爱教，始终不背中央、始终传续佛法。这种一脉相承的做法，值得我们进一步总结和思考。

喜饶尼玛，中央民族大学教授，博士生导师；韩敬山，中央民族大学哲学与宗教学院博士后。

试论魏晋南北朝时期河西地区的“家学”文化

冯晓鹃　王欣

在中国历史上，魏晋南北朝通常被认为是一个政治与社会动荡、民族关系复杂、割据与战乱频仍的“大分裂”时期；但是作为上承两汉、下启隋唐的重要历史阶段，其在民族融合、文化传承与制度变革中的地位与作用也是毋庸置疑的。就文化传承而言，陈寅恪先生在《隋唐制度渊源略论稿》中曾对河西地区（即河陇一隅）及其家族与家学的地位与作用给予了极高的评价，指出“惟此偏隅之地，保存汉代中原之文化学术，经历东汉末、西晋之大乱及北朝扰攘之长期，能不失坠，卒得辗转灌输，加入隋唐统一混合之文化，蔚然为独立之一源，继前启后，实吾国文化史之一大业”；其原因在于“河陇一隅所以经历东汉末、西晋、北朝长久之乱世而能存汉代中原之学术者，不外前文所言家世与地域之二点，易言之，即公立学校之沦废，学术中心移于家族，大学博士之传授变为家人父子之事业”。[①] 对于魏晋南北朝时期的河西“家学”文化，有不少学者在讨论这一时期河西历史、河西文化、世家大族等问题时都或有涉及，如赵向

① 陈寅恪：《隋唐制度渊源略论稿》，上海古籍出版社，1982 年，第 19 页。

群、贾小军、齐陈俊、尤成民、张洪萍、冯培红、张天来、陈利娜等①，但尚无对魏晋南北朝时期河西地区“家学”文化的系统性阐述。基于上述情况，本文拟在前人研究的基础上，以河西区域“家学”为中心，对这一时期河西家学文化形成的历史背景、发展条件与过程、内容与影响等因素试加全面分析，借以深化对这一问题的认识。

一、河西家学文化形成的历史背景

（一）中原之混乱与河西之相对安宁

魏晋南北朝时期政权更迭不断，民族迁徙频繁，割据混战频发，使得作为政治和文化中心的中原地区呈现出一片社会混乱、经济凋敝、民不聊生的状态。历经了三国时期分裂与混战，虽有西晋王朝37年的短暂统一，但中原又迅速迎来了一场更大的灾难——西晋王朝司马氏家族内部为争夺中央政权而爆发持续长达16年的混战，史称“八王之乱”。公元311年，趁中原混乱之际，匈奴、鲜卑、羯、氐、羌五个游牧部落联盟向中原发起了大举进攻，洛阳、长安相继被攻破，史称“永嘉之乱”。自此，中国陷入了前所未有的长达三百多年的大分裂与大混乱的格局中，伴随着血腥的屠杀和残酷的民族压迫，北方人口锐减。这样的乱

① 以上学者的研究著作虽是从不同层面进行的分析研究，但是对本文主题均有所涉及。其中较有代表性的可举出赵向群：《五凉史探》，甘肃人民出版社，1996年；贾小军：《魏晋十六国河西史稿》，天津古籍出版社，2009年；齐陈骏等：《五凉史略》，甘肃人民出版社，1988年；尤成民：《汉晋时期河西大姓的特点和历史作用》，《兰州大学学报》1992年第1期，第87—88页；张洪萍：《两汉与魏晋南北朝时期家学的比较研究》，《临沂师范学院学报》2005年第4期，第102—105页；冯培红：《汉晋敦煌大族略论》，《敦煌学辑刊》2005年第2期，第100—116页；张天来：《魏晋南北朝儒学、家学与家族观念》，《江海学刊》1997年第2期，第111—117页；陈利娜：《魏晋南北朝家学兴盛的表现及其影响》，《岳阳职业技术学院学报》2012年第27卷第5期，第100—103页。

世使得中国传统文化受到了巨大冲击，“斯文扫地，伦理尽失”。社会的动荡不安导致国家官学兴废无常，各级官学无法承担起教化百姓、传播学术和培养人才的责任和使命。[①] 此时家学文化经过春秋战国时期的始发期和两汉时期的发展期，已经发展到了其最为鼎盛的时期，那些身世显赫、家学渊博的名门望族为了巩固自己的社会地位、维护家族的利益和子弟的前途，不得不面对残酷现实而被迫做出选择——迁移到相对安宁之地继续发展家学文化，其中有一部分便迁往了河西地区。

河西地区地当东西交通之要冲，是内地通往西域的咽喉和桥梁，同时还具有发展农业和畜牧业的丰厚资源和条件。经过两汉王朝的经营，这一地区的经济发展相对平稳，社会稳定；同时，因为其僻远的地理位置和险塞的地理环境，也使得其不易受到外部战乱及灾害的波及和影响，从而为河西文化的繁荣与发展提供了良好的内外环境与条件。永嘉年间，在当时的长安城里，流传着这样一句歌谣：“秦中川，血没腕，唯有凉州倚柱观。”[②] 正因如此，以凉州为中心的河西地区因为偏处一隅、社会相对稳定而成为了许多中原世家大族的迁移避难目的地。

就内部环境而言，尽管此段时期河西地区也是政权更迭频繁，但是战争造成的破坏相对较小；而且由于河西割据者（特别是五凉）大多以儒立国，依靠世家大族维护政权稳定，倡导学术、重视经学、注重文化教育，并实施了一系列的“文教政策”，[③] 从而使得河西地区不仅成为许多中原世家大族安身立命的场所，也自然成为“家学”传承与“家学”文化的复兴之地。

---

① 何忠盛：《官学沦废与家学兴盛——试论魏晋南北朝的学术传承模式和人才培养机制》，《中华文化论坛》2015 年第 3 期，第 91—96 页。

② 《晋书》卷八十六《张轨》，中华书局，1974 年，第 2229 页。

③ 赵向群：《五凉史探》之文教篇，文中提到的五凉时期的文教政策主要包括三个方面：敦重儒学和振兴教育；重视人才，礼贤士人；倡导民间学术文化活动，重视文化交流。（甘肃人民出版社，2004 年，第 264—274 页。）

（二）世家大族的迁徙与家学中心的西移

特殊的历史条件造成了中原世家大族向河西地区的迁移，而世家大族向河西的迁移又成为河西家学文化产生发展的源头。关于魏晋南北朝时期中原世家大族向河西地区的迁移，在史书上有不少的记载，有学者也曾对这一时期入迁河西的移民进行过系统考察。黄兆宏与张相鹏在《内迁与整合——魏晋时期迁入河西地区的移民考察》一文中，将魏晋时期迁入河西地区的移民归纳为四种类型：其一是统治者通过政令或战争将俘获的民众迁往河西地区；其二是因躲避战乱而迁往河西地区；其三是因犯罪而被发配迁入河西地区；其四是由于经济行为而迁往河西地区定居。[①] 中原世家大族向河西地区的迁移属于第二种类型，加之家族本身具有较为深厚的家学渊源，有助于家族成员在社会政治军事等方面取得较高的成就与地位，并获得当地统治者的认可与倚重，最终结合现实社会状况以及自己的计划和意愿，选择合适地点聚居，以群体的形式和力量得以继续发展。

事实上，魏晋南北朝时期河西家学文化的兴盛是多重因素综合作用的结果，其中离不开自汉代以来的儒学文化（经学）在河西地区的传播与发展所奠定的基础，[②] 也离不开河西地区的当权者对当地文化的经营和重视，更离不开魏晋南北朝时期中原人士入迁所带来的中原文化。[③]

有关河西地区家学文化的重要组成部分——儒学文化（经学文化）的来源与发展，已经有许多学者进行了研究，其中董

---

① 黄兆宏、张相鹏:《内迁与整合——魏晋时期入迁河西地区移民的历史考察》,《石河子大学学报》(哲学社会科学版)，2016年第30卷第1期，第34—42页。

② 韩锋、高情情:《魏晋南北朝时期儒学在河西地区发展的原因及影响》,《敦煌学辑刊》2013年第2期，第114—120页；韩锋、高情情:《汉代儒学在河西地区传播的原因》,《西夏研究》2015年第1期，第112—119页；孔军:《魏晋南北朝时期的河西崇儒研究,《怀化学院学报》2014年第33卷第7期，第8—12页。

③ 杨红伟:《两晋之际流民对河西发展的影响》,《甘肃社会科学》1999年第6期，第39—40页；黎尚诚:《五凉时期的河西文化》,《西北师大学报》(社会科学版) 1985年第3期，第125—128页。

正平先生的《论河西地区经学教育的来源》一文指出：河西地区的经学是汉武帝时期由内地传入河西，并逐渐发展起来的，在西汉末已经出现官学传授经学教育；在窦融经营河西时，部分内地经学大家为避动乱，纷纷依附窦融寻求保护，此为经学的传播提供了一定的师资条件；东汉时他们在河西的“造立学”“诣学受业”，培养了许多知识渊博的河西学人，且河西大族以经学传家，以谋仕进，刺激了河西人学习经学，并为五凉文化奠定了基础。[①] 可见，在魏晋前“河西本土家学文化”就已雏形初现，[②] 而此后大量中原人士（尤其是世家大族）的迁入，则为河西地区的家学文化注入了一股新鲜的血液。对此陈寅恪先生曾深刻指出：“当中原扰乱京洛丘墟之时，苟边缘之地尚能维持和平秩序，则家族之学术得藉以遗传不坠。刘石纷乱之时，中原之地纷为战区，独河西一隅自前凉张氏以后尚得治安，故其本土世家之学术既可以保存，外来避乱之儒英亦得就之传授，历时既久，其文化学术逐渐具地域性质；此河陇边隅之地所以与北朝及隋唐文化学术之全体有如是之密切关系也。”[③] 由此可知，魏晋南北朝河西家学文化是当地家学文化与中原家学文化融合的产物。

二、河西地区的“家族”与“家学”文化

作为一种特殊的区域文化现象，魏晋南北朝时期的河西家学文化无疑是由众多的世家大族共同编织而成的。这些世家大族大致可分为三种类型：其一是两汉以来在河西当地形成的本土世家大族；其二是魏晋以后迁移而来的中原名门望族；其三是当时河

① 董正平：《论河西地区经学教育的来源》，《内江师范学院学报》2012 年第 27 卷第 11 期，第 86—89 页。

② 胡阿祥：《魏晋时期河西地区本土文学述论》，《洛阳大学学报》2002 年第 3 期，第 75—78 页。

③ 陈寅恪：《隋唐制度渊源略论稿》，上海古籍出版社，1982 年，第 19—20 页。

西地区割据政权（特别是五凉）的统治者，他们既有本地的，也有外来的，往往兼具统治者与世家大族的双重身份。这些世家大族关系密切，通常会通过联姻等形式结成命运共同体，并在此过程中相互交流各自的家学文化，共同促进河西家学文化的发展。下面选取部分具有代表性的河西家族，分析河西家学文化的内涵和特征。

（一）主要代表性河西家族

1. 索靖家族

索靖（239—303）及其家族是魏晋南北朝时河西地区本土家学文化的代表。索靖是敦煌人，其家族“累世官族”，与其乡人汜衷、张甝、索纱、索永一起进入太学学习，五人“驰名海内”，在当时被称为“敦煌五龙”。索靖家学深厚，同时也足智多谋，史书称其“该通经史，兼通内纬”“才艺绝人”“有先知远量”，且“善草书”，名扬一时。他多有政绩，官职从“西域戊己校尉长史”到“尚书郎”，与咸阳罗尚、河南潘岳、吴郡顾荣等一起做官；积年后，又“除为雁门太守”，迁至鲁相，“又拜酒泉太守”；西晋惠帝即位后又赐爵“关内侯”。丰富的为宦经历使得索靖对各地的家学多有接触和了解，极大地开阔了其家学视野。

此外，索靖在军事上也多有作为。元康中西戎反叛，索靖为大将军梁王肜右司马，“加荡寇将军，屯定粟邑，击贼”，最终取胜，升迁为“平内史”；赵王伦篡位时，靖应三王之举，“以左卫将军讨孙秀有功”，“加散骑常侍”，迁“后将军”。太安末年河间王颙举兵攻洛阳，派索靖持使节监督管理洛阳军事，升“游击将军”，带领雍、秦、凉义兵大破河间王颙，而索靖也因在战斗中受伤不治而亡，此时他已经是一个六十五岁的老人。索靖去世之后，“追赠太常”，后又“赠司空，进封安乐亭侯”。①

索靖生前著述丰富，他“辩理阴阳气运”，著有《五行三统正验论》，同时还撰写有《索子》《晋诗》各二十卷，另还做《草书状》，草书状的内容就被记载在《晋书》之中，从中可以看出索靖在书法理论和书法艺术上有着很深的造诣。② 据《晋书》记载：“靖有五子：鲠、绻、璆、聿、綝，皆举秀才。聿，安昌乡侯，卒。少子綝最知名。”③ 以索靖为代表的河西索氏家族文化，重阴阳学说，以文学和书法艺术传家，对河西文化的发展多有贡献。

2. 张轨家族

张轨（255—314）为河西前凉政权的奠基者，其家族本居安定乌氏（今甘肃平凉西北），“家世孝廉，以儒学显”，是从中原迁入河西地区的世家大族与家学文化的代表。乌氏张氏家族在魏晋时期比较出名的成员包括张轨之子张寔，寔的弟弟张茂；张茂之子张骏，张骏之子张重华等。④

据史书记载，张轨的祖父、父亲、叔父等世代为官，所以张氏家族可以说是一个仕宦世家。张轨“少明敏好学，有器望，姿仪典则”，在当时深受器重。西晋泰始初年张轨承袭叔父官职，此后因才华出众累迁“太子舍人”“散骑常侍、征西军司”等。他趁世事纷乱，图谋占据河西，遂于永宁初（301）主动请求调往武威，就任护羌校尉、凉州刺史。他上任后平定鲜卑反叛，稳定河西局势，从此威名远扬。张轨武功既定，遂行文治，以家学之功底联合当地的世家大族大兴儒学，“以宋配、阴充、氾瑗为股肱谋主，征九郡胄子五百人，立学校，始置崇文祭酒，

① 以上均参见《晋书》卷六十《索靖》，中华书局，1974 年。

② 《晋书》卷六十《索靖》，中华书局，1974 年，第 1649—1650 页。

③ 《晋书》卷六十《索靖》，中华书局，1974 年，第 1650—1652 页。

④ 《晋书》卷八十六《张轨》，中华书局，1974 年，第 2221—2226 页。

位视别驾，春秋行乡射之礼”,[①] 并采取中原“重教化”与“拔贤才”的政策，招收河西弟子五百人开办官学；同时，他还屡屡遣使持节，厚礼征聘知名学者任职或讲学，使得河西地区儒学昌盛，社会秩序井井有条。

就在张轨到达河西的第十年（311），中原地区发生了“八王之乱”，北方诸少数民族又趁机南下，形成了所谓“五胡乱华”的局面。面对这样的形势，张轨以“尊晋攘夷”“保宁域内”[②] 为原则，采取了一系列整治凉州的措施。在政治上，尊奖西晋王室，适应了西晋初年北方政治总体形势发展的要求；依靠河西著姓，也不拒绝流徙河西的中原冠带；沿袭魏晋旧制，即实行察举、征辟和九品中正制（将忠、义、节作为选举标准）。军事上，弭平河西鲜卑的反晋军事活动，并选择姑臧为政治军事中心；平定河西分裂割据活动和抑制豪强（包括平定秦州之乱、永嘉四年的湟中之乱，以及平定了胡瑁、裴苍、麴儒等的分裂割据活动）。[③] 文化上，通过开办官学振兴文教，倡导教化。[④] 面对各方避难人士，他采取设置侨郡县以接纳和安置的措施，“中州避难来者日月相继，分武威置武与郡以居之”。[⑤] 张轨的以上举措，有的是维护西晋统治的“正统性”，有的是为了强化本家族在凉州的政治地位和威望，但客观效果是积极的，有助于实现政治稳定和区域安宁，吸引了各地的世家大族；其推行的文教政策有助于推动中原文化在河西地区的传播，也为以儒学为核心的张氏家学文化在河西地区的延续、传承和发展奠定了基础。

---

① 《晋书》卷八十六《张轨》，中华书局，1974年，第2222页。

② 从以下史料可窥一二。《晋书》卷八十六载张轨“永宁初，出为护羌校尉、凉州刺史。于时鲜卑反叛，寇盗纵横，轨到官，即讨破之，斩首数万级，遂威著西洲，化形河右。”（第2221页）“在州三十年，寝疾，遗令曰：‘……文武将佐咸当弘尽忠规，务安百姓，上思报国，下以宁家。’”（第2226页）

③ 《晋书》卷八十六《张轨》，中华书局，1974年，第2221—2225页。

④ 赵向群：《五凉史探》，甘肃人民出版社，2007年，第262—268页。

⑤ 《晋书》卷八十六《张轨》，中华书局，1974年，第2225页。

张轨诸子不仅继承了其割据河西的事业，也进一步延承了张氏家学及其家学文化。史称其子张寔“学尚明察，敬爱贤士，以秀才为郎中”；另一子张茂“虚靖好学，不以世利婴心”，且“有志杰，能断大事”。太兴三年，张寔遇害，州人推举张茂担任大都尉、太尉、凉州牧，张茂没有依从，“但授使持节、平西将军、凉州牧”，并在安定河西局势后，提携张寔之子张骏为抚军将军、武威将军、西平公，最终将河西的统治权移交给张骏。张骏则是“幼而奇伟”，十岁时就能写文章，卓越不羁，后担任凉州牧、凉王等职务，与西域诸国进行交流，并完善制度刑法，最终“尽有陇西之地，士马强盛”。[①] 张骏的二子张重华，“宽和懿重，沉毅少言”，即位后“轻赋敛，除关税，省园囿，以恤贫弱”，[②] 亦名扬当时。张氏家族成员上述言行符合儒家礼制，在某种程度上也可视为张氏家学文化在实践中的体现。

3. 李暠家族

李暠（351—417），字玄盛，小字长生，陇西成纪（今天水市秦安县）人，是魏晋时期河西地区家学文化的重要代表人物，也是陈寅恪先生在《隋唐制度渊源略论稿》中与张轨同时提到的为保存中原学术文化做出重要贡献的河西世家大族代表之一。

相传李暠是汉代大将李广的十六世孙。“少而好学，性沈敏宽和，美气度，通涉经史，尤善文义”，长大后，又“颇习武义，诵孙吴兵法”。[③] 据史书记载：“玄盛以纬世之量，当吕氏之末，为群雄所奉，遂启霸图，兵无血刃，霸定千里，谓张氏之业指望而成，河西四郡岁月而一。”[④] 公元400年，时任敦煌太守的李暠在敦煌自立，在河西走廊西部建立了西凉政权；405年迁

---

① 《晋书》卷八十六《张轨》载：“自轨据凉州，属天下之乱，所在征伐，军无宁岁。至骏，境内渐平。又使其将杨宣率众越流沙，伐龟兹、鄯善，于是西域并降。……时骏尽有陇西之地，士马强盛。”（中华书局，第2237页）

② 《晋书》卷八十六《张轨》，中华书局，1974年，第2240页。

③ 《晋书》卷八十七《凉武昭王李玄盛》，中华书局，1974年，第2257页。

④ 《晋书》卷八十七《凉武昭王李玄盛》，中华书局，1974年，第2265页。

都凉州。李暠在执政过程之中，依靠河西世家大族巩固自己的政权，当时的张氏、李氏、唐氏、阴氏、索氏等世家大族几乎垄断了前凉政权的整个统治机构，而家学文化发达也就成为西凉文化的一个重要特点。[①] 同时，李暠还重视农业发展，“玄盛既迁酒泉，乃敦劝稼穑”,[②] 同时还采取了一系列有助于农业发展的措施，而当时中原人士的迁入，又带来了先进的生产技术，提高了当地的发展水平。在他统治时期，河西地区不仅没有出现大的饥荒，其社会生活反而呈现出一派歌舞升平、百姓安居乐业的景象,[③] 从而为包括家学在内的河西文化的发展提供了良好的环境与土壤。

李暠在西凉大兴儒学，发展文教事业，使得这里一时成为当时中原文化继承、发展的中心。在西凉初建时期，就沿袭了汉晋以来选拔人才的制度，兴办教育；李嵩本人大力倡导儒学，甚至亲自策问士人，量才授官，西凉时期昌盛的文治之风，在当时纷纷建立的政权中，是独树一帜的。文教事业的发展，不仅保留了中原传统儒家文化，也造就了大批著名学者，促进了家学文化的繁盛。此外，李暠通晓经学，擅长文艺，史书记载“玄盛上巳日宴于曲水，命群僚赋诗，而亲为之序”。[④] 曾创作诗赋数十篇，包括《槐树赋》《大酒容赋》《述志赋》等，其中一篇《述志赋》流传至今，关于述志赋的具体内容，亦记载于《晋书》之中，从述志赋中可以看到李暠一生实践着其信奉的儒学信仰：修身、齐家、治国、平天下，并将它作为训诫后人、开国画家的李

① 周伟洲主编：《中国文化世家·关陇卷》，湖北教育出版社，2004年，第79页。

② 《晋书》卷八十七《凉武昭王李玄盛》，中华书局，1974年，第2264页。

③ 周伟洲主编：《中国文化世家·关陇卷》，湖北教育出版社，2004年，第80页。

④ 《晋书》卷八十七《凉武昭王李玄盛》，中华书局，1974年，第2264页。

氏家学的主要内容，其志存高远之心在赋中亦溢于言表。[①]

在李嵩的家学之中，值得一提的还有其夫人尹氏。作为当时的天水望族，她以自己的家学辅佐夫君，修文习武，兴修水利，为西凉的繁盛贡献甚大，西凉甚至因此有“李尹政权”之谓。[②]史书上留有尹氏劝诫其子李歆（士业）“诫子深慎兵战”的《李士业母家训》：“汝新造之国，地狭人稀，靖以守之，犹惧其失，如何轻举，窥冀非望？蒙逊骁武，善用兵，汝非其敌。吾观其数年已来，有并兼之志，且天时人事，似欲归之。今国虽小，足以为政。知足不辱，道家明诫也。”[③]

李暠在通过家学文化教育子弟、确保李氏家族统治的延续方面可谓是处心积虑、颇费心血，并以自己的言行为他们树立了榜样，据《魏书》记载：“暠好尚文典，书史穿落者亲自补治”。[④]但其子李歆继位后却反其道而行之，导致“人力凋残，百姓愁悴”。[⑤] 到公元421年李恂被杀害，李氏家族在河西的统治结束。尽管西凉王朝只延续了二十多年，但该家族对家学的倡导和言传身教，对西凉儒学的发展影响很大。西凉所造就、培养的大批儒学精英最后都进入中原，为汉魏文化在中原大地的复兴发挥了重要的作用，李氏家族在汉魏文化的传承和发展中的作用也因此超越了家学和家族的意义。[⑥]

4. 刘昞家族（郭荷、郭瑀、刘昞三代师徒）

与前面所讲的几位世家大族世代相传的家学文化有所不同，刘昞此人的家学文化既有来自于家庭的熏陶，也有族外师承的影

① 《晋书》卷八十七《凉武昭王李玄盛》，中华书局，1974年，第2265—2267页。

② 《晋书》卷九十六《烈女》，中华书局，1974年，第2526页。

③ 《晋书》卷九十六《烈女》，中华书局，1974年，第2526—2527页。

④ 《魏书》卷五十二《刘昞》，中华书局，2017年，第1274页。

⑤ 《晋书》卷八十七《凉武昭王李玄盛》，中华书局，1974年，第2268页。

⑥ 周伟洲主编：《中国文化世家·关陇卷》，湖北教育出版社，2004年，第84页。

响，更有众多授业弟子，卒成一代“儒宗”。

刘昞，字廷明，敦煌人。[①] 他出生于一个儒学世家，其父亲刘宝（字子玉）曾以儒学著称，在当时具有很大的影响力，故刘昞从小就受到家学文化的熏陶。他在14岁的时候就学于名儒郭瑀，后又成为郭瑀的乘龙快婿，深得后者的儒学真传，遂将刘、郭两大家族的家学融会贯通。

时世混乱，刘昞乃长期隐居酒泉，潜心学问，不奉征召，并仿乃师的做法开办私学，受业弟子者多达500余人。几十年后，刘昞已成为河西士林的领袖。西凉王李暠亲自登门拜访，刘昞由此开始了仕宦生涯。凭借渊博的知识和杰出的才干，西凉王李暠迁其为“抚夷护军”。后西凉灭亡后，北凉沮渠蒙逊拜其为“秘书郎”，沮渠牧健尊其为“国师”。史称刘昞“虽有政务，手不释卷”，他以孔子所言“朝闻道，夕死可矣”鼓励自己，昼夜苦读，大量饱览当时中原世族避难河西时所带来的各种珍贵文献和典章，并为之作注。他一生著述颇多。据《魏书》记载，刘昞“以三史文繁，著《略记》百三十篇、八十四卷，《凉书》十卷，《敦煌实录》二十卷，《方言》三卷，《靖恭堂铭》一卷，注《周易》《韩子》《人物志》《黄石公三略》，并行于世”。[②] 他是五凉时期学术著述最多的学者，其中十六国时期在中原和江南已经失传的魏晋时期的名著《人物志》就是由于刘昞为其作注而在河西保存下来，并得以传回江南。直到北魏世祖平凉州后东迁士民时，因“夙闻其名，拜乐平王从事中郎”。[③] 因此时刘昞已经年迈，故没有随他的弟子们东迁，最终“至凉州西四百里韭谷窟，遇疾而卒”。[④]

如前所述，除家学渊源外，刘昞的学术思想还与师承有关，

① 《魏书》卷五十二《刘昞 赵柔》，中华书局，2017年，第1274页。
② 《魏书》卷五十二《刘昞 赵柔》，中华书局，2017年，第1275页。
③ 《魏书》卷五十二《刘昞 赵柔》，中华书局，2017年，第1275页。
④ 《魏书》卷五十二《刘昞 赵柔》，中华书局，2017年，第1275页。

其中直接的是其师郭瑀，间接的则包括郭瑀的师傅郭荷。他们师徒三代之间的这种师承关系，对刘昞的家学文化也产生了某种深刻的影响。

郭荷，字承休，略阳人（今天的甘肃秦安人），出身儒学世家。史称郭荷“明究群籍，特善史书”,① 其家族在东汉时期就以经学得名，家族成员大多专治经学，而不愿为官。据《晋书》记载，郭荷“六世祖整，汉安顺之世，公府八辟，公车五征，皆不就。自整及荷，世以经学致位”。② 郭荷的声望逐渐引起了当时执政者的注意，但他“不应州郡之命”，前凉王张祚多次派遣使者“以安车束帛征为博士祭酒”，最终被迫前往前凉王庭做陪同太子读书的宾客。和郭荷一样被前凉王室请出山的宋纤，本在酒泉南山中刻苦专研儒家经典，开馆讲学，据史书记载，他教授的学生多达三千余人，规模堪比孔子治学。③ 另外还为《论语》作注，并作诗诵数万言。

郭瑀，字元瑜，敦煌人。④ 史称其“精通经义，雅辩谈论，多才艺，善属文”。据史书记载，郭荷“少有超俗之操，东游张掖，师事郭荷，尽传其业”，师傅郭荷去世之后，郭瑀越过当时的规制，穿一身素孝服为郭荷守孝三年。⑤ 三年期满后，走向林松薤谷的深处，把郭荷传授给自己的思想融汇贯通，写下了《春秋墨说》和《孝经错纬》。⑥ 郭瑀传承了老师郭荷的做法，在清幽的山谷中向弟子们传道、授业、解惑，尽自己所学，让他们明白儒家思想的真谛。学习之余，他还带领门下的弟子在马蹄

---

① 《晋书》卷九十四《郭荷》，中华书局，1974 年，第 2454 页。

② 《晋书》卷九十四《郭荷》，中华书局，1974 年，第 2454 页。

③ 《晋书》卷九十四《宋纤》述宋纤“少有远操，沈靖不与世交，隐居于酒泉南山。明究经纬，弟子受业三千余人。”（中华书局，1974 年，第 2453 页）

④ 《晋书》卷九十四《郭瑀》，中华书局，1974 年，第 2454 页。

⑤ 《晋书》卷九十四《郭瑀》述其在师傅去世后，“瑀以父生之，师成之，君爵之，而五服之制，师不服重，盖圣人谦也。逐服斩衰，庐墓三年。”（中华书局，1974 年，第 2454 页）

⑥ 《晋书》卷九十四《郭瑀》，中华书局，1974 年，第 2454 页。

山开凿石窟，成为中国重要的佛像造像圣地——马蹄寺石窟群，同时也成为那个时代河西走廊上儒家与佛教两大文明交汇的见证。虽然郭瑀一心向学，但当时前凉的执政者张天锡希望精通儒学的郭瑀能够帮他治理国家并多次派遣使者邀请，还亲笔写信让使者带给郭瑀，郭瑀仍然婉言拒绝。但使者却抓获其弟子相逼，于是出山就征，“及至姑臧，值天赐母卒，瑀括发入吊，三踊而出，还于南山”，公元376年，张氏近80年的前凉政权统治结束，河西走廊归崇尚儒学的前秦王苻坚统治，为了完善前秦国的礼仪制度，“以安车征瑀定礼仪”，此举因遇到苻坚父丧而停止，于是又让当地太守辛章“遣书生三百人就受业焉”，选派300名河西子弟拜在郭瑀门下，求学礼制。[①] 此时，酒泉的祁嘉、马岌，武威的段承根、阴仲达，金城的宗钦、赵柔等一大批儒学大家也纷纷开馆收徒，河西民间教育如雨后春笋，求学之风蔚然而起。[②] 很快郭瑀门下就聚集了上千名弟子，其中的刘昞出类拔萃。

刘昞三代师徒的学术经历，大致反映了河西本地家学文化与中原家学文化的融合、经学与佛学的结合、官学与私学并存的发展趋势，也对河西家学文化的发展产生了深刻而广泛的影响。

5. 江式家族

江式，陈留济阳人。其家学文化在河西地区的发展始于江式六世祖琼，江琼曾是冯翊太守，善虫篆诂训，因“永嘉大乱，琼弃官投张轨，子孙因居凉土，世传家业”。

江式家族通涉经史，对文字有很高的造诣，世代为官。祖父强为中书博士，曾“上书三十余法，各有体例，又献经史诸子千余卷”，死后被赠称敦煌太守；父绍兴，高允奏为秘书郎，掌国史二十余年。江式则少专家学，曾担任司徒长史兼行参军，检

---

① 以上引文参见《晋书》卷九十四《郭瑀》，中华书局，1974年，第2455页。

② 赵向群：《五凉史探》，甘肃人民出版社，2007年，第268页。

校御史，符节令等官职，并擅长篆体书写，当时洛京宫殿诸门板题，都出自江式之手。①

从延昌三年（514）江式的上书中，可大致看出江式家族家学文化的渊源、内涵。上书中称：“臣六世祖琼，家世陈留，往晋之初，与从父兄俱受学于卫觊，古篆之法，《仓》《雅》《方言》《说文》之谊，当时并收善誉。而祖遇洛阳之乱，避地河西，数世传习，斯业所以不坠也。”② 文中还介绍了历代文字发展的历程，并对各个时期文本的文字进行了分析，③ 指出当时存在“世易风移，文字改变，篆形谬错，隶体失真”的问题，认为“文字者，六籍之宗，王教之始，前人所以垂今，今人所以识古”，④ 为此他提出“求撰集古来文字，以许慎《说文》为主，及孔氏《尚书》《五经音注》《籀篇》《尔雅》《三仓》《凡将》《方言》《通俗文》祖文宗、《埤仓》《广雅》《古今字诂》《三字石经》《字林》《韵集》、诸赋文字有六书之谊者，以类编联，文无复重，统为一部。其古籀、奇惑、俗隶诸体，咸使班于篆下，各有区别。诂训假借之谊，佥随文而解。音读楚、夏之声，并逐字而注。其所不知者，则阙如也。脱蒙遂许，冀省百氏之观，而同文字之域。典书秘书所须之书，乞垂敕给。并学士五人尝习文字者，助臣披览。书生各五人，专令抄写。侍中、黄门、国子祭酒一月一监，诬议疑隐，庶无纰缪。所撰名目，伏听

① 以上均参见《北史》卷三十四《江式》，中华书局，1974 年。

② 《北史》卷三十四《江式》，中华书局，1974 年，第 1280 页。

③ 《北史》卷三十四《江式》记载延昌三年三月，江式上表提到古有《周礼》《春秋》《六经》，秦朝有《仓颉篇》《爰历篇》《博学篇》，字有八体：一曰大篆，二曰小篆，三曰符书，四曰虫书，五曰摹印，六曰署书，七曰殳书，八曰隶书；汉代有《训篆篇》《尚书》《论语》《孝经》《春秋左氏传》等书本，书体有六：古文、奇字、篆书、佐书、缪篆、鸟虫；后汉修理旧文，有《说文解字》《五经》等；魏初则有博士清河张揖著《埤仓》《广雅》《古今字训》等；晋代则有做《字林》《声类》《韵集》，但出现了“宫、商、角、徵、羽各为一篇，而文字与兄便是鲁、卫，音读楚、夏，时有不同”。（第 1277—1280 页）由此可见江式家学功底之深厚。

④ 《北史》卷三十四《江式》，中华书局，1974 年，第 1280 页。

明旨。”①

最终江式的请求得到了朝廷的批准，“于是撰集字书，号曰《古今文字》，凡四十卷，大体依许氏《说文》，为本上篆下隶。”② 在江式家族六代人的共同努力下，其训诂工篆的家学传统得以在河西地区保存和传播。

（二）河西家学发展的特征

王家范在《中国文化通论》中曾指出：“人类学的经验启示我们，凡是部族混合杂处最活跃的地区，文明发展的速度总是最快，也最具活力。”③ 魏晋南北朝时期河西地区的家学文化不仅具有活力，在当时的历史条件下还形成自身发展的三个主要特征。

1. 与政治互利共生

魏晋南北朝时期中原持续动荡的政治局面，为河西地区世家大族割据一方提供了条件。想要实现割据，就务必要自强，在区域自然环境和资源禀赋不可能在短时期内有较大提高的情况下，富国强兵的最佳途径就是昌明学术、延揽人才。④ 世家大族在当时社会上具有特殊的地位，在政治、经济、文化、军事等方面都与统治者具有互利共生的关系。很多割据者本身就出自世家大族，原本就具有深厚的家学背景，掌握着主要的文化资源，是执政者赖以统治的思想基础。对于没有家族背景的执政者而言，要想取得领导地位，就要依靠当地的世家大族；巩固政权，则更要依仗和利用这些世家大族的力量和资源。家族与政治之间的这种互利共生关系，在某种程度上也推动了河西地区家学文化的发

① 《北史》卷三十四《江式》，中华书局，1974年，第1281页。

② 《北史》卷三十四《江式》，中华书局，1974年，第1281页。

③ 王家范：《中国历史通论》，华东师范大学出版社，2000年，第50页。

④ 李智君：《五凉时期移民和河陇学术的盛衰——兼论陈寅恪“中原魏晋以降之文化转移保存于河西一隅”说》，《中国史研究》2006年第2期，第67—84页。

展。以张轨、李暠等为例，他们自身受家学文化的熏陶，传承并发扬家学文化，具有较高的才华、能力、品德与声望，进而引起当时执政者的注意，借此获得一定的政治地位。待到他们羽翼丰满，在条件成熟的时候便割据一方，并以家学思想巩固自己的统治，并施行一系列有助于家学文化发展的措施维护家族的地位。所有这些，在主观与客观上均推动了河西地区家学文化的发展。

在统治者的积极推动下，这一时期的河西家学不仅与政治互利共生，而且还导致河西家学与官学逐渐合流，政治中心与家学中心合一；凉州作为当时的政治中心，世家大族云集，因之成为河西家学文化的中心。

2. 受众群体广泛

魏晋南北朝时期的河西家学文化受众群体广泛，主要与当时的社会环境和历史背景有关。割据与战乱使得大量中原人口避居河西，同时还有许多少数民族群体流入。不仅导致河西人口明显，也促进了民族之间的交流与融合。河西各族统治者为了巩固自己的政权，无不借助世家大族的势力及其家学思想，由此往往重视学术发展，以家学教化各族黎庶，从而促进了河西官学与家学的融合与发展。以宋纤、郭荷、郭瑀、刘昞等为代表的河西家学学者亦广收门徒，传授家学；许多年轻学子慕名而来学习，河西家学因之突破家族的范围，其受众范围日益扩大。这一时期的河西家学从而拥有广泛的社会基础，呈现出良好的发展态势。

3. 传承发展形式多样

以往家学文化的传承与发展往往局限于家族成员内部，但是魏晋南北朝时期的河西家学则打破了家族的范围，产生了诸如私学师承、官学推广与集体传授等多种传承方式。其中私学师承者以郭荷、郭瑀、刘昞三代师徒为代表，他们虽然都有各自的家族传统，但是通过私学传承而最终将各种家学文化融为一体。以前凉张轨和后凉李暠为代表的河西统治者，则借助政治权利，通过开办官学的形式推广各自的家学，以家学控制思想，教化黎民，可谓是官学推广的典范。前秦苻坚派遣三百名本土人士前往郭瑀处修学礼制，宋纤、郭荷、郭瑀、刘昞等门下弟子动辄成百上千，这种集体传授的方式则使河西家学日益社会化和大众化。传播形式多样，也使得魏晋南北朝时期河西家学文化具有强大的生命力。

三、河西家学发展的历史启示

陈寅恪先生指出："秦凉诸州西北一隅之地，其文化上续汉、魏、西晋之学风，开（北）魏、（北）齐、隋唐之制度，承前启后，既绝抚衰，五百年间延绵一脤……"① 河西地区家学文化不仅继承了汉、魏西晋的文化学术，对河西文化影响深刻，而且还延至北魏、北齐乃至隋唐王朝，并成为后世王朝文化制度的主要来源之一，可谓影响深远，也给后人留下了一些历史的启示。

其一，历史环境对文化的发展影响重大。魏晋南北朝时期的分裂与战乱，使得中原世家大族四处流散，寻找生存之地；中原地区作为文化中心的地位亦随之丧失。偏远的河西地区却因社会环境相对安宁，成为这些世家大族安身立命的场所。伴随着这些家学底蕴深厚的世家大族的迁入，以凉州为中心的河西地区取代中原成为当时的文化中心。这既促进了当地文化的发展，同时也对中原文化的保存和传承做出了巨大的贡献。由此可见，历史环境是影响文化发展的一个决定性因素，社会稳定是文化发展与繁荣的前提，对当今中国的文化发展而言亦是如此。

其二，文化与政治总是相伴相生。魏晋南北朝时期，河西的统治者往往也是家学传统深厚的世家大族，他们"以儒立国、重视经学"，以文化的正统性获得统治的合法性；家学也因之成

① 陈寅恪：《隋唐制度渊源略论稿》，上海古籍出版社，1982年，第41页。

为政治统治的工具。以张轨为代表的张氏家族之所以能够成为其中割据时间最长的政权，也和他们世代重视儒家经典，重视家学传统有着重要的关联；在他们的利用和倡导下，河西家学的发展也因之呈现出一派繁荣景象。因此，不能将文化与政治完全割裂开来。简言之，一个时代的文化往往是当时政治生态的产物和反映。

第三，开放与包容是文化发展的内在要求。魏晋南北朝时期的各世家大族流寓河西，为了生存，在离散状态下打破原有的藩篱，主动或被动地以开放的态度接受彼此的家学，不仅保存、延续和发展了自身的家学文化，也使得河西家学文化相互包容，在整体上呈现出繁荣发展的景象。即使吕光、沮渠氏、秃发氏等建立的河西少数民族政权，“仍能欣赏汉化，擢用士人”，才出现了“河西地区虽受制于戎，而文化学术亦不因以轮替”；在巩固自身统治的同时，也为包括家学文化在内的河西文化的发展做出了贡献。正是从这种意义上来讲，河西文化的繁盛是古代中国各民族共同努力的结果。打破并超越区域、家族乃至民族之间的界限，以开放的态度和包容的胸怀对待和接纳一切优秀文化，既是历史给我们留下的历史遗产，也是文化自身发展的内在要求，对于破除当今所谓的“文明冲突论”也不无深刻的现实意义。

冯晓鹍，陕西师范大学中国西部边疆研究院博士生；王欣，陕西师范大学中国西部边疆研究院院长、教授。

从地契印信文献看青海东部藏区政治社会变迁

索端智

民间地契文献是人类学、社会学、史学和经济学等多学科非常重视的研究文献，对研究区域社会史与经济活动具有重要的文献价值。20 世纪上半叶以来，随着实证研究学科在我国的引入，民间文献的研究价值越来越受到多学科的普遍重视，以民俗乡例证史、以实物碑刻证史、以民间文献证史成为多学科普遍重视的研究方法。与官方正史文献的宏大叙事相比，民间地契印信文献不仅巨细靡遗，而且具有很强的历史现场感，有些契约文本的内容和印信能够与正史文献互证、互补，具有重要的历史人类学研究价值。本研究基于作者在青海东部藏区收集到的一批地契印信文献中的三份文献，时间跨度从明初到清中期，分析这些地契文书和印信中保存的历史人类学信息，结合事件发生的特定时空背景，我们可以从民间社会的微观层面管窥到青海东部藏区在明清时期经历的政治社会变迁，有些方面还可以弥补正史文献宏大叙事的不足，从而具有证史、补史的重要意义。

一、发现于青海东部藏区的三份地契及印信文献

地契文书是规制土地买卖、租赁关系的一种法律文书，在我国有悠久的历史。考察法律史，我国从先秦时期就有了买地立契的传统，在之后的历史发展中，这一传统虽经变化，但总体法律精神得到延续。根据法律史学者对地契文献历史演变的研究，在秦汉时期的契约文献中，当事人双方签署契约的地位基本相同，在此后吐鲁番、敦煌出土的唐宋契约中当事人双方的地位有所不同，买主、债主、地主等居于主动地位的当事人在契约上都不画押。元明时期，契约上提到买主、典主、债主等当事人时，往往要换行顶格书写，甚至还要“避讳”，不明确书写他们的名字，只书写“某宅”“某府”“某姓”，以示尊重，而且他们不用签字画押①。青海东部藏区是汉藏文化交汇的重要区域，历史上汉藏文化交流比较充分，从笔者搜集掌握的青海东部藏区的地契文献来看，明清时期用汉文书写的规范地契文书在这一地区藏族中得到广泛的通行使用，说明至少在元末明初那个时代，在青海东部藏区汉藏双语的使用较为普及，内地汉族传统法律文化也有相当程度的接受，反映出元明时期青海东部地区汉藏文化交流、交融的一个侧面。

分析笔者收集到的地契文书，一部分文书只有当事双方或卖方的签字画押和中人（也称中见人）的见证画押，从中可以看出作为土地物权的重要凭证。地契文书在一般情况下只要当时双方或卖方签字画押，中见人从中见证作保即产生法律效力，但同时也有一些契约文书有官府加盖的印信，说明纯粹民间的契约合同有时候可能存在法律约束力不够的情况，加盖官方印信意味着

---

① 郭建等：《中华文化通典·法律志》，上海人民出版社，1997 年，第 263—264 页。

官方对民间土地流转的管理，对契约内容进行法律上的公证约束。在笔者收集到的青海东部藏区的地契文献中，多数都有官署印信，而且这些印信还明显反映出青海藏区社会文化方面的特点，首先以寺院为主体与普通平民俗户之间的土地关系契约，反映了历史上这一区域寺院土地占有和寺院土地所有制存在的事实，对于研究寺院土地所有制的形式与寺院经济具有重要意义。在元明清时期一些寺院因为寺主活佛得到朝廷的笼络重用而接受大量的朝廷土地封赐。据藏文史料记载，元初今湟中藏族西纳家族的喜饶意希贝桑波①，因服事八思巴受比丘戒和护送八思巴到大都有功，由元世祖忽必烈和八思巴赐给文书，将湟水流域的土地赐给喜饶意希贝桑波。此后包括瞿昙寺、西纳演教寺、弘化寺等在内的寺院也都占有大量的土地，这种由寺院占有大量土地的情况从历史上延续到近代。但是寺僧本身不可能去经营耕种大规模农耕土地，它必须以适当的方式与所辖俗民建立土地的租赁和承包关系，寺院土地所有制的具体形式如何不甚清楚，因此本研究中寺院与俗民之间的这份地契文书具有重要的资料价值，真实记录了寺院土地所有制的重要形式和内容，为我们呈现了寺院如何通过一定的法律形式确定与寺院属民之间的土地权利关系，是研究藏传佛教寺院土地所有制的鲜活个案，为研究寺院土地所有制提供了珍贵的历史文献资料，反映了青海东部藏区社会文化的特点，对研究寺院土地所有制具有重要的文献意义。第二个特点是在这些地契文献中出现了寺院签具的印信，这些印信与官署印信的不同在于寺院印信是朝廷敕封给寺院上层喇嘛、国师的大印，反映这一地区历史上存在寺院政教合一管理的事实，朝廷将特定区域地方社会的管理权封授给宗教和寺院上层，寺院对地方社会进行政教合一形式的管理。在本研究的三份地契文献中，有

① 〔清〕智贡巴·贡却乎丹巴绕吉著，吴均等译：《安多政教史》，甘肃民族出版社，第166—167页。

一份是寺院与普通俗户之间的土地契约，其余两份反映普通小农之间的土地买卖关系，但在这两份小农之间土地关系的契约中，其中一份上签具有朝廷敕封给瞿昙寺的大国师印信，另外一份则签盖有官府县衙的印信，三份地契文书各有不同，反映不同时空背景条件下政治社会经历的变化。

第一份地契文书立于明洪武三年八月十五日，写于金黄色丝绸布帛之上，小楷墨书，内容在省去四至后誊录如下：

> 立印信凭据人索俗户系巴藏沟住人，为因开荒耕种瞿昙寺大国师老爷（黑体部分顶格书写）戎马水旱地，东至……南至……西至……北至……为界，四至分明，自立凭据之后，代代子孙永远耕种为业，如日后人孤力弱，尚或有外户人等隐昧混夹，执此印信凭据到官，以法律重究，恐后无凭，立印信契书永远为照。
>
> 洪武三年八月十五日
>
> 领　印信契书凭据人　索俗户（画押）
>
> 代书人　方振猷（画押）

第二份文书立于清康熙六十一年四月，内容为一般小农之间的土地买卖，印信为瞿昙寺清初顺治朝封赐大印，满汉两种文字，内容为“灌顶净觉宏济大国师印”，文书旁留白处用藏文书写一行字，内容为“卓玛喀购买桑地之文契”，为瞿昙寺掌印人在签章时所书。

第三份文书立于清道光十六年十二月，内容同样为一般小农之间土地买卖交易，印信为清代西宁府辖碾伯县官印，汉字篆刻内容为“碾伯县印”。

二、文书印信反映的青海东部藏区政治社会变迁

前文三份地契及印信文献反映了不同时空和历史背景下青海藏区政治社会的一些实际，是社会实在的真实记录，从这些文献记录中可以窥探到青海东部藏区在明清之时发生的政治社会变迁。首先分析立书于洪武三年（1370）八月十五日的地契文书，文书中明确提到土地主人为“瞿昙寺大国师老爷”，立契原因为索姓俗民开荒耕种“瞿昙寺大国师老爷戎马水旱地”。与一般的地契文书不同的是这份契约文书立约的原因并非土地买卖、租赁或转让，而是开荒耕种瞿昙寺大国师老爷的戎马水旱地。这里提到的“瞿昙寺大国师老爷”从时间上看，显然是瞿昙寺创建者也即明史中所载之“三剌”，“初，西宁番僧三剌为书招降罕东诸部，又建佛刹于碾伯南川以居其众。至是来朝贡马请敕护持赐寺额，帝从所请，赐额曰瞿昙寺。”契书中提到这块土地的性质在契约文本中有明确表达为“戎马水旱地”，这样的表述暗含了这块土地不是一般的小农用地，而是具有官方性质，是皇朝敕封。另外从时间上看，洪武三年（1370）六月，明军西进，一举攻下“吐蕃等处宣慰使司都元帅府”所在地河州，在契书立书的洪武三年八月十五日，明朝军事势力应该是进入青海东部不久，从时空背景分析，显然此时的青海东部地区正在经历新旧政权交替的剧烈变化，就在这样的时刻，瞿昙寺得到大片的“戎马水旱地”足以说明瞿昙寺上层已与明朝廷取得了联系，而且得到明朝廷的支持。在这样一个剧烈变化的时刻，瞿昙寺上层与所辖属民之间进行的土地关系约定显然与瞿昙寺身份地位的变化分不开，这个立契事件说明瞿昙寺得到明朝廷的扶持利用，而且这件事本身也是青海东部藏区破旧立新的一部分，明朝利用瞿昙寺上层的宗教影响力正在构建新的管理体制。众所周知，瞿昙寺

在明朝统一西北和管理甘青藏区的过程中发挥过特殊的作用，因而受到了明朝中央的高度重视，多次受到明朝皇帝的敕封、敕建，这段历史在明史和瞿昙寺多通碑刻中多有记载，而这一切又和“三剌”在河西和青海东部藏区的重要影响力有关。一般认为瞿昙寺与明王朝发生联系是在明洪武二十六年（1393），朱元璋允三罗喇嘛所请，亲自为其所修寺院颁赐了“瞿昙寺”匾额。同时下令设立西宁僧纲司，以三剌为都纲，一并统领管理湟水流域及其附近地区宗教事务。但从这份地契文书提供的信息来看，瞿昙寺与明朝廷发生关系的时间显然要更早，至少在本地契文书立书的洪武三年八月十五既已建立了关系，而且这份地契签约事件本身说明瞿昙寺已经得到了明朝中央的封赐，关于瞿昙寺香火地的赐封在碑志文献中有详细的记载，立于宣德二年正月初六日的皇帝敕谕匾中说：“……今西宁瞿昙寺，我太祖高皇帝、太宗文皇帝及朕相继创建，壮观一方，东至虎狼沟，西至补端观音堂、南至雪山、北至总处大河，各立牌楼为界，随诸善信，办纳香钱，以充供养。……”[①] 而本地契文书约定的土地属于该匾封赐的范畴，地契文献的价值在于它弥补了正史文献宏大叙事的不足，具体而微地记录下了特定时空背景下发生的具体事件，也就是在洪武三年明朝势力到达青海东部地区，以“三剌”为代表的瞿昙寺上层与明朝建立了联系，瞿昙寺受到明王朝的封赐，得到了明王朝的扶持和利用。迄今研究者一般认为洪武四年（1371）元朝朵尔只失结归附明被认为是青海地区最早与明王朝发生联系的地方势力，本地契文书中反映的信息表明瞿昙寺在洪武三年既已与明朝发生联系，这明显早于故元朵儿只失结势力归顺明廷。需要指出的是瞿昙寺上层在短时间内很快与明王朝建立起联系是完全可能的，这与明太祖对西北藏区采取“广行诏谕”的政策有关。自洪武二年（1369）始，明太祖即遣西征军向西

① 转引自吴景山：《瞿昙寺中的五方碑志资料》，《中国藏学》2011 年第 1 期。

攻克临洮，同时数次遣使进入西北藏区诏谕当地僧俗官员上层人士弃元降明。派遣使者诏谕藏族各部的工作开始于洪武二年五月，《明实录》记载洪武二年五月甲午“遣使持诏谕吐蕃……使者至吐蕃，吐蕃未即归命，寻复遣陕西行省员外郎许允德往诏谕之”。[①] 因此瞿昙寺上层“三剌”在河州被攻克两个月后得到朝廷的封地是合乎逻辑的，地契文献证明了在洪武三年之时，故元势力已经被推翻，明中央在武力征服的同时采取“广行诏谕”的办法招抚利用具有影响力的宗教上层，积极建立新的地方管理机构和体制，本地契文书反映明洪武三年瞿昙寺已经得到了明朝中央的扶持利用，“戎马水旱地”即是得到的朝廷封赐，事件反映的正是新旧交替之时政治管理体制确立的过程中地方社会内部的互动。需要指出的是这样一份十分重要的地契文书理应有官府印信，但本地契文书中没有出现官府印章，这也正好反映事件发生时的时代背景，因为文书形成之时，青海东部地区正在经历改朝换代的剧烈变化，社会正在急剧变迁，明朝刚刚立国，前朝官僚体制已被废除，新朝的管理机构尚未完全建立，瞿昙寺本身的政治地位也正在确立之中，政教合一体制的治理尚未完全建立，因此，在地契文书形成之时，正处于政治管理新旧交替的空档期，因此，文书落款没有官府印信自在情理之中。

第二份地契立书于康熙六十一年四月，从文书内容看是普通小农之间土地买卖契约，但这份文书的价值在于其上有瞿昙寺满汉两种文字大印，内容为“灌顶净觉宏济大国师印”，旁边留白处竖写藏文字为瞿昙寺掌印人所写，内容为“卓玛喀购买桑地之文契”。这份印信文书反映在清康熙年间瞿昙寺仍然保留了明初以来一直延续的政教合一权利，但这样的权利并未随着清朝的改朝换代而彻底结束，因为“灌顶净觉宏济大国师”的名号来自于明初的封赐。关于瞿昙寺大国师的封号问题在《明实录》

① 《明太祖实录》卷四二，洪武二年五月甲午条。

等文献有多处记载，最早见于永乐八年（1410）十月，明成祖封三罗喇嘛的侄徒班丹藏卜为“净觉宏济国师”，永乐十年（1412）正月，封为“灌顶净觉弘济大国师……”明永乐八年封瞿昙寺高僧班丹桑卜为“灌顶净觉宏济大国师”，赐八十两金印。这里需要探讨的是在前文第一份地契文献中既已出现“瞿昙寺大国师老爷”的说法，按契书立书的洪武三年八月推，“瞿昙寺大国师老爷”无疑指的是“三剌”也就是三罗喇嘛，也称为海喇嘛·桑儿加查实。但正如前文所述，在汉文史籍中并未见封“三剌”为大国师喇嘛的记载，在藏文文献中虽有记载但又比较模糊，《安多政教史》记载：“据松巴称：霍尔王（元朝）及大明朝廷授予金印的有卓仓、卡德卡、宏化寺、丹坡、角杂国师……”[①] 但作者声明这些口述史不敢确定，声明只作载录，备研究之用。同书中作者也按照松巴所说：“洪武帝登基不久欲迎请应供上师，海喇嘛着法衣乘白象自天而降，天空显种种吉兆，遂称颂为帝师……”[②] 清同治十年《补修瞿昙寺募化疏引》一文：“粤稽如我瞿昙寺，刱自明初，兼有左右小寺，四面高塔与护法大殿，俱系明洪武二十六年修。时敕赐大国师三罗喇嘛与焉；……”[③] 从地契文书本身而言，如果在洪武三年八月之时，三罗喇嘛及其侄徒没有受到明廷的封赐，民间法律文书中怎敢白纸黑字称呼“三剌”为大国师老爷呢？直到清末称呼三罗喇嘛为国师的情况一直存在，是否可能在元朝就有这样的封号，等等，显然这一问题还需做进一步的研究考证。但从本研究而言，“灌顶净觉弘济大国师”的封号早在永乐十年就已封赐，这是很明确的了，问题在于本研究的第二份地契文书中出现瞿昙寺签具

① 〔清〕智贡巴·贡却乎丹巴绕杰著，星全成等译：《安多政教史》（青海分册），第201—202页。

② 〔清〕智贡巴·贡却乎丹巴绕杰著，星全成等译：《安多政教史》（青海分册），第193—194页。

③ 转引自谢佐著：《瞿昙寺》，青海人民出版社，1998年，第45页。

的“灌顶净觉宏济大国师”印信，确实是一个非常重要的历史文物证据，清朝康熙年间瞿昙寺不可能一直沿袭使用明代封授印信，之所以出现明朝所授的封号和印信反映了清初对青海东部藏区的政策，清朝立国后对青海东部藏区仍然沿袭明末旧制，明朝各土官“俱就招抚，孟总督乔芳请仍赐以原职世袭”[①]。清代，瞿昙寺早已没有了明代那样的地位，但是清初从顺治到康熙朝对青海东部藏区沿袭明朝旧制，顺治十年（1653）命瞿昙寺高僧“灌顶净觉宏济大国师”旧号，这地契文书中的印信正是顺治十年封赐的前明旧号，在瞿昙寺民间文献《敕诰代辈相传亲供册》[②] 中对此形成过程有记录，清顺治八年（1651）七月，瞿昙寺为了与新建的清朝中央取得联系特别呈上奏文，主要请求更换明朝颁发的各种印信、敕诰，以确认其原有的权利，顺治十年（1653）清朝廷命“灌顶净觉宏济大国师”号，地契文献的印信正好与其它文献互证、互补，印证了清顺治初对青海东部藏区治理沿袭明朝旧制的实际，瞿昙寺仍然保留了政教合一的一部分权利，所辖属民进行土地交易流转依然要得到瞿昙寺的认可。但瞿昙寺在实际权力上早已风光不再，西宁卫的设置加强了清中央对青海东部湟水中下游地区有效管理。第三份地契文书中的印信进一步印证了青海东部藏区政治社会的变迁，文书中的印信已由瞿昙寺的印信演变为碾伯县府官印。虽然笔者收集的地契文书中最早的也只有道光朝的，但从道光直到咸丰、同治、光绪、宣统，碾伯县府官印一直在沿用。事情发生变化的起因源于清雍正二年的罗卜藏丹津事件，青海东部地区一些藏传佛教寺院公开参与反清叛乱，这件事促使清廷下决心对青海东部地区藏传佛教寺院进行整顿，整顿内容有以下几个方面：一是限制僧团规模，额定寺院僧侣人数；二是“将各番族归于县官，按地输粮，不受番寺

① 《清史稿》卷五一六《土司五》。

② 转引自扎洛：《青海瞿昙寺大国师、国师活佛世系考略》，附录二《瞿昙寺国师亲供册》，载《青海民族研究》2015年第4期。

约束"[①]；三是制定喇嘛"衣单口粮制度"，由朝廷每年给寺院喇嘛衣食之资，称"衣单口粮"；四是取消明时和清初所授国师、禅师等名号，"其印诰缴于礼部，不准世袭"，同时在青海东部地区进行行政设置，改西宁卫为西宁府，下设西宁县、碾伯县，增设大通卫。清乾隆二十六年（1761），改大通卫为大通县。这第三份地契文书上的印信的内容为"碾伯县印"，说明瞿昙寺政教合一的权利已被收回，清廷乘平定罗卜藏丹津反清事件之机，收回瞿昙寺政治权利，设西宁办事大臣，成立碾伯县，进行比较彻底的改土归流，粮归大仓民归县。

地契印信文献虽然是民间社会经济社会活动的记录，但是从证史补史的角度而言它给我们留下了社会发展变迁的实证资料，本文中的三份文献及印信为我们留下了从明初到清中后期青海东部藏区政治社会变迁的印记，从中我们可以更加真实地看到这一区域政治社会所经历的变化。

索端智，青海民族大学校长、教授。

① 〔清〕杨应琚：《西宁府新志》卷十五《祠祀志·番寺》。

ཇོག་ཇོ 源流考

——以庄浪地名沿革和吐蕃属卢氏家族史考证为中心①

魏　文

庄浪卫，汉之允吾县，前凉之广武郡也。东距黄河，南环大通，西界乌稍，北筑新边。其地狭，其山宽，其土瘠。兵民而外，土司十万，熟番之户三千。其于河东西为兰州门户，凉湟堂奥，甘肃之咽喉，靖夏之捷径，车马络绎，毂击肩摩，乃诸郡之统会，九逵之庄逵也。

——清初地理学家梁份（字质人，江西南丰人，1641—1729）②

一、导言

庄浪卫设置于明代，位于现今甘肃省兰州市西北部的永登县，元代初年始称庄浪，清康熙二年（1663）改称平番县，民国以来改土归流，遂称永登。此地元时建制为县，隶凉州，明洪

① 写作涉及吐蕃的部分得到了上海复旦大学史地研究中心青年学者任小波先生的帮助，特此致以谢忱！

② 〔清〕梁份：《西陲今略》（清光绪十九年（1893）抄本）之“庄浪卫”条，载《续修四库全书·史部·地理类》，第七〇四册。

武五年（1372）十一月壬子改为庄浪卫，隶陕西行都司治下，[①]为河西走廊东端起点。庄浪卫地势狭长险要，广七百六十里，长四百七十五里，被山带河，沟渠纵横，耕地稀少，土地贫瘠。庄浪河由北而南沿庄浪卫东境流入黄河，大通河沿西境汇入湟水，城镇、堡垒和驿所沿两条大河的河谷一线展开。庄浪卫东二百二十里渡河即为兰州，西北距凉州三百四十里、甘州八百二十里、肃州一千二百四十里，是明清时期内地和甘、肃、凉三州以及罕东诸卫军事调动和输运粮饷的咽喉要道，经营河西而通西域，舍此便无他途可行。庄浪东北二百里即为三眼井，其地与靖虏相连，向东为通达宁夏之便道，北方蒙古骑兵常年袭扰宣府、大同、延绥、宁夏等镇，时可沿此一捷径奔袭庄浪，以图切断甘凉与内地之联系。同时，庄浪卫西南有驿道联通大通河河谷，此是明清之际内地通往河湟谷地的必经之路，更是羁縻生熟番族、控驭整个朵思麻地区之要冲。可以说，庄浪卫是明代维系整个北疆九边防御体系安定、稳定中央王朝对西域、朵思麻乃至乌斯藏有效统治的肯綮所在，牵一发而动全身，故历来为朝廷经略西北的重中之重。然庄浪地区自中唐陷于吐蕃以来，即为西番诸族世代盘踞，朝廷难于驾驭。故自明初建政以来，朝廷即倚重成吉思汗时期蒙古汗庭四大怯薛之一、速勒都思氏（sūldūs）锁儿罕·失剌（Sūrǧān šireh）之子沈白（Chimbai）一系后人鲁氏土司家族统治这一地区，令其“世袭其官，世守其土，世长其民，世因

① 牛平汉编著：《明代政区沿革综表》，北京：中国地图出版社，1997 年，第 399 页。所依据者为《明太祖实录》卷七十六。洪武五年（1373）九月十一日“壬子置甘肃卫都指挥使司庄浪卫指挥使司”。另〔明〕李贤、万安等纂修《大明一统志》，天顺五年（1461）内府刻本，卷三十七，陕西行都指挥司下庄浪卫条。建文中改卫为守御千户所，洪武三十五年（1402）十月复改所为卫。参见《明史》卷四十二《地理志三》。陕西行都司于洪武七年（1374）设于河州，原名西安行都卫，洪武九年（1376）罢撤，洪武十二年（1379）在庄浪恢复建制。洪武二十六年（1393）从庄浪移治甘州。参见吴浩军、张力仁：《〈陕西行都司志〉存佚考》，《中国历史地理论丛》，第二十五卷第二辑，2010 年，第 93 页。

其俗”，为明朝北拒蒙古，南捍诸番，戍守边疆，以为藩屏。①

二、庄浪地名之钩沉

自元以来，庄浪因其枢纽性的战略地位而不绝于史册，然“庄浪”这一地名之由来向无定论。河西走廊一线地名或大多古以有之，如甘州、凉州、酒泉、敦煌等，已行用千年；或赋有祈望边地安靖，反映地貌特征之义涵，如永昌、镇番、山丹、归德、高台、武胜、丰乐等。而“庄浪”在汉文文献中出现最早只能追溯到金代，且几无意涵可寻。由此，我们或可认为其来源于藏文。在藏文材料中，“庄浪”（专指今永登地方）之藏文对音有文本和口语两种主要形式，一种见于庄浪卫红城子明嘉靖四年（1525）镌刻的《大明皇帝敕（建）感恩寺碑》（དའི་མིང་རྒྱལ་པོའི་ལུང་གི་ཀན་རེན་སི）和清中后期编纂的《安多政教史》（མདོ་སྨད་ཆོས་འབྱུང）两种文献材料，依次作ཛོང་ལང和ཀྲོང་ལིང；② 另一种被认为是口语འབྲོང་ལུང之发音，即“野牦牛沟”之义。③ 这两种说法中，前一种形式均显系汉文音转，若“庄浪”来源于藏文，那充分说明至早于明中期时已无人知晓“庄浪”本来的藏文写法，进而认为是纯然汉文地名。后一种则系地志工作者因音推测，并非来源于田野调查，故不足为凭。

然机缘巧合，笔者在博士论文写作中所涉及的一部西夏时期的汉译藏传密教写本，为溯源“庄浪”提供了关键性的线索。

---

① 魏文：《元明西北蒙藏汉交融背景中的鲁土司家族政教史事考——以红城感恩寺藏文碑记释读为中心》，载沈卫荣主编：《西域历史语言研究集刊》第五辑，北京：科学出版社，2012年，第427—66页。

② 魏文：《元明西北蒙藏汉交融背景中的鲁土司家族政教史事考——以红城感恩寺藏文碑记释读为中心》，第429页。止贡巴·贡却丹巴饶吉著，吴均、毛继祖、马世林译：《安多政教史》（མདོ་སྨད་ཆོས་འབྱུང），甘肃民族出版社，1989年，第133页。

③ 崔明：《甘肃“庄浪”地名的历史人类学分析》，《青海师范大学学报（哲学社会科学版）》，第三十七卷，第一期，2015年，第107页。

这部写本为一部早期校译本之《上乐根本续》（བདེ་མཆོག་རྩ་རྒྱུད）的释论，收录于《演揲儿法残卷三种》中，题名作《新译吉祥饮血王集轮无比修习母一切中最胜上乐集本续显释记》，系“八千麻袋事件”中从宫中内阁大库流散之物，后为罗振玉所得，藏于旅顺“大云书库”，抗战胜利后辗转为中国国家图书馆收藏。该文弁首列集、传、译、定人名，其中作者署名“释迦比丘庄㖠 法幢 集”。“法幢”显系藏文ཆོས་ཀྱི་རྒྱལ་མཚན之意译。“庄㖠”作为法幢上师之族属名，明显系西夏文或是藏文的音译，而非汉文。其中，“㖠”是典型的西夏时期创制的佛教译音字，旨在翻译一些在汉语中难以找到对应字音的梵语音节。“浪”字加“口”字旁，用以比况音节“ro”。[①]“庄”字若按十二世纪左右西北方音发音规律，后鼻韵尾-ŋ 脱落。[②]因此，“庄㖠”应读若 ʈʂua ro。幸运的是，我们在桂译师软努班（འགོས་ལོ་གཞོན་ནུ་དཔལ）所造《青史》（དེབ་ཐེར་སྔོན་པོ）上乐付法师传略中找到了这位上师，他于土阳鼠年（1108）出生于朵思麻，其名曰ཙོག་རོ་ཆོས་ཀྱི་རྒྱལ་མཚན。[③]而ཙོག་རོ之发音无论在卫藏方言还是藏东北方言中均可以与 ʈʂua ro 相对应。由此，“庄㖠”应即ཙོག་རོ之音转，殆无疑义。

笔者延此线索进而发现，“庄㖠”二字作为族名，实与作为地名之“庄浪”存在前后沿革的关系。这首先还要先从庄浪卫地区的历史沿革说起。庄浪卫这一地区在十一世纪初叶，为新兴的西夏王朝所占据，并且因其地处河西咽喉，故此常年处在夏、宋和唃厮啰交锋对垒的前沿。夏景宗李元昊（1003—1048）为有效控扼边陲，在这一战略要冲的红城子一带建立了卓啰（[illegible]）城，置右厢卓啰和南监军司于斯（“卓啰”也作“卓罗”），

---

① 孙伯君：《西夏新译佛经陀罗尼的对音研究》，北京：中国社会科学出版社，2010 年，第 78—79 页。

② 李范文，《西夏文对研究古汉语的重要意义》，载同氏《李范文西夏学论文集》，北京：中国社会科学出版社，2012 年，第 115 页。

③ 桂·软奴班著：《青史》，四川民族出版社，1985 年，第 467—468 页。英译见 Roerich George N. , *The Blue Annals*, Delhi: Motilal Banarsidass, 1988, p. 385.

是为史册记载的西夏十二/十七监军司之一。[①]“卓啰和南”这一名称亦值得加以讨论。从目前的研究来看，西夏所建立的左右厢各地监军司大多都是因地而名外加一个有吉祥祈福意味的词汇组成的，如“黑水镇燕”“黑山威福”“宥州嘉宁”“韦州静塞”等等，由此来看，“卓啰和南”中的和南即是取“和顺南境，止息兵火”之义，现今的庄浪河当时称之为“喀罗川”[②]，“喀罗”与“卓啰”音近，当也是指称同一地名的不同音转，因中国古代河流的命名大多都取自主要流域的地名，所以这也证明了这一地区在当时被西夏人称为“卓啰”。颇为有趣的是，在西夏众多的监军司中，唯“卓啰”并非汉语，且对应西夏文之“[illegible][illegible]”亦为音译，未有实在的含义。故此，“卓啰”当为借自其他语种的音转。笔者通过比对发现，“卓啰”应即是“庄哴”在不同语音系统中的另一种音译法。因为在西夏时期，“[illegible]”读若 tśiow，在元以前西北方音体系中其对音汉字亦可以是“庄”字。如西夏文《孙子兵法》中“鲁庄公”（[illegible][illegible][illegible]）和“庄贾”（[illegible][illegible]）之“庄”字均用“[illegible]”来音译。[③]“[illegible]”读若 ror，正与“哴”

① 〔清〕吴广成：《西夏书事》，南京：江苏广陵古籍刻印社，卷十二。至于卓啰监军司的地理位置，可参见〔清〕张鉴：《西夏纪事本末》，上海：上海古籍出版社，1996年，卷首下附“西夏地形图”。此外，杨蕤：《西夏地理研究》（第134页）认为卓啰监军司位于永登县城附近。周宏伟：《连城古城新考—兼与赵朋柱同志商榷》，《西北师范大学学报（社会科学版）》，1990年第五期，认为卓啰监军司即是红城堡。另外，（日）前田正名著，陈俊谋译：《河西历史地理学研究》，北京：中国藏学出版社，1993年，第532—536页，作者专本讨论了卓罗监军司的统管范围以及监军司治所卓罗城的大致位置，文中引用了《续资治通鉴长编》卷四九一绍兴四年（1134）九月壬申条曾布章奏言“卓罗去金城（今兰州）百二十里”，说明卓罗城在兰州西北一百二十里处，今天红城据兰州70公里左右，而古代军事重镇大多延续数个朝代，不轻易更换位置，因此，笔者猜测现在的红城即是位于西夏卓罗城的遗址之上或是附近。另，西夏文《天盛律令》之《司序行文门》提到了包括卓啰在内的十二监军司，其中绝大多数地名均可明显看出来源于汉文地名，参见杜建录和波波娃主编：《〈天盛律令〉研究》，《西夏文献研究丛刊》，上海：上海古籍出版社，2014年，第207页。

② 谭其骧主编：《中国古代地图集 第六册：宋·辽·金时期》，北京：中国地图出版社，1982年，第36—37页。

③ 李范文编著：《夏汉字典》，北京：中国社会科学出版社，1997年，第241页。

音相合。汉文文献材料中提及“卓啰”的史料全部来源于宋朝官方系统的史书，如南宋李焘《续资治通鉴长编》以及根据宋朝国史纂修而成的《宋史·夏国传》，故西北边地地名之音译全依通行中原的《广韵》音系，“卓”在《广韵》中读若 ȶɔk，韵尾-k 与ཅོག后加字发音若合符节。而“庄喰”显系继承唐、五代以来的西北方音译法，产生并行用于河西地区。

“庄浪”二字最早是作为所谓的“番姓”收录于西夏时期汉文本《三才杂字》中。如俄藏黑水城出土之 2822 号写本《杂字》“番姓名第二”中即有“庄浪”名。① 然此写本年代尚存异议，其底本创作年代有学者考订为仁宗天盛年间（1149—1170）。而此“庄浪”应非党项部族，西夏文的《杂字》中“番姓名”中就没有列入此姓。② 而且，其中夹杂了西夏文《杂字》里没有、也显然不是党项氏族的“芭里”（བ་རི）。根据《金史·交聘表》载金世宗大定九年（1169）正月戊午朔，西夏武功大夫庄浪义显来贺正旦；大定二年（1162）夏，武功大夫芭里昌祖、宣德郎榻彦敬等贺正旦。③ 因此笔者认为此本虽然所依据的原底本创作于西夏晚期，但是它显然添加了不少非党项部族、但却臣服于西夏的外族姓氏。因此，笔者倾向认为这件汉文《杂字》极有可能是大朝到元初时期的抄本。而此本中的“庄浪”似应是主要活动于安多东部积石山附近的庄浪族。《金史·结什角传》云“天会中（1123—1135），诏以旧积石地与夏人，夏人谓之祈安城。有庄浪四族，一曰吹折门，二曰密臧门，三曰陇逋门，四曰庞拜门，虽属夏国，叛服不常。”④“旧积石地”宋时指以溪哥城为中心的“积石军”，位于今天西宁以南贵德、同仁一带。这一带和永登地区相去甚远，汤开建先生认为庄浪族以

① 参见黄皓，《俄敦二八二二号写卷〈杂集时用要字〉研究》，浙江大学硕士学位论文，2008 年，第 13 页。

② 王静如、李范文，《西夏文〈杂字〉研究》，《西北民族研究》，1997 年第二期，第 85 页。

③ 〔元〕脱脱等编纂：《金史》，第六十一卷，表三。

④ 〔元〕脱脱等编纂，《金史》列传第二十九。

庄浪河得名，或在宋夏战争时躲避战乱迁居积石境。这种推测尚无直接证据可以确证，且庄浪河在当时名喀罗川，故此这种推测也未免略有牵强。① 总之，在没有新材料作为佐证的情况下，我们无法判断其与属卢是否存在关联。另《续资治通鉴长编》载“龙移、昧克，一云庄郎、昧克，其地在黄河北，广袤数千里。族帐东接契丹，北邻达靼，南至河西，连大梁、小梁族，素不与迁贼合。迁贼每举，辄为所败。”② 此后因其与西夏为敌，故此宋真宗时授“以黑山北庄郎族首领龙移为安远大将军，昧克为怀化将军，以褒之。”从这一氏族的活动范围南至大、小梁，也就是凉州一带看，这个“庄郎（浪）”不能排除其与“属卢”同定的可能性，然缺乏有力的证据，一时难以遽断。

除此以外，笔者注意到历史上称为“庄浪”的地方除了故明庄浪卫之外，还有甘肃省东部平凉地区亦有一县名庄浪。此县在元代至元年间曾为庄浪路后于大德八年（1304）降格为州，明清改设为县。③ 时至今日，仍保留庄浪县的这一地名。其地理位置远离朵思麻，曾改隶安西省（即元代之陕西）。因为史料缺乏，此庄浪之渊源我们也不甚了解。有学者认为是《长编》所载之庄浪，在元代初年南迁至此，因以为名。

宋代河西走廊及朵思麻地区番族林立，汉文史料多有记载，自不待言。然中古以后，宋、元、明时期关涉朵思麻地区的藏文历史资料十分缺乏，因此留下来的众多汉文番族名称大多无法同定藏文原文。而汉文文献音译或依河西方音，或依中原方音，且用字十分随意，给拟音造成了极大困难。更有甚者，往往同一番族在历史材料中有多个不同音译出现，后人不查，竟以为不同族名，以讹传讹。再者，番族部落居无定所，时常迁徙，名称或有更迭。因此，在考察宋以来西北番族名称时，很容易望文生义，

① 汤开建，《宋金时期安多吐蕃部落史研究》，上海：上海古籍出版社，2007年，第78—79页。

② 〔宋〕李焘《续资治通鉴长编》，咸平六年（1003）。

③ 〔明〕宋濂：《元史》，本纪第二十一。

实际上却南辕北辙，不得不慎之又慎。另外还要提到一点，元朝以“庄浪”二字取代地名“卓啰”，这显然是使用西北方音系统的写法加以重新命名。元初重新厘定郡县名称以及元末编修正史的汉族士大夫多为江南士子，显然已经搞不清楚西夏人何以在“浪”字左侧加“口”字旁，故此笔者推测“庄浪卫”之“庄浪”乃是从“庄哴”简化沿革而来。

三、藏文史料所见ཅོག་རོ氏之故实

ཅོག་རོ在古写本中常作ཆོག་རོ①或ཅོག་རོ②，在藏文史籍中亦作ཅོག་གྲུ③、ལྕོག་རོ④，皆音近语讹。在吐蕃时期的唐代汉文材料中其对译为“属卢”⑤、“烛龙”⑥或“竹卢”（敦煌文书 P. 3197v）。属卢（下文均以“属卢”指称ཅོག་རོ）是吐蕃王朝的外戚贵族之一，也是延续整个吐蕃时期驻守吐谷浑地区和唐蕃边界地带最主要的戍边家族之一。属卢氏之势力在七到八世纪主要及于吐蕃北部边陲，这与吐蕃王朝之建立和迅速扩张紧密相连。从史料来看，属卢并非如那囊（སྣ་ནམ）、没卢（འབྲོ）、琛（མཆིམས）这样最早就与悉补野赞普盟誓的元老贵族。而是藏东北汉藏交界地区

① 参见 Brandon Dotson, *The Old Tibetan Annals, An annotated Translation of Tibet's First History*, 2009, p. 107, p. 112。

② 参见大英图书馆（British Library）藏敦煌吐蕃文献 IOL Tib J 689 Recto, Ch. 0021 中出现的两个人名的族姓实际上是都为“属庐”：ཅོག་རོ་བྱམས་པའི་སེང་གེ ། ཅོག་རོ་འཚོས་ཀྱི་བཤེས་ཉེས。

③ 如前宏期吐蕃三大译师之一ཅོག་རོ་ཀླུའི་རྒྱལ་མཚན，有时也写作ཅོག་གྲུ་ཀླུའི་རྒྱལ་མཚན，见拉萨版和捺塘版《甘珠尔》之《别解脱经》（སོ་སོར་ཐར་པའི་མདོ）之跋尾。

④ 见于藏文本《弟吴宗教源流》。

⑤ 《唐蕃会盟碑》中蕃官题名中即有属卢氏贵族官员名：“纰论属卢论赞热土公”（ཕྱི་བློན་བཀའ་ལ་གཏོགས་པ་ཅོག་རོ་བློན་བཙན་བཞེར་ལྷོ་གོང）。参见王尧：《吐蕃金石录》，北京：文物出版社，1982 年，第 18 页。另见林冠群：《唐代吐蕃的氏族》，《中国藏学》，2010 年第 2 期，第 18 页。

⑥ 《新唐书 · 吐蕃传上》载烛龙莽布支入陷瓜州事，“烛龙莽布支”即敦煌本《吐蕃大事纪年》中的属卢莽布支绮穷（ཅོག་རོ་མང་པོ་རྗེ་ཁྱི་ཆུང）。

之羌人后裔，后臣服于吐蕃，编入吐蕃军团，为其前驱。松赞干布建政时通颊之奎本即委任于属卢氏的坚赞扬恭（རྒྱལ་མཚན་གཡང་གོང）担任，是为吐蕃控制东北朵思麻南部广大地区的最高统治者。① 其统辖以吐谷浑、苏毗部落等为首的通颊军团，在吐谷浑、河西陇右以及碛西等地的征伐中冲锋陷阵立下汗马功劳。在这期间，为了维系和扩张自身在朵思麻的势力、巩固吐蕃在藏东北的统治地位，在噶氏家族尚未失势之前（圣历二年，700）属卢家族就曾嫁女予藏东北边境的最高长官论钦陵兄赞婆之侄，论钦陵（བློན་ཁྲི་འབྲིང）之子莽布支达赞（མང་པོ་རྗེ་ཧྲུག་ཙན）为妻。同时也和吐蕃臣属吐谷浑王国莫贺退浑可汗（མ་ག་ཐོ་གོན）联姻。② 总的来说，属卢氏之权势和活动范围在吐蕃时期与通颊部落之军事调动息息相关，主要及于其北部边陲一线，家族成员随军波迁于朵思麻、河西走廊乃至若羌和于阗等广袤的地区，这从敦煌和新疆出土的不少文献材料中可以得到佐证。③ 直至吐蕃中期以后，赤松德赞、牟尼和赤祖德赞三代赞普倾心尊崇佛教，属卢氏作为奉佛政策衷心的拥护者，家族中不但出现了被后世誉为吐蕃三大译师（另说曰九大译师）之一的属卢龙幢（ཅོག་རོ་ཀླུའི་རྒྱལ་མཚན）这样藏传佛教史上赫赫有名的重要人物，赤松德赞和赤祖德赞也籍此都与属卢家族联姻，其家族权势才在吐蕃腹地逐渐显赫起来。后吐蕃时代之初属卢氏在吐蕃腹地之政教权势主要在山南地区，④ 赞普幼妃蔡邦氏所生的斡松（འོད་སྲུང）受到排挤盘踞山南

① 巴卧祖拉陈哇著，黄颢译，《贤者喜宴（མཁས་པའི་དགའ་སྟོན）摘译（二）》，《西藏民族学院学报》，1981 年，第 1 期，第 6—7 页。

② 杨铭：《关于〈吐谷浑纪年〉残卷的研究》，载饶宗颐主编、杨铭著，《吐蕃统治敦煌研究》，台北：新文丰出版公司，1997 年，第 142 页。

③ 可参见笔者另篇专论，待刊。

④ Karmay S G. *The Great Perfection*（*Rdzogs Chen*）：*A Philosophical and Meditative Teaching of Tibetan Buddhism*，Second Edition，2007， p. 78。敦煌藏文文书 IOL 689/2 中即记载刺杀朗达玛的拉隆吉祥金刚（ལྷ་ལུང་དཔལ་གྱི་རྡོ་རྗེ）为第九任桑耶寺堪布，而继承其法座的第十到第十二任堪布依次为吉祥狮子（དཔལ་གྱི་སེང་གེ）、慈狮子（བྱམས་པའི་སེང་གེ）和法友（ཆོས་ཀྱི་བཤེས་གཉེན），此三人均出自属卢氏，由此暗示其家族在山南地区的势力较为煊赫。

时即与属卢氏家族联姻结盟。属卢家族也自此衷心拥戴并长期追随斡松一系赞普后裔。随后，斡松和属卢妃嘉莫列（རྒྱལ་མོ་ལེགས）之孙吉德尼玛衮一系王族西迁，在属卢、没卢（འབྲོ）和巴曹（པ་ཚབ）三大贵族的拥戴下在阿里三围称制建国，继而分封产生的拉达克、普兰和古格三支王系皆出自吉德尼玛衮王妃属卢尚卡玛（ཅོག་རོ་ཞང་ཁ་མ）之后①，故此属卢氏之权势愈加煊赫，更甚从前。② 后弘初期新译密续的开创者大译师仁钦桑布之所以为王室所倚重，亦与其母亲出身ཅོག་རོ家族有关。

四、属卢族源之索隐

属卢氏族源地望向无定论。敦煌文书 P. T. 1287 之《赤都松赞普之事迹》载喀垓·野多日道芒赞词，称当木（འདམ）之属卢氏女子为“绵阳女”“山羊妇”，曾适吐蕃第三代赞普赤都松。黄布凡教授认为此“当木”为吐蕃腹地的当曲河流域河滩牧区，也就是今天拉萨北部当雄县（འདམ་གཞུང）附近。③ 这种说法只是推测，却经不起推敲。另外，山口瑞凤推断“当木”就是清《卫藏通志》卷十五所记“当木一名玉树纳哈暑番”中的“当木”，属卢应位于青海南部。④ 但是，荣新江教授指出这明显是用晚期材料推证早期地名，没有任何证据支撑此种观点。继而认为此“当木”虽然不能确证，但因通颊部落之位置，倾向认为

---

① Klimburg-Salter D E，Luczanits C. *Tabo：a lamp for the kingdom：Early Indo-Tibetan Buddhist Art in the Western Himalaya*，Milan，1997，pp. 229-255。汉译见张长虹译，伯戴克著：《西部西藏的历史》，载四川大学中国藏学研究所编：《藏学学刊》第八辑，四川大学出版社，2012 年，第 135—177 页。

② 关于属卢家族的历史源流及其影响，笔者有专门论文加以讨论，待刊。

③ 黄布凡编著，《敦煌藏文吐蕃史文献译注》，兰州：甘肃教育出版社，2000 年，第 266 页。

④ Y. Zuiho，Matrimonial Relationship between the T'u-fan and the T'ang Dynasties，Part II，p. 60，Not4，*Memoirs of the Research Department of Toyo Bunko*，No. 28，1970.

其位于青海东南部地区。①

值得注意的是，在吐蕃史料文献中出现的属卢氏人名进行类比可以发现，他们之中的名（ཁྱིང）几乎都有 *kong* 这个音节，这一特点黎吉生（H. E. Richardson）很早就注意到了，并且认为这在很多吐蕃边地氏族中是很常见的。② 他还认为属卢氏可能与青海地区的柴达木盆地有关。③ 而这显然是受到了英藏敦煌文献中的一件被称为《阿豺（柴）纪年》残卷的启发，这件文书记录了吐谷浑宫廷事迹，其中曾出现多个属卢氏人名。④

属卢氏之史事的确大多和朵思麻与河西地区密切关联，但其族居地各家都没能提出一个清晰的结论。要厘清这一问题，我们还要回溯到原始文献材料中去寻找答案。

首先，属卢作为一个较为显赫的氏族并未见于《贤者喜宴》之“十二小邦”（རྒྱལ་ཕྲན་སིལ་མ་བཅུ་གཉིས）和《小邦邦伯家臣及赞普世系》（P. T. 1286）所列王、臣族姓中，由此可知其不但不属于悉补野氏吐蕃王系部族，而且也不是吐蕃腹地土著的部落族群。因此，属卢是来源于吐蕃以外、在其向外扩张时臣服于吐蕃的外来氏族。

再者，上述之敦煌吐蕃历史文书敦煌文书 P. T. 1287 之《赤

① 相关论述可参见荣新江：《通颊考》，载《文史》第33辑，北京：中华书局，1990年，第122页。

② H. E. Richardson, Names and titles in early Tibetan records, in *High Peaks, Pure Earth: Collected Writings on Tibetan History and Culture*, Edited with an Introduction by Michael Aris, Serindia Publications, London, p. 21.

③ H. E. Richardson, Futher Fragments form Tun Huang, *Bulletin of Tibetology*, Vol. Ⅵ, No. 1, 1969, p. 10. Ministers of the Tibetan Kingdom, *Tibet Journal*, No. 1, 1977, p. 25.

④ ［英］F. W. 托玛斯编著，刘忠、杨铭译注，《敦煌西域古藏文社会历史文献》，北京：民族出版社，2003年，第7—14页；［匈］乌瑞著，沈卫荣译，《吐谷浑王国编年史》，载《中国敦煌吐鲁番学会，《国外敦煌吐蕃文书研究选译》，甘肃人民出版社，1992年，第170—212页；L. Petech, *Nugae Tibeticae*, I, A proposito di un documento di Tun-huang, R. S. O. 31, 1956, pp. 291-293；［日］山口瑞鳳，《吐蕃王国成立史研究》，东京：岩波書店，1983年，第576—595页；周伟洲、杨铭，《关于敦煌藏文写本〈吐谷浑（阿柴）纪年〉残卷的研究》，《中亚学刊》第三辑，第95—108页。

都松赞普之事迹》实际上已经为我们暗示了属卢并非吐蕃本部部族。众所周知，赤都松赞普时期吐蕃疆域迅速扩大，北扫吐谷浑、河西诸郡，后转而攻击唐朝西南边疆的战略要地岷江畔的安戎（今四川马尔康县东南），继而又降伏南诏之地。这篇材料后半部分即为喀琢·野多日道芒颂扬赤都松赞普征伐四野之伟业的赞文，字里行间充分运用譬喻的修辞手法，文学色彩十分浓厚。文中以一连串排比句将赞普征服的北边回鹘和边鄙部族极尽鄙夷和奚落，之后紧接着对与赞普同居的属卢氏女极尽蔑视，如说她“气味腥秽那是鱼腥，最坏的锈斑那是铜锈”，并将悉补野发祥地雅砻的妃子赞誉为聪明又知礼，借以贬斥属卢氏女。行文中如此鄙视之语实与上述对北部征服的蔑视是连贯在一起构成排比句的，故此笔者认为合理的推断是，属卢氏也是吐蕃中心视角里的边鄙部落，因为征伐而降于吐蕃的部族。

属卢属下部曲在各种史籍中记载不一，而且和吐蕃在甘青一带驻守、征伐的军事部落集团“通颊”颇有关联。《弟吴宗教源流》（རྒྱ་བོད་ཀྱི་ཆོས་འབྱུང་རྒྱས་པ）载属卢氏在拉萨为中心的“伍茹”（དབུ་རུ）下辖གཙོང་པ和འབྲིང་མཚམས两个千户。《五部遗教》（བཀའ་ཐང་སྡེ་ལྔ）之《大臣遗教》则记载其所辖两个千户为ཟོམ་སྙིང和བཙོམ་པ两个千户，而འབྲིང་མཚམས则是ཕྱུག་མཚམས之下属千户，岩尾氏认为他们两个是平行的两个千户，似有不妥①。从多种文献资料来看，“གཙོང་པ”和“བཙོམ་པ”实为同一千户因文献来源不同和辗转传抄而造成的异写法，按出土材料应写作གཙོམ་པ。也正因此，ཟོམ་སྙིང也有多种写法，如ཟོ་སྙིངས和གཟོ་སྙིང。这两种记载具体反映哪个年代的情况，乃至是否符合事实均无可考，但是其中的འབྲིང་མཚམས和ཕྱུག་མཚམས与属卢颇有联系，前者为其所属似无可疑，因为《青史》中就曾出现ལྕོག[ཅོག]ཅོ་མཚམས这样的地名。②而后者则隶属于吐蕃所设专司卫戍边地哨卡的“三勇部”（དཔའ་

① 岩尾一史，《吐蕃のルと千戸》，载《東洋史研究》59－3，表1“军の千户一覽表”和表2“氏族リストの比較”。

② George N. Roerich, *The Blue Annals*, Delhi 1988, pp. 1028.

བའི་སྡེ་གསུམ）中位于负责苏毗东北与唐和吐谷浑对峙的“下勇部”（སྨད་ཀྱི་དཔའ་སྡེ），其由“通颊九政部”（མཐོང་ཁྱབ་སྲིད་སྡེ་དགུ）和吐谷浑六千户构成，而上文已述及属卢氏坚赞扬恭为通颊部落之奎本。此“下勇部”最勇猛无畏、舍生忘死的为首者就是通通（སྟོང་སྟོང）之子ཕྱུག་མཚམས。① སྟོང་སྟོང 实为སྟོང་ལྡོང 之误，སྟོང 和ལྡོང 是史册中记载的前吐蕃时代四大氏族中的两个董氏（སྟོང）和东氏（ལྡོང），董氏据研究应指川藏边界之木雅（མི་ཉག），而东氏则为卫藏东北之苏毗（སུམ་པ），两大氏族部落地缘相近，因此之间联系绵密，后世即统称之为“董东（སྟོང་ལྡོང）”。② 又《娘氏教法源流》（ཆོས་འབྱུང་མེ་ཏོག་སྙིང་པོ་སྦྲང་རྩིའི་བཅུད）载四大氏族种姓特性谓董氏威猛而东氏心思深沉。③ 由此可见，董东威猛睿智的声名早有传统，他们应是通颊部落中的主力军，故此为卫戍边地开疆拓土之下勇部之首。更重要的是，他们原本即为藏东羌人，故此熟悉吐蕃边地情形，吐蕃令其在藏东北作战显然是有以夷伐夷的意图。此外，这也说明实际上吐蕃赞普王系核心军事组织的伍茹千户中起码应有四个千户虽然隶属于伍茹，但并不是吐蕃本土宗族部曲，也不驻守其间，而是收编或征服之外族部落，类似于野战军和边防军一类的机动部队与唐军及北面的吐谷浑作战，其性质有些类似于王朝边疆土司治下之土军。

---

① 这段黄颢先生未译，原文见巴俄·祖拉陈瓦，多吉杰博编，《智者喜宴》（藏文），北京：民族出版社，1986年，第189—190页。荣新江在他的《通颊考》中认为这段文字虽然晦涩，但仍可把ཕྱུག་མཚམས理解为部落名。Brandon Dotson在翻译这段时则把ཕྱུག་མཚམས理解为人名，但无论如何ཕྱུག་མཚམས都和通颊部落有密切关联则是肯定的。Brandon Dotson, *Administration and Law in the Tibetan Empire*: *The Section on Law and State and its Old Tibetan Antecedents*, D. Phil. Thesis, Tibetan and Himalayan Studies, Oriental Institute, University of Oxford Trinity Term, 2006, P. 385.

② ［法］石泰安著，耿昇译，王尧校：《川、甘、青、藏走廊古部落》，成都：四川民族出版社，1992年，第6页。

③ 娘尼玛沃色著，许渊钦译注：《娘氏教法源流》译注（四）》，《中国藏学》2014年第4期，第89页。

五、吐蕃在甘青和中亚扩张背景下属卢氏之播迁历程

吐蕃在本土“五茹”设置的各个千户随着征伐战事的不断扩大，不断向前线进行军事调动。原属吐蕃本部的千户部落因此开始不断向东北朵思麻，乃至整个中亚地区进行迁徙。吐蕃所属统军贵族在河西走廊乃至中亚地区活动的史事主要见于中亚出土的简牍文书，有几个千户和氏族的名字频繁出现，可知其为吐蕃北进朵思麻和河西走廊军事集团中的主力，其中之一千户岩尾一史录其中一千户名为འབྲོང་ཙམས，在中亚出土的简牍文献中有多件都与其有关，[①] 笔者认为其极有可能就是属卢所统辖的འབྲིང་མཚམས，历史文献中，མཚམས 之异写即为ཙམས，而འབྲིང 和འབྲོང，只元音不同。而主要的领军贵族中即包括属卢氏，另两个重要氏族为没卢氏（འབྲོ）和韦氏（དབའི）。上文已经提到此三者为七世纪末以来吐蕃三大成边贵族。

如新疆米兰出土的一件简牍提到一位名属卢藏热绮（ཆོག［ཅོག］རོ་ཟང་བཞེར）的人物。[②] 另一件出土于塔克拉玛干大沙漠西部和田河西岸麻扎塔格的简牍（Ⅱ(2)M. I. i，3）则更为重要：“在萨毗且末地方，通颊北边驻有个别守边斥候。根据旧令及新建万户之令，不可象盗匪般使庶民不信任，不可抢劫。但所属地

① 岩尾一史，《吐蕃のルと千戸》，表2。

② 此简牍王尧先生编号为175号Ⅱ302－2 M. Tāgh. 0378，见王尧：《吐蕃简牍综录》，北京：文物出版社，1986年。

区发生内乱，萨毗属地之内没卢氏和属卢氏等家族叛离，做尽坏事。”[①] 萨毗位于今新疆若羌县东南约二百公里的地方，为吐蕃在西域地区的军镇（ཁྲོམ）之一。且末，即播仙镇，位于若羌县西南部，隶属于沙州，大致上应属于瓜州军镇管辖。吐蕃对这一地区稳定的统治实始于755年安史之乱，吐蕃趁唐朝抽调河西驻军东趋平乱趁虚而入，属卢和与其长期存在密切关系的没卢氏家族作为通颊部落的贵族被派驻于这一地区，考虑到此简牍中提到的新建万户的信息，极有可能就是敦煌本《赞普传记》（P. T. 1287）所提到的赤松德赞时期在河西一线建立的五个通颊万户（མཐོང་ཁྱབ་ཁྲི་སྡེ་ལྔ）之一。因为这与吐蕃在这一地区建立的稳定统治的时间非常契合。此外，还有一件简牍（M. Tagh. a. III. 0063）也提到一名住在于阗的属卢贵族尚列（ཅོག་རོ་ཞང་ལེགས）。[②] 由此可推知属卢作为领军贵族，其活动已经达到吐蕃当时统治的中亚若羌、敦煌到于阗一带。另外，笔者也注意到，以属卢为代表的这些氏族在驻守地盘桓日久，渐已脱离军事性质，逐渐蜕变成拥有土地的贵族官僚地主，这在中亚出土书信文献中亦有所反映。如，若羌出土的一件官方发出的书信《论·赞孜致密泼及帕么书》（M. I. xxvii. 19.）就提到了末哩恰思乌斯庄园（འབྲི་ཚགས་དབུ）羊只被偷盗一事，而这座庄园的庄主（གཞིས་མ）即是的属卢家族的鲁桑（ཅོག[ཅོག]་རོ་ཀླུ་བཟང）。[③]

---

① 此简牍王尧先生编号为172号Ⅱ（2）M. I. i，3，见王尧上揭书。翻译参考了王尧先生和岩尾一史的译文，原文为A：ཚལ་བྱི་ཅར་ཆེན་ན།། མཐོང་ཁྱབ་བྱང་སྲུངས་པ་བྱུང་ཤས་ཤིག་མཆིས་པ།། བཀའ་ལུང་རྙིང་དང།། ཁྲི་སྡེ་གསར་བཙུགས་ཀྱི་བཀའ་ལུང་དང་སྦྱར་ན B：རྗེ་བློན་ལྷ་བུར་སྤྱིང་གིས་ཁ་བྱི་བསྟན་ཞིང་བྱི་གཏོར་བར་འབྱུང་ལས།། མངའ་རིས་སུ་འཁྲུག་པ་བྱུང་ནས།། ཚལ་བྱི་ཁམས་སུ་ལྷ་འབྲོ་ཅོག་ལ་སྩོགས་སྟེ།། སློ་བ་རིངས་པས།། མ་ལེགས་དགུ་ཞིག་བགྱིས་སློ་བ་རིངས། སློ་སོག་པའམ་རྒྱལ་གཏོད་བྱས་པ།，载王尧：《吐蕃简牍综录》，北京：文物出版社，1986年。托玛斯，《有关西域的藏文文献与文书》第2卷，第121页。

② 见此简背面，武内紹人（Takeuchi Tsuguhito），*Old Tibetan Manuscripts from East Turkestan in the Stein Collection of the British Library*，2 vols. + Suppliment vol，Centre for East Asian Cultural Studies for Unesco，The Toyo Bunko，The British Library，Tokyo，London，1997-98，CAT NO. 153.

③ 武内紹人上揭书CAT NO. 597.

朗达玛遇刺身亡后，吐蕃陷入长期分裂割据，朗达玛二妃之子云丹（གནམ་ལྷེ་ཡུམ་བརྟན）和斡松（ཁྲི་ལྡེ་འོད་སྲུང）分别以拉萨和山南雅垄河谷为根据地相互征战不休。持久的内乱，使吐蕃在藏东北地区的统治秩序迅速走向崩溃，时任洛门川讨击使的韦氏论恐热（དབའི་ཁོ་བཞེར་ལེགས་སྙེངས）① 以讨伐綝氏妃所立云丹为口号起兵，击败国相兼东道节度使尚思罗的八万大军，后与鄯州节度使没卢氏尚婢婢（ཞང་བྱིང་བྱིང *）相互攻伐长达二十余年。事实上，没卢氏、韦氏和属卢氏自七世纪末以来就是在吐蕃北部戍首边陲，与唐、突厥交兵的最主要的三个贵族，这从敦煌本《吐蕃历史纪年》、《阿豺（柴）纪年》残卷以及于阗地区麻扎塔格和米兰出土简牍中可以较为清晰地反映出来。后吐蕃时代河西走廊一线陷入失控导致这一地区最有权势的没卢氏和韦氏无所顾忌开始相互攻伐，争夺地盘。从敦煌文书 P. T. 131、P. T. 999 等文献来看，当时河西地区吐蕃部落所尊奉的赞普是暂据雅砻河谷的斡松。② 这与上文已经谈到的山南属卢家族与斡松联姻结盟的史实若合符节，也与韦氏论恐热和没卢氏尚婢婢支持斡松的政治态度相一致。在这期间，吐蕃北部边境属卢氏的情况因为史料缺乏不甚明了，但伯戴克（Luciano Petech）曾援引上文曾经引述的简牍史料Ⅱ（2）M. I. i，3 证明河西属卢氏族人曾和没卢氏是盟友关系，并一同反抗韦氏论恐热。然他将其中的新建之“万户”（ཁྲི་སྡེ）误读为赞普称号“墀德”（ཁྲི་ལྡེ），故此，他错误地认为这件简牍的年代就是云丹执政时期，继而认为属卢氏是没卢氏尚婢婢的下属与论恐热作战。③ 因此，属卢氏是否参与了没卢氏和韦氏之间的混战我们并没有足够史料可以说明。但是从敦煌写本和

---

① 见巴卧祖拉陈哇著，黄颢译，《〈贤者喜宴〉译注（十六）》，《西藏民族学院学报》，1985 年第一期，第 26 页。

② 陈庆英：《敦煌藏文写卷 P. T. 999 号译注》，《敦煌研究》，1987 年第 2 期；黄维忠：《9 世纪藏文发愿文整理研究：以敦煌藏文发愿文为中心》，北京：民族出版社，2007 年，第 79—81 页。

③ Luciano Petech，'The disintegration of the Tibetan kingdom'，Alex McKay，*The History of Tibet*，Volume I，RoutledgeCurzon，2003，p. 289.

历史文献等诸多史料来看，属卢氏和没卢氏至少自七世纪初以来就存在某种程度的长期盟友关系，并一直保持到了后吐蕃时代西藏西部王国建立的时候，从吐蕃北部边陲、卫藏西部乃至阿里三围都能找到他们之间存在广泛联系的历史叙述。[①]

咸通七年（866），论恐热被杀，而此时已经崛起的归义军势力迅速发展，基本控制了河西地区，吐蕃的统治至此彻底结束。此时，河西一带吐蕃部落遗民甚夥，这些失去驾驭的蕃人在吐蕃灭亡后近百年，业已成为散兵游勇，在没落的旧日贵族统领下交相勾结以剽掠路人为生，其活动范围遍及原先吐蕃占领的河西、陇右大片地区，汉文史料中将其称之为“嗢末”。“嗢末”一词据考证为འབངས་མི音译，是庶民、属民百姓、奴隶之义。[②]亦有学者认为“嗢末”一词应为藏文写本中曾出现过的“འོད་འབར”一词，译言“举火”，为吐蕃奴部义军之番号。[③]《新唐书·吐蕃传》记载：“浑末，亦曰嗢末，吐蕃奴部也。虏法，出师必发豪室，皆以奴从，平居散处耕牧。及恐热乱，无所归，共相啸合数千人，以嗢末自号，居甘、肃、瓜、沙、河、渭、岷、廓、叠、宕间……”[④] 归义军时期敦煌文书S. 6342《张仪潮咸通二年（861）收复凉州奏表》亦谓：“咸通二年（861）收凉州，今不知却□，又杂蕃浑。近传嗢末隔勒往来，累询状人，皆云不谬。伏以凉州是国家边界，嗢末百姓，本是河西陇右陷没子将。

① 关于吐蕃时代属卢氏和没卢氏之间的关系，笔者在专门讨论属卢氏家族的论文中将有所论述，待刊。另外，可以参见罗伯托·维塔利（Roberto Vitali）的论文，其中有不少论述涉及后吐蕃时代到后弘期初期，也就是九到十世纪这段历史时期中两个氏族之间的关系。Roberto Vitali, The Role of Clan Power in the Establishment of Religion (from the *kheng log* of the 9th-10th Century to the Instances of the dByil of La stod and gNyos of Kha rag), *Christoph Cöppers*, *The Relationship between Religion and State* (*chos srid zung 'brel*) *in Traditional Tibet*: *Proceedings of a Seminar Held in Lumbini*, *Nepal*, *March* 2000, Lumbini International Research Institute, 2004, pp. 105-158.

② 陆离：《嗢末音译考》，《敦煌研究》，2009年第四期，第97页。

③ 任小波：《古藏文文献中的mun dmag：吐蕃帝国军政体制探例》，《中国藏学》，2017年第1期。

④ 欧阳修等：《新唐书》，北京：中华书局，1975年，第6108页。

国家弃掷不收，变成部落，昨方解辨，只得抚柔。”① 实际上他们就是《安多政教史》所谓的“没有赞普命令期间不得回防”（རྒྱལ་པོའི་བཀའ་མ་བྱུང་བར་དུ་ལོག）的噶玛洛（ཀ[བཀའ]་མ་ལོག）部落。② 此一时期，绝大部分一直活动在河西一线的属卢氏族人仍留在这一地区而未撤回吐蕃本部，而成为汉文史籍中的“嗢末”中一支的领袖。敦煌写本 P. 3197v《曹氏归义军时期甘州》书状记清泰二年（935）回鹘都督陈福海受命朝贡后唐一事。其第 14—16 行曰“后至正月十五日，回鹘宰相都督领大兵攻击竹卢温［嗢］末去来，至廿九日却回，军兵盈胜。”此写本年代学界有两种看法，一断为 940 年（或在此之前），另一断为 936 年前后，内容主要为竹卢嗢末阻扰官道，劫杀朝贡使团，致使回鹘派兵征伐竹卢嗢末方使河西道路畅通。③ 其中“竹卢”陆离认为即“属卢”之别译，竹卢嗢末活动于甘州附近。④ 此是后吐蕃时代没落的属卢氏在河西走廊活动的重要证据之一。此外，我们也在一些归义军时期的帐籍中看到一些已经融入河西普通民户聚落的属卢氏族人。如 P. 3418《唐沙州诸乡欠枝夫人户名目》中就记载了敦煌欠枝纳枝人户中慈惠乡有民人名竹卢胡奴、效谷乡亦有民人称竹卢研心。⑤

五代、北宋以降，凉州一带成为了河西走廊滞留大批吐蕃部族主要的聚居地之一，号称“六谷部”，正如宋代人之记述“凉州汉户百余……凉州郭外数十里，尚有汉民陷没者耕作，余皆吐

---

① 唐耕耦、陆宏基编：《敦煌社会经济文献真迹释录》，《敦煌吐鲁番文献研究丛书（一）》，第四辑，北京：全国图书馆文献缩微复制中心，1990 年，第 363 页。

② 智观巴·贡却乎丹巴绕吉：《安多政教史》，兰州：甘肃民族出版社，1989 年，第 22 页。

③ 吴丽娱、杨宝玉：《P. 3197v〈曹氏归义军时期甘州使人书状〉考释》，《敦煌学辑刊》，2005 年，第四期，第 14—23 页。

④ 陆离上揭文《嗢末音译考》。

⑤ 郑炳林：《五代敦煌的粟特人与归义军政权》，载郑炳林编，《敦煌归义军史专题研究》，兰州：兰州大学出版社，1997 年，第 407—408 页。

蕃”。[①] 乃至北宋、西夏时，此地竟被认为“本吐蕃凉州地”[②]。宋明道元年（1032年）九月，夏太宗李德明命元昊率军旅征讨西凉，将这一地区纳入夏国版图，吐蕃部落“六谷部”大部则逃亡青海湟水流域，依附唃厮啰政权。而历经数百年藏族部落的盘踞，这一地区已经深深地打上了藏民族的烙印，时至今日，凉州故地这一代仍然是藏民族较为集中的地区。因此，这些地区的地名与吐蕃部落的名称息息相关。可以推之，属卢氏之部曲也是六谷部中的一个组成部分，主要在庄浪河流域活动，因而西夏时以其名之音译称呼置于此处的军镇，即宋人记述的卓啰和南监军司。

自此之后，“属卢”（ཅོག་རོ）作为一个古老氏族的名称逐渐为历史所淡忘，而作为一个地名的“卓啰/庄㖩/庄浪”则开始出现，沿革至清代康熙二年（1663）改称“平番”为止。时至今日，唯一还未抹去的历史记忆只剩下了缓缓流淌的庄浪河。

六、结语

ཅོག་རོ从一个高原边缘区域的氏族部落，进入吐蕃军事集团，并在其不断扩张之路上逐渐成为吐蕃勋贵阶层，权势及于藏东、北广大的边境区域。至吐蕃灭亡后的数百年间，其部曲已逐渐消解继而融入当地，成为河西走廊多族群杂居人民中之一份子。而其先祖事迹及其迁徙源流则早已为后人所遗忘。事实上，这样一个氏族发展和波迁的历程正是中古以来为数众多的吐蕃军旅氏族千百年来的历史命运的一个缩影。进而言之，以雅砻悉补野氏为核心的吐蕃部落联盟军事集团在扩张之路上不断征服青藏高原及周边沿途各地的土著部落，使大量骁勇善战的土民被裹挟其中，

---

① 〔元〕脱脱等编纂：《宋史》，卷四九二，北京：中华书局，1977年，14151—14152。

② 上揭书《西夏书事》，卷四。

成为吐蕃征伐之精锐前驱，由此使吐蕃不断壮大，势如破竹，进而逐步成为称霸中亚的庞大帝国。而这些部落民众因军事行动而广泛波迁于军旅所及之处，久而久之成为具有文化和政治认同感的吐蕃属民，乃至拥有很高政治地位的外戚贵族。这种基于领土扩张和军事需要对土著部落的重新整合，及其在数百年间在甘、青、西域等广袤的地区的迁徙和定居，深刻地影响了中古时期及其以后整个中国西部地区的族群构成和分布，乃至边疆地理的历史形态和人文观念。由是观之，吐蕃王朝对中国多元族群国家格局的形成做出不可估量的贡献。因此，唤起和发掘这样的一份隐没于各种历史叙述之中的历史记忆，以此个案研究管中窥豹，对于我们深入理解中古以来中国西部多元族群的构成和分布格局，乃至吐蕃王朝对中华多元民族共建历史的贡献都将有所助益。

魏文，中国藏学研究中心历史研究所助理研究员、博士。

“凉州四寺”及其文化影响

吴生华

萨班依据佛教理论精心策划在凉州创建的“凉州四寺”，藏语称“凉州岱宇”，是祖国统一、民族团结的历史见证，对加强民族团结，增进民族之间的文化交流起到了特殊作用，历经元明清三代至今一直是藏传佛教信徒崇拜的圣地。“凉州四寺”以其灿烂辉煌的历史载入中华文明史册，成为记载萨班和阔端为祖国统一、民族团结做出丰功伟绩的永恒的纪念碑！本文根据有关史料对“凉州四寺”的历史概况和现状做简要介绍。

一、凉州四寺的创建与概况

藏传佛教学者布西玛毫哇德尔雅撰写的《凉州佛寺志》开篇就赞颂道：

南无谷如曼殊：

胜世之主神圣释迦王，聚集众智文殊大菩萨，
弘扬圣教萨迦班智达，三位莲座虔诚表敬意。
凡见闻思触之众生灵，便能降生福地的胜佛，
至上福田如来之三密，圣像法塔人人皆尊敬。
无论何人心中一思念，今生来世获益广无边，

概述多玛凉州四佛寺，圣像佛像法典与塔寺。

诗中“聚集众智文殊大菩萨，弘扬圣教萨迦班智达”是赞颂藏传佛教萨迦派四祖萨班和许多高僧曾在“凉州四寺”大转法轮，弘扬佛法的丰功伟业。“凉州四佛寺”就是现在的白塔寺、金塔寺、莲花山寺和海藏寺。

佛教理论认为，在渺茫无垠的宇宙中，世界的中心为须弥山，四周有四大洲：东边的叫东胜神洲、南边的叫南赡部洲、西边的叫西牛贺洲、北边的叫北俱卢洲，我们现在所住的地方属南赡部州。

萨班依据佛教理论精心策划，以凉州城的大云寺、清应寺、罗什寺为中心，象征须弥山；以东白塔寺、南金塔寺、西莲花山寺、北海藏寺，象征四大部洲，创建了“凉州四寺”。

佛教寺院是弘法利生接引信众实践佛陀教诲的庄严场所，对继承传统文化，净化人心，稳定社会发挥了很大作用。700 多年来，萨班创建的“凉州四寺”对构建和谐社会，增进民族团结，保护生态，美化环境都发挥了积极作用。

（一）白塔寺

白塔寺，藏语称作“夏珠贝岱”，意即东幻化寺，也称百塔寺。位于武威城东南 20 公里武南镇刘家台庄。该寺是萨班在凉州的主要居处，最后在这里圆寂。《安多政教史》记载：萨班在这里居住了 5 年，是他和阔端经常相会谈话处。

关于该寺，《凉州佛寺志》做了详细的记述：以前萨班和阔端常常漫谈，一次阔端将乌龟皮无毛作为议题相辩。萨班说我手中有有毛的乌龟皮。并将一张方圆一膀，周围都闪烁着彩虹的龟皮拿来让阔端看，并说佛经里讲过，我佛菩提为了一切水生曾化为乌龟。说它有许多优点。阔端问它还有什么别的优点？萨班说：“正因你具有财富和臣民的功德，学者与经典才成为你的依处。这一点你可能是明了的。”阔端说：“龟皮除了有毛，毛色

白塔寺

艳丽、稀少珍贵以外，另外还具有什么优点?”萨班说：“财富和命运是各异的，和一位普通转轮王的命运相比，低层小乘罗汉，具有更丰富二资粮的断证，要想懂得这样的道理还需要多听、多看。龟皮有很多优点，你自己因积有二资粮和我祝愿的功力，才使我们相聚在一起。此龟皮有很多种奇观，假如让会指点的人来指点，会鉴赏的人来鉴赏，就能看到千佛和八大弟子显现在龟皮上。”阔端拿来龟皮请萨班指点，龟皮上果然有千佛和八大弟子的形象，使王臣们感到惊奇。但这未免使阔端有点难堪，阔端说：“你这个边陲流浪的僧人能说会道，把我们王臣比成了畜生。”萨班回答道：“在众人面前没有必要吹牛。众生之外形与其内部性质有所不同，这是事物的规律，请不要介意。”

过了几天，阔端对其臣下们说：“尽管萨班是我的供师，但他把我们比作畜生，我有点不服气，要给他一点小小的回敬。”便召集魔术师，准备好咒器，用魔术变出了一座雄伟、庄严的寺院。阔端邀请萨班等众使臣前去观看。萨班请阔端先行，他随后将幻化成的门卫忿怒明王进行禳解，使其幻术不可还原。此寺便成了幻化寺。寺内建约100座白塔，故白塔寺又名百塔寺。

白塔寺规模宏伟，开4座城门，周围有8座烽墩拱卫，寺前有松林和塔林，坐北向南建有大经堂、三宝殿、金刚殿、钟楼、鼓楼、山门，重檐七彩，雕梁画栋，佛像千姿百态、造型优美。左右有宫邸、僧舍、戏楼和店铺。寺内有大菩提塔108座，其规模为凉州诸寺之冠，藏文史料称之为“凉州佛城”。

《安多政教史》记载，在清朝中叶虽已现衰败之势，但大经堂中有佛像2600多幅、左右墙壁各有壁画6层，令人惊叹，可以想象该寺在兴盛时期的景象。史载：“萨班圣师徒时期，有令人目眩意夺的数处稀奇的佛堂和上师府邸”。元末由于战乱，该寺被毁。

公元1251年萨迦班智达圆寂，阔端为他建造起高7级49米、周边长63米的白塔，将萨班的灵骨大部分供奉于塔内，一部分送回萨迦寺供奉。这一时期八思巴掌管着凉州的佛教事务。公元1253年8月萨迦班智达灵塔落成，由八思巴主持，举行了盛大的开光仪式。八思巴在这里住了9年。

元末兵燹，塔寺被毁。《重修凉州白塔寺志》云：“元季兵燹，颓毁殆尽，瓦砾仅存。宣德四年，西僧妙善通慧国师琐南监参因过于寺，其无存。乃募缘重修寺塔，请命于朝，赐寺名曰庄严。”明宣德五年（1430），西僧妙善通慧国师锁南坚参募缘重修，肃王捐助黄金，钦赐名“庄严寺”。清康熙十四年（1675）对塔寺进行了维修，塔前立有康熙二十一年《重修白塔碑记》。1927年武威大地震，“凉州佛城”荡然无存，位于白塔寺内的灵塔也在大地震中被毁，现仅剩5.4米高的塔基与康熙碑。

值得一提的是，几百年来一户汉族刘氏家庭一直守护白塔寺及萨班灵塔。一个家族靠一种对佛法的虔诚维系了几百年间无怨无悔的看护。

凉州白塔寺的重建工作早在20世纪90年代初就引起了中央、省、地、市的高度重视。1993年7月11日，时任中共中央政治局委员、国务委员的李铁映同志参观考察了凉州白塔寺，指示当地政府要好好保护好这处遗址。回京后，李铁映同志要求国家文物局提出规划修复萨班灵塔。许多有识之士奔走呼吁，要求重建白塔寺。2001年6月白塔寺被国务院公布为全国重点文物保护单位，并正式立项修复。2002年，萨班灵塔工程开工建设，项目总投资3770万元。现已完成萨班灵塔遗址加固保护工程、复原萨班灵塔工程、白塔寺凉州会谈纪念馆及99座白塔的复建等。武威、天祝、肃南、青海、新疆、内蒙古、西藏等地的僧俗来白塔寺朝拜、瞻礼者络绎不绝，国内外专家学者接踵而来。

这项工程经国家批准，被列为西部大开发15项大型文物维修和保护工程之一。2006年，被国家民委正式命名为“全国民族团结教育基地”，这在甘肃是唯一的。这座见证西藏纳入中央政府行政管辖的名寺已现昔日辉煌，成为祖国统一、民族团结、社会和谐的象征。

（二）金塔寺

金塔寺，位于武威城南10公里金塔乡金塔村4组，藏语称“洛昂岱”，意译为南灌顶寺。《凉州四寺志》载：萨班在这里向阔端等人传授过多种密法大灌顶，因此而得名南灌顶寺，有一塔显出金光而称金塔寺。寺庙正中的释迦牟尼佛像是萨班所修建，

金塔寺

当调和塑像的泥土时，用秽迹金刚与摧破金刚宝瓶里的水拌制，曾显出两尊佛隐如在其中的形象，没有费多大力气自然形成，以许多加持过的圣物为装藏。做开光安神仪轨时，出现了虹光弥漫、智尊入窍的征兆。萨班师徒在该寺进行四业护摩处建造了吉祥多门塔，内装藏有从邬仗那迎请过来的迦叶佛的舍利、莲花生大师加持过的众多圣物、许多空行母的像圣物、以无垢大师的念珠装藏的旃檀佛塔、无垢上师赐给的一尺高镀金佛像等。该寺的大殿中有金刚持、度母、观世音、萨班、八思巴、八大近侍、二忿怒像等；后殿中有一高大的法座，上有萨班的身像。前殿中央有无量寿、文殊、金刚手，右面有四面怙主眷属三尊等十一尊神，左面有宝帐怙主等十一神。其中宝帐怙主为萨迦派特别尊奉的护法神，该护法神像建于萨班时期，由萨班向护法神授命教导，藏有觉巴占色那波大禅带、头发，以及萨班本人的经书等。金塔寺，占地面积 12 亩（包括菩提寺），寺外占地 80 亩，寺院依山而建。

金塔寺由萨班创建，明宣德二年（1427）重修，山门面东，为两层楼三间，进山门有 12 层天罗台，用条砖砌成，两面有砖花栏，天罗台上面有三间木构牌楼，进牌楼为三间天王殿，塑四大金刚，中为通道，最高点与大雄宝殿一条中轴线。下 5 个台阶后，中为路，南北廊房各 7 间，南塑 18 罗汉，北塑护法神 36 尊，上 5 个台阶为大雄宝殿 9 间，中间 3 间起脊，前卷、后卷各 3 间，塑释迦牟尼，两边为迦叶和阿难，前卷棚中悬钟 1 口，南画狮，北画虎，殿内有壁画。大雄殿后有三宝殿 3 间。大雄殿前卷棚上悬有明嘉靖年间匾额 3 块，中为“光耀金花”，南为“法轮常转”，北为“佛日增辉”。大雄宝殿门外的圆柱上对联写道：

大肚能容了却人间多少事；
满腔欢喜笑开天下古今愁。

据《凉州佛寺志》载：寺里有萨班给阔端灌顶时造彩砂、

作坛城用的灌顶石。萨班和阔端在凉州时，在萨班作四业火祭诛业时，众忿怒明王焚烧了危害宗教众生的魔障，而神力无比的吉祥塔就建在焚烧之地上。过去每逢佛教节日，此地便显出彩虹，发出异光和磬声还有美妙的音乐，并下起花雨。传说嘉庆十七年（1812）夏天，在一场大雹雨时，很多人看到吉祥塔发出了道道强烈异光，将冰雹驱散，后来众人便无限崇拜此塔。

2000年，萨迦派传人楚臣坚赞来武威朝拜“凉州四寺”，见到金塔寺已荡然无存，他发愿自己出资在原地修起5间大殿，彩绘壁画，铸造了萨班大师的鎏金铜坐像一尊，并修南北厢房。近年，萨迦寺曲南木嘉活佛化缘修建了雄伟壮观的2层楼的山门，对寺院进行了整体美化。现在常住僧人2人。

（三）莲花山寺

莲花山寺

莲花山寺，藏语为“努班玛岱”，即西山莲花寺。位于武威城西15公里松树乡科畦村南面的祁连山山腰。

《安多政教史》中说，五世达赖喇嘛指出这里是萨班广授显宗教法的地方。自萨班赴凉州后，萨班的妹妹索巴让摩——一位瑜伽行者，也来莲花山寺修行。索巴让摩长期在莲花山寺静修处坐禅修行，萨班在白塔寺患病期间，她经常去探视，并询问永别的时间。当她听到萨班圆寂的消息，说了声：“以后的藏人躺着死，我索巴让摩站着死。”便离开了人间。她圆寂后，为了纪念她造了铜像。半山腰一金字形的峰顶上有7级砖塔，据说这里是她圆寂的地方。据佛寺志载：寺内供有一人身量高的黑忿怒明王青铜像，内装有索巴让摩灵骨舍利、两颗牙。并有像释迦宫城尊行相的称为索巴让摩遗体。《寺志》中说：“头上有宝髻，胸部以上用褐色泥土涂抹，泥封着装有圣物装藏的佛像，从远处望去好像活着，召引了许多朝拜者。”

传说这里原来没水，索巴让摩搬开一巨石冒出了清醇的泉水。此泉今日犹在。人们饮泉水时无不赞叹索巴让摩的功德。由于索巴让摩的神奇传说，远近的朝拜者络绎不绝。

莲花山是凉州佛教的圣地，也是旅游的佳境，每年农历五月十三日有数万人朝山进香，祈求风调雨顺，国泰民安。

（四）海藏寺

海藏寺，藏语称“香尖措代”，即北部海藏寺，位于武威城西北2.5公里处，是现存完整的一处古建筑，占地14770平方米，为省级重点文物保护单位。据乾隆五十四年碑记载：“建寺当在宋、元之间”。也说始建于晋，距今已有1700多年的历史。

海藏，为佛教用语。相传佛教大乘经典藏在大海内龙宫中。故称海藏。《大藏经·龙树菩萨传》中，即有龙树菩萨求经心切，大龙菩萨接他入龙宫，以经典相赠的记载。又名清化禅寺，明成化二十二年，太监张睿重修，敕赐名曰清化禅寺。

《安多政教史》和《凉州四寺志》均记载：这里是萨迦派第四代祖师萨班大转法轮的圣地。他在凉州扩建修缮了海藏寺等佛寺，使其成为藏传佛教寺院。后明、清又扩建翻修，殿宇宏伟，佛像庄严，成为丝绸之路上一处重要的寺院。当时重要的遗址处

海藏寺

有灵验的佛塔、三世佛、近侍佛子、金刚佛、大日如来、无量寿佛、十六尊者佛像。

相传当时因阔端来此地放火、掘土，无所不为，赛马、杀马，血污四野，惹怒了此地的龙神，于是阔端得了龙魔病。萨班为阔端做了狮子吼菩萨仪轨，并安抚了当地的神灵，终于使阔端从病魔中解脱出来。寺中灵均台上有一水井，受到萨班的加持，被称为圣地之门大海之中心。据说当萨班初到凉州时，正流行一种医治无效的皮肤病，于是就用这口井水冲洗，此病立即痊愈。至今，不管是朝圣者，还是游客，一到海藏寺都要喝一碗具有除秽障、消魔疾等效用的圣水。人们还说此井和布达拉宫龙王潭的水相通，表达了凉州人对萨班的怀念和敬仰之情。

海藏寺坐北向南，寺前湖光山色，寺周农田村舍环抱。寺前屹立着一座四柱三间三楼的木构牌楼，古朴玲珑，巧夺天工，颇具民族建筑特色。走马板上有“海藏禅林”4个大字。牌楼一缕青烟飘浮而升，盘旋缭绕于白杨、垂柳之间，若有若无，时隐时现，给海藏寺增添了一种神奇美妙的景象。

进山门迎面为前后两座庄严的大殿，虽经维修，仍不失原来气派。大殿北为内院，正面高台基上原为转角楼，现这里面迁来另一座殿宇，在两侧宽阔的廊主房陪衬下，亦显得紧凑、庄重、幽雅。内院后为高达 8 米的灵均台，登上灵钧台，海藏美景尽收眼底。台上无量殿内立两块字迹清晰、保存完整的石碑，其中东面一块《海藏寺藏经阁记》，为清乾隆元年（1736）郭朝祚所立，文笔生动，书法流畅，具有很高的艺术价值。寺内现藏有《大正藏》《碛藏经》等众多佛经。

唐玄奘西行取经，滞留凉州月余，曾在海藏寺念经拜佛，并接受这里僧俗祈请，讲经说法。明正统十年（1445）二月十五日颁赐凉州《大藏经》，现保存于武威文庙海藏寺藏经阁。明成化二十三年（1487），重修海藏寺，太监张睿工在旧址重建了这座规模宏大的寺院，并立《重修古刹海藏寺劝缘信官檀缘信越记》。明宪宗曾赐名为“清应禅寺”。清初，住持际善和尚拄杖募化，步行到京，求见皇上，请赐《大藏经》，重修藏经阁。后郭朝祚来此做官，得知这一壮举，除挥笔写了苍劲峻拔的“藏经阁”三字匾外，还撰文书写了《海藏寺藏经阁碑记》。他满怀激情，以浓郁的笔墨高度赞扬了际善求经的精神和深远意义。

1927 年武威大地震，包括海藏寺在内的武威许多土木建筑大部分被毁坏。“文革”期间，海藏寺又遭到人为的破坏。恢复开放后，爱国华侨傅凤英居士赠送的两尊玉佛和日本大正版《大藏经》为该寺的镇寺之宝。进入 20 世纪 90 年代，全国政协副主席、全国佛协会长赵朴初和甘肃省人大常委会副主任、甘肃省佛协会长嘉木样亲临视察，海藏寺于 1996 年 3 月正式移交佛教协会管理。近些年来陆续重修，使这座招提古刹又显昔日雄姿。

在海藏寺恢复中，谛禅法师率先做出了杰出贡献。谛禅法师圆寂后，由理智法师任住持，继承谛禅法师的宏愿，为海藏寺的繁荣做出了杰出贡献。现任住持为道安法师。

二、“凉州四寺”对佛教文化的深远影响

“凉州会谈”的成功，也为藏传佛教在凉州的传播发展带来了难得的机遇。从此，藏传佛教的传播也进入了一个新的历史时期。而这一时期的传播中心就是凉州。藏传佛教从凉州向蒙古等民族，并向中原内地有规模的传播和辐射开来，产生了广泛而深远的影响。

萨班在凉州的5年时间里，为各族信众讲经说法，举行各种佛事活动。因他的慈悲和智慧闻名凉州，又精于医学，他的影响很快波及周围广大地区，信徒众多，藏传佛教盛极一时。当时，“凉州四寺”香火旺盛，名声远扬。凉州境内的大多寺院都改宗为萨迦派寺院。

萨班在凉州的传法活动，主要记载于藏文佛教历史著作《凉州四寺志》和《安多政教史》中。活动最多、影响最大的是在“凉州四寺”。

《凉州四寺志》记载，萨班在金塔寺向阔端等人传授过多种密法大灌顶，因此而得名南灌顶寺。这说明萨班已成为阔端等蒙古人的上师，为藏传佛教的传播创造了有利的条件。

莲花山寺，是萨班广授显宗佛法的地点。随萨班来的许多高僧，也在此地讲经说法，为藏传佛教的传播做出了贡献。

海藏寺，《安多政教史》和《凉州四寺志》均记载这里是萨班大转法轮的圣地。笔者分析认为，萨班初来凉州就居住在海藏寺，因为海藏寺离凉州城最近，便于和阔端来往。

萨班来凉州后，他的学识、智慧和慈悲吸引了一大批在凉州的各族人士，并且吸引来周边地区的更多崇拜者，当时的凉州也就成了西北佛教文化的中心。

在凉州时，萨班的足迹遍布武威大地，他到天祝的许多寺院讲经说法。天祝极乐寺是萨班夏天避暑的地方。毛藏寺至今传颂

着有关萨班的许多故事。他还到张掖去弘扬佛法，据说在甘州城外的砂岩上有萨班的手印，石上有突起的足迹。

萨班圆寂后，八思巴继续掌管凉州佛教事务。公元1253年8月凉州白塔寺萨迦班智达灵塔落成，八思巴主持了盛大的开光仪式。

到了元代中后期，噶举派的大师们先后来到凉州弘法，在“凉州四寺”等地举行佛事活动。噶举派在此十分兴盛。据史料记载：噶举派的大师们先后来到凉州弘法。大师们在亥母洞寺、“凉州四寺”等地举行佛事活动。亥母洞出土的文物中有米拉日巴的塑像（现存武威市博物馆）。从文物看，这一时期，佛教很兴盛，许多藏文经典也传进了凉州，藏传佛教的艺术，如绘画、雕塑、木刻等，佛教建筑如佛塔、殿堂、法器等充满各寺院。

明朝，藏传佛教继续发展，朝廷对藏传佛教仍给予应有的优遇。尤其明成祖即位后，对于藏传佛教更加重视，根据当时藏族世俗地方势力与宗教势力结合的特点，对藏传佛教各教派首领加封不同的封号，最高的封为“法王”，次为“王”，之下为大国师、国师、禅师等名号。

公元1414年，宗喀巴派弟子释迦也失赴京，被封为大慈法王。明万历六年（1578），第三世达赖喇嘛索南嘉措到“凉州四寺”朝拜，在白塔寺、罗什寺等寺院讲经弘法，对甘、青、蒙古地传播格鲁派教法起了很大作用。

因此，明时，格鲁派传进了凉州地区，以“凉州四寺”为中心又新建了许多寺院，如天祝的先明寺、石门寺、达隆寺、东大寺、西大寺等，古浪的寿国寺，民勤的圣容寺、宝塔寺、镇国塔，凉州的上方寺、地藏寺、海潮寺等。

清代，尊崇藏传佛教，利用藏传佛教统治蒙古、藏民族，是清廷的一项基本国策。朝廷出资或赐银广建寺庙；设理藩院统管全国藏传佛教事务。藏传佛教在凉州法脉不断，“凉州四寺”香火旺盛。许多高僧大德，继承千年的佛门传统，为凉州的佛教繁荣做出了贡献。

三、结束语

萨班是继罗什大师之后来凉州的最伟大的高僧、佛学大师。为弘扬佛法、救度众生，他以广阔而慈悲的胸怀不顾年迈体弱、路途遥远来凉州，他的功德与世长存。在凉州遗存藏文古籍中有萨班的画像，更为珍贵的是凉州人民为萨班铸造的铜像（现存武威市博物馆），这说明“凉州会谈”的成功代表了当时西北各族人民的根本利益，实现了各族人民向往和平统一、信仰佛教的愿望。这也说明凡是为人类的和平幸福做出巨大贡献的伟人，人民是永远不会忘记的。今天，白塔寺巍峨的大白塔还在赞颂着他的丰功伟绩。

近年来，青海、新疆、内蒙古、西藏以及海内外僧俗来“凉州四寺”朝拜、瞻礼者络绎不绝，国内外专家学者接踵而来，这是对萨班大师的最好纪念。“凉州四寺”，以其灿烂辉煌的历史载入中华文明史册，是祖国统一、民族团结的历史见证，成为记载萨班和阔端为人类和平幸福做出丰功伟绩的永恒的纪念碑！

吴生华，甘肃藏人文化发展促进会秘书处。

《西藏王统世系水晶鉴》译注

——蒙古王统、昆氏世系与历任施主

冉热·阿旺旦贝坚赞 著　班玛更珠 译注

蒙古王统（ཧོར་གྱི་རྒྱལ་རབས་སྐོར།）[①]

再说与西藏历史有关的蒙古王统以及萨迦（ས་སྐྱ）[②] 与蒙古供施关系[③]的形成过程。从地域上讲，蒙古分为上下部等多个部

---

① 藏文写为“霍尔王统”，“霍尔”一词在藏文史书中多见，通常泛指北方草原民族，此处指蒙古。

② 萨迦派（ས་སྐྱ་པ），藏传佛教主要教派之一，创始人为昆·贡却杰布（འཁོན་དཀོན་མཆོག་རྒྱལ་པོ）。昆·贡却杰布幼时随父兄习宁玛派（རྙིང་མ་པ）教法，后来拜卓弥大译师（འབྲོག་མི་ལོ་ཙཱ་བ）等习新密，得传“道果法”（ལམ་འབྲས）。1073 年，昆·贡却杰布在后藏萨迦（ས་སྐྱ）地方建立了具吉祥萨迦寺（དཔལ་ལྡན་ས་སྐྱ་དགོན），萨迦派也因其母寺而得名。

③ 供施关系，指僧人为施主讲法，施主以物质馈赠作为报酬而形成的关系。值得注意的是，“供施关系”这样一种多用于宗教领域的名词，近代以来随着所谓的“西藏问题”，被一些人拿来用于解释历代中央政府与西藏地方的关系，已有诸多学者研究指出，所谓的供施关系只不过是元朝以来西藏地方与中央政权隶属关系上的一层宗教面纱，实质上是各民族僧俗上层统治者出于各自的政治目的而常常利用的宗教形式。宗教上的“供施关系”是形式，政治上的隶属关系才是问题的本质。

落，①接近中原青城（མཁར་སྔོན）②的蒙古六部（སོག་པོ་གཞུང་དྲུག）③和契丹（ཁི་དན）④相同，除此之外还有厄鲁特四部（ཨོ་རོད་ཚོ་བཞི）⑤、喀尔喀七部（ཏལ་ཁ་ཚོ་བདུན）⑥、青海蒙古⑦等零散部落。传说有一位名叫阿阑美人（ཨ་ལུན་མཛེས་མ）⑧的蒙古女性与天交合生下一神奇灵巧的孩子，取名孛端察穆干（བོག་ཧོན་ཆར་སྨུན་ཀན）⑨，

① 本书成书于清代，此处蒙古各部及地域反映了清代蒙古各部的分布状况。明末清初，蒙古以大漠为界，整体上分为漠南蒙古、漠北蒙古和漠西蒙古三部分。

② 青城，即今呼和浩特。

③ 应指漠南蒙古，清代漠南蒙古有科尔沁、札赉特、杜尔伯特、巴林、喀喇沁、乌珠穆沁、察哈尔、土默特、鄂尔多斯等部。

④ 契丹，我国古代北方草原民族之一，北魏始在辽河上游一带活动，907年建立契丹国，后改称辽，统治中国北方。1125年为金所灭，其余部建立了西辽王朝。

⑤ 厄鲁特四部即漠西蒙古，四部分别为绰罗斯部（准格尔部）、和硕特部、杜尔伯特部和土尔扈特部。

⑥ 喀尔喀七部应指漠北蒙古。喀尔喀共十二部，内五部居喀尔喀河以东，外七部居河西。后内五部逐渐南徙，清初编旗，属内札萨克旗（即内蒙古）；外七部留居故地，仍号所部为喀尔喀，辖地逐渐扩大，据有漠北地区（即外蒙古）。

⑦ 青海蒙古，又称柴达木蒙古。明末固始汗移居青海后在青海建政，清康熙帝打败噶尔丹后和硕特人罗卜藏丹津入附，但因在雍正元年造反，青海蒙古因此一厥不振。

⑧ 即阿阑豁阿。据《汉译蒙古黄金史纲》，阿阑豁阿为朵奔篾尔干的妻子，先生两子不忽合答吉和不合赤撒勒只。朵奔篾尔干死后，阿阑豁阿在寡居中又生下三个儿子，分别为不古（纳）台、别勒古（纳）台和孛端察儿（朱风、贾敬颜译：《汉译蒙古黄金史纲》，呼和浩特：内蒙古人民出版社，1985年，第4页）。《元史・太祖本纪》亦载："太祖其十世祖孛端叉儿，母曰阿兰果火，嫁脱奔咩哩犍，生二子，长曰博寒葛答黑，次曰博合睹撒里直。既而夫亡，阿兰寡居，夜寝帐中，梦白光自天窗中入，化为金色神人，来趋卧榻。阿兰惊觉，遂有娠，产一子，即孛端叉儿也。"

⑨ 即孛端察儿。本书对蒙古王统的记载始自孛端察儿，但按照《汉译蒙古黄金史纲》的记载，蒙古王统实际上始自孛儿帖赤那，到孛端察儿之父朵奔篾儿干共历十二代，分别为：孛儿帖赤那、巴塔赤罕、塔马察、豁里察儿篾儿干、阿兀站赤罗温勒、撒里合察兀、也客你敦、挦锁赤、撒里合儿出、孛儿只吉歹篾儿干、脱罗豁勒真伯颜、朵奔篾儿干、孛端察儿（朱风、贾敬颜译：《汉译蒙古黄金史纲》，呼和浩特：内蒙古人民出版社，1985年，第3页）。其他藏文史籍如郭译师・循努白（འགོས་ལོ་གཞོན་ནུ་དཔལ）的《青史》（དེབ་ཐེར་སྔོན་པོ）、蔡巴・贡嘎多吉（ཚལ་པ་ཀུན་དགའ་རྡོ་རྗེ）的《红史》（དེབ་ཐེར་དམར་པོ）和萨迦・索南坚赞（ས་སྐྱ་བསོད་ནམས་རྒྱལ་མཚན）的《西藏王统记》（རྒྱལ་རབས་གསལ་བའི་མེ་ལོང）等都列出了朵奔篾儿干之前的九位王（缺撒里合察兀、孛儿只吉歹篾儿干和脱罗豁勒真伯颜，见郭译师・循努白著《青史》藏文版，上册，四川民族出版社，1985年，第81—82页；蔡巴・贡嘎多吉著：《红史》（藏文版），民族出版社，1981年，第28—29页；萨迦・索南坚赞著《西藏王统记》藏文版，民族出版社，1981

五世达赖喇嘛在《西藏王臣记》①中说这个孩子名叫那木阿阑（ནག་མོ་ཨ་ལན）②，本书根据汉文文献将其记为孛端察穆干。孛端察穆干长大后逐渐成为蒙古各部的首领。在孛端察穆干之后又过了十代③，有一天飞来一只神奇的鸟儿，边飞边发出“成吉思”（ཆིང་གི）、“成吉思”的声音，人们认为这是一种吉兆，便将其用

（接上页）年，第23—24页），达仓宗巴·班觉桑布（དཔལ་འབྱོར་བཟང་པོ）的《汉藏史集》（རྒྱ་བོད་ཡིག་ཚང་ཆེན་མོ）列出了朵奔篾儿干之前的八位王（缺撒里合察兀、撒里合儿出、孛儿只吉歹篾儿干和脱罗豁勒真伯颜，见达仓宗巴·班觉桑布著《汉藏史集》藏文版，四川民族出版社，1985年，第254页），班禅索南扎巴（པཎ་ཆེན་བསོད་ནམས་གྲགས་པ）的《新红史》（དེབ་ཐེར་དམར་པོ་གསར་མ）只点出“最初之王”孛儿帖赤那，但所记“从此以后至太祖成吉思汗共有王统二十二代”却和蒙古史中孛儿帖赤那到孛端察儿之父朵奔篾儿干共历十二代，孛端察儿至成吉思汗共历十代的说法恰好吻合。五世达赖喇嘛（རྒྱལ་དབང་ལྔ་པ་ངག་དབང་བློ་བཟང་རྒྱ་མཚོ）的《西藏王臣记》（བོད་ཀྱི་དེབ་ཐེར་དཔྱིད་ཀྱི་རྒྱལ་མོའི་གླུ་དབྱངས）在阐述蒙古王统起源时也从孛端察儿始，但却指出索南扎巴言“成吉思汗似为孛儿帖赤（那）之裔”不可据（五世达赖喇嘛著《西藏王臣记》（藏文版），民族出版社，1957年，第89页）。另外值得注意的是，《汉译蒙古黄金史纲》这部文献认为孛儿帖赤那是吐蕃赞普后裔，按其中的吐蕃王统，吐蕃最初之王为库谆三搭里图王［即聂赤赞普（གཉའ་ཁྲི་བཙན་པོ）］，由此历七代为大赉苏宾阿尔滩三搭里图王［即止贡赞普（གྲི་གུམ་བཙན་པོ）］，其有三子，长子博罗出［即恰赤（བྱ་ཁྲི）］，次子锡巴罟持［即夏赤（ཤ་ཁྲི）］，幼子即为孛儿帖赤那［即聂赤（ཉ་ཁྲི）］（朱风、贾敬颜译：《汉译蒙古黄金史纲》，呼和浩特：内蒙古人民出版社，1985年，第3页）。

① 《西藏王臣记》（བོད་ཀྱི་དེབ་ཐེར་དཔྱིད་ཀྱི་རྒྱལ་མོའི་གླུ་དབྱངས།），五世达赖喇嘛阿旺洛桑嘉措（རྒྱལ་དབང་ལྔ་པ་ངག་དབང་བློ་བཟང་རྒྱ་མཚོ། 1617—1682）著，成书于1643年。

② 作者此说有误，《西藏王臣记》中说那木阿阑感日月之光而生下的孩子，名孛端察穆干，而非本文作者所记生下的孩子名那木阿阑。见五世达赖喇嘛（རྒྱལ་དབང་ལྔ་པ་ཆེན་པོ）著《西藏王臣记》（བོད་ཀྱི་དེབ་ཐེར་དཔྱིད་ཀྱི་རྒྱལ་མོའི་གླུ་དབྱངས།），民族出版社，1957年，第89页。

③ 按照《汉译蒙古黄金史纲》的记载，孛端察儿的儿子是合必赤曲鲁克，其子巴奇儿巴阿秃儿，其子篾年土敦，其子合赤曲鲁克（即《元史·太祖本纪》所记“海都”），其子伯升豁儿多黑申，其子屯必乃薛禅，其子合不勒汗，其子把尔檀把阿秃儿，其子也速该把阿秃儿。见朱风、贾敬颜译：《汉译蒙古黄金史纲》，呼和浩特：内蒙古人民出版社，1985年，第6页。其他藏文史籍如《西藏王统记》所记和《蒙古黄金史纲》相同（萨迦·索南坚赞著《西藏王统记》藏文版，民族出版社，1981年，第24页），而《青史》《红史》中记为孛端察儿至也速该把阿秃儿共历十一代，其中把伯升豁儿多黑申分列为伯升和豁儿多黑申（郭译师·循努白著《青史》藏文版，上册，四川民族出版社，1985年，第82页；蔡巴·贡嘎多吉著《红史》藏文版，民族出版社，1981年，第29页）。《汉藏史集》把篾年土敦和海都合记为“篾年海都汗”（达仓宗巴·班觉桑布著《汉藏史集》藏文版，四川民族出版社，1985年，第254页）。

来为首领命名，这就是藏人所称的“成吉思”（ཆིང་གེ 或 ཇིང་གིར）①，原名铁木真（ཐེ་སྨུན་ཇིན）②。成吉思汗从火虎年到火猪年共掌政二十二年③，六十六岁卒。成吉思汗有三子，长子术赤（ཇུ་ཆི）④ 被

① 关于“成吉思”一词，学术界有不同的解释，此处的“鸟啼说”亦为一种。根据余大钧《蒙古秘史》译注本的记载：《蒙古源流》《蒙古世系谱》等蒙古史籍上都说，鸡儿年（1189）铁木真二十八岁即位于克鲁伦河畔的前三天，每天清晨有一五色鸟飞来啼叫“成吉思”“成吉思”之声不止，以此啼声为祥瑞，遂取此声为汗尊号。15、16世纪所撰察合台语《成吉思汗传略》中也有“一只鸟飞来，叫着成吉思、成吉思……”的记载。又，欧阳玄所撰《进金史表》有云：“念彼（金）泰和以来之事迹，涉我圣代（指蒙元）初兴之岁年。（元）太祖受帝号于丙寅（1206），先五载而朱凤应。”（见《金史》附录）铁木真称帝于1206年，“先五载”为1201年鸡年、金泰和元年，这一年铁木真联合王汗战胜了札木合为首的十二部联盟军，出现了朱凤应的祥瑞，与五色鸟啼“成吉思”声的传说相似。总之，在古代蒙古人的传说中，“成吉思汗”的尊号来自五色鸟啼“成吉思”声的说法由来已久。

② 孛儿只斤铁木真（1162—1227），出生于漠北草原斡难河上游地区。9岁时父亲也速该被铁木真兀格之子札邻不合毒死，铁木真母子被部落抛弃，从此相依为命。18岁时，为报夺妻之仇打败蔑儿乞人。1184年前后被推举为蒙古乞颜部可汗，从此开始了统一蒙古草原的征程。1206年春天，蒙古各部首领和贵族们在斡难河源头召开大会，诸王和群臣为铁木真上尊号“成吉思汗”，正式登基成为蒙古汗国可汗。成吉思汗立国后开始对外发动大规模征服战争，征服地域西达中亚、东欧的黑海海滨。1227年8月，远征西夏归来的成吉思汗病逝于六盘山附近的清水县。加谥法天启运圣武皇帝，庙号太祖。《元史·太祖本纪》曰：“帝深沉有大略，用兵如神，故能灭国四十，遂平西夏。其奇勋伟迹甚众，惜乎当时史官不备，或多失于纪载云。”

③ 按照公历和藏历换算，成吉思汗生于藏历第三饶迥水马年（1162），正式登基成为蒙古帝国可汗的1206年即藏历第三饶迥火虎年，在位二十二年，逝世于藏历第四饶迥火猪年（1227）。《汉藏史集》对成吉思汗登基和卒年记载准确，但将其生年记为木马年（达仓宗巴·班觉桑布著《汉藏史集》藏文版，四川民族出版社，1985年，第254—255页）。《红史》中先后两次提到成吉思汗的生年，分别为水虎年和火虎年，从文意来看，前者似为笔误。《红史》按照成吉思汗享年六十一岁的记载推断其逝世于水猴年，误（蔡巴·贡嘎多吉著《红史》藏文版，民族出版社，1981年，第29页）。《青史》《新红史》将成吉思汗卒年记为水虎年，亦误。

④ 术赤（约1178—1225），成吉思汗长子。铁木真妻孛儿帖曾被蔑儿乞部所掠，在被救回的途中生下儿子，因疑非铁木真之子，故名“术赤”，意为“客人”。术赤骁勇善战，为蒙古汗国的开创和扩张立下了赫赫战功，成吉思汗分封领地时，术赤一系诸汗的世袭领地为术赤汗国。

封为脱莫地区（ཐོག་མོག་ཡུལ）① 之王，疑为今突厥（ཐོར་ཁོད）② 之地。次子察合台（ཚ་ག་ཏི）③ 授亲王衔，被封为果噶地区（མགོ་ཀར）④ 之王，驻扎在汗帐之内。察合台有五子⑤，后长子阿德勒（ཨ་ཏི་ལ）继父王位⑥，其他四子⑦分别统治印度（རྒྱ་གར）、克什米尔（ཁ་ཆེ）、绒域（རུམ་ཡུལ）、俄罗斯（ཨོར་རུ་སུ）等地。当然，这里的印度不可能是印度全境，应该是距离托噶（ཐོད་ཀར）⑧ 较近的部分地区。成吉思汗的第三子窝阔台（ཨུ་གོ་ཏ）⑨ 于土阴牛年⑩即成吉思汗的汗位，从此成吉思汗家族统治了整个北部地区。汉

① 此处的脱莫应指术赤的封地。成吉思汗第一次西征后分封诸子，术赤得额尔齐斯河以西，花剌子模海（今咸海）、宽田吉思海（今里海）以北的钦察故地为封地。后其子拔都在此封地基础上建钦察汗国。其地东起也儿的石河（额尔齐斯河），西到斡罗思，南起巴尔喀什湖、里海、黑海，北到北极圈。明朝推翻元朝的同时，钦察汗国拔都系主要分支被新兴起的白帐汗国所取代。

② 此音译接近“突厥”或“吐火罗”，在藏文史书中一般指西域或中亚的民族或地域。

③ 察合台（？—1241），成吉思汗次子。随父亲成吉思汗南征北战，成吉思汗分封领地时，把畏兀儿以西直至阿姆河之间的草原地区分封给察合台。后依其领地扩建而成著名的察合台汗国。察合台汗国最盛时其疆域东至吐鲁番、罗布泊，西及阿姆河，北到塔尔巴哈台山，南越兴都库什山，包括阿尔泰至河中地区。14 世纪中叶，察合台汗国分裂为东、西两部，从此走向衰落。

④ 此处的“果噶”意为“白首”，应指头缠白头巾的阿拉伯人，果噶地区即中亚阿拉伯地区。

⑤ 《红史》《汉藏史集》等藏文史籍记载察合台有九个儿子。

⑥ 即察合台汗位的应是察合台之孙哈剌旭烈。1241 年，按照察合台的遗命，察合台之孙、木阿秃干之子哈剌旭烈继位成为察合台汗国第二任可汗。1246 年，蒙古帝国大汗贵由废黜哈剌旭烈，册立察合台五子也速蒙哥为可汗。1251 年，蒙哥汗支持哈剌旭烈回国夺取汗位，但哈剌旭烈在途中去世。

⑦ 即木阿秃干、也速蒙哥、拜答儿和撒班。

⑧ 藏文史书中的“ཐོད་ཀར”一词具体所指尚不明确，学界有将其对应为吐火罗的说法，有待进一步研究。

⑨ 窝阔台（1186—1241），蒙古汗国可汗，成吉思汗的第三子。早年随父征服漠北诸部，参与西征、攻金、灭夏等战争。1225 年被成吉思汗封于也儿的石河（今额尔齐斯河）上游和巴尔喀什湖以东一带。成吉思汗逝世后即蒙古大汗位，在位十三年，追谥英文皇帝，庙号太宗。《元史 · 太宗本纪》曰：“帝有宽弘之量，忠恕之心，量时度力，举无过事，华夏富庶，羊马成群，旅不赍粮，时称治平。”《红史》和《汉藏史集》等藏文史书皆记窝阔台在位六年，误。

⑩ 成吉思汗逝世后，窝阔台于 1229 年 9 月 13 日，经忽里台选举，即大汗位，成为蒙古汗国第二任可汗。公元 1229 年为藏历第四饶迥土牛年。

文将其称为西斯（ནུབ་ཕྱོགས་སི）[①]，印度称之为陪让（ཕེ་རང）[②]，班禅大师[③]称其为施央归洲（ཤི་ཡང་ཀུའི་གླིང）[④]，总之将其认定为瞻部洲或哪个洲都不矛盾。据说当初佛诞生时，北方胜音城（བྱང་ཕྱོགས་སྒྲ་སྒྲོགས་རྒྱལ་པོ）的仙道王之子（ཨོ་ཏ་ཡ་ནའི་སྲས）由于歪曲教义，多行不义，当地变成不毛之地，这在《律部》[⑤] 当中确有记载。但是，其后这片土地上逐渐形成了羌人（བྱང་མི），当地也成为诸多珍宝和器具的产生之地。这片广阔的土地也从这个时候一直到顺帝（ཞུན་ཧྲི）[⑥] 时期成为蒙古的领地，现在按照班禅班丹益西（པཎ་ཆེན་དཔལ་ལྡན་ཡེ་ཤེས）所说应是外道绒仙（ཀླ་ཀློ་ཏུམ་ཤམ་པ）的属民。《汉区佛教源流》[⑦] 记载说窝阔台迎请了萨迦班智达[⑧]，而五世达赖喇嘛在《西藏王臣记》中对此有不同的记载，认为迎请萨迦班智达是阔端（ཀོ་དན）[⑨] 时期。无论是窝阔台还是阔端，他们都派一个见人就杀，一听到名字就令人恐惧的蛮横将军名多达纳布（དོར་ཏ་ནག་པོ）者，率领无数甚至能令自在天都胆寒的铁骑进入青藏地区，通过武力征服了自上部冈底斯山至珞门（ལོ་མོན）[⑩] 之地的广大地区，并根据蒙古汗王颁布的法令严厉地统治

① 疑为西域。

② 陪让，又做披楞，18世纪晚期以来，有关西藏的汉文史料中经常称南亚的英国人为“ཕེ་རང”。

③ 即六世班禅额尔德尼罗桑班丹益希（1738—1780）。1740年被确认为五世班禅的转世灵童，1741年扎什伦布寺坐床。1779年率随行人员赴京庆贺乾隆帝70大寿，1780年到达承德觐见乾隆。1780年年底在北京黄寺圆寂，享年42岁。

④ 指古印度一地名，见于六世班禅著《香巴拉王国指南》（ཤམྦྷའི་ལམ་ཡིག）一书。

⑤ 关于仙道比丘及其太子顶髻的宿业因缘，见《大正藏》律部，根本说一切有部毗奈耶卷第四十五，入王宫门学处第八十二之二。

⑥ 指元顺帝妥懽帖睦尔（1320—1370），蒙古汗国可汗，元朝末代皇帝。

⑦ 《汉区佛教源流》（རྒྱ་ནག་ཆོས་འབྱུང），清代蒙古族学者贡保加（即《造像量度经》的译者工布查布）著，成书于乾隆年间。

⑧ 见贡保加（མགོན་པོ་སྐྱབས）:《汉区佛教源流》（རྒྱ་ནག་ཆོས་འབྱུང），四川民族出版社，1983年，第51页。

⑨ 见五世达赖喇嘛（རྒྱལ་དབང་ལྔ་པ་ཆེན་པོ）著：《西藏王臣记》（བོད་ཀྱི་དེབ་ཐེར་དཔྱིད་ཀྱི་རྒྱལ་མོའི་གླུ་དབྱངས།），民族出版社，1957年，第89页。

⑩ 珞门：即我国西藏的珞瑜和门瑜地区。珞瑜地区即今西藏自治区林芝地区的察隅、墨脱、米林县，山南地区的隆子县等边沿山区，是珞巴、门巴族主要聚居地区。门隅地区即我国西藏自治区藏南地区，位于山南地区南部，喜马拉雅山东南。

所有人。① 由于国王②心向佛教，所以决定找一个合适的供施处，遂问多达纳布哪位合适。多达纳布答：“在偏远西藏之土，僧伽数量要数噶当派（བཀའ་གདམས་པ）③ 最多，讲究面子要数达隆法王（སྟག་ལུང་ཆོས་རྗེ）④ 最甚，排场华丽要数直贡京俄（འབྲི་གུང་སྤྱན་སྔ）⑤ 最重，佛法精深则以萨迦班智达（ས་སྐྱ་པཎྜི་ཏ）⑥ 为最。”国王道：“论国力强盛、物质富庶没有哪个能与成吉思汗匹敌，为了利益来生，就请萨迦班智达。”

---

① 公元1239年，阔端派多达纳布进军西藏。多达纳布率军从青海攻入藏北，沿途烧毁著名的热振寺和杰拉康，僧俗五百多人遭到杀害。1240年，多达纳布率军撤回凉州。1244年，多达纳布再次奉阔端之命进入西藏，带着阔端的信和礼物拜会了萨迦班智达等西藏地方各教派领袖，了解当时西藏的真实情况。

② 指阔端。阔端（1206—1251），成吉思汗孙，窝阔台之子。其封地在西夏故地，遂建斡耳朵于凉州府（治今甘肃武威）之西。1246年，召西藏萨迦派首领萨迦班智达贡噶坚赞来凉州会谈，使致书西藏僧俗首领降附蒙古。1251年逝于凉州。

③ 噶当派（བཀའ་གདམས་པ），藏传佛教主要教派之一，奠基人为著名佛教大师阿底峡（ཇོ་བོ་རྗེ་དཔལ་ལྡན་ཨ་ཏི་ཤ 982—1055）。阿底峡应古格王拉喇嘛益希沃（ལྷ་བླ་མ་ཡེ་ཤེས་འོད）之请来藏传法，撰有《菩提道炬论》（བྱང་ཆུབ་ལམ་གྱི་སྒྲོན་མ），在佛教教理系统化，修持规范化方面作出了巨大贡献。阿底峡的三大弟子之一的仲敦巴杰哇窘乃（འབྲོམ་སྟོན་པ་རྒྱལ་བའི་འབྱུང་གནས། 1005—1064）于1056年创建热振寺（ར་སྒྲེང་དགོན་པ། 位于今林周县境内），正式开创噶当派。

④ 达隆噶举（སྟག་ལུང་བཀའ་བརྒྱུད）：帕竹噶举（ཕག་གྲུ་བཀའ་བརྒྱུད）八小支派之一，达垅塘巴·扎西贝（སྟག་ལུང་ཐང་པ་བཀྲ་ཤིས་དཔལ）于1180年在拉萨附近的达隆地方建达隆寺（སྟག་ལུང་དགོན་པ），创立达隆噶举派。

⑤ 止贡噶举（འབྲི་གུང་བཀའ་བརྒྱུད）：帕竹噶举八小支派之一，1179年止贡巴·仁钦贝（སྐྱོབ་པ་འཇིག་རྟེན་མགོན་པོ་རིན་ཆེན་དཔལ）在拉萨东北建止贡梯寺（འབྲི་གུང་མཐིལ），创立止贡噶举派。

⑥ 萨迦班智达贡噶坚赞（ས་སྐྱ་པཎྜི་ཏ་ཀུན་དགའ་རྒྱལ་མཚན），藏历第三饶迥水虎年（1182）出生在萨迦昆氏（འཁོན）家族，是藏传佛教萨迦派首领萨迦五祖中的第四祖，以学富五明而被称作“班智达”。自幼从伯父至尊扎巴坚赞（རྗེ་བཙུན་གྲགས་པ་རྒྱལ་མཚན་）学习并掌握了显密二宗精要，二十三岁去印度留学，精通了大小五明，论著等身。藏历第四饶迥木龙年（1244），应阔端的邀请携侄八思巴（འགྲོ་མགོན་འཕགས་པ་བློ་གྲོས་རྒྱལ་མཚན）和恰那多吉（ཕྱག་ན་རྡོ་རྗེ）远赴凉州（今甘肃武威），在和阔端会谈后发表著名的萨迦班智达《致蕃人书》（ས་སྐྱ་པཎྜི་ཏས་དབུས་གཙང་མངའ་རིས་དང་བཅས་པའི་དགེ་བའི་བཤེས་གཉེན་ཡོན་མཆོད་རྣམས་ལ་སྤྲིངས་པ），奠定了此后西藏辖于元朝中央版图的政治基础。藏历第四饶迥金猪年（1251），萨迦班智达圆寂于凉州幻化寺，享年70岁。

昆氏世系（འཁོན་གྱི་གདུང་རབས་སྐོར།）

再来说尊者萨迦班智达所属的氏族。藏人极重母系血统，要论起源，那就得说家族世系传自天神，江河溪流源于雪山。正如俄钦贡伦（ངོར་ཆེན་དཀོན་ལྷུན་པ）① 所云：“如此不死光明天神系，无明缘仇文殊化身族。”据说天界有杰仁（ལྷ་རིང）、玉仁（གཡུ་རིང）、玉塞（གཡུ་བསེ）三昆仲，其中玉仁娶穆氏女牟萨德（རྨུའི་བུ་མོ་མུ་ཟ་ལྡེམ）为妻，生玛桑七兄弟（མ་སངས་སྤུན་བདུན）。后六兄弟随父亲远逝天界，幼弟②留在人间，生一子取名托蔡巴沃达（ཐོད་ཚད་དཔའ་བོ་སྟག）。托蔡巴沃达娶莫萨措莫杰（མོ་ཟ་མཚོ་མོ་རྒྱལ），生子雅邦杰（གཡའ་སྤང་སྐྱེས）③。雅邦杰成年后杀死罗刹嘉仁察美（སྲིན་པོ་སྐྱ་རིང་ཁྲག་མེད），夺亚仲塞玛（གཡའ་གྲིམ་སིལ་མ）为妻，生四子，由于是出于仇怨和罗刹结合，所以孩子又称为“昆巴杰”（འཁོན་པ་སྐྱེས）④，昆系氏族的起源就是如此。昆巴杰娶觉莫赞姆（བཙན་མོ）和杰曼（ལྷ་སྨན），杰曼生贝布（དཔལ་པོ），据拉堆宁布塔（ལ་སྟོད

---

① 此处指的是俄钦贡觉伦珠（ངོར་ཆེན་དཀོན་མཆོག་ལྷུན་གྲུབ）所著的《萨迦世系史——贤者口饰》（ས་སྐྱ་པའི་གདུང་རབས་ཡ་རབས་ཁ་རྒྱན།），贡觉伦珠是 16 世纪萨迦派俄尔钦寺堪布，其《贤者口饰》是后期阿旺・贡噶索南创作《萨迦世系史》（ས་སྐྱའི་གདུང་རབས་ངོ་མཚར་བང་མཛོད།）的重要资料来源之一。

② 按照《萨迦世系史——贤者口饰》的记载，幼弟的名字即为玛桑（མ་བཟའ）。这里的“玛桑七兄弟”，《贤者口饰》原文做“མ་བཟའ་སྤུན་བདུན”，本书则写成“མ་སངས་སྤུན་བདུན”，用的是“མ་སངས”这个藏文远古史中常见的名称，其具体所指尚不明确，目前来看有姓氏、部族、时代等含义。

③ 意为生于石山与草甸之间。

④ 意为由怨而生。

གཉན་པོ་ཐར）之地，成为赤松德赞王（མངའ་བདག་ཁྲི་སྲོང）① 的大臣。贝布有五子，其中的昆 · 鲁益旺布（འཁོན་ཀླུའི་དབང་པོ）曾作为“七试人”（སད་མི་བདུན）② 之一首次出家为僧。鲁益旺布之弟多吉仁钦（རྡོ་རྗེ་རིན་ཆེན）受到莲花生大师（སློབ་དཔོན་ཆེན་པོ）③ 的金刚乘大曼陀罗（རྡོ་རྗེ་ཐེག་པའི་དཀྱིལ་འཁོར）灌顶，生子喜绕永丹（ཤེས་རབ་ཡོན་ཏན）。喜绕永丹之子为永丹迥乃（ཡོན་ཏན་འབྱུང་གནས）。永丹迥乃之子为楚成杰布（ཚུལ་ཁྲིམས་རྒྱལ་པོ）。楚成杰布之子为多吉祖多（རྡོ་རྗེ་གཙུག་གཏོར）。多吉祖多之子为格杰（དགེ་སྐྱབས）。格杰之子为格同（དགེ་མཐོང），曾专注修行，目睹金刚橛曼陀罗像（རྡོ་རྗེ་ཕུར་པའི་དཀྱིལ་འཁོར）。格同之子为释迦罗追（ཤཱཀྱ་བློ་གྲོས）。释迦罗追有二子，长子昆若喜绕楚成（འཁོན་རོག་ཤེས་རབ་ཚུལ་ཁྲིམས），以上诸师皆为熟悉金刚橛法的旧密咒师。

释迦罗追的次子昆 · 贡却杰布（འཁོན་དཀོན་མཆོག་རྒྱལ་པོ）④ 先后

---

① 赤松德赞（ཁྲི་སྲོང་ལྡེ་བཙན།，742—797），吐蕃王朝第 37 任赞普，755—797 年在位。赤松德赞在位时期，先后迎请寂护（མཁན་ཆེན་ཞི་བ་འཚོ།）和莲花生（སློབ་དཔོན་པདྨ་འབྱུང་གནས།）入藏，修建桑耶寺（བསམ་ཡས་གཙུག་ལག་ཁང་།）、七试人（སད་མི་བདུན།）出家、翻译经典，使佛教立足吐蕃。由于赤松德赞支持佛教传播有功，从而与松赞干布、赤祖德赞被后世尊为“吐蕃三法王”（ཆོས་རྒྱལ་མེས་དབོན་རྣམ་གསུམ།），与寂护和莲花生并称为“师君三尊”（མཁན་སློབ་ཆོས་གསུམ།），备受藏传佛教信众的尊崇。另外，赤松德赞时期吐蕃的军事实力达到鼎盛状态，东取长安，西征天竺，北占西域，在 8 世纪的中亚历史舞台上扮演了重要的角色。

② 又称“七觉士”，是吐蕃第一批出家僧人。关于七试人，藏文史籍的记载稍有出入，通常认为是巴赛囊（བ་གསལ་སྣང）、韦 · 赤协（དབས་ཁྲི་ཤེར།）、巴廓 · 毗卢遮那（པ་གོར་བཻ་རོ་ཙ་ན）、恩兰 · 杰哇却央（ངན་ལམ་རྒྱལ་བ་མཆོག་དབྱངས）、玛 · 仁钦乔（རྨ་རིན་ཆེན་མཆོག）、昆 · 鲁益旺波（འཁོན་ཀླུའི་དབང་པོ）和藏列珠（གཙང་ལེགས་གྲུབ།）等 7 人。

③ 莲花生，出生于邬金国王族。印度佛教史上最伟大的大成就者和藏传佛教的奠基者之一。公元 8 世纪，莲花生应吐蕃赞普赤松德赞迎请入藏弘法，降服诸多本地神灵成为佛教护法神，并与寂护大师一道创立西藏第一座佛、法、僧三宝齐全的佛教寺院——桑耶寺，因此与赞普赤松德赞和寂护大师合称“师君三尊”，被后人奉为藏传佛教宁玛派祖师。

④ 昆 · 贡却杰布（1034—1102），藏传佛教萨迦派创始人。自幼随父兄学习旧派密乘教法，后师从卓弥 · 释迦益西等大师学习以“道果教法”为主的新译密法。1073 创建萨迦寺，正式创立了萨迦派。

拜新密派大师卓弥译师（འབྲོག་མི་ལོ་ཙཱ་བ）①、芒译师（མང་ལོ་ཙཱ་བ）②、布让译师（པུ་རང་ལོ་ཙཱ）、朗库兄弟（གནམ་ཁའུ་སྐུ་མཆེད）等为师，建具吉祥萨迦寺（དཔལ་ལྡན་ས་སྐྱ་དགོན）③。昆·贡却杰布与玛久香姆（མ་ཅིག་ཞང་མོ）之子为萨钦·贡噶宁布（ས་ཆེན་ཀུན་དགའ་སྙིང་པོ）④，对显密之法进行了卓绝的闻思修（ཐོས་བསམ་སྒོམ་གསུམ），成为大密金刚乘（གསང་ཆེན་རྡོ་རྗེ་ཐེག་པ）的一代法主。萨钦有四子，长子⑤远赴印度，后由于酷热染病而逝。次子索南孜摩（བསོད་ནམས་རྩེ་མོ）⑥为米突达瓦（མི་ཐུབ་ཟླ་བ）⑦之化身，对因果乘（རྒྱུ་འབྲས་ཀྱི་ཐེག་པ）

---

① 卓弥·释迦益西（འབྲོག་མི་ཤཱཀྱ་ཡེ་ཤེས།，993—1074），藏传佛教后弘期著名译师，出家后曾赴印度和尼泊尔求法13年，后返藏授徒传法，萨迦派著名的“道果法”就是由他传出。

② 即玛译师格贝洛追（རྨ་ལོ་ཙཱ་བ་དགེ་བའི་བློ་གྲོས།，1044—1089）。

③ 1073年建，位于今西藏自治区日喀则市萨迦县本波山下。据说贡却杰布当初发现此地的本波山南侧土呈白色，现瑞相，即出资建寺，亦因此得名萨迦，意为“灰白土”。《萨迦世系史》记：（贡却杰布）从山顶远眺，见本波山形同一头卧着的大象，山腰右侧之土地，色白油润，水从右侧流过，呈诸祥瑞之相，故想在该地建一寺庙，将会大大利益佛教和众生。遂请求该地之主人觉卧顿那巴售之，获得同意。又对该处领主象雄古热瓦、四个僧人村庄和七个俗民村庄等人说：“我想在此处建一寺庙，对你们不会有什么危害，你们这块土地需要多少代价，请卖给我？”回答说：“任何代价都不要。”随即奉献出来。喇嘛说：“然而为了后代不生口舌，还是依价买卖才公平合理。”遂以一匹白骡马、珍珠鬘、一套女装而购得该地，自门卓以下，派卓以上皆归喇嘛（即贡却杰布）占有。当喇嘛四十岁时，按佛教住世十个五百年的算法计算，为进入第七个五百年后的第二百零七年即阴水牛年（1073）仲秋月上弦日，建造了吐蕃地方的金刚座具吉祥萨迦寺。见阿旺·贡噶索南：《萨迦世系史》，民族出版社，1986年，第19—20页；陈庆英、高禾福、周润年汉译本，中国藏学出版社，2005年，第15页。

④ 萨钦·贡噶宁布（1092—1158），萨迦派第一代祖师，萨迦五祖之初祖。幼时随大译师拔日仁钦扎（བ་རི་ལོ་ཙཱ་བ་རིན་ཆེན་གྲགས།，1040—1111）等学习“道果法”，1111年接替师父拔日译师正式住持萨迦寺。贡嘎宁布佛学造诣精深，弟子众多，在他的努力下，萨迦派声势日隆，一套完整的“道果教授法”也逐渐形成，被后世尊为萨钦（ས་ཆེན），意为“萨迦派大师”。

⑤ 即贡噶拔（ཀུན་དགའ་འབར），为萨钦与他第一个妻子恰荣玛觉嘉普摩（ཆ་རོང་མ་ཇོ་ལྕམ་ཕུར་མོ）所生。

⑥ 索南孜摩（1142—1182），萨钦·贡噶宁布次子，萨迦五祖之二祖。初从父亲学习萨迦教法，17岁时传法座给弟弟扎巴坚赞（གྲགས་པ་རྒྱལ་མཚན），自己到卫地继续求法，从桑浦寺恰巴·却吉僧格（ཕྱ་པ་ཆོས་ཀྱི་སེང་གེ，1109—1169）等大师学习显密教法，著述及弟子颇多。

⑦ 印度著名班智达。

进行了圆满的闻思。三子扎巴坚赞（གྲགས་པ་རྒྱལ་མཚན）①任金刚持法统。四子贝钦沃波（དཔལ་ཆེན་འོད་པོ）②生两子，长子即为上面所说的萨迦班智达。

萨班小时候就对梵语、梵文有前生已习的熟悉之感，后在伯父杰尊扎巴坚赞（གྲགས་པ་རྒྱལ་མཚན）座前受居士戒，赐名贡噶坚赞（ཀུན་དགའ་རྒྱལ་མཚན）。后又先后拜多位大德为师，遂精通内外各种学问，萨迦班智达之盛名也由此享誉全藏。后在喀且索宁巴钦布（ཁ་ཆེའི་བསོད་སྙོམས་པ་ཆེན་པོ）③座前受近圆戒，在原名后加"贝桑布"（དཔལ་བཟང་པོ）三字，学识精进，辩才无敌，通过闻、思、修、授为佛法的弘扬做出了贡献。收到蒙古诏令时，④萨迦班智

① 扎巴坚赞（1147—1216），萨钦·贡噶宁布三子，萨迦五祖之三祖。13岁接替其兄索南孜摩的法座，1216年圆寂，任萨迦寺寺主达57年之久，为萨迦派的发展做出了重大贡献。

② 贝钦沃波（1150—1203），萨钦·贡噶宁布四子，在家娶妻延嗣，有两子，分别为萨班贡噶坚赞（ས་པཎ་ཀུན་དགའ་རྒྱལ་མཚན།，1182—1251）和桑擦索南坚赞（ཟངས་ཚ་བསོད་ནམས་རྒྱལ་མཚན།，1184—1239）。关于贝钦沃波，《萨迦世系史》记曰："他心性刚毅、沉着、深远，勤奋精进。从父兄学习教法，精通诸语诀，尤喜医学。他发慈悲之心，普为众人治病。"见阿旺·贡噶索南：《萨迦世系史》，民族出版社，1986年，第85页；陈庆英、高禾福、周润年汉译本，中国藏学出版社，2005年，第62—63页。

③ 即喀且班钦·释迦师利，印度那烂陀寺末任座主，著名佛教大师。按照《青史》的记载，释迦师利于1127年出生于印度西部喀且（即今克什米尔）地区，佛学造诣精湛，著述等身，成为一代大班智达。后来，随着佛教在印度的逐渐衰落，诸多佛教大师都转移到印度东部和北部继续修行传法。1208年，已经78岁高龄的喀且班钦由绰普译师（ཁྲོ་ཕུ་ལོ་ཙཱ་བ་བྱམས་པའི་དཔལ）迎请入藏传法，在藏几年间传法授徒，为当时藏传佛教的发展做出了巨大的贡献。1214年返回克什米尔，1225年圆寂。

④ 据《萨迦世系史》记载，萨班六十二岁时，阔端派使者入藏迎请，当时蒙古人呈送的邀请诏书全文如下："依长生天之力、具吉祥福泽之王者诏：晓谕萨迦班智达贡噶坚赞贝桑布者，吾为报答父母天地之恩，今需一善引正道之上师，为此思虑之时，恰有汝在。故，望不辞长途劳顿，即刻前来。若论年迈，昔日佛陀可为利益诸有情而施舍自身肉体，如此万生万世，与之如何？此可有违汝所习教法之誓愿乎？不惧吾金戈铁马严法酷刑有害于众生乎？故，望汝以教法为旨、众生为重，即刻前来，吾必使太阳落向之西方僧伽皆知此为汝功。赏赐有：白银五大升、镶六千二百珍珠之珍珠图案绸缎袈裟、硫黄色锦缎长坎肩、僧靴等，以及整幅"卡迪"（ཁ་ཏི།）花缎二匹、整幅"通迪"（ཐོན་ཏི།）彩缎二匹、五种绸缎共二十匹等，此回函及赏赐由多尔斯贡（དོར་སྡེ་མགོན།）和王侄觉达玛（དཔོན་ཇོ་དར་མ།）送达。龙年八月三十日。"蒙古迎请使者携带邀请诏书前来，法王萨班想到若说年迈，信中已有不让推托之语，故不顾身体性命，于六十三岁时起程前往西夏故地之凉州地方。见阿旺·贡噶索南《萨迦世系史》，民族出版社，1986年，第118页。

达发现伯父扎巴坚赞（གྲགས་པ་རྒྱལ་མཚན）遗书上亦有预言曰："汝之晚年，若收邀函一份，来自语言不同、风俗相异之地，应承许前往，可使法教昌盛，利益众生。"应邀前往后，依靠身语意的无量功业使佛法在此边地（མཐའ་འཁོབ་ཀྱི་རྒྱལ་ཁམས）传播。据说当时弟子考察师傅三年，师傅考察弟子六年①，总共用了整整九年的时间，但这仅仅是一种传说，并无相关文献可以佐证，因此这种说法没有依据。不过，按照汗王接受密宗灌顶的愿望，一度指示修因乘道（རྒྱུའི་ཐེག་པ），授东方莲花部（ཤར་པདྨའི་སྡེ）显宗经典，南自在部灌顶上百，西海洋部（ནུབ་རྒྱ་མཚོའི་སྡེ）众鲁被降，甘霖实时普降，使受用无限，如意满足。又，关于乌龟有无毛的辩论开始，汗王从内库中取出一张有毛的乌龟皮，用来反驳萨班关于乌龟无毛的观点。萨班答曰："此物非龟，乃佛菩萨为救度水中生物而化成龟像，若观之有不可思议之种种属性。"遂在阳光下展开龟皮，龟毛皆汇入虹光，诸佛菩萨形象也逐渐出现。汗王和大臣见之生出无比的崇敬心，遂尊萨班为供奉处。大师虽心中愉悦，但仍谦虚待人，有人问能否胜过幻术者（སྒྱུ་མ་མཁན），答曰："能，吾将于离此不远处变一附带花园之小佛堂，汗王可得一舒适之佛堂方便供奉，诸位可到彼处观之。"到该处后，通过变幻并开光，幻化竟不能破，所以取名为幻化寺（སྤྲུལ་པའི་སྡེ）②，后在该寺生活十三年③，并最终在此圆寂。此时蒙古虽然统治了包括西藏在内的所有地区，但汉地都城仍在宋朝掌握之中④，蒙古人

① 此处的师傅指萨班，弟子指阔端。

② 即今武威白塔寺，位于凉州城区东南20多公里的武南镇白塔村。据《萨迦世系史》记载，阔端在与萨班就龟毛的辩论中失败后，感到极为难堪，遂请魔术师幻化了一座奇特的寺院并请萨班入住。萨班一看就知道是幻变之物，但却施法祓除许多怖畏守门之鬼魔，并把开光之花撒向其他尊者身上，幻变之寺竟然成真。见阿旺·贡噶索南《萨迦世系史》，民族出版社，1986年，第135页。

③ 此说有误。萨班1246年到达凉州，1247年进行凉州会谈，1251年圆寂。萨班曾在幻化寺驻锡5年多，时间不可能超过6年。

④ 蒙古于1276年攻占南宋都城临安，1279年崖山海战宋军战败，南宋灭亡。

邀请萨班时，其王宫设在上都（ཤང་ཏུ）①、行宫城（ཤིན་ཀུན་མཁར）② 等。后来阔端的侄子钦乞颜可曼（ཆིང་ཞི་ཡན་ཁི་མན）③ 灭宋，《遗教》所言“汉地国王的宝座被牧虎者占据”就是指这个时期。钦乞颜可曼即藏语所称的“薛禅”（སེ་ཆེན），而所谓的“牧虎者”疑为“牧马者”讹，指蒙古人。从吐蕃赞普达玛乌东赞（དར་མ་ཨུ་དུམ）被弑到薛禅汗把所有藏地作为灌顶供献给萨迦派，已经过去了将近四百五十年。

萨班之弟桑擦索南坚赞（ཟངས་ཚ་བསོད་ནམས་རྒྱལ་མཚན）④ 有众生

① 又称开平，位于今内蒙古自治区锡林郭勒盟正蓝旗境内。1260 年忽必烈在开平即位，1263 年下诏升开平为上都，1267 年定都燕京后改上都为陪都，作避暑行宫。1369 年明军攻克上都，后改上都路为开平府。

② 似指哈拉和林，又称和林、和宁，是成吉思汗、窝阔台、贵由、蒙哥四代蒙古大汗时期蒙古汗国的中心。窝阔台汗七年（1235）建都于此。故址即今蒙古国中部鄂尔浑河上游额尔德尼召近旁，距乌兰巴托市西南 365 公里。忽必烈在开平自立为汗并打败阿里不哥后，元朝的政治中心开始南迁，和林的政治地位下降。元亡后，和林又成为北元的政治中心。

③ 即忽必烈。

④ 桑擦索南坚赞（ཟངས་ཚ་བསོད་ནམས་རྒྱལ་མཚན།，1184—1239），根据《萨迦世系史》的记载，桑擦索南坚赞除了“学习祖辈一切佛典，彻底修证喜金刚和金刚橛二密法”，“建乌孜宁玛殿”等宗教业绩外，作为昆氏家族的在家传嗣者，他在世俗事务上也颇有建树，比如“诸老翁请求在门卓（མོན་གྲོག）、派卓（འབལ་གྲོག）和萨噶洛（ས་དཀར་སོགས）等地的后边修建一围墙。遂从辛莫且（ཞིང་མོ་ཆེ）开始修建了一箭之地等长的围墙；在斯塘（ཟི་ཐང）等地设立了集市和人口众多之村庄，在仲堆（གྲོམ་སྟོད）、仲麦（གྲོམ་སྨད）、达托（སྟག་ཐོག）、芒喀寨钦（མང་མཁར་དྲིལ་ཆེན）、藏哇普（གཙང་བར་ཕུག）、夏堆麦（ཤབ་སྟོད་སྨད）、达那（ཏ་ནག）等地建立庄园；在绛迥（བྱང་གཙུང）、喀索（ཁབ་སོ）、果斋（ཀོམ་འདྲེ）、客尔普（གར་ཕུག）等地建立了许多牧场；在热萨（ར་ས）等地牧养马群。”见阿旺·贡噶索南：《萨迦世系史》，民族出版社，1986 年，第 147—148 页；陈庆英、高禾福、周润年汉译本，中国藏学出版社，2005 年，第 110—111 页。

怙主八思巴（འགྲོ་མགོན་འཕགས་པ）① 和恰那（ཕྱག་ན）② 等八个子女。八思巴大师从小听闻和静思经典，幼年出家，取法名为洛哲坚赞贝桑布（བློ་གྲོས་རྒྱལ་མཚན་དཔལ་བཟང་པོ），远赴蒙古。法王（ཆོས་རྗེ）③ 和汗王（རྒྱལ་པོ་གོང་མ）④ 圆寂，之后薛禅继大汗位，赐八思巴金册（འཇའ་ས）金印（ཐམ་ཀ）等多种所需物件，以及宝伞（དབུ་གདུགས）、金座（གསེར་གྱི་ཁྲིའུ་ཤིང）等以彰显尊贵，并封其为国师（དབུ་བླ）。⑤ 后，八思巴赴朵康（མདོ་ཁམས）等地，在昆·扎巴僧格（འཁོན་གྲགས་པ་སེང་གེ）⑥ 座前受比丘戒。其后回宫，为汗王授金刚乘灌顶。作为三次灌顶的供养，汗王先后三次把十三万户（ཁྲི་སྐོར་བཅུ་གསུམ）、吐蕃三区（བོད་ཆོལ་ཁ་གསུམ）奉献给八思巴。十三万户即拉堆洛（ལ་སྟོད་ལྷོ）、拉堆绛（ལ་སྟོད་བྱང）、古摩（གུར་མོ）、曲弥（ཆུ་མིག）、襄（ཤངས）、夏鲁（ཞ་ལུ）为藏六万户（གཙང་ཁྲི་དྲུག），嘉玛（རྒྱ་མ）、止贡（འབྲི་གུང）、蔡巴（ཚལ་པ）、唐波切（ཐང་པོ་ཆེ）、帕竹（ཕག་གྲུ）、雅桑（གཡའ་བཟང）为卫六万户（དབུས་ཁྲི་དྲུག），卫藏之间为羊卓万户（ཡར་འབྲོག་ཁྲི་སྐོར）。吐蕃三区即冈底斯山（གངས་ཏི་སེ）以下至索拉嘉沃（སོག་ལ་སྐྱ་བོ）以上为卫藏佛区（དབུས་གཙང་ཆོས་ཀྱི་ཆོལ་ཁ），朵堆人区（མདོ་སྟོད་མི་ཡི་ཆོལ་ཁ），朵麦（མདོ་སྨད）即安多（ཨ་མདོ）地区为马区（རྟ་ཡི་ཆོལ་ཁ），凡持藏语者没有

① 八思巴洛哲坚赞（1235—1280），萨迦五祖之五祖。从小聪慧好学，在伯父萨迦班智达座前学习佛法，10岁时随伯父萨班赴凉州与阔端会谈，17岁时接替在凉州圆寂的萨迦班智达的法位，成为萨迦派新领袖。1253年，八思巴应召谒见忽必烈，受到忽必烈重用，从此逐步成为既是萨迦派的教主又可代表西藏地方势力的显赫人物，对西藏地方乃至元朝中央政权起过重大作用。1280年，八思巴在萨迦寺拉康拉章英年早逝，享年46岁。

② 恰那多吉（ཕྱག་ན་རྡོ་རྗེ།，1239—1267），八思巴之弟，6岁时和兄长八思巴一起随伯父萨班赴凉州与阔端会谈。至凉州后，阔端王令恰那多吉着蒙古装，娶公主墨卡顿。朝见忽必烈后，受封白兰王，赐金印，受命管理藏区事务。据《萨迦世系史》记载，恰那多吉在凉州等地住了18年，25岁时返回萨迦，29岁时在萨迦示寂。

③ 即萨迦班智达。

④ 即阔端。

⑤ 《元史》世祖本纪载：（中统）元年十二月乙巳，“以梵僧八合思八为帝师，授以玉印，统释教。”《释老传》载：“中统元年，世祖继位，尊为国师，授以玉印。”

⑥ 即聂塘巴·扎巴僧格（སྙེ་ཐང་པ་གྲགས་པ་སེང་གེ），聂塘寺座主。

不包括在这三区者。第三次灌顶时所奉献的是废除在汉地以人填河渠的制度（རྒྱའི་མི་ཡུར་ཆེན་མོ），以及奉献阿阇世王（རྒྱལ་པོ་མ་སྐྱེས་དགྲ）舍利等。时汗王下旨要求藏地僧人独尊萨迦，不入别派，但八思巴请求允许不同教派各得传承，汗王遂下旨："上师如此说，所有教派可各持传承，为朕祈福。"赐八思巴诏书。① 期间新创蒙古新字②。其后不久，八思巴返回西藏，设置了 13 种侍从官员（ལས་ཚན་བཅུ་གསུམ）③，从朵康开始巡查清点沿途诸地，设立诸多百户长（བརྒྱ་དཔོན）、千户长（སྟོང་དཔོན）、万户长（ཁྲི་དཔོན），分给一侍从名普琼列德者（ཨ་དྷུང་བུ་ཆུང་ལུས་བདེ）一个部

① 即"优礼僧人诏书"和"珍珠诏书"，主要内容是忽必烈对八思巴及其萨迦派在西藏地位的认可，《萨迦世系史》录有两篇诏书的全文，见阿旺·贡噶索南：《萨迦世系史》，民族出版社，1986 年，第 160—167 页；陈庆英、高禾福、周润年汉译本，中国藏学出版社，2005 年，第 124—131 页。

② 即著名的八思巴字。按照《元史》记载，八思巴于中统元年（1260）接受创制蒙古新字的任务，至至元六年（1269）创制完成并得以颁行。《元史·释老传》载："中统元年，世祖继位，尊为国师，授以玉印。命制蒙古新字，字成上之。其字仅千余，其母凡四十有一。其相关纽而成字者，则有韵关之法；其以二合三合四合而成字者，则有语韵之法；而大要则以谐声为宗也。至元六年，诏颁行于天下。诏曰："朕惟字以书言，言以纪事，此古今之通制。我国家肇基朔方，俗尚简古，未遑制作，凡施用文字，因用汉楷及畏吾字，以达本朝之言。考诸辽、金，以及遐方诸国，例各有字，今文治浸兴，而字书有阙，于一代制度，实为未备。故特命国师八思巴创为蒙古新字，译写一切文字，期于顺言达事而已。自今以往，凡有玺书颁降者，并用蒙古新字，仍各以其国字副之。"遂升号八思巴曰大宝法王，更赐玉印。"

③ 按照《萨迦世系史》的记载，八思巴于 31 岁的阴木牛年（1265）返回萨迦，33 岁的阴火兔年（1277）前往朝廷，当时设置了 13 种侍从官员。作者引《贤者口饰》的记载："'附带述及内外官职之名称为索（གསོལ）、森（གཟིམས）、却（མཆོད）三者；司宾（མཇལ）、仲译（ཡིག）、司库（མཛོད）三者；司厨（ཟབ）、引见（འདྲེན）、营帐（གདན）三者；管鞍具（སྒ）、管马匹（རྟ）、管牛（མཛོ）、管狗（ཁྱི）四者。此是伟人应有的 13 种侍从官员，这十三种侍从官员是从萨迦派法王八思巴时开始设置的。'他将侍从官员分为三个一组的三组，两个一组的二组。三个一组的三组即索本、森本和却本三个一组；司宾、仲译和司库三个一组；司厨、引见和营帐三个一组。两个一组的二组即管鞍具和管马匹二者一组；管牛和管狗二者一组。"见阿旺·贡噶索南：《萨迦世系史》，民族出版社，1986 年，第 175 页；陈庆英、高禾福、周润年汉译本，中国藏学出版社，2005 年，第 137 页。

落，后称为德格（སྡེ་དགེ）①。此后抵达萨迦，释迦桑布（ཤཱཀྱ་བཟང་པོ）② 时任萨迦本钦（དཔོན་ཆེན）③，用金汁书写二百多部经典。后接到汗王诏书要求回京。回京路上朝拜杰日拉康（སྐྱེ་རི་ལྷ་ཁང），吩咐本钦按此比例修建萨迦大殿（ས་སྐྱའི་ལྷ་ཁང་ཆེན་མོ）④。古雅哇（སྐྱུ་ཡལ་བ）⑤ 在《达隆教法史》（སྟག་ལུང་ཆོས་འབྱུང）中说达隆雅塘祖拉康（སྟག་ལུང་ཡར་ཐང་གཙུག་ལག་ཁང）建成后不久便有八思巴莅临，指的应该就是这个时期。回到大王宫（ཕོ་བྲང་ཆེན་པོ），又献水晶玺（ཤེལ་ཐམ་ཆེན་མོ་ཡི་བེའུ），先后献银两千多大升（བྲེ་ཆེན），绸缎五千九

① 据说八思巴赴京途经康区今德格境内时，受到索郎仁青的热情接待，遂被八思巴选任为膳食堪布并追随左右，后得封德格之地，取佛教词汇“四德十格”之意。

② 释迦桑布原为萨迦班智达的弟子，萨班赴凉州之前封其为豁干巴（གཞིས་ཀན་པ），负责萨迦派的各种世俗事务。至元四年（1267），经国师八思巴举荐，忽必烈任命释迦桑布为萨迦本钦，从而成为萨迦地方政权的首任本钦。

③ 又称乌斯藏本钦，为元代统治乌思藏地区的萨迦地方政权的军政首领，主要职责是代表元朝中央实施对西藏的行政管理和统治。终元一代，萨迦共历27任本钦，分别为：释迦桑布（ཤཱཀྱ་བཟང་པོ）、贡噶桑布（ཀུན་དགའ་བཟང་པོ）、尚尊（ཞང་བཙུན）、秀波岗噶哇（ཕྱུག་པོ་སྒང་དཀར་བ）、绛曲仁钦（བྱང་ཆུབ་རིན་ཆེན）、贡噶宣努（ཀུན་དགའ་གཞོན་ནུ）、宣努旺秋（གཞོན་ནུ་དབང་ཕྱུག）、绛曲多吉（བྱང་ཆུབ་རྡོ་རྗེ）、阿迦仑扎西（ཨང་ལེ་བཀྲ་ཤིས）、宣努旺秋（重任）、勒巴贝（ལེགས་པ་དཔལ）、僧格贝（སེང་གེ་དཔལ）、俄色僧格（འོད་ཟེར་སེང་གེ）、贡噶仁钦（ཀུན་དགའ་རིན་ཆེན）、顿月贝（དོན་ཡོད་དཔལ）、云尊扎巴达（ཡོན་བཙུན་གྲགས་པ་དར）、俄色僧格（重任）、甲哇桑布（རྒྱལ་པ་བཟང་པོ）、旺秋贝（དབང་ཕྱུག་དཔལ）、索南贝（བསོད་ནམས་དཔལ）、甲哇桑布（重任）、旺秋尊追（དབང་ཕྱུག་བརྩོན་འགྲུས）、南喀丹巴（ནམ་མཁའ་བརྟན་པ）、札巴坚赞（གྲགས་པ་རྒྱལ་མཚན）、洛追坚赞（བློ་གྲོས་རྒྱལ་མཚན）、贝本（དཔལ་འབུམ）、扎巴旺秋（གྲགས་དབང་ཨ་མོ་ཧ）。

④ 关于这段，《汉藏史集》中说：“阴火龙年（误，当为阴火兔年，即1267年）朝廷派人来迎请上师八思巴，八思巴动身前往时，本钦也去了。他们师徒一行到达杰日拉康的那天晚上，上师说：‘其人必有能干之侍从，才能够修建起这样一座佛殿来。’本钦在上师身后听见了这话，趁上师高兴，就请求准许修建一座能把杰日拉康从天窗中装进去的大佛殿。由于坚持请求，上师同意了。本钦立即进行了测量，把图纸带回萨迦，向当雄蒙古以上的乌思藏地方各个万户和千户府发布命令，征调人力。于次年为萨迦大殿奠基，还修建了里面的围墙、角楼和殿墙等。当时，为了管理乌思地方的弟子们，专门委派贡噶杰波管理白蔡、噶莫仲、朗蔡等地。在运来了修建萨迦大殿的木料等器材、架好了底层的房梁时，（释迦桑布）在本钦的任上于萨迦去世。”见达仓宗巴·班觉桑布：《汉藏史集》，四川民族出版社，1985年，第357—358页；陈庆英汉译本，西藏人民出版社，1986年，第224—225页。

⑤ 即古雅瓦仁钦衮（1191—1236），达隆噶举派高僧，达隆塘巴大师的得意弟子。

百匹。献绸缎时七匹黑缎搭一匹白缎，曰：“吾二人七世不遇，其后当陛下的名字中有一“金”字（རྒྱལ་པོ་གསེར་གྱི་མིང་ཅན），臣的名字中有一“水”字时方会相聚，共行礼众之事。”① 此语预示后来三世达赖喇嘛（རྒྱལ་བ་བསོད་ནམས་རྒྱལ་མཚན）② 和俺答汗（ཨལ་ཐན）③ 相遇也。④ 尽管八思巴大师在朗塘巴多吉僧格（སྣང་ཐང་པ་རྡོ་རྗེ་སེང་གེ）⑤ 和章嘉（ལྕང་སྐྱ）⑥ 的传记中出现，但我等凡夫俗子岂能指出佛菩萨的形象就此一个？此时噶玛拔希（ཀརྨ་པཀ་ཤི）⑦ 展示入水（ཆུ་ལ་འཛུལ་བ）、上天（འཁའ་ལ་འཕུར་བ）、碎石（ཕ་བོང་རྡེ་

① 即后来的俺答汗和三世达赖喇嘛索南嘉措的会面。俺答汗意为“黄金汗”，“索南嘉措”之“嘉措”意为海。

② 三世达赖喇嘛索南嘉措（1543—1588），出生于西藏拉萨附近的一个贵族家庭，1546 年，作为前任座主根敦嘉措的转世，索南嘉措由哲蚌寺上层僧人迎至寺内，从此广拜名师学经修法，获得很高造诣。1577 年，应俺答汗之邀前往青海，次年 5 月抵达青海会见俺答汗。会见后，俺答汗赠给索南嘉措“圣识一切瓦齐尔达喇达赖喇嘛”的尊号，这也是“达赖喇嘛”这一称号的起源。其后，索南嘉措一直在蒙古等地传教，最终于 1588 年圆寂于蒙古。

③ 俺答汗（1507—1582），即阿拉坦汗，16 世纪后期蒙古土默特部首领，1571 年被明朝封为俺答汗顺义王。1578 年，俺答汗与索南嘉措在青海湖畔的仰华寺举行会谈，赠给索南嘉措“圣识一切瓦齐尔达喇达赖喇嘛”称号，索南嘉措回赐“咱克喇瓦尔第彻辰汗”称号。从此，蒙古正式接受了藏传佛教格鲁派，蒙藏关系有了新的发展。

④ 《第三世达赖喇嘛传》记载，索南嘉措和俺答汗会谈时，后者一时失去知觉，苏醒过来后说：“从前，八思巴创建象更寺时，我是薛禅汗，与你八思巴上师结为福田施主。你为寺院开光祝赞。而从那时到现今，我在何处漂泊?”这是如实忆想前世的诸种情形的言语。见五世达赖喇嘛阿旺洛桑嘉措等著：《一世—四世达赖喇嘛传》，中国藏学出版社，2010 年，第 610 页；陈庆英、马连龙等汉译本，中国藏学出版社，2006 年，第 236 页。

⑤ 朗日塘巴·多吉僧格（1054—1123），噶当派高僧，博多瓦弟子，属噶当教典派法系。

⑥ 似指章嘉若必多吉（ལྕང་སྐྱ་རོལ་པའི་རྡོ་རྗེ།，1716—1786），清代著名藏传佛教领袖。生前担任过雍正、乾隆朝国师。

⑦ 噶玛拔希（1204—1283），藏传佛教噶举派黑帽系第二世活佛。年幼聪慧，被都松钦巴（དུས་གསུམ་མཁྱེན་པ）的再传弟子们认定为都松钦巴的转世。出家后，先入噶玛丹萨寺（ཀརྨ་གདན་ས་དགོན），后来到楚布寺（མཚུར་ཕུ་དགོན），逐渐成为噶玛噶举派著名上师。1253 年忽必烈南征云南大理时派人召见，会晤后未继续追随忽必烈，转而前往宁夏、甘肃、内蒙古等地说法。1256 年，噶玛拔希接到宪宗蒙哥召他会晤的诏书后到和林，受到蒙哥的尊崇，赐给一顶金边黑色僧帽。1259 年蒙哥去世后，忽必烈于次年即大汗位，鉴于噶玛拔希不愿追随自己且有帮助阿里不哥的嫌疑，遂下令将其逮捕入狱。后得以释放返回西藏。

བ）等种种神通（རྫུ་འཕྲུལ），皇帝言："我们的帝师八思巴虽然是无量光佛（སངས་རྒྱས་སྣང་བ་མཐའ་ཡས）真身，但若比神通，则此持分别见的长须上师①为上。"察必皇后（བཙུན་མོ་ཆ་བུ）② 把此话悄悄传给八思巴，请求大师展示神通。大师在皇帝和诸位大臣面前展示了多种神通，如用宝剑把头和四肢一一分解后，头和四肢显现五方佛（རྒྱལ་བ་རིགས་ལྔ）之形象等。此后又回到具吉祥萨迦（གདན་ས་ཆེན་པོ་དཔལ་ལྡན་ས་སྐྱ），为十万众僧侣隆重举行布施供养节之曲弥法会（ཆུ་མིག་ཆོས་འཁོར）③。此时贡噶桑布（ཀུན་དགའ་བཟང་པོ）任本钦，由于侍从向皇帝进谗言说其违背了八思巴的命令，皇帝派兵攻陷恰若宗（བྱ་རོག་རྫོང），杀本钦，④ 此即所谓的"大军擂鼓恰若宗，无心臣淹塞契河"。这里的恰若宗，其地望还需要进一步分析。有人认为该地在止贡替（འབྲི་གུང་མཐིལ）⑤ 前方，著名的

---

① 此处原文为རྟོག་ལྡན་རྒྱ་བོ，意为持分别见的长须人，假设原文抄写有误，如为རྟོགས་ལྡན་རྒྱལ་པོ，则可译为得道法王。

② 察必（？—1281），弘吉剌氏，名察必，元世祖忽必烈的皇后。中统初年立为皇后。至元十年（1273），上尊号"贞懿昭圣顺天睿文光应皇后"。至元十八年（1281），察必去世，谥号"昭睿顺圣皇后"。

③ 1271年，八思巴离开大都，出居临洮三年，1276年抵达萨迦寺。次年，他以护送其入藏的真金太子为施主，召集卫藏、康区及阿里等地的七万余名僧人在后藏曲弥仁莫举行法会。这次法会共举行十四天，为凡是参加法会的每名僧人发放黄金一钱，每三名僧人发一套袈裟，并广为宣讲佛法。

④ 贡噶桑布是继释迦桑布之后的第二任萨迦本钦（1269—1274），《汉藏史集》说："他一共任本钦六年，在这期间，建成了萨迦大殿的底层、顶层、外围墙和内围墙，建了黄金制成的屋脊宝瓶，还建了纪念萨迦班智达的观音菩萨镀金像，并完成了大殿回廊的绘画。他还管理修建仁钦岗拉章、大屋顶北殿、拉康拉章的事务。"但是，贡噶桑布由于处事风格等原因，与八思巴产生了矛盾并遭到罢免。真金太子护送八思巴回到萨迦后，鉴于贡噶桑布多次"违忤师意"，加上八思巴近前弟子的离间，回京后便向忽必烈汇报，导致朝廷派大臣桑哥率兵入藏，攻陷贡噶桑布居住的恰若宗，使得贡噶桑布伏法。

⑤ 止贡替寺，是藏传佛教止贡噶举派（འབྲི་གུང་བཀའ་བརྒྱུད）的主寺，由止贡噶举派的创始人止贡巴·仁钦贝（འབྲི་གུང་པ་རིན་ཆེན་དཔལ།，1143—1217）创建于1179年，位于现西藏自治区拉萨市墨竹工卡县门巴乡。

“止贡林洛”（འབྲི་ཁུང་གླིང་ལོག）① 即萨迦派和止贡派之间的战争发生在后期阿迦仑（དཔོན་ཆེན་ཨག་ལེན）② 担任本钦的时候。一些史书记载“四坚赞”（རྒྱལ་མཚན་བཞི་པ）之军队攻陷恰若宗指的就是此时，“四坚赞”指阿卓南喀坚赞（ཨ་གྲོ་ནམ་མཁའ་རྒྱལ་མཚན）等统领朵康军队的四位姓名中有“坚赞”的将领。八思巴此前圆寂于拉康拉章（ལྷ་ཁང་བླ་བྲང），有人说是侍从唯恐八思巴知道自己招来蒙古兵，所以暗中加害了大师。③ 此后的说法基本一致。

萨班的弟弟桑擦之妻觉姜霍姆（ཇོ་ལྕམ་ཧོར་མོ）生子仁钦迥乃（རིན་ཆེན་འབྱུང་གནས），早逝。其侍女杰容玛（རྗེ་རོང་མ）生子益西迥乃（ཡེ་ཤེས་འབྱུང་གནས）。益西迥乃之子为法王桑布贝（བདག་ཉིད་ཆེན་པོ་བཟང་པོ་དཔལ）④。八思巴之弟恰那（འགྲོ་མགོན་ཕྱག་ན）入皇宫，被封为藏地官员，要求做蒙古人打扮。恰那之妻玛吉康卓本（མ་གཅིག་མཁའ་འགྲོ་འབུམ）生子达玛巴拉热希达（དྷརྨ་པ་ལ་རཀྵི་ཏ）⑤。八思巴圆寂后，恰那权势大盛，把自己的儿子达玛热希达派遣到萨迦寺担任住持，并向皇帝进言说法王桑布贝不是昆氏血统，结果使桑布贝被皇帝流放至一座海路二十多程站的小岛（རྒྱ་མཚོའི་ཆུ་འཛམ་

① 又称“止贡寺之乱”，是萨迦派和止贡噶举派之间发生的一场严重的战乱。萨迦派和止贡噶举派一向不睦，1281 年京俄居尼巴仁钦多吉圆寂后，因止贡寺法座继承权问题，两派的矛盾进一步激化。1285 年，止贡派请来西路蒙古军入藏进攻萨迦。1290 年，萨迦本钦阿迦仑奏请忽必烈支援，铁木尔不花率兵入藏，最终攻入止贡峡谷，焚烧止贡替寺大经堂，杀死止贡僧俗军民一万余人，止贡派的多处属地被萨迦所占。

② 阿迦仑是第九任萨迦本钦，直接参与了止贡之乱的平定，对萨迦寺的建设亦有贡献。五世达赖喇嘛的母亲就出生于与阿迦仑家族有关的那噶则巴（སྣ་དཀར་རྩེ་པ）家族。

③ 1280 年，八思巴在平定贡噶桑布之乱后圆寂，享年 46 岁。关于八思巴遭侍从进毒的说法，按照《新红史》和《西藏王臣记》等的记载，八思巴的侍从由于和本钦贡噶桑布不睦，于是经常向八思巴进谗言，挑拨八思巴与贡噶桑布的关系，甚至假借八思巴的名义向皇帝请兵治罪本钦。据说当朝廷的法官和军队快要到达乌思藏时，这名侍从害怕自己的阴谋败露，于是在饭食中下毒害死八思巴，自己也服毒自杀。见班钦·索南扎巴：《新红史》，西藏人民出版社，1982 年，第 57 页。

④ 即达尼钦波桑布贝（1262—1324）。达尼钦波桑布贝一生充满传奇色彩，先是陷入八思巴之后的萨迦派首领继承权之争，其后被流放江南，再后又被迎回萨迦掌握政教权力并娶妻生子。

⑤ 达玛巴拉（1268—1287），白兰王恰那多吉之子，13 岁时即担任法座，八思巴圆寂后主持荐福大法会。14 岁时到朝廷拜见忽必烈，20 岁时在回萨迦的路上逝于朵甘思地方。

ཉི་ཤུ་བསྐྱལ་བའི་སྐྱིང་ཚུང)①。在此期间，达玛热希达父子先后去世，本钦等人商量后派人进宫向皇帝求情，希望能够迎回法王②，结果未得允许。③ 法王叔侄之护法随授命之徒嘉阿年丹巴贡嘎扎（ཀྱེ་ཨ་གཉན་དང་པ་ཀུན་དགའ་གྲགས）赴京，皇宫顶上下起石雨（ཁའུའི་རྡོ་ཆར），并有铁嘴乌鸦鸣叫，丹巴贡嘎扎就法王是萨迦派的脸面以及所受的冤屈一一向皇帝启奏。皇帝闻后把法王迎回皇宫并多加礼遇，允许其回藏重掌萨迦法座。法王先后娶七位妻子，④ 子嗣亦多。玛吉贡嘎本（མ་གཅིག་ཀུན་དགའ་འབུམ）生子贡噶洛追（ཀུན་

① 指达尼钦波被流放江南事。八思巴圆寂后，作为昆氏家族的两位继承人，桑布贝很快就被达玛巴拉一方排除在权力中心之外。《萨迦世系史》记载："达尼钦波至十九岁时，八思巴去世。此时因事先已决定由恰那多吉的子嗣继承萨迦世系，加以恰那多吉和益希迥乃声望地位不同，尽管堂兄弟二人中达尼钦波年长，还是由恰那多吉之子达玛巴拉继承了法座，达尼钦波则另住一处。当追荐八思巴的法会结束后，二十一岁的达尼钦波应大臣阿布之邀请前往朝廷。因此有人向朝廷控告他违反追荐八思巴之规矩，皇帝下令予以追查。达尼钦波遂被流放到蛮子地方。达尼钦波先是被流放到离京城海路二十多程站的一座大城苏州，后来又有圣旨将他流放到再离七程站的一座大城杭州。此后他又到离杭州十程站的普陀山修习瑜伽行。"见阿旺·贡噶索南：《萨迦世系史》，民族出版社，1986年，第238—239页；陈庆英、高禾福、周润年汉译本，中国藏学出版社，2005年，第190页。

② 指达尼钦波桑布贝。

③ 按照《萨迦世系史》的记载，帝师扎巴沃色（གྲགས་པ་འོད་ཟེར）居于朝廷向皇帝递交呈文，帝师的助手尼底瓦国师喜绕贝（ཉི་ཏི་བ་ཤེས་རབ་དཔལ）、米钦奥布（མི་ཆེན་ཨོ་བུས）、萨迦本钦阿迦仑（ཨག་ལེན）、助手康巴温那（ཁམས་པ་དཔོན་ནག）等多次向皇帝请求，使得皇帝改变了心意。见阿旺·贡噶索南:《萨迦世系史》,民族出版社,1986年,第240—241页;陈庆英、高禾福、周润年汉译本,中国藏学出版社,2005年,第191—192页。

④ 按照《萨迦世系史》的记载，"在皇帝命他承袭萨迦款氏家族世系的圣旨下达后，他（达尼钦波桑布贝）娶有六妻。在此之前于蛮子地方还娶有一汉人妻子，共计有七个妻子。蛮子地方之妻生有一子，年轻时夭逝。……在达尼钦波遵照皇帝的旨意所娶的六位妻子当中，（白兰）王索南桑布（དཔང་བསོད་ནམས་བཟང་པོ）之母公主门达干（དཔོན་མོ་ཧྲུ་ད་གན）是长妻，帝师贡噶洛追（ཀུན་དགའ་བློ་གྲོས）之母芒喀索比玛（མང་མཁར་སོག་སྨི་མ）是第二妻，细脱拉章的阔尊巴（གཞི་ཐོག་མཁས་བཙུན་པ）兄弟之母朗措那比玛南喀杰莫（སྐྱང་མཚོའི་ན་སྨི་མ་ནམ་མཁའ་རྒྱལ་མོ）是第三妻，帝师贡噶勒贝迥乃（ཀུན་དགའ་ལེགས་པའི་འབྱུང་གནས）兄弟的母亲贡噶南喀坚赞（ཀུན་དགའ་ནམ་མཁའི་རྒྱལ་མཚན）是第四妻，达尼钦波之子贡噶勒巴（ཀུན་དགའ་ལེགས་པ）兄妹之母仁达玛拉久尼玛仁钦（རེ་མདའ་མ་ལྷ་གཅིག་ཉི་མ་རིན་ཆེན）是第五妻，绛阳顿月坚赞（འཇམ་དབྱངས་དོན་ཡོད་རྒྱལ་མཚན།）兄弟之母夏鲁玛玛久宣努本（ཞ་ལུ་མ་མ་གཅིག་གཞོན་ནུ་འབུམ）是第六位妻子。"见阿旺·贡噶索南：《萨迦世系史》，民族出版社，1986年，第249、262页；陈庆英、高禾福、周润年汉译本，中国藏学出版社，2005年，第198、206页。

དགའ་བློ་གྲོས)，后赴大元朝廷，成为普颜笃（བུ་ཡན）、格坚（གེ་གན）、也孙铁木儿（ཡེ་སུན་ཐེ་མུར）① 三位皇帝的帝师。贡噶洛追的几位弟弟分掌四大拉章（བླ་བྲང་བཞི）②，南喀勒巴（ནམ་མཁའ་ལེགས་པ）③ 及其世系称为曲弥法王（ཆུ་མིག་བདག་ཆེན）。贡噶洛追之子为贡嘎旺久（ཀུན་དགའ་དབང་ཕྱུག），从其传承至今的萨迦法王系统属于细脱拉章（གཞི་ཐོག་བླ་བྲང）。法王桑布贝之子坚喇嘛丹巴索南坚赞（གཅེན་བླ་མ་དམ་པ་བསོད་ནམས་རྒྱལ་མཚན）④ 是萨迦三红上师（དམར་པོ་

① 贡噶洛追，达尼钦波桑波贝之子，又称贡噶洛追坚赞贝桑布（ཀུན་དགའ་བློ་གྲོས་རྒྱལ་མཚན་དཔལ་བཟང་པོ），《元史・释老传》作公哥罗古罗思坚藏班藏卜，按照《红史》的记载，他曾先后担任元仁宗普颜笃、英宗格坚、泰定帝也孙铁木儿的帝师，1327 年逝于大都。见蔡巴・贡嘎多吉：《红史》，民族出版社，1981 年，第 49 页。

② 达尼钦波桑波贝圆寂后，帝师贡噶洛追为了调整家族内部继承权问题，遂将家族分为细脱、仁钦岗、拉康和都却四个拉章，以平衡几位同父异母兄弟的权势和利益。细脱拉章（གཞི་ཐོག་བླ་བྲང）的传承归达尼钦波桑波贝第四个妻子玛久南喀杰莫所生子嗣，其长子阔尊南喀勒贝洛追坚赞（མཁས་བཙུན་ནམ་མཁའ་ལེགས་པ་བློ་གྲོས་རྒྱལ་མཚན།，1304—1343）为首任细脱拉章传人。细脱拉章法座主要护持萨迦法座。仁钦岗拉章（རིན་ཆེན་སྒང་བླ་བྲང）属达尼钦波桑波贝第七个妻子玛久夏鲁玛宣努本所生子嗣，其长子贡噶尼玛坚赞贝桑布（ཀུན་དགའ་ཉི་མ་རྒྱལ་མཚན་དཔལ་བཟང་པོ།，1309—1322）曾受封为大元国师，其后有绛漾顿月坚赞贝桑布（འཇམ་དབྱངས་དོན་ཡོད་རྒྱལ་མཚན་དཔལ་བཟང་པོ།，1310—1344）、喇嘛丹巴・索南坚赞贝桑布（བླ་མ་དམ་པ་བསོད་ནམས་རྒྱལ་མཚན་དཔལ་བཟང་པོ།，1312—1375）等均受封为国师。拉康拉章（ལྷ་ཁང་བླ་བྲང）归达尼钦波桑波贝第五个妻子玛久贡噶南喀所生子嗣，长子贡噶勒贝迥乃坚赞贝桑布（ཀུན་དགའ་ལེགས་པའི་འབྱུང་གནས་རྒྱལ་མཚན་དཔལ་བཟང་པོ།，1038—1330）1327 年泰定帝时立为帝师，其后有贡噶坚赞贝桑布（ཀུན་དགས་རྒྱལ་མཚན་དཔལ་བཟང་པོ།，1310—1353）、却吉坚赞贝桑布（ཆོས་ཀྱི་རྒྱལ་མཚན་དཔལ་བཟང་པོ།，1332—1359）和洛追坚赞贝桑布（བློ་གྲོས་རྒྱལ་མཚན་དཔལ་བཟང་པོ།，1332—1364）均曾受封为大元帝师。都却拉章（དུས་མཆོད་བླ་བྲང）属于达尼钦波桑波贝第六个妻子玛久仁达玛拉久尼玛仁钦的子嗣，其幼子贡噶勒贝迥乃坚赞贝桑布（ཀུན་དགའ་ལེགས་པའི་འབྱུང་གནས་རྒྱལ་མཚན་དཔལ་བཟང་པོ།，1308—1336）被元顺帝封为白兰王，其后扎巴坚赞贝桑布（གྲགས་པ་རྒྱལ་མཚན་དཔལ་བཟང་པོ།，1336—1376）亦受封白兰王。

③ 即达尼钦波桑波贝第四个妻子玛久南喀杰莫的长子阔尊南喀勒贝洛追坚赞，主持细脱拉章。

④ 喇嘛丹巴索南坚赞（1312—1375），萨迦派著名高僧，达尼钦波桑波贝与第七个妻子玛久夏鲁玛宣努之三子，属仁钦岗拉章。喇嘛丹巴幼年时即接触佛法，1328 年出家，曾师从邦译师洛追丹巴（དཔང་ལོ་ཙཱ་བ་བློ་གྲོས་བརྟན་པ）、布敦仁钦珠（བུ་སྟོན་རིན་ཆེན་གྲུབ）等大师学法，著述甚巨，包括著名的史学著作《西藏王统世系明鉴》（རྒྱལ་རབས་གསལ་བའི་མེ་ལོང）等。至元年间，朝廷曾多次召他进京，却因故未赴，继续在桑耶寺等地修行讲法，在当时的西藏具有很高的社会声望。藏历第六饶迥之木兔年（1375）在桑耶寺圆寂。

ཉམས་གསུམ）中最后的持金刚比丘。萨钦贡嘎宁布、索南孜摩、扎巴坚赞所受为居士戒，故称为三白上师（དཀར་པོ་རྣམ་གསུམ）。如今伏藏师或优秀咒师为表示所守的为居家别解脱戒而穿白衣（དཀར་ཆས），这只是一种模仿而非外界所传的那样。萨班、八思巴和喇嘛丹巴索南坚赞三人为比丘，故称为三红上师。八思巴之前的五位上师统称为“萨迦五祖”（གོང་མ་རྣམ་ལྔ）。从喇嘛丹巴开始传出俄、贡、蔡（ངོར་གོང་ཚར་གསུམ）等三个持教法王系统。[①] 从喇嘛丹巴坚顿月坚赞（བླ་མ་དམ་པ་ཅན་དོན་ཡོད་རྒྱལ་མཚན）[②] 传出的系统为仁钦岗拉章（རིན་ཆེན་སྒང་བླ་བྲང）。从帝师贡嘎勒迥（ཏའི་ཤྲི་ཀུན་དགའ་ལེགས་འབྱུང）[③] 之弟贡嘎坚赞（ཀུན་དགའ་རྒྱལ་མཚན）[④] 传出的系统称为拉康拉章（ལྷ་ཁང་བླ་བྲང）。期间萨迦寺又分为上下两寺（གདན་ས་གོང་འོག་གཉིས），但是由于传承子嗣较少，一直以来法王似乎就是一人。

再来罗列一下这个时期执掌行政权力的本钦。在此前已提到的释迦桑布和贡噶桑布之后，先后有尚尊（ཞང་བཙུན）和潘噶巴

① 即俄尔（ངོར）、贡噶（གོང་དཀར）和擦尔（ཚར）三个萨迦密教的传承支派，15世纪后逐渐形成。俄尔支派始于俄尔钦贡噶桑布（ངོར་ཆེན་ཀུན་དགའ་བཟང་པོ།，1382—1456），他以喇嘛丹巴的再传弟子佛陀师利为根本上师学习道果法，1429年创建艾旺却德寺（ཨེ་ཝཾ་ཆོས་སྡེ），后来通称俄尔寺。贡噶支派始于图敦贡噶南杰（རྡོ་རྗེ་གདན་པ་ཀུན་དགའ་རྣམ་རྒྱལ།，1432—1496），他以喇嘛丹巴的三传弟子索南桑布为根本上师学习萨迦密法，1464年创建多吉丹寺（གོང་དཀར་རྡོ་རྗེ་གདན），后来通称贡噶寺。擦尔支派始于擦尔钦罗赛嘉措（ཚར་ཆེན་བློ་གསལ་རྒྱ་མཚོ།，1494—1566），他的师承也可以推到喇嘛丹巴，常住芒喀地方的图登公培寺（ཐུབ་བསྟན་དགེ་འཕེལ）。见王森：《西藏佛教发展史略》，中国藏学出版社，2002年，第94—96页。

② 即达尼钦波桑波贝第七个妻子玛久夏鲁玛宣努本之次子绛漾顿月坚赞贝桑布（འཇམ་དབྱངས་དོན་ཡོད་རྒྱལ་མཚན་དཔལ་བཟང་པོ།，1310—1344），其兄为大元国师贡噶尼玛坚赞贝桑布（ཀུན་དགའ་ཉི་མ་རྒྱལ་མཚན་དཔལ་བཟང་པོ།，1309—1322），弟为喇嘛丹巴索南坚赞（བླ་མ་དམ་པ་བསོད་ནམས་རྒྱལ་མཚན།，1312—1375）。

③ 即达尼钦波桑波贝第五个妻子玛久贡噶南喀的长子贡噶勒贝迥乃坚赞贝桑布（ཀུན་དགའ་ལེགས་པའི་འབྱུང་གནས་རྒྱལ་མཚན་དཔལ་བཟང་པོ།，1038—1330），1327年泰定帝时立为帝师。

④ 即贡噶坚赞贝桑布（ཀུན་དགའ་རྒྱལ་མཚན་དཔལ་བཟང་པོ།，1310—1353），达尼钦波桑波贝与玛久贡噶南喀的次子。

（བན་དཀར་པ）① 执政。其后封绛仁巴（བྱང་རིམ་པ）② 为本钦，获宣慰使六棱印（སྟོ་ཐན་པའི་དམ་ཁ）等。其后有贡宣（ཀུན་གཞོན）③ 与宣旺（གཞོན་དབང）④ 两人在乌斯藏清查户口、制定法律⑤。其后为绛多（བྱང་རྡོར）⑥。其后为阿迦仑（ཨག་ལེན），在其担任本钦期间，由于和止贡派不和，萨迦派大军进攻止贡，火烧止贡寺，史称“止贡林洛”（གླིང་ལོག），所谓“萨止之争发酵于此”即指此事。其后先后由勒巴贝（ལེགས་པ་དཔལ）⑦、僧格贝（སེང་གེ་དཔལ）、俄色僧格（འོད་ཟེར་སེང་གེ）、丹钦万（སྟན་ཇིང་དབེན）掌印。⑧ 丹钦万是康区人，又称“贡觉本钦”（སོ་འཇོ་དཔོན་ཆེན）。其后依次是贡仁（ཀུན་རིན）⑨、顿月贝（དོན་ཡོད་དཔལ）、云尊（གཡོན་བཙུན）、俄色僧格（འོད་ཟེར་སེང་གེ）、甲哇桑布（རྒྱལ་བ་བཟང་པོ）、旺秋贝（དབང་ཕྱུག་དཔལ）、索南贝（བསོད་ནམས་དཔལ）。在旺秋贝等两人担任本钦期间与帕竹（ཕག་གྲུ）不和，导致大部分领地失陷。⑩

诚如莲花生大师（ཨོ་རྒྱན་རིན་པོ་ཆེ）秘密教言（གསང་ལུང）所言：“与蒙供施结自公堂（ཁྲིམས་ས）”，薛禅皇帝为八思巴大师奉献所有藏土，形成了“天上日月一双，地上萨蒙供施”（གནམ་ལ་ཉི་ཟླ་ཟུང་གཅིག་དང་ས་ལ་ས་ཧོར་ཡོན་མཆོད）的辉煌局面，萨迦所统地域空前壮大。然而，自从法王赤热巴巾（མངའ་བདག）时期钵阐布勃

① 按照《汉藏史集》的记载，当为秀波岗噶哇。

② 当为绛仁，即绛曲仁钦。

③ 即贡噶宣努。

④ 即宣努旺秋。

⑤ 《汉藏史集》记载，贡宣和宣旺任本钦时进行了大清查，乌思藏的详细法律大都从此制定。见达仓宗巴·班觉桑布：《汉藏史集》，四川民族出版社，1985 年，第 360 页。

⑥ 即绛曲多吉。

⑦ 在阿迦仑之后，勒巴贝之前，诸多史籍如《汉藏史集》《西藏王臣记》等都说宣旺再任本钦。

⑧ 丹钦万任本钦事，不见于《汉藏史集》等记载。

⑨ 即贡噶仁钦。

⑩ 此时，帕竹万户已经在绛曲坚赞的领导下迅速壮大，萨迦势力在帕竹的步步紧逼下逐渐衰落。详参大司徒绛曲坚赞：《朗氏家族史》，西藏人民出版社，1986 年。

阐伽·贝吉云丹（ཆོས་སྣོན་བྲན་ཁ་དཔལ་ཡོན）① 被冤杀后，其“愿从此之后不要产生统治全藏之王”的诅咒（ལོག་སྨོན）所带来的影响一直延续下来，导致八思巴兄弟在权势极盛之时英年早逝，另外加上后裔内部分裂为四而引起的争斗，以及每四五年更换一次本钦等变动带来的频繁的权力交接，使得萨迦派完全掌握权力的时间只维持了七十五年。

历任施主（རིམ་བྱོན་ཡོན་བདག་རྣམས་ཀྱི་བྱུང་ཚུལ།）

围绕当前历史再来简述蒙古皇帝世系。薛禅汗②善待藏汉诸族，崇信佛法，有世间菩萨的功德。薛禅于四十六岁③时继汗位，四年灭宋称帝④，在位三十一年⑤，共在位三十五年⑥，八十岁崩⑦。

---

① 吐蕃末年著名的僧相，得到赞普赤祖德赞的重用，力主唐蕃和谈，促成了著名的“长庆会盟”。随着佛苯矛盾的激化，钵阐布引起贵族大臣的不满和愤怒，最终被反佛贵族谋杀。

② 即元世祖孛儿只斤·忽必烈（1215—1294），成吉思汗之孙，拖雷第四子。1260 年登基成蒙古汗国大汗，1271 年将国号由“大蒙古国”改为“大元”，成为元朝开朝皇帝。1279 年灭南宋，元朝统一全国。1294 年逝，谥号圣德神功文武皇帝，庙号世祖，蒙古语尊号“薛禅皇帝”。《元史·世祖本纪》曰：“世祖度量弘广，知人善任使，信用儒术，用能以夏变夷，立经陈纪，所以为一代之制者，规模宏远矣。”

③ 忽必烈于 1260 年登基成蒙古汗国大汗，时年 46 岁。

④ 忽必烈 1260 年登基成蒙古汗国大汗，1276 年攻破临安，时隔十六年。忽必烈改国号为“元”，称帝是 1271 年，这里的“灭宋称帝”应为 1276 年元朝攻破临安之意。

⑤ 此说似误，从 1276 年“灭宋称帝”起至 1294 年 2 月 18 日逝世，忽必烈在位应为二十四年。

⑥ 从 1260 年 5 月 5 日登基成蒙古汗国大汗到 1294 年 2 月 18 日逝世，忽必烈在位三十五年。

⑦ 忽必烈生于元太祖十年乙亥八月二十八日（1215 年 9 月 23 日），逝于元世祖至元三十一年甲午正月二十二日（1294 年 2 月 18 日），享年八十岁。

其后由早逝皇子①之子、皇孙脱斡铁穆耳（ཐུ་མོ་ཐེ་མུར）②，又称成宗广孝完泽笃可汗（ཚེང་ཙུང་ཀུན་འདང་ཁི་འོ་ཙུ་རྡི་ཨུ་ཛའི་ཐུ་རྒྱལ་པོ）③ 继位，在位十三年④。其后为皇兄之子曲律可汗（ཁུ་ལུག་རྒྱལ་པོ）⑤，在位四年⑥。其后曲律可汗之兄普颜笃可汗（ཡན་ཐུ་རྒྱལ་པོ）⑦ 在位九

---

① 指真金太子（1243—1285），元世祖忽必烈第二子，中统三年（1262）受封燕王，守中书令。次年，兼判枢密院事。至元十年（1273）二月被立为皇太子，仍兼中书令，判枢密院事。1285 年去世。《元史・裕宗列传》载："其大雅不群，本于天性，中外归心焉"，后有人提出春秋已高的忽必烈禅位于太子，太子闻之，惧。"台臣寝其奏，不敢遽闻，而小人以台臣隐匿，乘间发之。世祖怒甚，太子愈益惧，未几，遂薨，寿四十有三。"

② 孛儿只斤・铁穆耳（1265—1307），元朝第二位皇帝。元世祖忽必烈孙、太子真金之子。其父死后，他于至元三十年（1293）"受皇太子宝，抚军于北边"。次年（1294）即皇帝位。1307 年逝，谥曰钦明广孝皇帝，庙号成宗。《元史・成宗本纪》曰："成宗承天下混壹之后，垂拱而治，可谓善于守成者矣。惟其末年，连岁寝疾，凡国家政事，内则决于宫壶，外则委于宰臣；然其不致于废坠者，则以去世祖为未远，成宪具在故也。"

③ 铁穆耳庙号成宗，谥号钦明广孝皇帝，蒙古汗号完泽笃可汗。此名似将此三种名字合一而成。

④ 铁穆耳于 1294 即皇帝位。1307 年逝，在位十三年。

⑤ 即元武宗孛儿只斤・海山（1281—1311），汗号"曲律可汗"，元朝第三位皇帝。真金次子答剌麻八剌《红史》和《汉藏史集》等藏文史书皆记其是个哑巴）之长子，统军北边。1307 年成宗铁穆耳病逝，海山回大都奔丧，被拥立为帝。1311 年逝，谥曰仁惠宣孝皇帝，庙号武宗。《元史・武宗本纪》曰："武宗当富有之大业，慨然欲创治改法而有为，故其封爵太盛，而遥授之官众，锡赉太隆，而泛赏之恩溥，至元、大德之政，于是稍有变更云。"

⑥ 元武宗海山 1307 年即帝位，1311 年逝，按《元史》，在位应为五年。

⑦ 即元仁宗孛儿只斤・爱育黎拔力八达（1285—1320），元武宗海山弟，汗号"普颜笃可汗"，元朝第四位皇帝。1320 年逝，谥曰圣文钦孝皇帝，庙号仁宗。《元史・仁宗本纪》曰："仁宗天性慈孝，聪明恭俭，通达儒术，妙悟释典……平居服御质素，澹然无欲，不事游畋，不喜征伐，不崇货利。事皇太后，终身不违颜色；待宗戚勋旧，始终以礼。大臣亲老，时加恩赉；太官进膳，必分赐贵近。有司奏大辟，每惨恻移时。其孜孜为治，一遵世祖之成宪云。"

年①。普颜笃可汗之子格坚汗（གོ་གན་རྒྱལ་པོ）② 在位三年③，此帝之前元朝皇帝皆着本族衣冠，从此帝始改穿汉族衣冠④。其后有真金汗（ཇིན་གན）⑤ 之孙泰定帝（ཐ་འདི་ཏི་རྒྱལ་པོ）⑥ 在位五年⑦。此后其子阿速吉八（རྒྱལ་ཚབ་ཨ་སུ་ཀི་པ）⑧ 摄政三个月⑨，此王在《青史》（དེབ་སྔོན）⑩ 中记为热契帕（ར་ཁྲི་པག）⑪。此后武宗（ཝུ་ཙུང）⑫

① 爱育黎拔力八达1311年即位，1320年逝，按《元史》，在位应为十年。

② 即元英宗孛儿只斤·硕德八剌（1303—1323），蒙古汗号“格坚汗”，元朝第五位皇帝。1316年立为皇太子，即位时年18岁。1323年“八月癸亥，车驾南还，驻跸南坡。是夕，御史大夫铁失、知枢密院事也先帖木儿……等谋逆，以铁失所领阿速卫兵为外应，铁失、赤斤铁木儿杀丞相拜住，遂弑帝于行幄”（《元史·英宗本纪》），史称“南坡之变”，年仅21岁，谥曰睿圣文孝皇帝，庙号英宗。

③ 硕德八剌于1320年即位，次年（1321）改元至治，1323年被刺，在位应为四年。

④ 史载英宗自幼学习汉儒典籍，即位后重用汉儒，发布《振举台纲制》，举善荐贤、裁汰冗员，轻徭减赋，“格例成定，凡二千五百三十九条，内断例七百一十七、条格千一百五十一、诏赦九十四、令类五百七十七，名曰《大元通制》，颁行天下”，使得当时天下为之风动，政治为之一新。

⑤ 即太子真金。

⑥ 元泰定帝孛儿只斤·也孙铁木儿（1276—1328），太子真金的嫡孙，父甘麻拉。1323年即位，元朝第六位皇帝。1328年逝。《元史·泰定帝本纪》曰：“泰定之世，灾异数见，君臣之间，亦未见其引咎责躬之实，然能知守祖宗之法以行，天下无事，号称治平，兹其所以为足称也。”

⑦ 也孙铁木儿于1323年即位，1328年逝，在位应为六年。

⑧ 孛儿只斤阿速吉八（1320—1328?），元朝第七位皇帝，蒙古语亦称“阿希达布”。1328年10月17日至11月14日在位。谥号德孝皇帝，史称天顺帝。

⑨ 阿速吉八乃是正式即位，而非摄政。致和元年七月初十日（1328年8月15日），“泰定皇帝崩于上都，倒剌沙专权自用，逾月不立君，朝野疑惧。时佥枢密院事燕铁木莺留守京师，遂谋举义”。当年九月十三日（10月16日），燕帖木儿在大都（今北京）拥立元武宗之子图帖睦尔即位，改元“天历”。其后，丞相倒剌沙在上都拥立皇太子阿剌吉八为皇帝，改元“天顺”。接下来，双方展开了惨烈的夺权斗争。经过多次战争，图帖睦尔和燕帖木儿获胜，天顺元年十月十三日（1328年11月14日），大都朝廷的军队包围上都，丞相倒剌沙等大臣奉皇帝宝出降。

⑩ 《青史》（དེབ་ཐེར་སྔོན་པོ），明代藏族著名译师郭循努白（འགོས་ལོ་གཞོན་ནུ་དཔལ）著，成书于1361年。

⑪ 见郭译师·循努白著：《青史》（藏文版，上册），四川民族出版社，1985年，第82页。热契帕（ར་ཁྲི་པག）实为“阿速吉八”的音译，并无贬义。除了本文所说的《青史》，其他藏文史籍如《红史》（第31页）、《汉藏史集》（第257页）、《西藏王统记》（第25页）等皆把“阿速吉八”记为热契帕（ར་ཁྲི་པག）。

⑫ 即元武宗海山。

幼子图帖睦尔（ཐུག་ཐེ་མུར）① 夺位②，立弟③明宗（མིང་ཙུང）④，八个月后明宗崩⑤，图帖睦尔即帝位，为文宗（ཝན་ཙུང），即札牙笃可汗（ཛ་ཡ་ཐུལ་རྒྱལ་པོ）⑥。三年后，图帖睦尔崩。按遗诏由皇子仁钦贝（རིན་ཆེན་དཔལ）⑦ 继位，不久亦崩，其后仁钦贝之兄哈图可汗（ཏ་ཐུ་རྒྱལ་པོ）［又叫顺帝（ཞུན་ཧྲི）］⑧ 继位，在位六年⑨，后被大明（ཏ་མིང）王朝⑩所灭，蒙古撤回大漠。元朝历任皇帝仁义勤政，然皆不长寿，统治中原地区共百五十年［似为一百零五年］⑪，

---

① 孛儿只斤·图帖睦尔（1304—1332），海山子，元朝第八位皇帝，汗号“札牙笃可汗”。图帖睦尔两次在位，第一次在位时间为 1328 年 10 月 16 日—1329 年 2 月 27 日，第二次在位时间为 1329 年 9 月 8 日—1332 年 9 月 2 日，在位时间共计四年。1332 年逝，谥曰圣明元孝皇帝，庙号文宗。

② 即上述大都和上都之战。

③ 和世㻋其实为图帖睦尔之兄。

④ 即元明宗孛儿只斤·和世㻋（1300—1329），元朝第九位皇帝，汗号“忽都笃可汗”。1329 年逝，谥曰翼献景孝皇帝，庙号明宗。

⑤ 史载疑为其弟图帖睦尔所害。《元史·文宗本纪》曰：“后至元六年六月，以帝（文宗）谋为不轨，使明宗饮恨而崩，诏除其庙主。其略曰：……（文宗）继知天理人伦之攸当，假让位之名，以宝玺来上，皇考（明宗）推诚不疑，即授以皇太子宝。文宗稔恶不悛，当躬迓之际，乃与其臣月鲁不花、也里牙、明里董阿等谋为不轨，使我皇考饮恨上宾。归而再御宸极，思欲自解于天下，乃谓夫何数日之间，宫车弗驾。海内闻之，靡不切齿……”

⑥ 图帖睦尔汗号“札牙笃可汗”。

⑦ 即孛儿只斤·懿璘质班（1326—1332），元明宗和世㻋次子，元朝第十位皇帝。1332 年 10 月即位，12 月逝，谥曰冲圣嗣孝，庙号宁宗。懿璘质班为藏语“རིན་ཆེན་དཔལ”之音译。

⑧ 即孛儿只斤·妥懽帖睦尔（1320—1370），元明宗和世㻋长子，元朝第十一位皇帝，汗号乌哈噶图可汗。1333 年 6 月即位，1368 年 9 月明军攻破大都后退回漠北草原，史称北元。1370 年逝，庙号惠宗。由于其放弃最终的抵抗，“大明皇帝以帝知顺天命，退避而去，特加其号曰顺帝”（《元史·顺帝本纪》）。

⑨ 妥懽帖睦尔 1333 年即位，1368 年退回漠北，在位 6 年，退到漠北后继续在位两年，共在位 8 年。

⑩ 明朝，1368 年由明太祖朱元璋建立，历经 12 世、16 位皇帝，国祚 276 年。1644 年，李自成攻入北京，崇祯皇帝在煤山自缢，明亡。随后，清入主中原。

⑪ 从元顺帝妥懽帖睦尔 1368 年退回漠北上溯到元世祖忽必烈 1271 年定国号为“元”为 98 年，上溯到 1260 年忽必烈登基成蒙古汗国大汗为 109 年。

从成吉思汗到顺帝共有十五位帝王①，若再加上元灭至林丹呼图克图（ལིགས་ལྡན་ཧུ་ཐོག་ཐུ）② 之间继续统治蒙古地区的二十位王③，蒙古王统共有三十五位王，统治时间延续四百二十九年④，如此这般大汉（ཧན་ཀུར）⑤ 以来未曾有也。迎请三世达赖喇嘛索南嘉措的察哈尔俺答汗（ཆ་དཀར་ཨལ་ཐན）⑥ 也属于这个家族。五世达赖喇嘛八岁时，蒙古四十九部（སོག་པོ་ཚོ་ཆེན་ཞེ་དགུ）分散，察哈尔林丹（ཆ་ཁར་ལིགས་ལྡན）也派兵入藏⑦，但未能立足，从此逐渐衰落。当闻到当今天子（ད་ལྟའི་གོང་མ）的先祖满博格达汗（མན་ཇུ་

① 这十五帝分别为：元太祖铁木真（成吉思汗）、元太宗窝阔台、元定宗贵由、元宪宗蒙哥、元世祖忽必烈、元成宗铁穆耳、元武宗海山、元仁宗爱育黎拔力八达、元英宗硕德八剌、元泰定帝也孙铁木儿、元天顺帝阿速吉八、元明宗和世瓎、元文宗图帖睦尔、元宁宗懿璘质班、元惠宗妥懽帖睦尔。

② 林丹汗（1592—1634），蒙古最后一任大汗。林丹于1604年继任汗位，后以察哈尔部为基础，直接控制了内喀尔喀巴林、札鲁特、巴岳特、乌齐叶特、弘吉剌特等五部，同时也遥控了蒙古其他各部。与努尔哈赤和皇太极父子进行了多年的战争，1634年逝。

③ 按照蒙古文史籍《蒙古黄金史纲》等记载计算，从顺帝子必里克图汗到林丹汗，明代蒙古可汗世系为20代，即必里克图汗、乌斯哈勒汗、卓里克图汗、额勒伯克汗、托欢可汗、额勒特穆尔汗、答勒伯克汗、卫雅喇台汗、阿岱吉汗、脱脱不花汗、玛哈吉儿吉斯汗、摩伦汗、满都古里汗、达延汗、巴尔斯·博罗特汗、博迪阿拉克汗、达赉逊库登汗、俺达汗、图门汗、布颜彻辰汗、林丹呼图克图。见朱风、贾敬颜译：《汉译蒙古黄金史纲》，呼和浩特：内蒙古人民出版社，1985年，第50—106页。

④ 从1206年铁木真被上尊号成吉思汗，正式登基成为蒙古汗国可汗至林丹汗逝世的1634年，共429年。

⑤ 此处的"ཧན་ཀུར"一词，似为"大汉""强汉"之意，指中国历史上的汉朝（前206—公元220）。此说亦见于《汉区佛教源流》，见贡保加（མགོན་པོ་སྐྱབས）：《汉区佛教源流》（རྒྱ་ནག་ཆོས་འབྱུང），四川民族出版社，1983年，第57页。

⑥ 俺答汗（1507—1582），也称阿勒坦汗，16世纪后期蒙古土默特部重要首领，孛儿只斤氏，成吉思汗黄金家族后裔，达延汗孙。明朝嘉靖年间崛起，初游牧于今内蒙古呼和浩特一带，后逐渐强盛，成为右翼蒙古首领。后征服青海，1578年与藏传佛教格鲁派领袖索南嘉措（བསོད་ནམས་རྒྱ་མཚོ）在青海湖畔的仰华寺举行会谈，蒙古正式接受了藏传佛教格鲁派。会见期间，俺答汗赠给索南嘉措"圣识一切瓦齐尔达喇达赖喇嘛"称号，为"达赖喇嘛"（ཏ་ལའི་བླ་མ）封号之始。

⑦ 林丹汗派兵入藏尚不清楚，但其即位初期信奉藏传佛教格鲁派。1618年噶玛噶举派红帽系六世活佛却吉旺秋（ཆོས་ཀྱི་དབང་ཕྱུག，1584—1630）来到蒙古，林丹汗在察哈尔接待了他，并被封为国师，接受其灌顶。

འབོག་དོ་རྒྱལ་པོ）[①] 的盛名后，认为满人虽然没有占据中原，但实力强盛，遂向满人献出未落入大明的传国玉玺（རྒྱའི་གཡང་ཏེའི་ཐམ་ག）以示投靠（མགོ་བདག་ཞུས），并与满人联姻[②]，从此其政统（སྲིད་རྒྱུན）逐渐融入大清。

班玛更珠，中国藏学研究中心历史研究所副研究员、博士。

① 指皇太极。1636 年 3 月，漠南蒙古十六部 49 个大小领主齐聚沈阳，承认皇太极为汗，并上“博格达 · 彻辰汗”的尊号。

② 林丹汗死后，其子额哲率部撤回鄂尔多斯。其后皇太极将察哈尔置于义州，分设左右翼察哈尔八旗，封林丹汗之子额哲为亲王，并将自己女儿嫁给额哲。

纪念凉州会谈770周年学术研讨会综述

姜　航

2017 年 10 月 28 日至 29 日，纪念凉州会谈 770 周年学术研讨会在甘肃省武威市召开。本次研讨会旨在纪念 1247 年阔端与萨班凉州会谈这一重大历史事件，研讨凉州会谈的深刻内涵及其在中国历史和中华民族发展史上的伟大意义。此次会议由中国西藏文化保护与发展协会、中国藏学研究中心联合主办，中国藏学研究中心历史研究所、甘肃省武威市人民政府联合承办，来自北京、西藏、甘肃、四川、陕西、江苏等地高校、科研院所的 30 余名专家学者参加了会议。

开幕式由中国藏学研究中心历史研究所所长张云研究员主持。中国西藏文化保护与发展协会副会长、中国藏学研究中心总干事郑堆研究员及中共武威市委常委、政法委书记张延保同志致辞。郑堆研究员在致辞中首先对武威历史、凉州会谈进行了梳理，指出凉州会谈掀开了蒙藏民族关系新的一页，为中华各民族的交往交流交融续写了辉煌，为中华民族的多元一体提供了有力的证据；凉州会谈开启了西藏地方历史的新纪元，为实现中央政府对西藏地方的有效管辖和治理奠定了基础，为各民族共同缔造伟大祖国增添了强大的力量。对凉州会谈高尚爱国情怀的弘扬和发展，也是本次研讨会的主旨。凉州会谈开创了藏传佛教界为实现和维护祖国统一发挥关键作用的历史先河，在以后漫长的历史岁月中，藏传佛教界各教派的领袖人物，虽所处的历史时代各不相同，自身的政教业绩各有千秋，但他们中的绝大多数都是具有远见卓识的爱国志士。他们世代相沿，一脉相承，带动广大僧俗群众，形成了光荣的爱国主义传统，成为后世藏传佛教界的楷模。深入挖掘和大力弘扬凉州会谈的爱国主义内涵，也是藏学界纪念凉州会谈770周年义不容辞的使命。郑堆强调，中国的历史是中华各民族共同缔造的历史。无论在凉州会谈前，还是在凉州会谈后，西藏始终是中国不可分割的一部分。分散割据的王朝历史并不等于中国的历史，无论曾处于哪个王朝或哪个民族政权的统治管理之下，西藏地方的历史始终是中国历史的有机组成部分。在中国历史发展过程中，有过若干次的政治不统一，出现过多个政权同时存在、各自称雄的局面，但他们始终存在于中国版图之内，始终共同缔造着多民族的祖国，他们的历史始终同为中国历史的一部分。对凉州会谈历史作用的评价也应遵循这一原则，肯定其对多民族关系的融合推动作用，肯定其对元朝中央政府直接治理西藏的奠基作用，不能割裂中国历史发展的整体性。正确研究和客观评价凉州会谈的历史作用，是藏学界纪念凉州会谈770周年义不容辞的职责。

中共武威市委常委、政法委书记张延保同志在致辞中首先对武威的历史、地理、文化等情况进行了介绍，表示相信这次研讨会中，通过各位专家学者的真知灼见，必将进一步丰富、充实中华民族大团结的历史内涵，巩固和发展民族团结社会和谐稳定的大好局面，特别是对于全面贯彻落实习近平总书记在党的十九大报告中提出的“深化民族团结进步教育，铸牢中华民族共同体意识，加强各民族交往交流交融，促进各民族像石榴籽一样紧紧抱在一起，共同团结奋斗、共同繁荣发展”具有重要的现实意义。

研讨会为期两天，围绕“凉州会谈的历史及意义”“元朝中央政府治理西藏”“蒙藏关系史研究”“武威地区相关历史、事件和人物研究”等主题，共有15名与会专家学者作主题报告。

一、凉州会谈的历史及意义

中国藏学研究中心历史研究所所长张云研究员以《凉州会谈及其历史意义》为题进行了发言，从 5 个方面分别考察了阔端对西藏的经营方略与邀请函中的核心要点，萨迦班智达的个人特点与精心准备，萨班伯侄的行程与活动内容，萨班与阔端的密切互动与凉州会谈，以及凉州会谈多方面的历史意义和深远影响。其中，第二部分考察了作为西藏地方首位学富五明的班智达，其个人的卓越学识，特别是在内明（佛教）、因明（逻辑思辨）和医方明（医药学）等方面的渊博知识和经验储备，使其在凉州会谈中能够发挥关键的、别人无法替代的作用；他携八思巴和恰那多吉两个年幼侄子的考虑，以及对各种质疑的回应。第四部分重点围绕萨班在凉州地区的活动，包括与阔端的沟通、交锋，与其他宗教的互动等，分析了凉州会谈丰富的内容，辨析了相关记载的疑义。最后归纳了凉州会谈的历史意义，包括将西藏地方纳入元朝中央王朝的行政管辖之下，对中国西北部地区各民族之间的文化交流产生深刻影响，开启了蒙藏民族关系新的历史阶段，以凉州萨迦四大寺白塔寺、金塔寺、海藏寺和莲花寺的相关史事及传说为例，说明藏传佛教萨迦派的进一步北传和迅猛发展，以及凉州会谈对凉州地区即今天甘肃武威历史文化的巨大影响等。

西藏社会科学院巴桑旺堆研究员作了题为《关于藏文文献中与凉州会谈有关的几个问题》的发言，通过梳理《萨迦班智达·贡噶坚赞全集》《蒙古源流笺证》《贤者喜宴》等藏文文献中一些以往学界不曾关注的史料，对“萨迦班智达以一个教派首领之身份，何以代表西藏地方与阔端商谈了西藏地方归顺蒙古汗王政权?”“关于凉州会谈及萨迦班智达《致蕃人书》”“西藏各地政教首领对凉州会谈结果的反映”等 3 个问题进行了解析阐述，并表示凉州会谈商定西藏地方归顺蒙古汗王是中国形成多民族统一国家历史进程中的一件大事。从历史的进程看，在蒙古汗王政权的扶持下建立了萨迦地方政权，结束了西藏长达400多年的分裂割据局面；为元代中央政府在西藏地方行使主权，西藏地方正式成为一个行政区域奠定了基础；这是中华各民族历史上长期交流、互通的一个必然结果，像瓜熟蒂落一样是历史的必然。同时也奠定了元以后明清民国历代中央政府对西藏地方行使主权，从此藏族直接融入了中国多民族统一国家大家庭形成的洪流中，并为此作出了杰出贡献。

中国藏学研究中心科研业务办公室主任李德成研究员在《从萨迦班智达〈致蕃人书〉到忽必烈〈优礼僧人诏书〉》发言中对萨迦班智达《致蕃人书》和忽必烈《优礼僧人诏书》进行了结合对比，指出二者一脉相承，关联互动，顺应祖国统一之大势，顺应安居乐业之民心，共同为实现和维护祖国统一发挥了重要作用。将二者的关系和影响凝练地总结归纳为5点：前后呼应，在实现统一的历史大业中发挥了各自的历史作用；前后相继，确定了当时历史条件下萨迦派在西藏各教派中的领导地位；前后助力，推动形成了元代中央政府的治藏策略；前后规诫，推动形成了元代中央政府管理藏传佛教的政策；前后贯通，推进了蒙藏民族关系，促进了藏族与我国其他民族的交往交流交融；前后接力，推动成了藏传佛教爱国主义的光荣传统。

西北民族大学历史文化学院尹伟先教授的《萨班·贡噶坚赞在凉州的活动及其影响述论——以萨班弟子、畏吾儿人叶仙鼐的活动为讨论基点》，通过汉文史书《元史》《蒙兀儿史记》《新元史》，藏文史书《八思巴文集》《汉藏史集》中对叶仙鼐事迹的记载，考订萨班·贡噶坚赞与畏兀儿族弟子叶仙鼐的关系，揭示了萨班·贡噶坚赞在凉州期间，为在河西各民族中传播藏传佛教文化而作出的贡献，有助于更加全面地认识萨班·贡噶坚赞的历史地位。

四川省民族研究所袁晓文研究员和阿坝师范学院黄辛建副教

授以《凉州会谈与萨迦派在康区的发展》为题发言，阐述了萨迦派作为一个公元11世纪兴起的、影响最初主要在卫藏地方的藏传佛教教派，如何以凉州会谈为契机，在元朝政权的大力支持下，不仅获得了卫藏的统治权，而且积极向康区拓展，并迅速成为康区势力最盛的藏传佛教教派。凉州会谈的举行开启了卫藏与康区之间的第二次全面、深刻的交流交融；促进了藏传佛教在康区的多元发展，为藏族政教联盟、政教合一的封建农奴制奠定了基础；加快了康区部落归顺元中央王朝的历史步伐，对多民族统一国家的形成作出了历史性贡献。

西藏民族大学丹曲教授在《藏传佛教萨迦派在古丝绸之路的影响》发言中，从自身实地考察出发并结合汉藏文文献，论述了凉州会谈之后藏传佛教萨迦派在古代丝绸之路的影响，以及当今藏传佛教如何积极发挥在“一带一路”这一个宏伟而长期的国家战略中的作用。

中央民族大学喜饶尼玛教授以《冰心玉壶为家国——民国汉僧欧阳无畏日记中的萨迦法王》为题目，通过“萨迦法王初次会见表达立场：前清旧制　难以忘怀”“虽远在深山，亦具家国情怀：关注时事　爱憎分明”“萨迦法王发自内心的真诚：汉藏民族兄弟情谊”3个部分阐述欧阳无畏日记中1937年拜见萨迦法王的密室谈话，赞扬藏传佛教萨迦派这种自萨迦班智达前往凉州会谈之后近800年的历史进程和政治变迁中始终爱国爱教、传续佛法的做法。

二、元朝中央政府治理西藏、蒙藏关系史研究

南京大学刘迎胜教授题为《〈元史·赵阿哥潘传〉研究》的发言，以《金史》卷91《结什角传》《赵氏家乘》《昭忠录》等文献资料为佐证，对《元史》卷123《元史·赵阿哥潘传》进行考据，认为《金史》卷91《结什角传》关于元代部分明以后

的材料可信，元代部分以前可信性低于元史；《赵氏家乘》无宋代唃厮啰家族材料，撰谱者赵安未见过《元史》。并指出凉州会谈之前阔端蒙古军队中已经有吐蕃人，精神文化层面蒙古上层已与吐蕃有联系，赵阿哥潘在多民族统一国家形成过程中作出了自己的贡献。

中国人民大学国学院乌云毕力格教授以《17世纪上半叶的西藏萨斯迦高僧与蒙满汗廷》为题进行了发言，考述了沙尔巴呼图克图、大萨斯迦上师和济东呼图克图等高僧大德与蒙满朝廷的关系，认为凉州会谈之后元朝政权使萨斯迦派在西藏地方政权和全国佛教事务中得到领袖地位，虽然明朝萨斯迦派失利，但是萨斯迦派在蒙古的影响一直未断，17世纪清朝建立后宣称自己是蒙古帝国的合法继承者，而萨斯迦派正是古昔蒙古帝国的福田，萨斯迦派上师们曾经是蒙古朝廷的上师。所以，他们积极探索怎样和新兴的、强大的满洲皇室建立新的福田与施主关系，以图今后的新发展。

西北民族大学才让教授在题为《萨迦派贡却隆珠的历史著作——荣耀与记忆》的发言中，详细论述了16世纪萨迦派的著名学者贡却隆珠所著《霍尔王统附带帝师等之名录》一书，认为作者当时已属于明朝晚期，萨迦派在政治上早已失势，款氏家族人才凋零，萨迦派教法之中心已转移到艾旺寺等后期兴建的寺院，此时的萨迦派大师大多出自于非款氏家族。作者从元王统世系、历任帝师名录、萨迦历任本钦名录、13万户名、三却喀之名、八思巴设置的13种侍从职位等6个方面撰写如此概要性的历史，其意义在于艾旺寺等寺院为了谋求发展，建构本寺教统的合法性。款氏为首的萨迦派曾经达到的政教影响和历史荣光，是萨迦派共有的宝贵历史资源，这在建构本寺教统的合法性方面是不可缺少的。不断讲述和记忆最为荣耀的历史时段，有利于增强历史自豪感，从而助推未来之发展。

三、武威地区相关历史、事件和人物研究

陕西师范大学中国西部边疆研究院王欣教授在《魏晋凉州与西域》报告中指出，近代之前，整个东亚地区的政治形态是南部农业文明和北方游牧文明互动，两大文明的互动共同构成中国历史，河西走廊和中国北部有一条400毫米降水线为两大文明交错地带，凉州处在这一地带，其地理优势和战略地位在两大文明互动中凸显，深厚的历史积淀也解释了为什么萨迦班智达与蒙古宗王阔端选择在凉州会晤。他以一幅地图展开，以图带史，从丝绸之路研究方面，展现出河西走廊特别是凉州在丝绸之路发展、东西方民族文化交流方面的地位和作用，以及其在汉代至魏晋时期政治、经济、文化等各个方面发展的历程。

中国藏学研究中心中国藏学杂志社社长黄维忠编审以《藏文བྱང་ངོས（凉州）一词来源考》为题发言，指出后弘期藏文文献中བྱང་ངོས被用来指代“凉州”，敦煌藏文文献中有4个卷号提及བྱང་ངོས，而且用于指称凉州一名，表明该词来源于敦煌藏文文献，并根据相关历史文献推测该词是汉文“神乌”一词的音译。

甘肃藏人文化发展促进会秘书处吴生华先生的《“凉州四寺”对佛教文化的深远影响及乾隆国师章嘉活佛简介》，阐述了“凉州四寺”——东白塔寺、南金塔寺、西莲花山寺、北海藏寺为萨迦班智达依据佛教基本原理建成，对藏传佛教在凉州地区以及大西北的传播发展、构建和谐社会、凝聚民族亲和力作出的重要的历史贡献。同时，对乾隆国师三世章嘉活佛的生平和政教功德进行了述评。

甘肃藏文化古籍编译中心苏德华主任在《试论少数民族历史文献在研究“凉州会谈”重大课题中显示的独特作用》重点介绍了藏文文献《凉州四部寺简志》《重修凉州白塔碑记》等在研究“凉州会谈”重大课题中显示的独特作用；武威地区最早

投身于发现、呼吁、抢救、保护、研究凉州白塔寺、萨班灵塔的相关人物介绍；整理、研究《凉州藏文典籍》等藏文文献的重大意义。他指出，凉州藏文典籍充分证明，公元13世纪中叶萨班与阔端会谈在凉州举行，历史意义非常重大，均得益于藏传佛教在凉州地区的长期传播，有很深厚的社会基础、文化基础、宗教基础。

中国藏学研究中心历史研究所魏文助理研究员作了《俄藏西夏文佛教文献整理工作概况及相关问题研究》为题目的发言。此外，中国社会科学院民族学与人类学研究所史金波研究员、中国藏学研究中心历史所冯智研究员、中国藏学研究中心历史所班玛更珠助理研究员等也向会议提交了论文。

会议闭幕式由中国藏学研究中心总干事郑堆研究员主持，中国藏学研究中心历史研究所所长张云研究员作了会议总结。张云指出，凉州会谈具有重大的意义和深远的影响，首先，通过此次会谈西藏地方纳入元朝中央政府的行政管辖之下，为古代中国行政版图的奠定作出了重要的历史性的铺垫；其次，它开辟了各个民族文化交流的新时代；第三，它揭开了蒙藏民族关系发展的新篇章；第四，凉州会谈为藏传佛教在中国北方地区广泛深入的传播打下了重要的基础；最后，它对凉州地区的历史与文化发展产生了深刻影响。这次会议围绕4个主题展开了广泛而深入的讨论，主题突出，内容充实，各位专家作了精心准备，这些报告学风严谨、论述缜密，既有宏观把握，更多洞微探幽，新见迭出，是一次高水平的精神盛宴，深化了诸多研究主题，取得丰硕的成果。

张云指出举办凉州会谈770周年学术研讨会具有重要的现实意义。第一，让我们巨细靡遗地再次感受到中国这个统一的多民族国家的历史和文化是由各个民族共同缔造的这一论断的深刻内涵，认识到各个民族的历史都是中国历史的组成部分，内地的分治和统一政权是中国历史的一部分，边疆民族地区的分治和统一政权同样是中国历史的一部分，中华民族的形成和发展史，是在漫长的历史发展过程中由中国各民族共同谱写逐渐形成的。第二，纪念770周年前蒙古统治者和藏族宗教首领为国家版图的奠定和行政的统一所作出的杰出贡献，也在昭示当代教育后人，尊重和传承各族人民维护国家统一和领土完整的优秀传统。第三，对于在中国历史研究和中国民族史研究中，各种无视中国统一多民族国家的历史现实，轻视乃至歪曲各少数民族政权历史贡献的错误言论，也是有力的回击。在民族史和民族问题研究中，认清大汉族主义和狭隘民族主义观点的错误和危害性，特别是要引导和教育青年人树立正确的历史观和文化观。只有如此，才能真正树立文化自信，为中华民族伟大复兴找到正确的路径。

郑堆总干事最后再次强调，凉州会谈这个话题是永恒的话题，藏学工作者要在会议和研究的基础之上进一步开展这方面的工作。

图书在版编目（CIP）数据

纪念凉州会谈770周年学术研讨会论文集/张云主编.—北京：中国藏学出版社，2019.3

ISBN 978-7-5211-0144-7

Ⅰ.①纪… Ⅱ.①张… Ⅲ.①西藏-地方史-古代-文集
Ⅳ.①K297.5-53

中国版本图书馆CIP数据核字（2019）第044827号

纪念凉州会谈770周年学术研讨会论文集

张云 主编

出版发行	中国藏学出版社
印　　刷	中国电影出版社印刷厂
开　　本	787×1092毫米 1/16
印　　张	19.75
字　　数	265千
印　　次	2019年3月第1版第1次印刷
书　　号	ISBN 978-7-5211-0144-7/K·553
定　　价	59.00元

图书若有印装质量问题，请与本社发行部联系

E-mail：dfhw64892902@126.com　　电话：010-64892902

版权所有　侵权必究